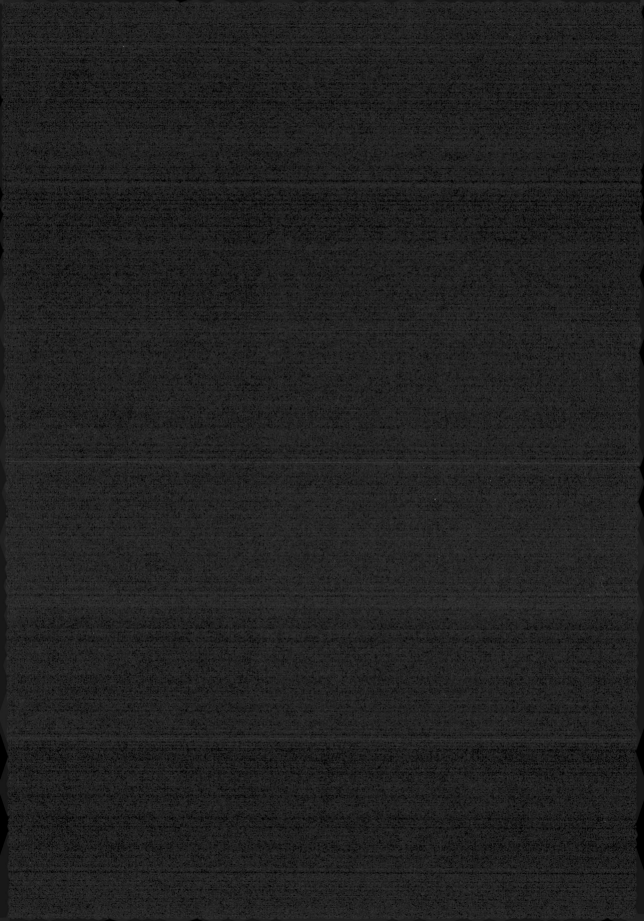

한 줄씩 따라 해보는

파이토치 딥러닝 프로젝트 모음집

다양한 AI 프로젝트로 실전 감각 익히기

한 줄씩 따라 해보는

파이토치 딥러닝 프로젝트 모음집

다양한 AI 프로젝트로 실전 감각 익히기

투빅스 / 이경택 외 8인 지음

BJPUBLIC

들어가며

처음 인공지능 공부를 시작했을 때 이론과 실제 프로젝트 사이의 균형에 대해서 고민이 많았습니다. 이론만 공부하면 실제로 어떻게 활용되는지 알기 힘들고, 학습에 대한 동기부여를 꾸준히 얻기가 어렵습니다. 반면에 프로젝트만 진행하면 부족한 이론 지식이 모델 개선을 더디게 만들어, 결국에는 본인의 한계를 느끼게 됩니다.

이 책은 이론과 여러 프로젝트를 중심으로 인공지능의 개념을 설명하고 어떻게 사용되는지에 관하여 설명합니다. 책에 실은 프로젝트들은 인공지능을 처음 접하는 분들도 따라가면서 공부할 수 있는 난이도로 선정했습니다. 또한 자연어 처리, 이미지, 음성 인식 등 다양한 분야를 경험하면서 각 분야의 전처리 방식과 RNN, CNN, GAN 등을 배울 수 있습니다. 이 책에 수록된 모든 프로젝트를 수행하고 나면 인공지능을 하는 데 필수적으로 알아야 하는 기본 모델들을 폭넓게 익힐 수 있을 것입니다.

이 책은 MNIST와 같은 간단한 프로젝트까지 시도해보고, 앞으로 무엇을 공부하면서 지식의 저변을 넓힐지 고민하고 계신 분들에게 추천합니다. 책은 크게 이론 파트와 프로젝트 파트로 나뉘어 있습니다. 이론 파트는 인공지능의 필수적인 개념들을 개괄적으로 담고 있습니다. 이론 파트를 통해 인공지능의 기본 개념을 잡고, 이후 프로젝트 파트에서 다양한 모델과 다양한 전처리 기법을 배우시기 바랍니다. 프로젝트 파트를 읽으면서 이론 파트를 함께 읽으시면 더 직관적으로 이해할 수 있습니다. 프로젝트 파트를 읽을 때는 https://github.com/bjpublic/DeepLearningProject(출판사 깃허브), 혹은 https://github.com/deep-learning-with-projects/deep-learning-with-projects(저자 깃허브)에 있는 코드들을 따라 작성하며 공부하는 것을 권해 드립니다.

인공지능 공부는 따라 작성하는 것에서만 끝나면 안 됩니다. 스스로 새로운 문제를 찾고 해결해나가는 능력을 기르시기 바랍니다. 이 책을 읽고 번뜩이는 아이디어를 얻어 배운 지식을 바탕으로 멋진 프로젝트를 만들어 보시기 바랍니다! 더불어, 책을 출판하는데 도움을 주신 황이은님께 감사드립니다.

저자 소개

이경택

성균관대학교 통계학을 전공하고, 현재는 연세대학교 산업공학과에서 박사과정을 밟고 있다. 빅데이터 연합 학회 투빅스를 창설했으며, 데이터 분석 및 인공지능 관련 대회에서 다수 수상하였고, 데이터 분석과 인공지능 전 분야에 관심을 가지고 끊임없이 연구 중이다. 딥러닝과 강화학습에 관심이 많으며, 블로그 운영 및 다양한 강의 활동을 진행하고 있다.

김수지

덕성여자대학교에서 통계학과 컴퓨터공학을 전공하였고, 현재는 컨설팅 회사에서 여러 금융사들의 데이터를 분석하여 문제를 해결하는 프로젝트를 수행하고 있다. 금융 데이터에 대한 지식 확장과 텍스트 데이터에 관심이 많다.

박희경

인하대학교 통계학 석사를 졸업하고, LG 디스플레이에서 데이터 분석 업무를 하였다. 현재는 하나금융융합기술원에서 금융 데이터를 활용한 Data Science 연구를 수행하고 있다. Tabular 및 시계열 데이터에서의 머신러닝/딥러닝 모델링에 관심이 많다.

신훈철

홍익대학교 산업공학과를 졸업하고 마키나락스에서 머신러닝 엔지니어로 재직 중이다. 머신러닝 서비스를 제공할 수 있는 실제적인 제품을 만드는 데에 관심이 많다. 어떠한 제품이든 사용자가 많아질수록 그 의미가 커진다고 믿는다.

심은선

건국대학교에서 응용통계학과와 소프트웨어학과에 재학 중이다. 머신러닝과 딥러닝으로 실생활 문제를 해결하는 것에 관심이 많아 다수의 프로젝트를 진행하였다. 현재는 강화학습을 자율주행에 적용하는 연구를 하고 있다.

이승현

서울시립대학교 컴퓨터과학부에 재학 중이다. 컴퓨터 비전을 이용한 연구들에 감명을 받아 인사이트를 키우고 있다. 인공지능으로 덕질하는 것에 관심이 많다.

장예은

서울과학기술대학교 산업정보시스템전공을 졸업하고, University of Michigan에서 Data Science 석사 과정에 재학 중이다. NLP, 추천시스템, XAI 등 다양한 분야에 관심을 가지고 있다.

전종섭

건국대학교 통계학과를 졸업하고 마키나락스에 재직 중이다. 머신러닝 파이프라인의 자동화와 대용량 데이터를 이용한 모델 학습에 관심이 많다.

조민호

서강대학교에서 철학과 컴퓨터공학을 복수전공하고 국내 OTT 기업에서 서버 개발자로 일하고 있다. 재미있는 프로젝트 아이디어가 떠오르면 빠르게 공부하고 뚝딱뚝딱 만드는 것을 좋아한다. 취미도 개발이라 덕업일치를 이루고 있다.

베타 리더 추천사

간결한 개념 설명과 다양하고 흥미로운 실전 프로젝트로 파이토치를 이용한 딥러닝을 쉽고 빠르게 익힐 수 있었습니다. 특히 실전 프로젝트를 통해 개인적으로 진행하고 있는 토이 프로젝트에 바로 적용할 수 있었습니다. 딥러닝에 관심은 있지만 어디서부터 시작하고 어떻게 해야 할지 고민하는 분에게 적극 추천합니다!

_ 김서현 (엘텍공과대학 소프트웨어학부 학부생)

프로젝트로 딥러닝을 좀 더 친숙하게 배울 수 있는 기회라고 생각합니다. 코드 리뷰도 한 줄씩 친절하게 설명되어 있어서 이해하기가 너무 쉬웠습니다! 처음 접하시는 분들도 잘 따라하실 수 있을 것 같아 이 책을 집필하신 저자님께 감사의 말씀을 드리고 싶습니다.

_ 류영표 (인공지능 강사 및 프리랜서)

이 책은 이론 파트와 실전 파트가 절묘하게 잘 구성되어 있습니다. 입문자가 가장 빨리 배울 수 있는 파이토치 프레임워크를 기준으로 진행되는데, 그렇다 보니 코드가 간결하여 딥러닝 모델에 좀 더 집중해서 배울 수 있어서 좋았습니다. 그리고 실전 파트에서 다양한 예제를 다루고 있으므로 실무에서 어떻게 딥러닝을 활용할 수 있는지 배우고자 하는 입문자에게 이 책을 추천합니다.

_ 이석곤 (엔컴 개발자)

머신러닝을 책으로 공부하는 것은 연애를 책으로 공부하겠다는 것과 다름이 없습니다. 문제와 데이터의 특성에 따라 고려해야 할 변수가 너무나 다르고 접근 방법이 천차만별이기 때문에 일반적으로 습득하여 적용할 수 있는 기술에는 한계가 있기 때문입니다. 기초가 말할 수도 없이 중요함에도 불구하고 많은 전문가들이 성급히 실전에 뛰어들고 부족한 부분은 책으로 메우기를 권하는데, 이 책의 저자는 직접 참여해 성과를 얻은 여러 프로젝트의 경험을 이 책을 통해 나누어 줍니다. 이론은 익숙한데 어떻게 사용해야 할지 모르겠다는 분들에게 좋은 길잡이가 될 것입니다.

_ **이재현 (연구원)**

처음 딥러닝을 입문했을 때의 막막함은 아직도 잊히지 않습니다. 기초 지식조차 없는 상태에서 비전 인식 프로젝트를 진행해야 해서 저를 포함한 팀원들 모두가 우왕좌왕했는데, 지인을 통해 받은 참고 문서들과 코드들은 내용 파악도 되지 않았습니다. 그래서 지금도 딥러닝 도서가 발간되면 당시의 기억을 되살려 읽곤 하고 있습니다. 도서들을 읽다 보면 너무 기초적인 내용 위주로 서술된 입문서는 아쉬움이 많고, 그렇다고 깊이가 있는 책을 입문서로 선택하기엔 이론에 대한 습득이 전혀 이뤄지지 않는 문제가 있는데, 이 책은 이러한 난이도를 세심하게 신경 썼다는 생각이 많이 들었습니다.무엇보다 책 내용을 흥미로운 실습 위주로 구성하여 독자의 관심을 이끌어 내기 때문에 딥러닝 입문에 어려움을 겪고 계신 많은 분들께 공유되기를 희망합니다.

_ **이진 (SW 개발자)**

차 례

이론 파트

PART 1 인공지능(Artificial Intelligence)

PART 2 딥러닝(Deep Learning)

PART 3 PyTorch

실전 파트

PART 4 작물 잎 사진으로 질병 분류하기

PART 5 국민청원 분류하기

PART 6 실제 사진 애니메이션으로 만들기

PART 7 실시간 비명 감지 시스템

PART 8 딥러닝을 이용한 수능 영어 풀기

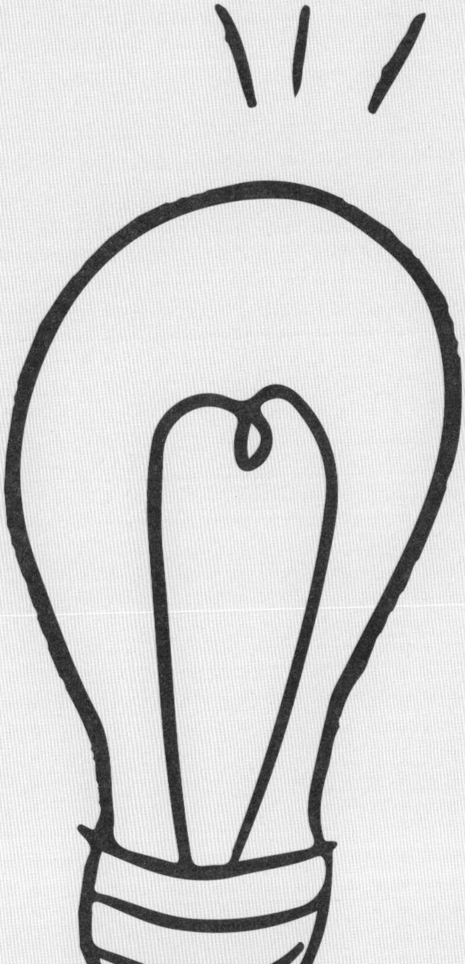

이론 파트

PART 1

인공지능

Artificial Intelligence

1.1 인공지능과 딥러닝

》1.1.1 인공지능이란?《

인공지능(Artificial Intelligence, AI)은 인간의 학습, 추론, 지각 및 언어능력을 컴퓨터가 모방할 수 있도록 연구하고 구현하는 분야로, 궁극적으로 컴퓨터나 기계가 인간의 두뇌처럼 스스로 생각하고 행동하는 것을 목표로 합니다. [그림 1-1]은 알고리즘에 대하여 기존의 접근 방법과 인공지능의 접근 방법의 차이점을 보여줍니다.

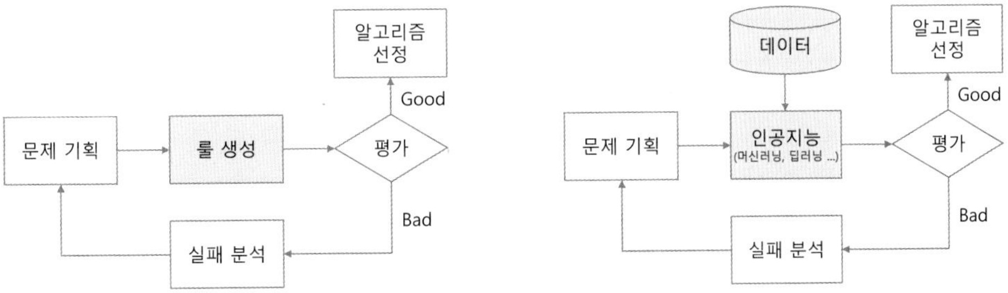

[기존의 알고리즘 접근법] [인공지능의 알고리즘 접근법]

[그림 1-1] 기존 알고리즘과 인공지능 접근법의 차이

과거에는 알고리즘 규칙을 생성하고 평가하는 과정에 인간이 직접 개입하여 문제를 해결했다면, 인공지능은 인간의 개입을 최소로 하고 사전 지식 없이 데이터만을 학습하여 최적의 규칙을 구축합니다.

인공지능이라는 용어는 1956년 다트머스 대학의 존 매카시(John McCarthy) 교수가 학회에서 처음 정의하면서 탄생했습니다. 이와 비슷한 시기에 딥러닝(Deep Learning)의 기본 단위인 퍼셉트론(Perceptron)이 탄생하며 관련 연구가 본격화되었지만, 인공지능이라고 하기에는 좋은 성능을 보이지 못했습니다. 아주 간단한 문제밖에 풀지 못하는 퍼셉트론의 한계로 인공지능은 1970년대에 첫 번째 암흑기를 맡게 됩니다.

관심 뒤편으로 물러났던 인공지능은 1980년대에 제프리 힌튼(Geoffrey Hinton) 교수가 퍼셉트론을 여러 층 쌓아 올린 다층 퍼셉트론(Multi-Layer Perceptron, MLP)과 MLP의 핵심 요소인 역전파(Back-Propagation)를 제시하면서 다시 주목을 받기 시작했습니다. 하지만 그때 당시의 Back-Propagation은 이론적으로만 복잡한 문제를 해결할 수 있었고, 실제 문제에 적용하고 실용적인 시스템을 구축하기에는 컴퓨터 성능이 부족하고 막대한 유지 관리비가 필요했습니다. 결국 인공지능은 두 번째 암흑기에 들어서게 됩니다.

2000년대에 하드웨어의 발전으로 엄청난 양의 데이터를 저장할 수 있게 되었고 컴퓨터 연산능력도 향상되면서, 드디어 인공지능이 성장할 수 있는 환경이 주어졌습니다. 제프리 힌튼 교수는 2006년에 딥러닝을 발표하였고 2012년에는 딥러닝을 활용하여 이미지 분류 대회에서 기존의 컴퓨터 비전(Computer Vision) 알고리즘을 훨씬 뛰어넘는 우승 성과를 보여주었습니다.

2016년, 바둑기사 이세돌 9단과 알파고(AlphaGo, 인공지능 바둑 프로그램)의 승부는 그동안 감춰져 있던 인공지능의 우월함을 증명하며 앞으로의 발전 가능성을 전 세계에 알리는 계기가 되었습니다. 그 이후, 4차 산업혁명 시대가 도래하면서 우리 일상생활 속에서 인공지능이 적용된 기술이나 기기를 쉽게 찾아볼 수 있을 정도로 인공지능은 폭발적으로 성장했습니다. 인공지능의 역사를 통해 볼 수 있듯이 인공지능이 최근 빠른 속도로 발전될 수 있었던 가장 큰 동기는 단연 딥러닝의 발전이라고 할 수 있습니다. 본 서적의 목표는 딥러닝을 실생활에 적용한 사례를 살펴보며 직접 구현하는 것입니다. 실습에 들어가기 전, 딥러닝을 구현하는 데

필요한 기본 지식인 머신러닝(Machine Learning)과 딥러닝 기법에 대해 간략하게 살펴보도록 하겠습니다.

》1.1.2 인공지능 사례《

• 알파고(AlphaGo)

[그림 1-2] 알파고와 이세돌 9단의 대국 장면

알파고는 구글 딥마인드(Google Deepmind)에서 개발한 인공지능 바둑 프로그램으로 인공지능을 세상에 알리게 된 대표적인 사례입니다. 2016년 구글 딥마인드 챌린지 매치에서 인간 대표인 이세돌 9단이 인공지능의 대표로 뽑힌 알파고와 대국을 펼쳤습니다. 그 당시 바둑은 인공지능이 풀기 어려운 과제로 인식되었기 때문에 여론뿐만 아니라 전문가도 인간의 승리를 예상했습니다. 하지만 이세돌 9단의 훌륭한 경기에도 불구하고 알파고는 그 이상의 실력을 발휘하면서 4승 1패를 기록하며 승리하였습니다. 약 1년 뒤, 알파고는 2017년 5월에 세계 랭킹 1위인 커제 바둑 기사와의 경기에서도 우승을 차지했고, 학습 능력을 향상해 바둑뿐만 아니라 체스와 쇼기(일본식 장기)까지 세계 최강 실력을 갖추는 데 성공했습니다.

알파고에 사용된 핵심 알고리즘은 강화학습(Reinforcement Learning)입니다. 강화학습은 인공지능이 구현되는 환경에서 목표를 이루는 과정의 보상 값을 통해 최대의 보상을 받을 수 있도록 의사결정을 학습하는 기술입니다. 즉, 바둑에서는 알파고가 현재 바둑판 상태에서 승리를 얻기 위해 어떤 수를 두어야 할지 학습합니다. 알파고를 계기로 강화학습의 연구는 더욱 고도화되어 게임 속 가상환경에서 캐릭터가 자동으로 스테이지를 클리어할 수 있을 만큼 복잡한 환경에도 적용 가능하게 되었습니다.

• AI 스피커

[그림 1-3] AI 스피커

"헤이, 카카오", "아리아" 또는 "OK 구글"은 대표적인 AI 스피커 호출명으로 한 번쯤 스피커를 향해 외쳐본 경험이 있을 것입니다. 음성을 매개로 명령을 내리고 대화를 나눌 수 있는 AI 스피커를 통해 사용자는 조명이나 가전기기에 직접 접촉하지 않고 음성으로 제어하며 음악 추천, 날씨 정보, 스마트폰 위치 찾기 등 다양한 정보와 편의를 제공받을 수 있습니다.

AI 스피커가 구현되기 위해서는 음성 인식(Speech Recognition), 자연어 처리(Natural Language Processing, NLP), 감성 분석, 음성 합성 · 분해 등 고도화된 인공지능 기반의 기술이 필요합니다. AI 스피커 개발의 가장 큰 난제는 TV 소리, 주변 소음과 같은 생활 소음에서 사용자 명령어만 구별하여 인식하고, 사용자마다 다른 목소리 톤과 억양에 상관없이 정확하게 처리해야 한다는 것입니다.

이를 위해 각 기업에서는 초기 단계에 많은 노력과 비용을 들이며 다양하고 방대한 양의 음성 데이터베이스를 구축했으며, 정부에서도 음성 인식 기업을 지원하는 사업을 추진했습니다. 이렇게 쌓인 고품질의 음성 데이터는 Speech To Text(STT)라는 기술로 텍스트로 변환되고 텍스트는 컴퓨터가 이해할 수 있는 형태로 한 번 더 가공됩니다. 변환된 텍스트를 통해 구문 해석 및 의미 분석과 같은 NLP 기술로 문장에 담긴 의도를 파악하고 스피커가 어떠한 행동을 할지에 대해 결정하게 됩니다. 마지막으로, AI 스피커는 문자를 음성으로 바꾸는 Text To Speech(TTS)를 수행하면서, 결정된 행동 및 대답을 사용자에게 전달합니다.

사용자는 "지금 서울 날씨는 어때?"라는 질문을 하면 AI 스피커로부터 원하는 정보를 즉각적으로 받을 수 있지만, 사실은 짧은 시간에 <음성 인식 및 명령 추출 → STT → NLP → 의사결정 → TTS>을 포함하는 많은 기술이 적용된 것입니다.

• 인공지능 기반 헬스케어

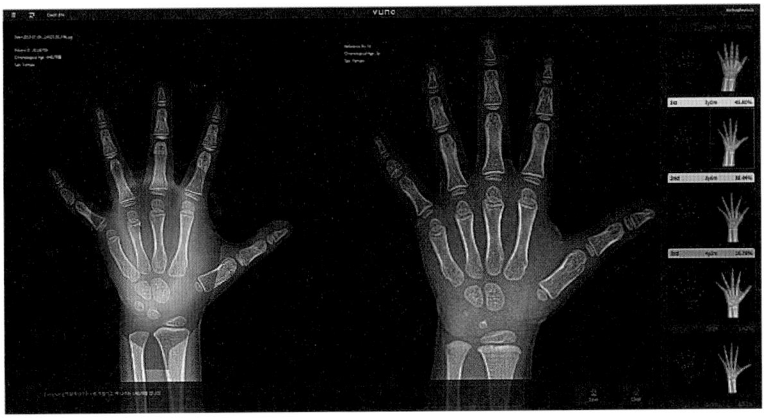

[그림 1-4] 뷰노메드 본에이지 - 수골(손뼈) X-ray를 통한 인공지능 골연령 분석 화면

과거 의학계는 병을 치료하는 데에 집중했지만, 최근엔 고객 맞춤형 진단 및 서비스, 사전 예방 및 실시간 건강 관리 등 헬스케어 활동에 관심을 두고 있습니다. 인공지능은 헬스케어 서비스에도 적용되고 있으며 특히 영상 인식 진단 분야에 많은 도움을 줍니다.

뷰노(VUNO)는 국내 의료 인공지능 솔루션 개발 기업으로 X-ray · CT · MRI의 영상과 생체 신호와 같은 의료 데이터에 인공지능 기술을 적용하여 환자를 진단하는 서비스를 개발했습니다. 뷰노메드 본에이지(VUNO Med-BoneAge)는 엑스레이 영상을 분석해 환자의 뼈 나이를 제시하고 의사에게 제시된 정보를 토대로 성조숙증이나 저성장을 진단하는 데 도움을 주는 소프트웨어입니다. 과거에는 의사가 엑스레이 영상과 참조 표준 영상을 비교하여 수동으로 뼈 나이를 판독했지만, 뷰노메드 본에이지는 이 과정을 자동화하면서 판독 시간을 단축하고 객관적인 진단 결과를 제공합니다.

구글은 유방암 림프계 전이를 자동 감지하는 서비스 Lymph Node Assistant(LYNA)를 개발했습니다. 전이성 유방암은 의사들도 판별하기 매우 어려운 암으로 아주 작은 수준의 전의는 숙련된 병리학자도 알아보기 힘들다고 합니다. LYNA는 Inception-v3라는 딥러닝 구조를 통해 입력된 이미지의 픽셀 단위로 암을 찾아낼 수 있습니다. LYNA의 전이성 유방암에 대한 영상 진단 정확도는 약 99.3%의 성능으로 인간보다 뛰어난 탐지 능력을 보여주었습니다.

• 딥페이크(Deepfake)

'딥러닝'과 '가짜(Fake)'라는 의미가 합쳐진 용어인 딥페이크는 특정 인물의 얼굴이나 신체 부위에 다른 인물의 영상을 합성해 만들어진 가짜 영상물을 말합니다. 딥페이크는 인공지능 기술 중 하나인 Generative Adversarial Networks(GAN)을 통해 만들어집니다. 최근 GAN은 실제 원본과 차이가 나지 않을 정도로 정교하고 움직이는 영상에서도 자연스러울 만큼 기술이 고도화되고 있습니다.

영화 '아이리시맨(The Irishman)'의 로버트 드니로(Robert De Niro)는 영화 내에서 딥페이크 기술을 통해 [그림 1-5]의 모습으로 20대 청년부터 40대, 그리고 80대 노년까지 대역 없이 직접 연기를 해냈습니다. 또한, 2016년에 개봉한 '로그 원 : 스타워즈 스토리(Rogue One : A Star Wars Story)'에서는 고인이 된 배우 피터 쿠싱(Peter Cushing)이 딥페이크를 통해 재탄생하여 등장했습니다. 딥페이크 관련 기술은 현재 존재하지 않는 과거의 인물을 불러올 만큼 발전되었습니다.

딥페이크는 긍정적인 사용 사례도 있지만, 범죄에도 악용되어 최근 큰 이슈가 되고 있습니다. 독일의 신용보험사 율러 에르메스(Euler Hermes) 그룹의 CEO 목소리를 위조한 딥페이크 보이스 피싱을 통해 어마어마한 금액을 갈취한 사기 범죄가 있었습니다. 또한, 성범죄에 이용되어 평범한 여성은 물론 걸그룹, 여배우 등의 얼굴을 음란 영상의 여성 몸과 정교하게 합성하여 가짜 영상이 배포되는 사례도 발생하고 있습니다.

[그림 1-5] 영화 '아이리시맨'의 로버트 드니로

과거에는 포토샵이나 컴퓨터 그래픽(Computer Graphics, CG) 기술로 전문가가 직접 영상을 제작했지만, 딥페이크는 잘 제작된 소프트웨어나 모바일 카메라 어플로 일반 사용자도 쉽게 만들 수 있습니다. 인공지능 기술은 인간의 삶을 돕고 이롭게 해야 하며 본질을 잃어 사회적 문제를 일으켜서는 안 됩니다. 세계적으로 딥페이크 영상에 대한 처벌과 규제가 개정되고 있지만, 개인의 노력으로 윤리의식을 갖고 악용하는 행위를 멈추는 것이 가장 우선시되어야 합니다.

1.2 머신러닝(Machine Learning)

》1.2.1 머신러닝이란?《

머신러닝은 기계나 컴퓨터가 데이터로부터 학습할 수 있도록 하는 인공지능 기술 중 하나입니다. 머신러닝을 작동하기 위한 필수 조건은 '데이터'이며, 데이터를 통해 문제를 해결하고자 하는 어떤 분야에서든 머신러닝을 적용한 사례를 쉽게 찾아볼 수 있습니다. 예를 들어, 제조업은 공장 센서를 통해 실시간으로 데이터를 수집하여 제품의 품질을 관리하거나 이상 신호를 탐지하여 설비의 결함을 사전에 대비하는 데 머신러닝을 활용합니다. 마케팅 및 영업 분야에서는 과거 구매자의 검색 및 구매 기록을 통해 앞으로 구매할 가능성이 큰 상품을 추천하기도 합니다. 또한, 운송이나 배달 수요가 늘어나면서 주어진 시간 내에 수익성을 높이고 이동 경로를 효율적으로 배치하는 문제에서도 머신러닝이 핵심 기술로 사용되고 있습니다.

인공지능에 대한 관심이 커지면서 머신러닝 관련 용어들이 혼재되어 사용되고 있습니다. 본격적인 내용을 시작하기 전, 인공지능/머신러닝/딥러닝(Deep Learning) 세 가지 개념에 대해 짚어보도록 하겠습니다.

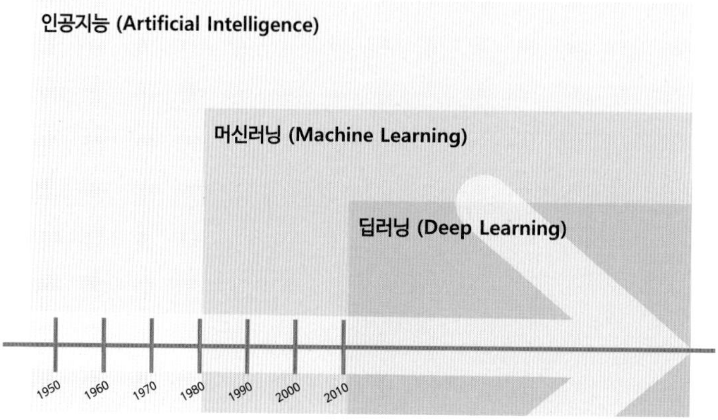

[그림 1-6] 인공지능, 머신러닝, 딥러닝의 관계

[그림 1-6]은 세 가지 개념이 인공지능⊃머신러닝⊃딥러닝 형태의 포함 관계임을 보여줍니다. 인공지능은 가장 넓은 개념으로 컴퓨터 과학(Computer Science)을 이용하는 기술을 통칭합니다. 그중, 데이터를 기반으로 기계를 학습시키려는 분야를 머신러닝이라 부르며 최근에는 머신러닝과 딥러닝을 다음과 같이 구분하여 사용하고 있습니다.

- 인공지능 : 머신러닝과 딥러닝을 포함한 컴퓨터 과학, 전산학, 통계 및 개발 등 모든 관련 기술
- 머신러닝 : 정형 데이터(데이터베이스의 정해진 규칙에 맞춰 행과 열로 구성된 데이터)를 활용한 인공지능 분야
- 딥 러 닝 : 비정형 데이터(영상, 텍스트, 음성 등)를 활용한 인공지능 분야

데이터 형식(정형/비정형)으로 머신러닝과 딥러닝을 구분 짓는 것은 사전적 정의에 기반한 것은 아닙니다. 실제로는 머신러닝과 딥러닝 모두 데이터 형식에 상관없이 모두 적용할 수 있지만, 보통 머신러닝은 정형 데이터에서, 딥러닝은 비정형 데이터에서 성능이 좋기 때문에 위와 같이 의미가 통용되고 있습니다.

딥러닝이 비정형 데이터에서 눈부신 활약을 보여준 대표적인 사례로는 ImageNet Large-Scale Visual Recognition Challenge(ILSVRC) 경진대회가 있습니다. ILSVRC는 [그림 1-7]의 이미지를 분류하는 대회로서 전통적인 영상 인식 알고리즘으로는 약 75%의 정확도밖에 기록하지 못했습니다. 그러던 중 2012년에 딥러닝 기술이 적용된 AlexNet 알고리즘이 84.7%의 정확도를 경신했습니다. 그 이후 ILSVRC 대회의 역대 우승은 모두 딥러닝 기반의 알고리즘이며 2017년 SENet의 경우 97.7%의 정확도를 보여주었습니다. 이러한 사례처럼 여러 비정형 데이터에서 딥러닝이 좋은 성능을 보여주고 있습니다.

[그림 1-7] ILSVRC에서 사용되는 이미지 예시

》1.2.2 머신러닝 구분《

머신러닝의 학습 방법은 [그림 1-8]처럼 지도학습(Supervised Learning), 비지도학습(Unsupervised Learning) 그리고 강화학습(Reinforcement Learning) 세 가지로 구분됩니다.

- 지도학습 : 정답이 주어진 데이터를 활용하여 알고리즘을 통해 산출된 예측값과 정답을 비교하며 학습하는 방법
- 비지도학습 : 정답이 주어지지 않은 데이터를 탐색하여 패턴이나 내부 구조를 파악하는 학습 방법

• 강화학습 : 자신이 한 행동에 대한 보상을 받으며, 그 보상을 최대화할 수 있는 행동을 찾는 학습 방법

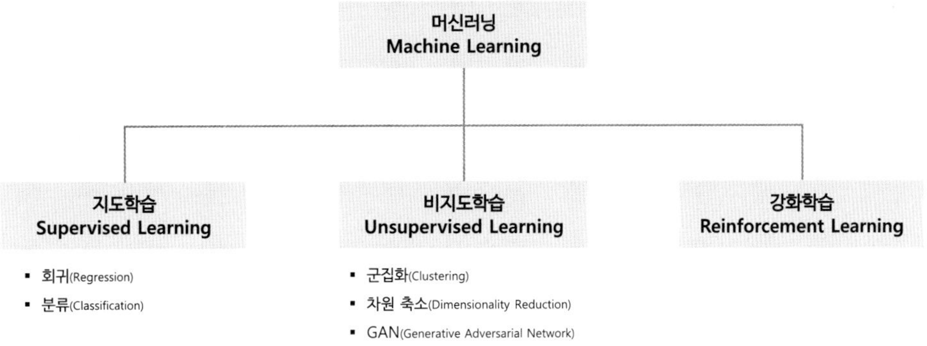

[그림 1-8] 머신러닝 구분

지도학습과 비지도학습에 대해 먼저 살펴본 뒤, 주로 딥러닝으로 구현되는 Generative Adversarial Network(GAN)와 강화학습은 다음 파트에서 소개하도록 하겠습니다.

》1.2.3 지도학습(Supervised Learning)《

지도학습은 정답 혹은 레이블(Label)이 있는 환경에서 입력 데이터(Input Data)에 대한 출력 데이터(Output Data)를 주어 입 · 출력 사이의 관계를 학습하는 것입니다. 마치, 공부하는 학생이 직접 계산한 예측 결과와 선생님이 알려준 정답을 비교하면서 학습 능력을 키우는 과정과 유사합니다. 정답을 비교하고 틀린 정도를 확인할 수 있다는 것과, 알고리즘의 현재 상태를 평가할 수 있다는 것은 지도학습의 가장 큰 장점입니다.

지도학습은 회귀(Regression) 문제와 분류(Classification) 문제로 나눌 수 있습니다. 회귀 문제는 출력 변수가 주가, 속도, 키와 같은 연속형 변수를 예측해야 하는 문제이며, 분류 문제는 출력 변수가 성별, 동물의 종류처럼 두 개 혹은 그 이상의 클래스일 때를 말합니다.

대부분의 지도학습 모형은 회귀나 분류에 상관없이 모두 적용할 수 있지만, 방법론 내부의 손실 함수(Loss Function)가 다르다는 차이점이 있습니다. 손실 함수는 학습 데이터 n개에 대한

예측 결과($\hat{y}_i$)와 실제 정답(y_i) 사이의 차이를 의미하며 얼마나 틀렸는지를 채점하는 함수입니다. 회귀에서 사용하는 대표적인 손실 함수는 평균 제곱 오차(Mean Squared Error, MSE), 분류에서는 교차 엔트로피 오차(Cross Entropy Error, CEE)를 사용합니다.

- MSE : 예측값($\hat{y}_i$)과 실제값(y_i)의 유클리디안 거리(Euclidean Distance)을 측정

$$L = \frac{1}{n}\sum_{i=1}^{n}(y_i - \hat{y}_i)^2$$

- CEE : 두 확률 분포의 차이를 측정

$$L = -\sum_{i=1}^{n} \boldsymbol{P}(x_i)\log \boldsymbol{Q}(x_i)$$

MSE는 두 점 사이의 거리를 구하는 방법과 같아 익숙하지만, 분류 문제의 손실 함수인 CEE는 자주 사용되는 개념은 아니기 때문에 간단한 예제로 살펴보겠습니다. CEE의 두 확률 분포는 실제 데이터의 확률 분포 $\boldsymbol{P}$와 모델이 계산한 확률 분포 $\boldsymbol{Q}$ 입니다. 이미지를 통해 〈개 · 고양이 · 하마〉 세 가지 클래스로 분류하는 문제를 가정하겠습니다. 만약 이미지가 〈하마〉라면, 데이터의 분포 $\boldsymbol{P}(x_i)$는 〈개〉와 〈고양이〉일 확률은 0, 〈하마〉일 확률 1입니다. 이러한 확률 분포를 0으로 이루어진 벡터에 정답을 나타내는 자리에만 1을 지정하는 One-Hot Encoding 방식으로 [0, 0, 1]과 같이 표현합니다. 분류 모델은 〈개 · 고양이 · 하마〉에 대해 예측 확률 분포 $\boldsymbol{Q}(x_i)$ 산출합니다. 만약, 모델이 〈개 · 고양이 · 하마〉를 각각 [0.2, 0.3, 0.5]의 확률로 예측했다면, 실제 데이터 확률 분포와 모델이 계산한 확률 분포를 통해 CEE 계산합니다. 다음과 같이 수식 $-(0\times\log0.2 + 0\times\log0.3 \times 1\times\log0.5) = 0.69$으로 계산된 값을 손실 함수로 사용하고, 분류 모델은 이 손실 함수를 줄이는 방향으로 학습을 합니다.

손실 함수까지 알아보았으니, 이제 대표적인 지도학습 방법론에 대해 소개하겠습니다.

● 선형 회귀 모델(Linear Regression Model)

선형 회귀 모델은 $y=f(X)+\varepsilon$의 형태로 출력 변수(Y)와 입력 변수(X) 사이의 관계를 수학적 모형으로 추정합니다. 즉, 입력 변수로 출력 변수를 예측하거나 입 · 출력 사이의 관계를 규명할 때 수식을 사용합니다. 오차항 ε(Epsilon)은 측정의 한계나 설명될 수 없는 외부 요인에 의하여 생긴 잡음(Noise)을 나타냅니다.

선형 회귀 모델에는 여러 다양한 종류가 있으나 이해를 돕고자, 가장 간단하게 입력 변수가 하나인 단순 선형 회귀(Simple Linear Regression)에 대해 알아보도록 하겠습니다. 단순 선형 회귀의 회귀식은 다음과 같이 나타내며, 오차항을 제외하고 보면 $y = ax + b$의 직선 방정식 형태와 닮은 것을 볼 수 있습니다.

$$y = \beta_0 + \beta_1 x_1 + \varepsilon$$

직선 방정식 b와 a에 대응되는 β_0와 β_1는 y절편과 기울기의 역할을 하며 회귀 계수(Regression Coefficient)라고 합니다. 회귀 계수는 우리가 회귀 모델을 통해 알고 싶은 학습 Parameter(매개변수)입니다. 예를 들어, 광고비(x_1)에 따른 제품 매출액(y)을 알고 싶다면, 광고비와 제품 매출액의 데이터를 통해 회귀 계수를 추정하는 것입니다.

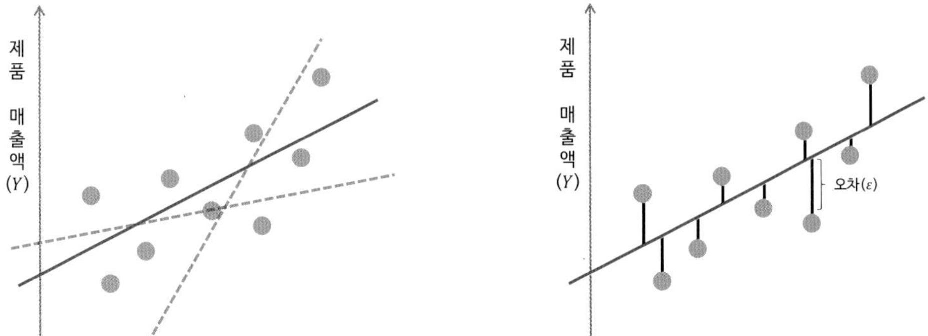

[그림 1-9] 선형 회귀 모델

[그림 1-9]의 왼쪽 그림은 광고비와 제품 매출액의 관계를 표현한 그래프입니다. 그래프를 통해 광고비가 증가하면 제품 매출액이 상승하는 양의 상관관계를 파악할 수 있습니다. 그렇다

면, 두 변수를 가장 잘 설명하는 y절편과 기울기는 어떻게 구할 수 있을까요? 직선을 그었을 때, 실제값과 예측값이 비슷할수록 좋은 직선식이라고 할 수 있습니다. 제품 매출액은 연속형 변수이므로 MSE 손실 함수를 사용하여 아래의 수식으로 실제값과 예측값의 거리를 나타냅니다. 아래의 방정식을 최소로 하는 회귀 계수는 미분으로 구할 수 있습니다. 미분 과정은 본 서적에서는 다루지 않겠습니다.

$$L = \frac{1}{n}\sum_{i=1}^{n}(y_i - \hat{y}_i)^2 = \frac{1}{n}\sum_{i=1}^{n}\{y_i - (\hat{\beta}_0 + \hat{\beta}_1 x_i)\}^2$$

[그림 1-9]의 오른쪽 그래프는 예측값($\hat{y}_i$)과 실제 정답(y_i)의 차이인 오차를 보여줍니다. 손실 함수를 최소화한다는 것은 오차를 최소화하는 것으로 해석할 수 있으며, 오차 제곱의 합을 통해 해를 구하는 방법을 최소제곱법(Least Square Method)이라고 합니다.

입력 변수가 p개인 다중 선형 회귀(Multiple Linear Regression) 모델의 수식은 다음과 같습니다.

$$y = \beta_0 + \beta_1 x_1 + \beta_2 x_2 + \cdots + \beta_{\mathrm{p}} x_p + \varepsilon$$

다중 선형 회귀의 경우 입력 변수를 추가함으로써 설명하지 못하던 오차항의 값을 줄일 수 있습니다. 이전 예제에서 입력 변수로 제품 평점이 추가된다면, 광고비로 제품 매출액을 다 설명하지 못했던 부분을 제품 평점을 보완하여 설명할 수 있습니다.

하지만 꼭 입력 변수가 많을수록 좋은 것은 아닙니다. 변수가 많아질수록 과적합(Overfitting) 또는 다중공선성(Multicollinearity)과 같은 문제가 발생할 수 있습니다. 이러한 문제는 회귀 모델뿐만 아니라 인공지능 전 분야에 걸쳐 나타나는 현상입니다. 과적합은 모델에 사용하는 학습 데이터를 너무 집중적으로 추정함으로써 실제로 맞추어야 할 데이터에 대해서는 잘 맞지 않는 현상을 의미합니다. 과적합의 자세한 내용이 궁금하신 분들은 〈2.5 과적합과 모델 학습법〉 부분을 먼저 보고 오시기를 추천합니다. 회귀 모델은 입력 변수 사이에 독립성을 가정하고 있습니다. 만약 광고 횟수가 입력 변수로 추가된다면, 일반적으로 광고 횟수가 증가하면 광고비도 같이 증가하기 때문에 두 변수가 설명하는 부분이 겹치게 됩니다. 이렇게 입력 변수 사이에 높은 상관관계를 갖는 것을 다중공선성이라고 합니다.

과적합과 다중공선성은 여러 통계적 문제를 일으키는데, 광고 횟수와 광고비 예시처럼 서로 영향을 주는 경우 회귀 계수가 불안정하게 추정되며 데이터의 작은 변화에도 민감하게 반응하게 됩니다. 극단적으로는 회귀 계수의 부호가 실제 영향력과는 반대로 나타날 수도 있습니다.

선형 회귀 모델의 가장 큰 장점은 '설명력'입니다. 다른 지도학습 방법론과 비교하면 선형 회귀 모델은 '예측력' 관점에서 우수한 편은 아닙니다. 하지만 출력 변수와 입력 변수 사이의 관계를 쉽게 설명 가능한 선형 방정식으로 규명하기 때문에 입력 변수가 출력 변수에 대해 어떻게, 얼마만큼 영향을 주는지 알 수 있습니다. 이와 반대로, 복잡하고 예측력이 좋은 모델의 경우에는 설명력이 떨어지는 단점이 있습니다. 방법론을 선택할 때 설명력과 예측력 중 어느 것에 초점을 맞출지 고려해야 합니다.

우리는 앞의 예제를 통해 출력 변수가 연속형인 경우와 변수가 많은 경우 생길 수 있는 문제에 대해 알아보았습니다. 이어서 출력 변수가 범주형일 때 사용하는 로지스틱 회귀(Logistic Regression)을 살펴보고 과적합과 다중공선성을 완화시킬 수 있는 회귀 모델에 관해서도 소개하겠습니다.

1) 로지스틱 회귀 모델(Logistic Regression Model)

만약, 출력 변수가 0 또는 1(생존/사망, 실패/성공)로 범주가 2개인 분류 문제의 경우라면 회귀 모델을 어떻게 적용할 수 있을까요? 선형 회귀 모델을 적용하기에는 [그림 1-10]처럼 출력 범위가 0과 1 사이를 벗어날 수 있기 때문에 부적절합니다. 로지스틱 회귀 모델은 출력값이 범주형인 경우 적용할 수 있는 회귀 모델 중 하나입니다. 범주가 3개 이상인 경우에도 로지스틱 회귀 모델을 적용할 수 있지만, 회귀식이 복잡해지므로 설명력이 장점인 회귀 모델의 매력이 줄어들기 때문에 자주 사용하지는 않습니다.

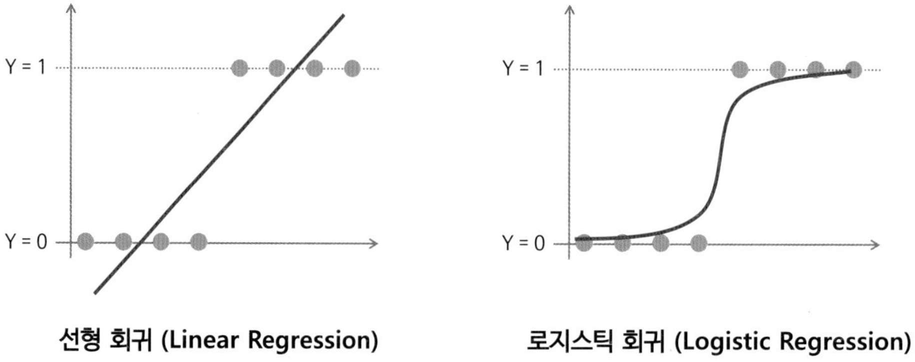

[그림 1-10] 선형 회귀와 로지스틱 회귀

선형 회귀 모델은 출력 변수의 범위가 정해져 있지 않기 때문에, [그림 1-10]에서 보았듯이 0과 1로 이루어진 분류 문제에는 적합하지 않습니다. 로지스틱 회귀에서는 이러한 문제를 해결하기 위해 Odds라는 개념을 사용합니다. Odds는 임의의 사건이 실패할 확률 대비 성공할 확률의 비율을 뜻합니다. 일반적으로 사건의 성공을 $Y=1$로 표현하므로 $P(Y=1)$는 성공할 확률입니다. Odds의 수식은 다음과 같습니다.

$$Odds = \frac{P(Y=1)}{P(Y=0)} = \frac{P(Y=1)}{1-P(Y=1)}$$

하지만 Odds는 0부터 무한대(Infinite, Inf)의 범위를 갖기 때문에 log 함수를 적용하여 범위를 -Inf ~ Inf로 변환합니다. 이로써 선형 회귀 모델을 적용할 수 있게 되었습니다. 로지스틱 회귀 모델은 아래의 식과 같으며 Log Odds로 변환되어 [그림 1-10]과 같이 S자 곡선의 형태를 보입니다. Log Odds의 형태를 시그모이드 함수(Sigmoid Function)라고 하며 딥러닝의 분류 모델에서도 사용됩니다.

$$V_*(s) \quad = \quad \max_a Q_*(s,a)$$

2) Lasso와 Ridge

입력 변수가 많으면 과적합과 다중공선성이 발생할 가능성이 커지기 때문에 변수를 줄이거나 변수의 영향도에 적절한 처리를 하는 노력이 필요합니다. 모델링 관점에서 이러한 문제를 해결하고 일반화된 모델을 구성하는 기법을 일반화라고 하며 모델의 학습 Parameter를 추정하는 과정에서 Penalty Term 등을 추가하여 모델이 일반화를 도모하는 것을 Regularization(정규화)이라고 합니다. 회귀 모델에 Regularization을 적용한 방법론은 Lasso(Least Absolute Shrinkage and Selection Operator)와 Ridge라는 두 개의 모델이 있습니다. 두 방법론은 손실 함수에 Penalty를 추가하여 회귀 계수가 과하게 추정되는 것을 막아줍니다.

$$L = \sum_{i=1}^{n}\left\{y_i - \left(\beta_0 + \sum_{j=1}^{p}\beta_j x_{ij}\right)\right\}^2 + \lambda \cdot penalty$$

위 식의 λ(Lambda)는 Penalty의 영향력을 조절하는 HyperParameter(하이퍼파라미터)로 회귀 계수처럼 추정하는 것이 아니라 우리가 정해야 하는 HyperParameter입니다. Lasso와 Ridge는 Penalty의 종류가 다르며 Lasso는 $\sum_{j=1}^{p}|\beta_j|$ 형식의 L1-Penalty, Ridge는 $\sum_{j=1}^{p}{\beta_j}^2$의 L2-Penalty를 사용합니다. λ를 크게 설정하면, 손실 함수를 최소로 하는 과정에서 Penalty 부분의 회귀 계수를 줄여야 하므로 회귀 계수가 0에 가깝게 수렴됩니다.

"손실 함수+Penalty"를 최소화하는 회귀 계수는 [그림 1-11]에서 손실 함수의 영역(빨간 타원)과 Penalty 영역(하늘색 음영)이 맞닿는 부분입니다. 해당 내용은 제약 조건이 있는 최적화 문제를 푸는 방법인 라그랑주 승수법(Lagrange Multiplier Method)으로써 본 서적에서는 다루지 않겠습니다. [그림 1-11]은 두 모델이 Penalty 형태로 인해 다른 특징을 갖는 것을 보여줍니다. Penalty를 적용하여 구한 회귀 계수(보라색 점)를 보면, Lasso는 상대적으로 중요하지 않은 변수의 회귀 계수를 0으로 만들고, Ridge는 0에 가까운 작은 수로 축소시키는 것을 볼 수 있습니다. 즉, Lasso는 전체 변수 중 일부 변수만을 선택하고, Ridge는 전체적으로 0에 가까운 회귀 계수로 감소시켜 과적합과 다중공선성을 완화시킵니다.

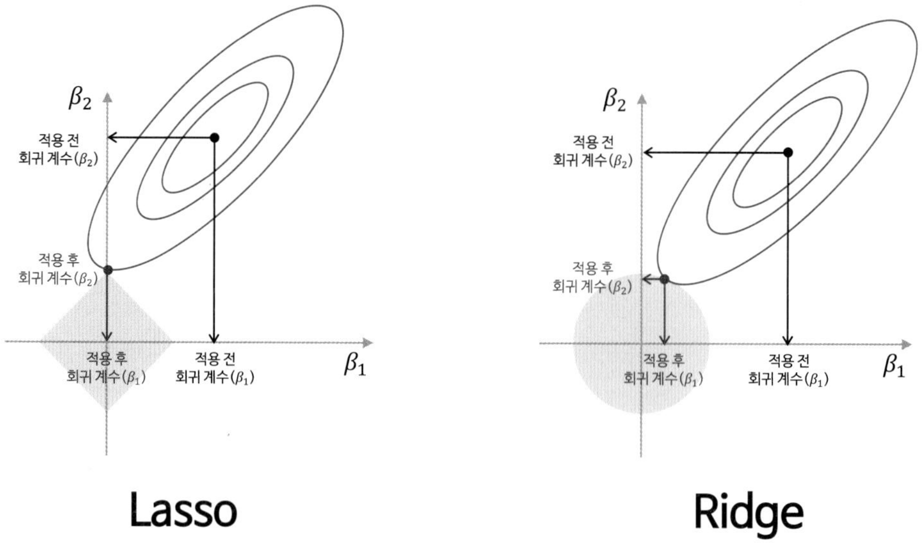

[그림 1-11] Lasso와 Ridge의 변수 추정 방식

- **의사결정 나무(Decision Tree)**

의사결정 나무는 입력 변수를 조합한 규칙으로 출력 변수를 예측하는 모델로 [그림 1-12]과 같이 나무를 뒤집은 모양과 유사한 형태를 보입니다.

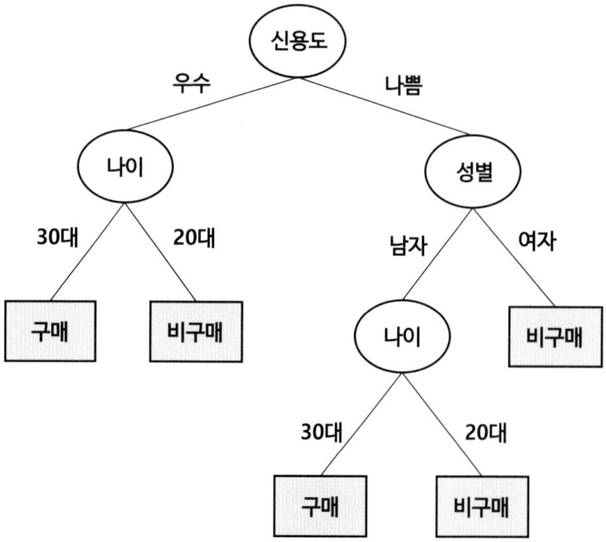

[그림 1-12] 제품 구매 여부에 대한 의사결정 나무

기본적인 모델의 콘셉트는 마치 스무고개처럼 '예' 또는 '아니요'로만 대답하며, 정답의 후보를 줄여가며 최종 정답을 찾아내는 것입니다. 이 모델은 해석이 직관적이라는 장점이 있지만 단일 모델로 사용하기에는 예측 성능이 낮다는 단점이 있습니다. 그렇기에 주로 여러 개의 단일 모델을 통합하여 결과를 도출하는 랜덤 포레스트(Random Forest)와 같은 앙상블(Ensemble) 모형에 자주 사용됩니다.

● Support Vector Machine(SVM)

SVM은 2010년도 초반까지 다양한 분야에서 사용된 방법론으로 예측 성능이 높으며 앞서 언급한 과적합에 면역능력이 있는 모델입니다. 회귀에서는 Support Vector Regression(SVR), 이상치 탐지(Anomaly Detection) 문제에서는 1-Class SVM으로 사용하며, 그중 가장 기본이 되는 분류에서의 SVM을 소개하겠습니다.

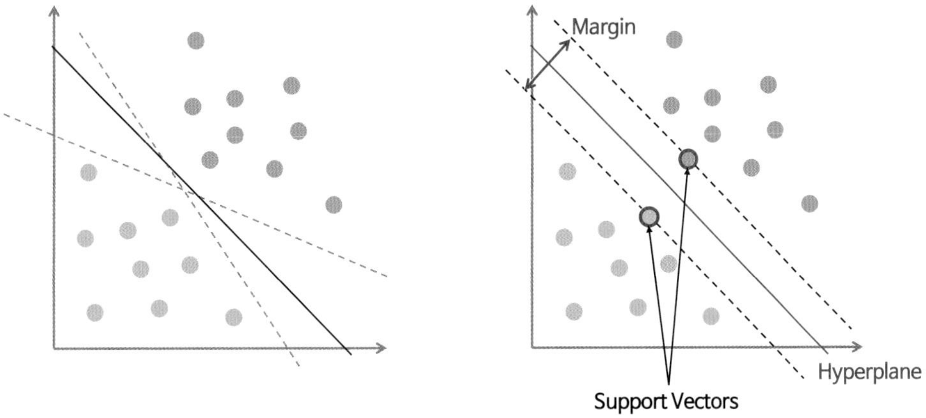

[그림 1-13] SVM

SVM은 클래스를 가장 잘 나눌 수 있는 결정 경계(Decision Boundary)를 정하는 모델입니다. [그림 1-13] 왼쪽 그래프의 선 중 어느 것이 가장 클래스를 잘 나눌 수 있는 경계일까요? 모든 결정 경계가 오분류 없이 두 개의 클래스를 잘 나누었지만, 가운데 실선이 두 클래스를 분류하는 일반화된 가장 좋은 결정 경계선이라고 할 수 있습니다.

각 클래스에서 결정 경계와 가장 가까운 데이터를 서포트 벡터(Support Vector)라고 하며, 두 클래스 사이의 거리를 마진(Margin)이라고 합니다. 마진을 최대화하는 결정 경계를 초평면

(Hyperplane)이라고 하며, 이 초평면을 찾는 것이 SVM의 목적입니다. 만약, 클래스가 완벽하게 분류되지 않는다면 일정 서포트 벡터를 허용하여 초평면을 찾을 수도 있습니다. 즉, 앞서 언급한 과적합 문제를 학습 과정상 어느 정도 회피가 가능하다는 이야기입니다.

SVM은 여러 연구에서 예측 성능으로 상위권에 있는 모델 중 하나이지만, 결정해야 할 HyperParameter가 많고 학습 속도가 느리다는 단점이 있습니다. 데이터의 형태에 따라 학습이 불가능하기도 합니다. 또한, 회귀 모델과 의사결정 나무와는 다르게 해석이 힘들기 때문에 설명력 관점에서는 SVM을 사용하기 어렵습니다.

- **k-Nearest Neighbors(k-NN)**

유유상종(類類相從), "친구를 보면 그 사람을 알 수 있다"라는 말은 취향과 가치관이 비슷한 사람들끼리 같이 어울린다는 뜻입니다. 이러한 가정을 바탕으로 k-NN은 새로운 데이터가 입력되었을 때, 가장 가까운 데이터 k개를 이용하여 해당 데이터를 유추하는 모델입니다. [그림 1-14]에서 새로운 데이터(물음표)의 클래스를 가장 가까운 데이터 5개(파란색 1개, 초록색 1개, 빨간색 3개)를 고려하여 빨간색으로 예측합니다. 우리가 납득하기에도 매우 직관적이고 실제로 많은 연구에서 높은 예측력을 보여준 알고리즘입니다. 하지만 새로 입력되는 데이터와 기존의 데이터 사이의 거리를 모두 계산하고 비교해야 하므로 데이터가 많을수록 학습 속도가 급격하게 느려지는 단점이 있습니다.

이웃의 수 k는 사용자가 정해야 하는 HyperParameter입니다. 만약, k가 너무 작으면 시야가 좁아지면서 과적합의 가능성이 있으며, k가 너무 크면 주변 데이터를 고려하는 의미가 사라지게 됩니다. 적당한 k를 고르기 위해 일부 데이터를 검증용 데이터로 분리하고 k에 따른 분류 정확도를 확인하여 가장 정확도가 높은 k를 선택합니다. 이렇게 데이터를 따로 나누어 HyperParameter를 정하는 학습 방법은 〈2.5 과적합과 모델 학습법〉에서 다시 살펴보도록 하겠습니다.

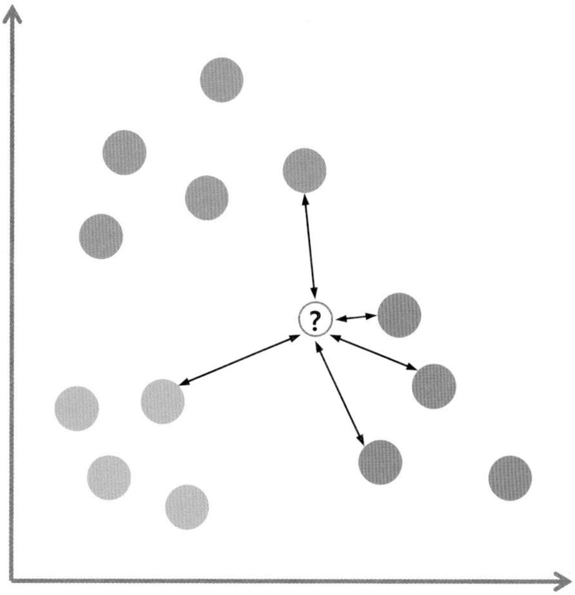

[그림 1-14] k-NN

● **앙상블 모형(Ensemble Model)**

'집단지성'이란 다수의 사람이 서로 협동하거나 경쟁하며 얻는 능력이 개인보다 더 뛰어나다는 것을 의미합니다. 집단지성과 유사하게 앙상블 모형은 여러 모형의 결과를 종합하여 단일 모형보다 정확도를 높이는 방법입니다. 실제로 국내 데이터 분석 대회 및 Kaggle과 같이 예측력을 다루는 대회에서 상위 순위권에 앙상블 모형이 자주 사용되었습니다.

[그림 1-15]는 앙상블 모형이 '표본 추출+모델링' 과정을 여러 번 반복하여 진행됨을 나타냅니다. 반복 모델링한 여러 결괏값을 회귀에서는 평균, 분류에서는 투표를 통한 다수결로 최종 예측값을 결정합니다. 앙상블 모형의 대표적인 방법론으로는 배깅(Bagging), 부스팅(Boosting), 그리고 랜덤 포레스트(Random Forest)가 있습니다.

- 배깅 : Bootstrap Aggregating의 줄임말로 이미 존재하는 데이터로부터 같은 크기의 표본을 여러 번 복원추출한 부트스트랩 표본(Boostrap Sample)에 대해 예측 모델을 생성한 후 그 결과를 조합하는 방법론
- 부스팅 : 부트스트랩 표본을 구성하는 과정에서 이전 모델의 결과를 반영하여 잘못 예측된 데이터의 비율을 높여 더욱 집중적으로 학습하는 방법론

• 랜덤 포레스트 : 배깅의 일종으로 의사결정 나무가 모여 숲을 이룬 것 같은 형태를 말하며, 각 의사결정 나무 모델링 단계에서 변수를 랜덤으로 선택하여 진행하는 방법론

배깅과 랜덤 포레스트는 각 반복의 모델링이 독립적으로 진행되지만, 부스팅은 연속적으로 진행됩니다. 쉽게 말해, 부스팅에서는 첫 번째 모델링 결과를 반영하여 두 번째 모델에 반영하고, 세 번째 모델링을 할 때는 두 번째 모델의 결과를 참고합니다.

또한, 배깅과 부스팅은 각 반복 과정에서 갖고 있는 모든 변수를 기반으로 하여 모델링하지만, 랜덤 포레스트는 변수를 랜덤하게 선택하여 의사결정 나무의 형태에 다양성을 갖도록 합니다.

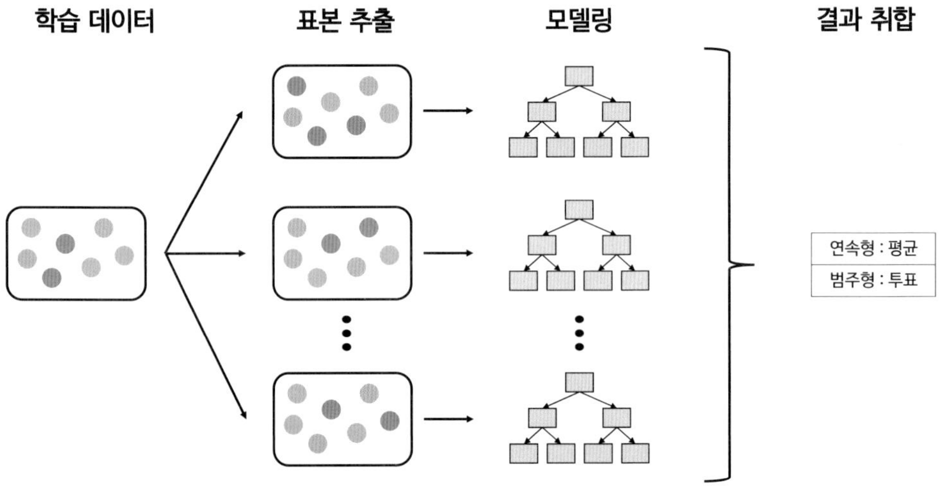

[그림 1-15] 앙상블 모형의 기본 과정

》1.2.4 비지도학습(Unsupervised Learning)《

비지도학습은 정답 혹은 레이블이 주어지지 않은 상태에서의 학습 방법입니다. 주로 비슷한 데이터를 그룹화하거나 데이터의 숨겨진 특징(Feature)을 추출하여 지도학습의 전처리 단계로 사용하기도 합니다. 정답이 없기 때문에 모델 결과에 대해 분석가가 직접 개입하여 해석해야 하는 경우가 많습니다. 본 서적에서 다루는 딥러닝 예제는 주로 지도학습으로 풀어야 하는

문제이기에, 비지도학습에 대해서는 간단하게 다루도록 하겠습니다.

• 군집화(Clustering)

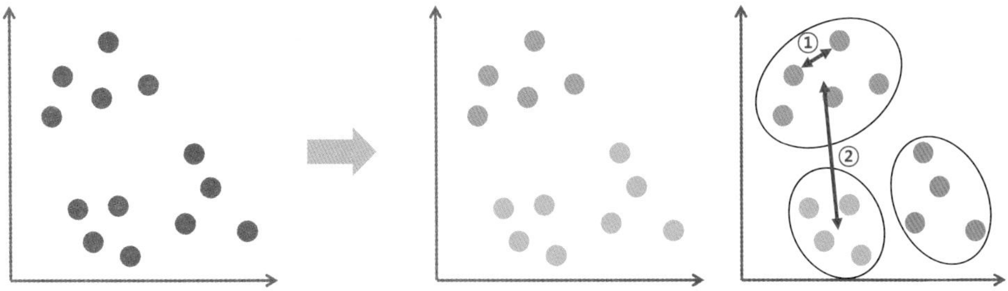

[그림 1-16] 군집화의 원리와 군집 개수에 따른 결과

군집화는 데이터를 분류하기 위한 명확한 기준이 존재하지 않은 상태에서 특징이 유사한 데이터끼리 묶어 여러 개의 군집(클러스터, 부분 또는 그룹)으로 나누는 방법입니다. 군집의 개수는 분석 목적에 따라 사전에 정의하거나 군집 정도를 나타내는 지표(Dunn Index, Silhouette 등)를 참고하여 정할 수 있습니다. 군집 과정은 [그림 1-16]의 ①군집 내 응집도 최대화, ②군집 간 분리도 최대화 두 가지 원리를 토대로 진행됩니다.

- 군집 내 응집도 최대화 : 동일한 군집에 소속된 개체들은 서로 유사할수록 좋음
- 군집 간 분리도 최대화 : 상이한 군집에 소속된 개체들은 서로 다를수록 좋음

카드 회사에서는 군집화를 통해 카드 결제 내역이 유사한 고객끼리 그룹으로 묶어 군집 특성에 따라 특화된 마케팅 전략을 세우곤 합니다. 군집화의 대표적인 방법론에는 k-Means Clustering, Hierarchical Clustering, Density-Based Spatial Clustering of Applications with Noise(DBSCAN) 등이 있습니다.

• 차원 축소(Dimensionality Reduction)

입력 변수의 개수는 공간의 차원을 의미합니다. 변수 1개는 1차원 그래프인 직선으로, 변수 2개는 2차원의 평면, 변수 3개는 X, Y, Z축의 3차원 공간으로 표현할 수 있습니다. [그림 1-17]

은 차원이 높아질수록 해당 공간을 채우기 위해서 많은 블록이 필요하다는 것을 보여줍니다. 즉, 입력 변수의 개수가 많을수록 해당 공간을 설명하기 위해서는 학습 데이터가 많이 필요하다는 것을 말합니다. 그렇기 때문에 불필요한 변수가 포함된다면 모델 성능에 악영향을 줄 수 있고 이러한 현상을 차원의 저주(The Curse of Dimensionality)라고 합니다.

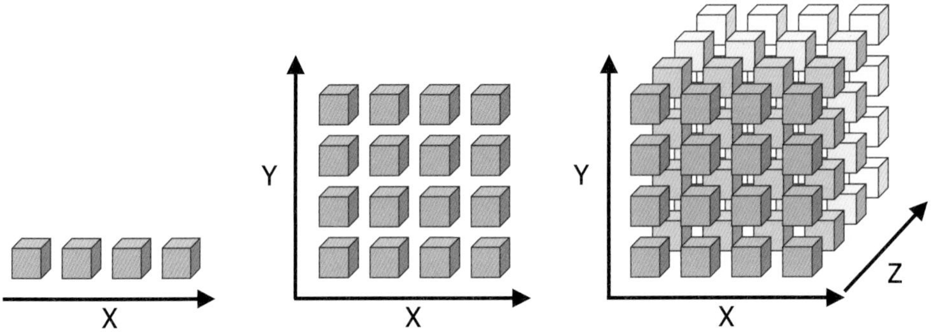

[그림 1-17] 차원의 저주

차원의 저주를 완화하고자 변수의 개수를 줄이는 변수 선택(Feature Selection)과 변수 추출(Feature Extraction) 방법론을 사용합니다. 변수 선택은 갖고 있던 변수 중에서 일부 변수만 선택하여 학습에 사용하는 것입니다. 반면, 변수 추출은 변수를 조합하여 새로운 변수로 재창조하는 것입니다. 예를 들어, 학생 평가 요소인 모의고사 성적, 내신 성적, 봉사 점수, 그리고 대외활동 점수의 4가지 점수를 다음과 같이 2가지의 항목으로 줄일 수 있습니다. 모의고사와 내신 성적을 조합한 '학업 성적'과 봉사와 대외활동 점수를 조합한 '커뮤니케이션 능력'으로 새로운 변수를 생성하는 것입니다. 이렇게 고차원의 데이터를 저차원의 데이터로 축소하는 방법을 차원 축소라고 합니다.

차원 축소는 차원의 저주를 해결할 수 있는 방법 중 하나이며 고차원 데이터를 인간이 인지할 수 있는 2, 3차원으로 축소하여 데이터를 시각화할 수 있다는 장점도 있습니다. 차원 축소 방법론으로는 Principal Component Analysis(PCA), 다차원 척도법(Multi-Dimensional Scaling, MDS), Locally Linear Embedding(LLE), t-Stochastic Neighbor Embedding(t-SNE) 등이 있습니다.

》1.2.5 과적합과 모델 학습법《

앞서 '과적합'이라는 단어가 자주 등장했습니다. 과적합을 피하는 것이 왜 중요할까요? 우리는 머신러닝이나 딥러닝을 통해 보지 못한 새로운 데이터를 잘 예측하고 싶습니다. 하지만 갖고 있는 데이터에 대해서만 너무 완벽하게 모델을 만든다면 우리가 보지 못한 데이터는 잘 맞히지 못할 가능성이 큽니다.

과적합은 주로 3가지 이유로 인해 발생합니다.

1. 데이터 수가 적은 경우
2. 입력 변수의 개수가 많은 경우
3. 복잡한 모델을 사용한 경우

데이터가 부족한 경우라면, 데이터를 더 많이 취득하거나 비슷한 데이터를 증강시키는 Data Augmentation 기술을 통해 인위적으로 늘리면서 극복할 수 있습니다. 복잡한 모델을 사용하는 경우는 [그림 1-18]을 통해 보도록 하겠습니다. 2차 곡선일 때 데이터를 충분히 설명할 수 있는 상태에서 직선으로 모델을 적용시키면 데이터를 잘 설명하지 못하는 과소적합(Underfitting) 문제가 발생하지만, 고차원의 복잡한 곡선 모델을 사용하면 데이터를 설명하기 복잡해지는 과적합 문제가 생깁니다.

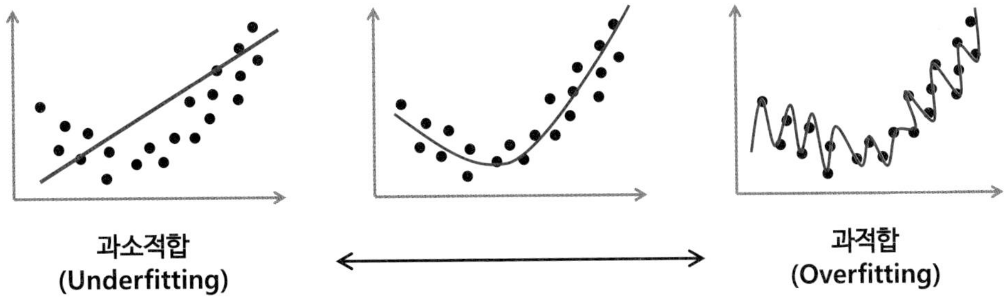

[그림1-18] 모델 적합 정도

복잡한 모델이라는 것은 인공신경망(Artificial Neural Network)처럼 모델 자체가 복잡한 경우도 있지만, 입력 변수가 많은 경우도 포함합니다. 모델 복잡도를 낮추기 위해서는 Lasso와

Ridge처럼 Penalty를 통한 Regularization과 입력 변수의 수를 줄이는 차원 축소 기법을 활용할 수 있습니다.

하지만 우리가 사용한 모형이 과소적합된 모델인지, 과적합된 모델인지 판단하기는 어렵습니다. 일반적으로 모델의 현재 성능을 검증하기 위해 [그림 1-19]처럼 데이터를 학습 · 검증 · 평가 세 부분으로 나누어 실험을 설계합니다. 데이터를 이렇게 나누는 것은 마치 고등학생의 학습 과정과 비슷합니다. 학생은 문제집을 통해 학습하고 모의고사를 통해 현재 자신의 능력을 검증합니다. 이때, 모의고사 점수를 통해 앞으로 어떠한 과목 또는 영역이 부족한지를 인지하고 학습 방법을 조정합니다. 그리고 마지막으로 수능을 통해 학업 능력을 평가받게 됩니다. 문제집, 모의고사, 수능은 각각 학습, 검증, 테스트 데이터에 대응됩니다.

- 학습 데이터(Training Data) : 모델을 학습시키기 위한 데이터를 의미합니다.
- 검증 데이터(Validation Data) : 모델의 성능을 조정하기 위한 용도로 과적합 판단을 하거나 HyperParameter를 선택하기 위한 데이터입니다. 즉, 학습 데이터로 학습된 모델을 검증 데이터에 적용하여 정확도를 확인하며, HyperParameter가 적용된 다양한 모델들의 성능을 비교하여 적절한 HyperParameter를 선정합니다.
- 테스트 데이터(Test Data) : 최종적으로 결정된 모델의 성능을 측정하는 데이터입니다. 검증 데이터는 HyperParameter에 따른 모델의 성능을 파악하기 위해 정답을 알고 있다는 가정하에 사용됩니다. 반면, 테스트 데이터는 실제로 모델을 적용했을 때 "모델의 성능은 이 정도 됩니다"라는 것을 이야기하기 위한 것이기에 정답을 모르는 상태임을 가정합니다.

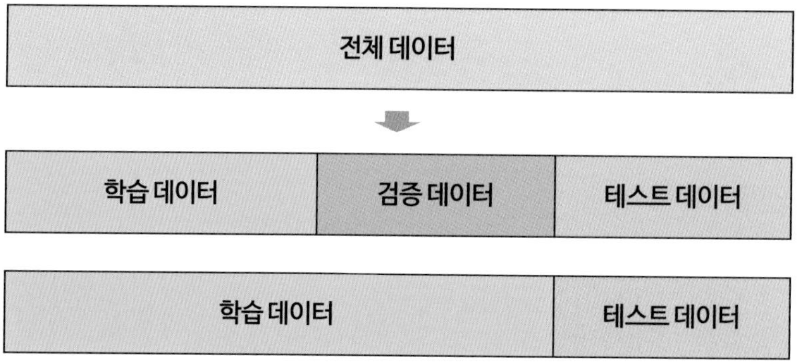

[그림 1-19] 학습 · 검증 · 테스트 데이터 분할

데이터를 분할하면 학습 데이터의 크기가 작아지면서 모델이 불안정해질 수 있기 때문에 가진 데이터가 적을 때나, 모델의 일반화된 성능을 확보하기 위해 검증 데이터를 생략하는 경우도 있습니다. 학습 · 검증 · 테스트 데이터를 나누는 비율은 정해져 있지는 않지만, 주로 7:2:1 또는 6:2:2 비율로 구성합니다.

다시 과적합 이야기로 돌아갑시다. 모형이 과적합된 상황을 어떻게 알 수 있을까요? 과소적합의 경우 학습 데이터를 잘 설명하지 못하기 때문에 검증 데이터 역시 잘 예측할 수 없습니다. 반면, 과적합은 학습 데이터에만 과하게 적합된 상태이기 때문에 검증 데이터에서는 오히려 예측력이 떨어지게 됩니다. 마치 문제집을 이해하지 않고 문제 자체를 통째로 외워버린 학생이 문제집에서는 본 적이 없는 수능 문제를 못 푸는 것과 같습니다. 이러한 현상을 [그림 1-20]으로 나타낼 수 있습니다. 모델 복잡도에 따른 학습 데이터와 검증 데이터의 오차를 통해 현재 모델의 상태를 살펴볼 수 있습니다. 이상적이며 가장 좋은 모델은 너무 간단하지도 않고 복잡하지도 않은, 검증 데이터의 오차가 가장 낮은 복잡도의 모델입니다.

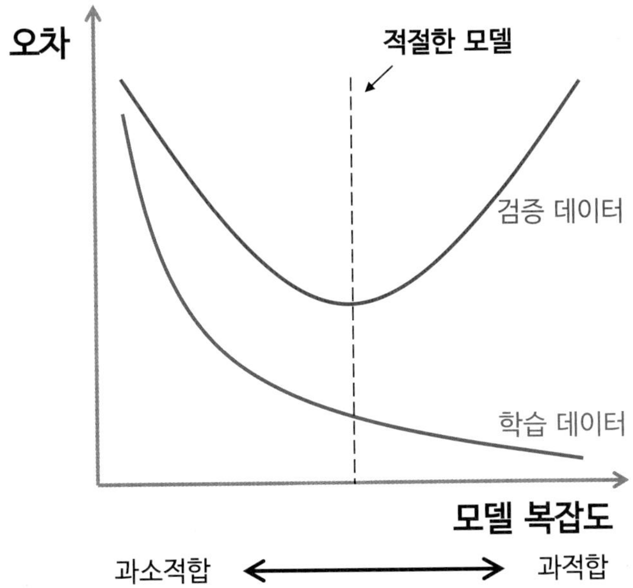

[그림 1-20] 모델 복잡도에 따른 학습 · 검증 오류

》1.2.6 성능 지표《

머신러닝의 마지막 파트로 모델 성능 지표에 대해 알아보겠습니다. 이전에 손실 함수에 대해 살펴보았는데 손실 함수와 성능 지표는 수식이 같은 경우가 많습니다. 하지만 이 둘은 사용 목적이 다르기 때문에 구분할 필요가 있습니다. 손실 함수는 모델을 학습시킬 때 어떠한 방향으로 학습을 해야 할지 방향성을 제시하고 학습 Parameter를 추정하는 데 영향을 줍니다. 반면, 성능 지표는 학습이 완료된 모델의 성능을 평가하고자 검증 및 테스트 데이터로 측정하고 모니터링하는 수단입니다. 모델에는 어떠한 영향도 미치지 않습니다.

성능 지표도 손실 함수와 마찬가지로 문제의 목적이 회귀 또는 분류인지에 따라 결정됩니다.

- **회귀**

연속형 출력 변수를 예측하는 회귀 문제에서 대표적으로 사용되는 성능 지표는 MSE와 Mean Absolute Percentage Error(MAPE)가 있습니다. MAPE는 실제값 대비 오차의 정도를 퍼센트 값으로 나타내기 때문에 출력 변수의 단위에 영향을 받지 않는다는 장점이 있습니다. y_i와 $\hat{y}_i$는 각각 실제값과 예측값을 나타냅니다.

$$MSE = \frac{1}{n}\sum_{i=1}^{n}(y_i - \hat{y}_i)^2$$

$$MAPE = \frac{1}{n}\sum_{i=1}^{n}\frac{|y_i - \hat{y}_i|}{y_i} \times 100$$

- **분류**

범주형 출력 변수를 예측하는 분류 문제에서는 [그림1-21] Confusion Matrix의 형태로 모델 성능을 판단합니다. Positive는 우리가 예측하고자 하는 주요 이벤트 발생을 말하며 $Y=1$로 표현합니다.

		예측값	
		Positive	Negative
실제값	Positive	TP (True Positive)	FN (False Negative)
	Negative	FP (False Positive)	TN (True Negative)

[그림 1-21] Confusion Matrix

- 정확도(Accuracy) : 전체 데이터 중 모델이 올바르게 분류한 비율

$$\text{정확도} = \frac{TP + TN}{TP + FN + FP + TN}$$

- 정밀도(Precision) : 예측값이 Positive라 분류된 것 중 실제값이 Positive인 비율

$$\text{정밀도} = \frac{TP}{TP + FP}$$

- 재현도(Recall) : 실제값이 Positive인 것 중 예측값이 Positive라 분류된 비율

$$\text{재현도} = \frac{TP}{TP + FN}$$

- F1 Score : 정밀도와 재현도의 조화평균

$$F1\ \ Score = \frac{2 \times Precision \times Recall}{Precision + Recall}$$

분류 문제에서는 각 클래스가 갖는 데이터량의 차이가 큰 경우 데이터 불균형 문제(Data Imbalanced Problem)가 발생합니다. 예를 들어, 금융 회사나 온라인 쇼핑에서 사기 거래를 막고자 결제 내역을 확보한다면 대부분의 데이터는 정상 거래 내역일 것입니다. 아주 극소수의 데이터만이 금융 사기 거래에 속하게 됩니다.

이러한 상황에서 성능 지표로 정확도를 사용하면 어떻게 될까요? 100개의 거래 내역 중 99개가 정상 거래(Negative), 오직 1개만 금융 사기 거래(Positive)라고 가정하겠습니다. 만약 머신러닝 방법론을 통해 예측값 100개 모두가 '정상 거래'로 판정된다면, 해당 모형은 99/100 = 99%의 정확도를 갖습니다. 하지만 과연 이 모형이 성능이 좋다고 할 수 있을까요? 일반적으로 '금융 사기 거래'를 탐지하는 것이 목표이기 때문에 정확도보다는 정밀도 성능 지표를 살펴보는 것이 더욱 적절합니다. 정밀도는 0/1 = 0%의 성능을 보여줍니다. 즉, '금융 사기 거래'를 전혀 탐지하지 못하는 모형이라고 결론지을 수 있습니다.

데이터 불균형 문제는 우리 주변에서 흔하게 접할 수 있는 문제입니다. 데이터 불균형 상황에서 성능 지표를 잘못 사용하면 마치 예측력이 좋은 모형이라고 판단할 수 있기 때문에 여러 관점으로 주의 깊게 살펴볼 필요가 있습니다.

PART 2

딥러닝

Deep Learning

2.1 딥러닝이란?

딥러닝(Deep Learning)은 지지부진했던 인공지능 연구를 촉진시키고 이미지나 음성, 텍스트와 같은 비정형 데이터에서 획기적인 성능 향상을 보여준 인공지능의 핵심 기술입니다. 딥러닝 구조를 알아보기 전, 머신러닝과 딥러닝의 차이점을 짚고 넘어가겠습니다.

	머신러닝	딥러닝
활용 데이터 형태	정형 데이터	비정형 데이터
데이터 의존도	데이터가 적어도, 적정 수준의 성능 확보 가능	데이터가 적으면, 성능이 좋지 않음
하드웨어 의존도	저사양 하드웨어에서 실행 가능	고사양 하드웨어 (Graphics Processing Unit, GPU) 필요
설명력	회귀분석, 의사결정 나무 등 설명력이 강점인 방법론이 있음	모델 내부 연산 논리에 대해 추론이 어려움
문제 해결 방법	분석가가 임의로 문제를 여러 단계로 나누어 해결	End-to-End 방식으로 입력부터 출력까지 분석가의 개입 없이 가능
특징(Feature) 추출	도메인 지식 또는 분석가의 의견이 반영되어 생성(Feature Engineering)	딥러닝 네트워크 내부에서 스스로 학습 (Feature Extraction)

[표 2-1] 머신러닝과 딥러닝의 차이

[표 2-1]은 머신러닝과 딥러닝을 비교했을 때 상대적인 차이점을 보여줍니다. 딥러닝은 이미지나 텍스트와 같은 복잡한 구조의 비정형 데이터를 다룰 때 머신러닝보다 잘 작동합니다. 비정형 데이터의 경우 일반적으로 높은 차원의 형태로 구성되어 있습니다. 예를 들면, 이미지의 경우 픽셀 하나가 정형 데이터의 한 개의 변수와 대응됩니다. 만약, 28×28 픽셀로 구성된 이미지는 784개의 컬럼(열)으로 구성된 정형 데이터로 표현됩니다. 자세한 내용은 〈3.1 Convolutional Neural Network(CNN)〉를 참조하시길 바랍니다. 차원이 높은 만큼 모델을 잘 학습시키기 위해서는 대용량 데이터가 필수이며 딥러닝은 내부가 복잡하고 연산량이 많기 때문에 고사양 하드웨어가 필요합니다.

전통적인 음성 인식 시스템은 임의로 생성한 특징을 오디오에서 추출하고, '음소'라고 불리는 발음의 기본 요소를 인식하여 인식된 음소들을 연속되게 나열하면서 텍스트 문장으로 전환합니다. 하지만 End-to-End 방식을 추구하는 딥러닝은 음성이 입력되면 완성된 문장까지 바로 출력하도록 하나의 네트워크로 구성됩니다. 이 과정에서 딥러닝 네트워크는 음성이 텍스트로 잘 전환되게 하는 특징을 추출하기 때문에 인간의 개입 없이 학습이 가능합니다. 단, 추출된 특징은 복잡하기 때문에 우리가 이해하거나 해석하기에는 어려움이 있습니다.

딥러닝은 인공신경망(Artificial Neural Network)에서 발전된 기술로 사람의 뇌 구조를 모방하여 설계되었습니다. 뇌의 기본 단위인 뉴런의 역할을 하는 퍼셉트론(Perceptron)을 시작으로 딥러닝 고급 기술까지 살펴보도록 하겠습니다.

2.2 딥러닝 발전 과정

》2.2.1 퍼셉트론(Perceptron)《

사람의 뇌에는 뉴런(Neuron)이라고 하는 수천억 개의 신경 세포가 모여 있습니다. 뉴런은 여러 자극을 입력받아 어떠한 연산으로 합산을 한 뒤 다음 뉴런으로 신호를 전달합니다. 이때 합산된 신호 값이 임의의 임계값 이상이면 다음 뉴런으로 출력하고, 그렇지 않으면 아무것도

하지 않습니다. 이와 유사하게 딥러닝은 기본 단위인 퍼셉트론으로 작동됩니다. 퍼셉트론도 뉴런과 마찬가지로 데이터를 입력받아 가중치와 입력값을 조합하여 다음 퍼셉트론으로 전달하는 구조로 되어 있습니다.

초파리는 약 10만 개의 뉴런만으로도 음식을 찾아 섭취하고 위험을 감지하여 피하는 등 상당히 복잡한 업무도 수행해냅니다. 인간은 약 수천억 개의 뉴런이 있기 때문에 훨씬 더 어려운 일들을 해낼 수 있습니다. 인공신경망은 퍼셉트론 여러 개가 모여 복잡한 업무를 수행하는 네트워크 구조라고 할 수 있으며 딥러닝은 인공신경망을 더 크고 깊게 확장한 것입니다.

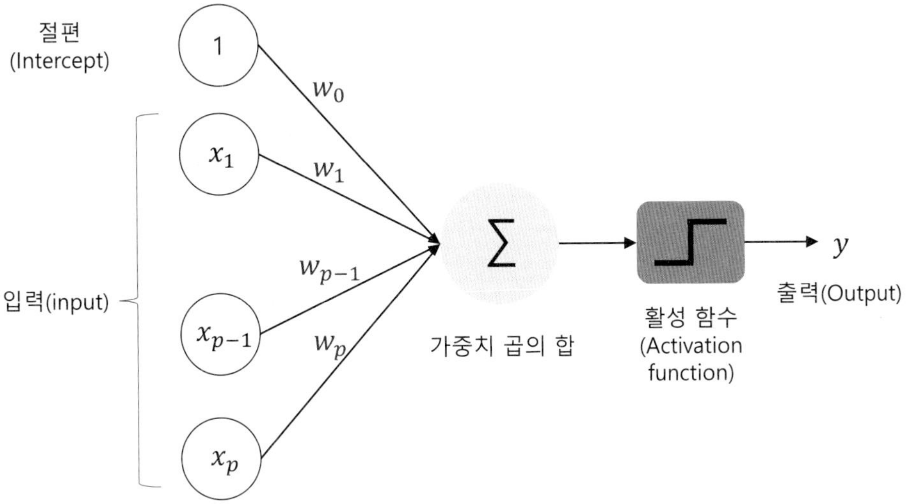

[그림 2-1] 퍼셉트론 구조

[그림 2-1]을 통해 퍼셉트론의 동작 원리에 대해 알아보겠습니다. 1, x_1, x_2, ⋯, x_p는 입력 신호, y는 출력 신호, w_0, w_1, ⋯ ,w_p는 가중치(Weight)를 나타냅니다. 회귀 모델과 비교하면, 가중치는 회귀 계수와 같은 학습 Parameter입니다. 입력 신호와 가중치의 곱을 모두 더한 값이 활성 함수(Activation Function)를 통하게 됩니다. 활성 함수는 뉴런처럼 합산된 신호 값을 활성화시켜 다음 퍼셉트론으로 넘겨줄 것인지를 결정합니다. 가장 간단한 활성 함수는 다음 수식처럼 합산된 신호 값이 특정 임계치(θ)보다 크면 1을 출력하고, 아니면 0을 출력하는 계단 함수(Step Function)입니다.

$$y = f(x) = \begin{cases} 1 & (w_0 + w_1x_1 + \cdots + w_px_p > \theta) \\ 0 & (w_0 + w_1x_1 + \cdots + w_px_p \leq \theta) \end{cases}$$

하지만 퍼셉트론은 선형 회귀 모델의 형태에서 출력값을 1 또는 0밖에 만들지 못하기 때문에 간단한 선형 분류(Linear Classification) 문제만 다룰 수 있습니다. [그림 2-2]처럼 평면상에서 직선으로 풀지 못하는 상황은 퍼셉트론에 적합하지 않습니다. 하지만 뉴런이 모여 인간의 뇌를 구성하듯이, 퍼셉트론이 여러 개 모인 다층 퍼셉트론(Multi-Layer Perceptron, MLP)은 보다 복잡한 문제를 해결할 수 있습니다.

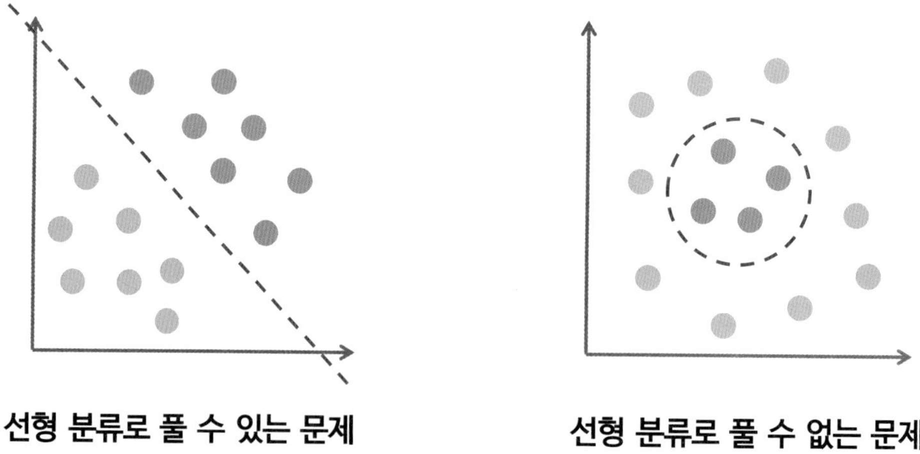

[그림 2-2] 선형 분류 문제

》2.2.2 다층 퍼셉트론(Multi-Layer Perceptron)《

[그림 2-3] 다층 퍼셉트론(Multi-Layer Perceptron, MLP)은 입력층(Input Layer)과 출력층(Output Layer) 사이에 한 개 이상의 은닉층(Hidden Layer)이 쌓인 구조입니다.

- 입력층(Input Layer) : 입력 데이터를 받는 Layer
- 은닉층(Hidden Layer) : 이전 레이어의 출력과 가중치 곱의 합을 입력받음으로써 활성 함수가 적용된 Layer

• 출력층(Output Layer) : 다층 퍼셉트론에서 최종 결과를 얻는 Layer

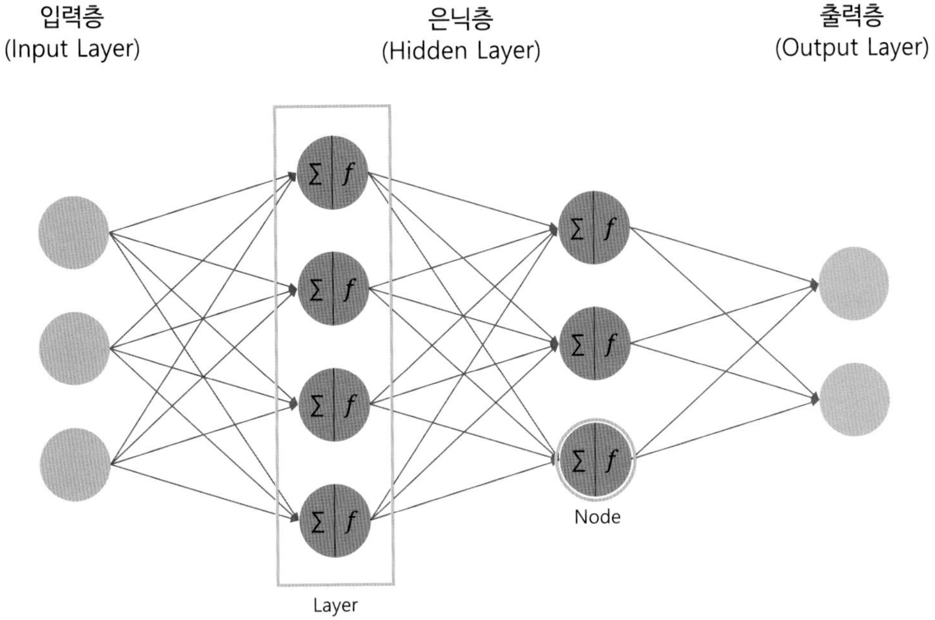

[그림 2-3] 다층 퍼셉트론 구조

입력층은 입력 변수 개수만큼, 출력층은 예측 변수 개수만큼의 Node를 갖기 때문에 데이터에 의해 정해지지만, 은닉층의 Layer와 Node 개수는 네트워크를 설계하면서 직접 설정해야 합니다. 은닉층의 각 Node에서 퍼셉트론 연산이 적용되기 때문에 다층 퍼셉트론에서 Layer와 Node 수가 증가할수록 더욱 복잡한 문제를 풀 수 있습니다.

각 Layer 사이의 Node는 가중치로 연결되어 있습니다. 학습 Parameter인 가중치는 어떻게 구할 수 있을까요? 다층 퍼셉트론은 순전파(Feed Forward)와 역전파(Back Propagation)를 반복하면서 가중치를 추정합니다. 처음에는 가중치 값을 랜덤으로 주고 입력층에서 출력층의 방향으로 단순 연산을 합니다. 이렇게 입력층에서 출력층의 방향으로 연산하는 것을 Feed Forward라고 합니다. 하지만 가중치를 임의로 주었기 때문에 출력값은 당연히 실제 정답과 매우 다를 것이며, 이때 출력값과 실제값의 오차를 계산합니다. 이번에는 출력층에서 입력층의 방향으로 오차를 줄일 수 있게 가중치를 조정합니다. 이 과정을 Back Propagation라고 부릅니다. 업데이트된 새로운 가중치로 다시 Feed Forward 연산을 하여 출력값을 구합니다. 다층 퍼셉트론에서는 Feed Forward와 Back Propagation를 반복해서 오차를 줄일 수 있는 가중치를 학습합니다. 갖고 있는 모든 데이터에 대해 Feed Forward와 Back Propagation를 한 번씩 진행한 것을 하나의 세대(Epoch)라고 하며, 많은 Epoch이 진행되면 우리가 찾아야 하는 실제 가중치와 추정된 가중치가 유사할 것이라고 가정합니다.

》2.2.3 인공신경망 핵심 알고리즘《

다층 퍼셉트론을 포함한 퍼셉트론 구조의 모든 네트워크를 인공신경망이라고 통칭합니다. 인공신경망의 성능을 높일 수 있는 핵심 알고리즘에 대해 알아보도록 하겠습니다.

• 미니 배치(Mini-Batch)

머신러닝보다 비교적 복잡한 모형인 인공신경망은 안정적인 학습을 위해 대용량의 데이터가 필요합니다. 하지만 데이터가 클수록 계산량이 많아지고 하드웨어의 메모리 한계에 부딪힐 수 있기 때문에 인공신경망에서는 데이터를 작은 단위로 나누어 학습합니다. 앞서 보았던 학습 · 검증 · 테스트 데이터로 나누는 것과는 전혀 다른 개념이며 학습 데이터에서 다뤄지는 것임을 주의합시다.

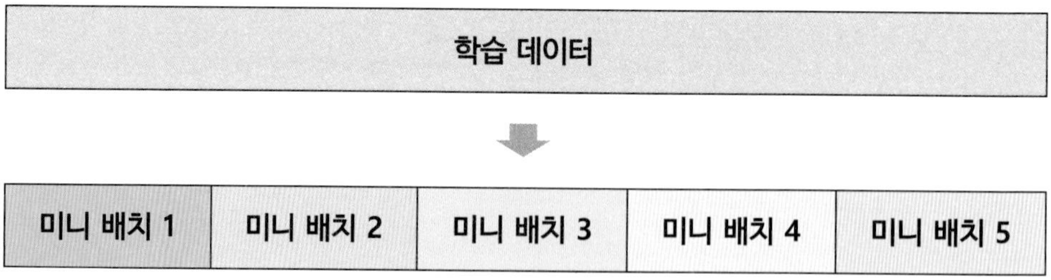

[그림 2-4] 미니 배치

미니 배치라는 것은 학습 데이터를 [그림 2-4]처럼 나눈 것입니다. 미니 배치는 순차적으로 모델에 사용됩니다. 즉, 첫 번째 미니 배치를 통해 Feed Forward와 Back Propagation를 진행한 후 두 번째 미니 배치를 통해 Feed Forward와 Back Propagation를 반복합니다. 모든 미니 배치에서 학습이 수행되면 하나의 주기인 Epoch이 끝납니다. 미니 배치를 단순히 '배치'라고도 표현합니다.

• 경사하강법(Gradient Descent Method)

인공신경망의 가중치는 Feed Forward와 Back Propagation를 반복하면서 오차를 줄이는 방향으로 학습된다고 배웠습니다. 회귀 모델의 회귀 계수와 인공신경망의 가중치 학습 방법이 다름을 눈치채신 독자분들도 있으실 것입니다. 두 방법론에는 어떠한 차이가 있는지, 구체적으로 어떻게 오차를 줄이는 방향을 찾고 가중치가 업데이트되는지 조금 더 살펴보도록 하겠습니다.

선형 회귀 모델의 손실 함수인 평균 제곱 오차(Mean Squared Error, MSE)는 다음과 같이 각 회귀 계수에 대한 2차 함수입니다.

$$L(\beta) = \frac{1}{n}\sum_{i=1}^{n}(y_i - \hat{y}_i)^2 = \frac{1}{n}\sum_{i=1}^{n}\{y_i - (\hat{\beta}_0 + \hat{\beta}_1 x_i)\}^2$$

MSE의 그래프는 [그림 2-5]와 같이 포물선의 형태로 나타나는데 우리가 찾는 최적의 회귀 계수는 손실 함수가 가장 작은 부분에서 구합니다. 수식으로는 MSE를 회귀 계수로 미분하여 기울기가 0이 되는 지점으로 선택합니다. 회귀 모델의 손실 함수는 간단하므로 미분으로 다소 쉽게 최적의 회귀 계수를 구할 수 있습니다.

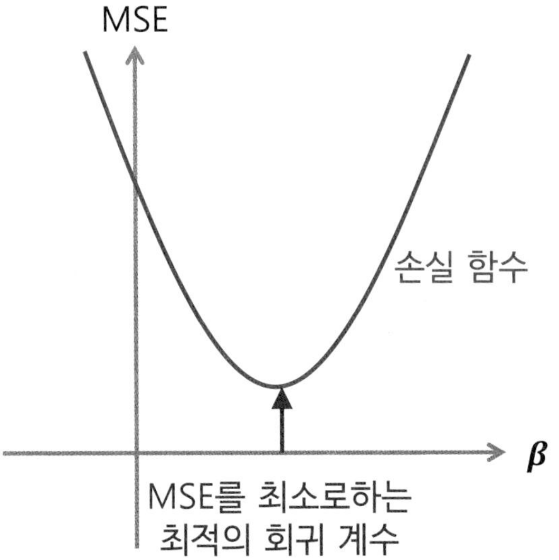

[그림 2-5] 선형회귀모델 손실함수

반면, 인공신경망은 활성 함수로 비선형 함수를 사용하며 은닉층이 깊어질수록 함수가 복잡해지기 때문에 미분하여 손실 함수의 최소점을 간단하게 찾을 수 없습니다. 그러므로 Feed Forward와 Back Propagation를 반복하면서 최적의 가중치를 탐색합니다. 이때, Back Propagation 과정에서 오차를 줄이는 방향으로 가중치를 업데이트하는 방식을 '경사하강법'이라고 합니다.

경사하강법의 원리는 눈을 가리고 지도나 나침반 없이 산속에서 가장 낮은 지점으로 하산하는 것과 같습니다. 어떻게 가장 빠르면서 최소 지점으로 산을 내려올 수 있을까요? 산 중턱에 덩그러니 서 있기 때문에 유일하게 알 수 있는 정보는 주위 여러 방향으로 한 걸음 내디뎠을 때 땅의 가파른 정도인 기울기입니다. 만약 제자리에서 4개의 방향으로 기울기를 감지했다면, 빠르게 하산하기 위해 가장 기울기가 가파른 방향으로 움직일 것입니다.

다시 말해, 경사하강법은 현재 손실 함수의 위치에서 가장 기울기가 가파른 방향으로 학습 Parameter를 업데이트하는 것입니다. 기울기는 Gradient라고 불리며 미분을 통해 구할 수 있습니다. 그다음으로 정해야 할 것은 한 걸음을 얼마만큼의 보폭으로 내디딜 것인가에 해당하는 학습률(Learning Rate, η)입니다. 산에서 너무 작은 보폭으로 움직이게 되면 조그마한 구덩이에서 빠져나가지 못하고 왔다 갔다 하며 그 자리에 머무르게 됩니다. 반면, 보폭이 너무 큰 경우에는 가장 낮은 지점을 지나치고 엉뚱한 곳으로 갈 수도 있습니다. [그림 2-6]은 Learning Rate 크기에 따른 위험 상황을 보여줍니다. Learning Rate은 임의로 정하는 HyperParameter로서 너무 작게 설정한 경우에는 Local Minimum에 빠져 최적의 가중치를 얻지 못할 수 있습니다. 반면, 너무 크게 설정하면 오버슈팅(Overshooting)되어 손실 함수가 발산하므로 학습이 이루어지지 않을 수 있습니다.

[그림 2-6] 학습률 크기에 따른 위험 상황

아래의 수식은 경사하강법으로 가중치를 업데이트하는 것을 보여줍니다. 손실 함수의 Gradient ($\frac{\partial L}{\partial \omega}$)에 Learning Rate($\eta$)를 곱해 원래 가중치에서 빼면서 가중치를 조정하는 것으로 해석합니다.

$$\omega \leftarrow \omega - \eta \frac{\partial L}{\partial \omega}$$

우리가 원하는 가중치는 [그림 2-6]의 Global Minimum 손실 함수의 가중치입니다. 하지만 손실 함수의 복잡도나 Learning Rate에 따라 Global Minimum을 찾기 어려울 수 있기에 경사하강법의 심화 방법론인 모멘텀(Momentum), Adaptive Gradient(AdaGrad), Adam(Adaptive Moment Estimation), 그리고 Root Mean Square Propagation Algorithm(RMSprop) 등을 사용합니다.

• 활성 함수(Activation Function)

인공신경망이 성능이 좋은 이유 중 하나는 비선형 활성 함수(Non-Linear Function)를 사용하기 때문입니다. 활성 함수는 노드의 입력 신호와 가중치 곱을 더한 값을 입력으로 받는 함수입니다. 왜 선형 함수(Linear Function)가 아닌 비선형성 함수를 사용할까요? 인공신경망의 성능을 향상시키기 위해서는 여러 개의 은닉층을 추가합니다. 선형 함수인 $f(x) = ax$를 활성 함수로 사용하여 세 개의 Layer를 쌓는다면, 이 네트워크는 한 개의 레이어를 사용한 네트워크와 유사한 상황이 발생합니다. 직관적인 설명을 위해 가중치 값을 고려하지 않고 같은 가중치를 갖는 세 개의 Layer를 통과하면, 출력값은 $y = f(f(f(x)))=a^3x$로 표현 가능합니다. 여기서 a^3를 c로 치환하면 $y=cx$의 선형 함수와 동일한 것을 볼 수 있습니다. 즉, 한 개의 은닉층과 비슷한 효과를 갖습니다. 그렇기에 여러 은닉층의 효과를 보기 위해서는 비선형 함수의 활성 함수를 사용해야 합니다.

퍼셉트론은 특정 임계치 이상이 되면 신호가 전달되는 Step Function을 사용했지만, 인공신경망에서는 가중치를 찾는 과정에서 미분이 필요하므로 [그림 2-7]에서 보듯이 임계치 부분에서 미분이 불가능한 Step Function을 사용할 수 없습니다. 초기 인공신경망에서는 Step Function의 대안으로 Sigmoid Function을 도입했지만, Gradient Vanishing이라는 기울기 소실 문제가 발생했습니다.

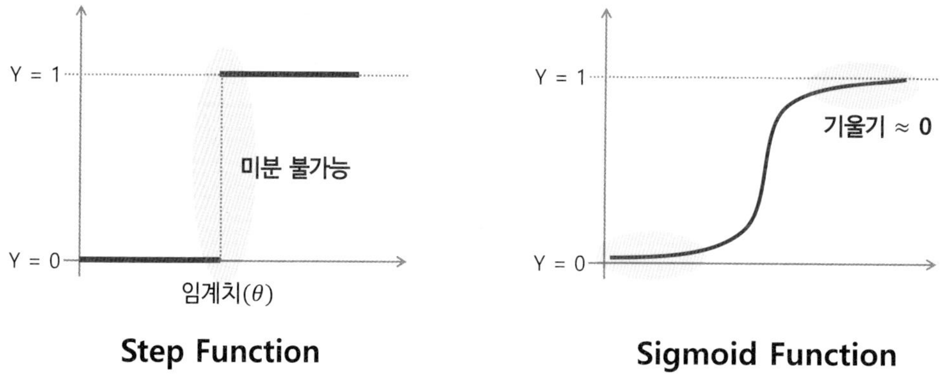

[그림 2-7] Step Function과 Sigmoid Function의 단점

[그림 2-7] Sigmoid Function의 출력값이 0 또는 1에 가까우면 기울기가 0에 가까운 아주 작은 값이 됩니다. 하지만 가중치를 업데이트하는 과정에서 너무 작은 기울기가 곱해지게 되면 값이 0에 가까워지면서 가중치 학습이 잘 되지 않습니다. 이러한 현상을 Gradient Vanishing이라고 합니다.

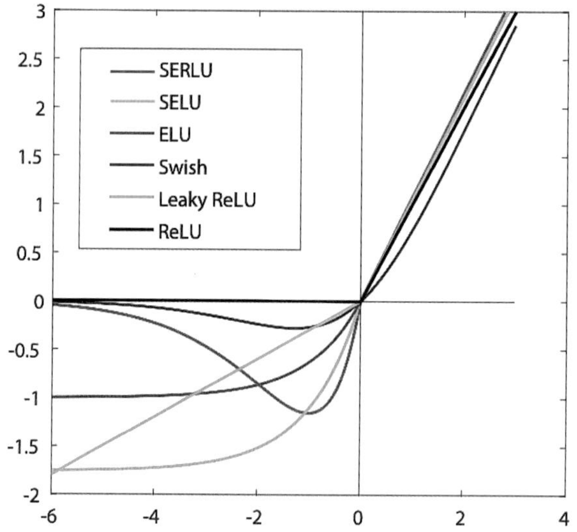

[그림 2-8] 활성함수

최근 많은 연구에서는 Gradient Vanishing을 극복하고자 [그림 2-8]처럼 미분 가능한 여러 활성 함수를 사용합니다. 대표적으로 Rectified Linear Unit(ReLU), Exponential Linear Unit(ELU)

등의 함수를 사용합니다.

• 출력 함수(Output Function)

출력 함수는 마지막 출력층의 결과를 목적에 맞는 적절한 형태로 변형해주는 역할을 합니다. 회귀 문제이면 입력값을 그대로 출력하는 Identity Function, 분류 문제면 Softmax Function을 사용합니다.

1) Identity Function

$$h(x) \;=\; x$$

2) Softmax Function

$$h(x_i) = \frac{e^{x_i}}{\sum_{k=1}^{K} e^{x_k}} \qquad for \quad i = 1, \ldots, K$$

Softmax Function은 입력값을 0에서 1 사이로 정규화하여 출력값의 총합을 항상 1로 만드는 특징을 갖습니다. 즉 K개의 클래스가 있을 때, 각 클래스로 분류될 확률이 출력됩니다.

• 드롭아웃(Dropout)

인공신경망은 Layer와 Node가 많아질수록 모델이 복잡해지기 때문에 과적합이 발생할 수 있습니다. Dropout은 과적합을 방지하는 Regularization과 모델을 앙상블하는 효과를 줍니다. [그림 2-9]처럼 Dropout은 학습 과정에서 일정 비율의 노드만 사용하며 나머지는 사용하지 않습니다. 노드를 끄면 연결된 가중치가 사용되지 않으므로 학습할 Parameter 수가 줄면서 일반화된 모델을 생성할 수 있습니다. 또한, 각 배치를 학습할 때마다 랜덤하게 노드가 선택되기 때문에 특정 조합에 너무 의존적으로 학습되는 것을 방지하며, 인공신경망을 앙상블하여 사용하는 것 같은 효과를 줍니다.

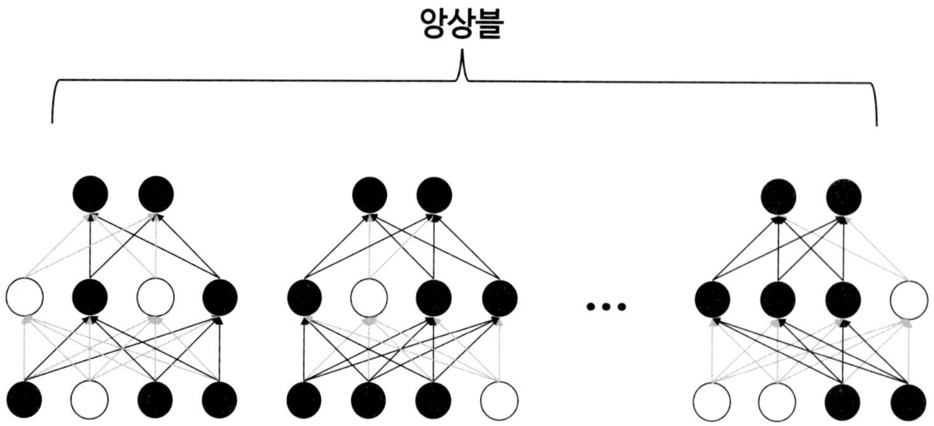

[그림 2-9] Dropout

- **Batch Normalization**

여러 개의 은닉층을 통과하면서 입력 분포가 매번 변화하는 문제를 Internal Covariance Shift라고 합니다. 이 문제는 학습 과정을 불안정하게 하여 가중치가 엉뚱한 방향으로 업데이트되는 원인이 됩니다. Batch Normalization은 각 Layer에서 활성 함수를 통과하기 전 정규화를 통해 활성 함수 이후에도 어느 정도 일정한 분포가 생성되도록 하여 Internal Covariance Shift를 해결합니다.

다음 수식은 Batch Normalization의 과정을 나타내며 [그림 2-10]과 함께 살펴보겠습니다. n-1번째 은닉층의 출력값(a)과 n번째 은닉층의 가중치(W)의 곱을 더한 배치(x)가 Batch Normalization의 입력값이 됩니다. 해당 배치의 평균과 분산을 구하여, 각 데이터에 평균을 뺀 후 표준 편차로 나누어 배치의 분포를 평균이 0이고 분산이 1인 정규화를 수행합니다. 하지만 [그림 2-8] 그래프를 보면 입력값이 0인 주변에서는 활성 함수가 직선의 형태를 띠는 것을 볼 수 있습니다. 자칫하면 활성 함수의 비선형성이 반영되지 않기 때문에 Scale(γ)과 Shift(β) Parameter를 통해 최적의 분포로 한 번 더 변환하여 활성 함수를 통과시킵니다.

- Input : 이전 레이어의 출력값과 가중치의 합($x_1, x_2, \ldots, x_m$), Scale(γ) 및 Shift(β) Parameter
- Output : $\tilde{z}_i = BN_{\gamma,\beta}(x_i)$

$$\mu \leftarrow \frac{1}{m}\sum_{i=1}^{m} x_i$$

$$\sigma^2 \leftarrow \frac{1}{m}\sum_{i=1}^{m}(x_i - \mu)^2$$

$$z_i \leftarrow \frac{x_i - \mu}{\sqrt{\sigma^2 + \epsilon}}$$

$$\widetilde{z}_i \leftarrow \gamma z_i + \beta$$

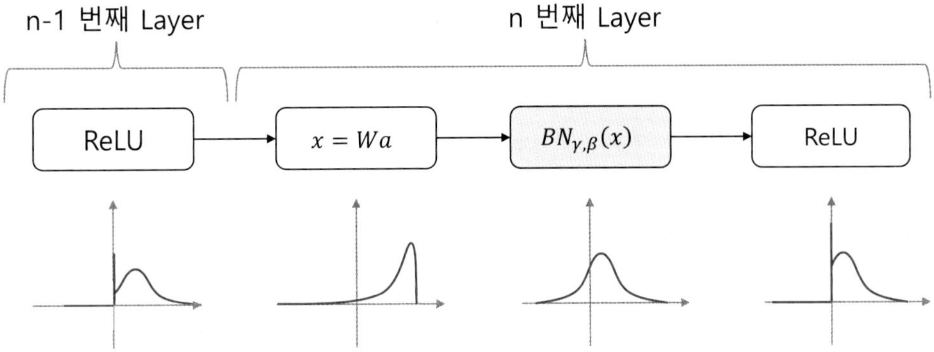

[그림 2-10] Batch Normalization

주의해야 할 점은 Batch Normalization은 학습과 예측 과정에서 다르게 수행된다는 것입니다. 학습은 위의 과정처럼 각 배치의 평균과 분산을 구했지만, 예측 과정에서는 데이터가 개별로 들어올 수도 있고 테스트 데이터에 따라 평균과 분산이 매번 달라지기 때문에 테스트 데이터의 평균과 분산을 사용하지 않습니다. 대신, 각 반복 학습 과정에서 구한 평균과 분산을 이동 평균을 통해 저장해 두었다가 예측 단계에서 사용합니다. 이동 평균을 사용하는 이유는 랜덤으로 초기화된 가중치로 인한 불안정한 단계보다는 학습이 어느 정도 지나 안정 단계의 평균과 분산을 더 반영하기 위함입니다.

2.3 고급 딥러닝 기술

》2.3.1 Convolutional Neural Network(CNN)《

Convolutional Neural Network(CNN)는 이미지나 영상을 다루는 컴퓨터 비전(Computer Vision)에서 가장 대표적으로 사용되는 인공신경망입니다. 컴퓨터 비전은 딥러닝의 발전 영역에 서 가장 두각을 나타내는 분야 중 하나입니다.

CNN은 1980년대 토론토 대학의 얀 르쿤(Yann LeCun)과 그의 동료들이 우편번호와 수표의 숫자 필기체를 인식하는 LeNet(LeCun Yann et al.)이라는 모델을 개발하면서 처음 소개되었습니다. 알고리즘은 성공적으로 동작했지만 10개의 숫자를 학습하는 데 약 3일이 걸렸기 때문에 실제로 사용하기에는 제한이 있었습니다. 약 30년이 지난 후에 과적합과 학습 시간의 문제를 해결할 수 있게 되면서 CNN을 원활히 학습시킬 수 있게 되었습니다. 현재는 이미지 분류는 기본이고 얼굴 인식과 자율 주행처럼 어려운 과제인 객체 인식 분야에서도 CNN을 많이 사용하고 있습니다.

본격적으로 CNN을 알아보기 전, 정형 데이터와 비정형 데이터인 이미지의 구조적 차이와 다층 퍼셉트론에 두 형태의 데이터를 입력하는 과정에 대해서도 살펴보겠습니다. 정형 데이터는 데이터베이스 시스템의 테이블과 같이 고정된 컬럼(Column)과 개체(Observation)의 관계로 구성되어 있습니다. 반면, 이미지는 사람의 눈으로는 한 장의 사진처럼 보이지만 컴퓨터가 읽을 때는 픽셀 단위의 숫자 행렬로 이루어져 있습니다.

다층 퍼셉트론의 입력층 Node 수는 정형 데이터의 입력 변수 개수와 같습니다. 그렇다면, 다층 퍼셉트론에 이미지를 적용하기 위해서는 어떻게 해야 할까요? 이미지는 입력 변수라는 개념이 없음에도 불구하고, 정형 데이터로 바꾸기 위해서는 행렬을 1차원의 벡터로 펼쳐주어야 합니다. [그림 2-11]에서 강아지의 이미지 행렬을 풀어 한 줄의 행으로 바뀐 것을 볼 수 있습니다. 그리고 각 픽셀은 정형 데이터의 열로 바뀌었습니다. 즉, 픽셀 하나는 정형 데이터의 입력 변수 역할을 합니다.

[그림 2-11] 이미지를 정형 데이터로 변환한 다층 퍼셉트론 분류기

하지만 행렬을 정형 데이터의 행으로 풀면서 이미지가 갖는 고유의 특성인 공간적 정보(Spatial Feature)를 잃어버리게 됩니다. 예를 들면 사진에 임의로 한 점을 찍었을 때, 해당 점의 주변은 당연히 비슷한 색으로 구성되어 있을 것입니다. 컴퓨터가 인식하는 데이터 형태로 생각하면 위치가 근접한 픽셀끼리는 굉장히 유사한 정보를 갖고 있습니다. 그렇지만 이미지를 정형 데이터로 변환하는 순간 행렬이 벡터로 변환되면서 공간적 정보가 사라지게 됩니다. 이러한 정형 데이터를 입력으로 받는 다층 퍼셉트론의 단점을 CNN은 이미지 그대로 입력을 받음으로써 극복할 수 있습니다.

• CNN 구조

[그림 2-12]를 보면 CNN은 크게 Convolutional Layer, Pooling Layer와 Fully Connected Layer 세 개의 Layer로 구성되어 있습니다. 각 Layer의 역할은 다음과 같으며 하나씩 살펴보도록 하겠습니다.

- Convolutional Layer : 이미지의 공간적 정보를 학습
- Pooling Layer : Convolution Layer의 차원 형태의 크기를 줄임으로써 학습 Parameter 개수를 감소
- Fully Connected Layer : 최종 출력을 위한 다층 퍼셉트론 구조

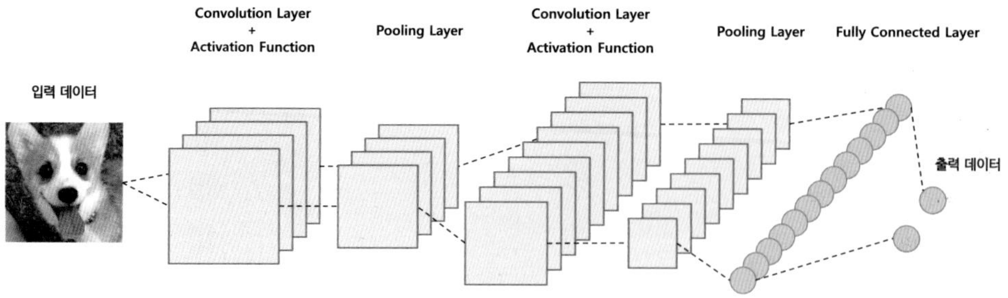

[그림 2-12] CNN 구조

• Convolutional Layer

Convolutional Layer는 CNN에서 가장 핵심이 되는 부분으로 이미지의 중요한 지역 정보(Region Feature)를 뽑는 역할을 합니다. Convolutional Layer에서는 이미지에 Filter(또는 Kernel)를 적용하여 Convolution(합성곱 연산)을 수행합니다. Convolution은 Filter가 입력 이미지를 훑으면서 겹치는 부분의 각 원소를 곱하여 모두 더한 값을 출력하는 연산입니다.

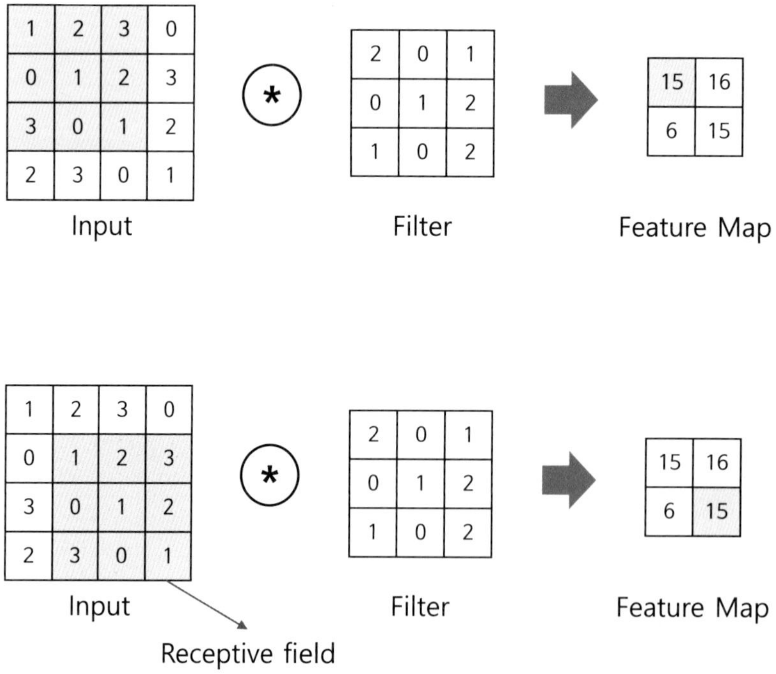

[그림 2-13] Convolution

[그림 2-13]의 첫 번째 스텝에서는 입력 데이터의 좌상단 3×3 영역에 Filter를 적용하여 (1×2)+(2×0)+(3×1)+(0×0)+(1×1)+(2×2)+(3×1)+(0×0)+(1×2)=15라는 값을 도출합니다. 이때, Filter가 적용되는 (3×3) 크기의 음영 영역을 Receptive Field라고 부릅니다. 이렇게 좌상단, 우상단, 좌하단, 우하단 총 네 번의 Convolution을 통해 나온 (2×2) 행렬을 Feature Map합니다.

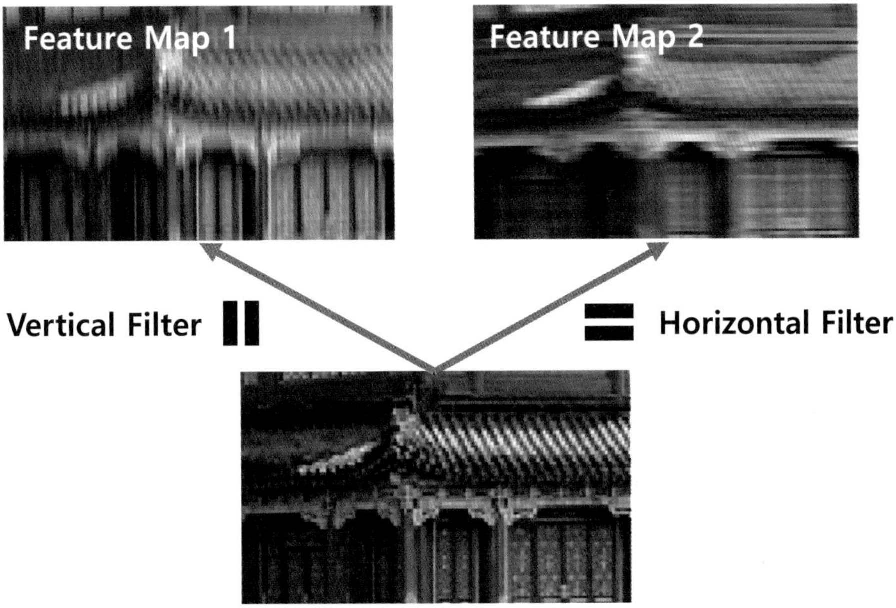

[그림 2-14] Filter에 따른 Feature Map

Filter는 CNN에서 학습할 가중치로써 다층 퍼셉트론과 마찬가지로 초기에는 랜덤으로 주어지며 손실 함수가 줄어드는 방향으로 학습됩니다. 잘 학습된 Filter는 이미지의 특징을 추출합니다. 다양한 특징을 뽑기 위해 여러 개의 Filter를 사용하며, [그림 2-14]에서는 세로선과 가로선을 추출하는 두 개의 Filter가 적용됨을 볼 수 있습니다. CNN 내부에서는 다양한 Filter를 적용한 Feature Map으로 이미지의 여러 정보를 결합하여 분류를 잘하도록 학습이 진행됩니다.

Convolutional Layer에서 정해야 할 HyperParameter로는 Filter의 크기, Stride와 Padding 사용 여부가 있습니다.

- Filter 크기 : Filter의 높이와 너비

- Stride : Filter를 움직이는 간격
- Padding : Convolution을 수행하면 크기가 줄어드는 것을 방지하고자 입력 이미지 외각에 임의의 값(0 또는 이미지의 최외곽과 동일한 값)을 부여하는 기술

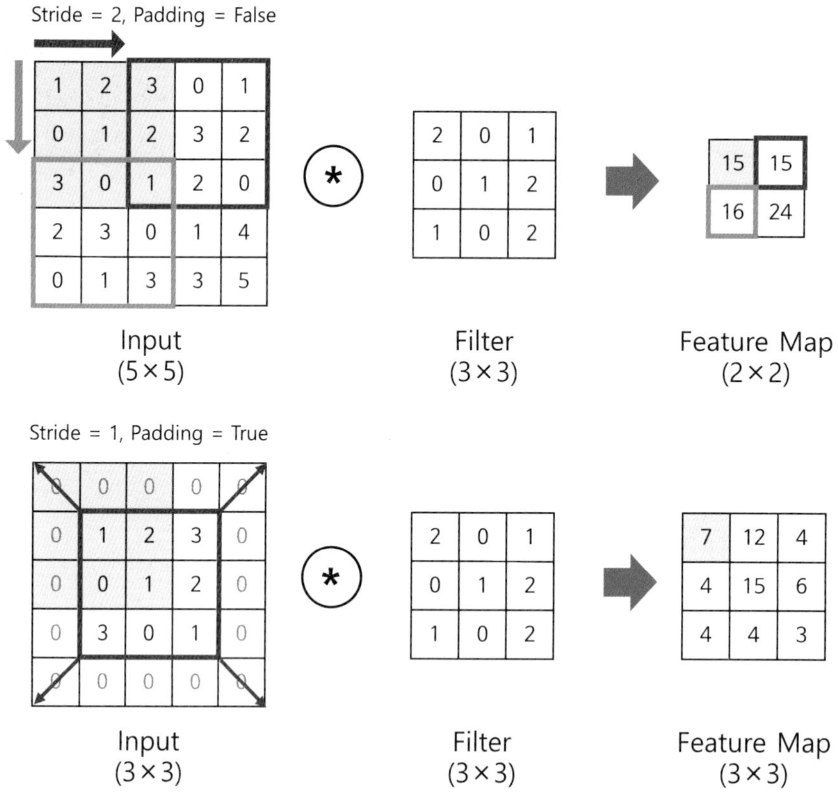

[그림 2-15] Convolutional Layer의 HyperParameter

Stride는 Filter가 입력 이미지를 순회할 때 움직이는 단위입니다. [그림 2-13]과 비교했을 때 [그림 2-15] 상단 예시는 입력 데이터가 더 큼에도 불구하고 Stride가 크기 때문에 출력되는 Feature Map의 사이즈가 같음을 보여줍니다. Stride가 클수록 Feature Map은 작아지므로 CNN을 구현할 때 주로 Stride = 1로 설정합니다.

Convolution은 이미지의 크기를 줄이므로 Convolutional Layer를 여러 개 거치면서 이미지의 크기는 계속해서 작아지게 되고, 이미지의 가장자리에 위치한 픽셀은 중앙에 위치한 픽셀에

비해 상대적으로 연산에 잘 활용되지 않으며 점점 정보가 사라지게 됩니다. 이러한 문제를 방지하고자 [그림 2-15]의 하단 예시처럼 Padding으로 이미지 가장자리에 임의의 값이 설정된 픽셀을 추가함으로써 입력 이미지와 Feature Map의 크기를 같게 만듭니다.

$$O = \frac{I + 2P - F}{S} + 1$$

입력 크기(I)와 HyperParameter인 Filter 사이즈(F), Stride 크기(S), Padding 크기(P)에 따라 출력되는 Feature Map의 사이즈(O)는 위의 수식으로 정해집니다.

- **Pooling Layer**

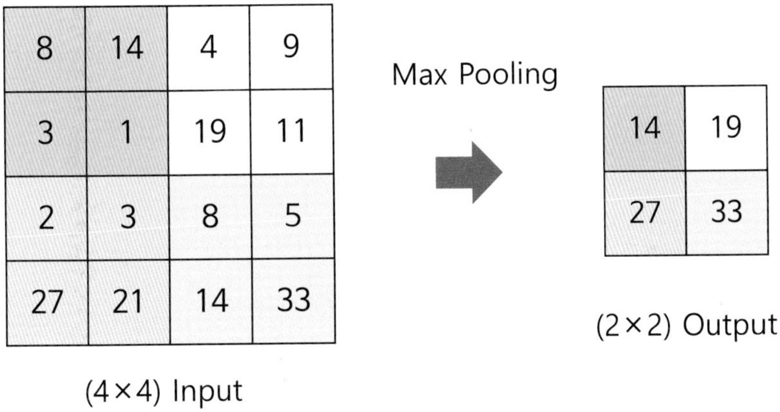

[그림 2-16] Max Pooling

Pooling Layer은 Convolutional Layer로 계산된 Feature Map의 크기를 줄여 연산량을 줄이는 역할을 합니다. 크기를 압축하는 대표적인 방법은 Max Pooling과 Average Pooling으로 [그림 2-16]처럼 Feature Map에서 지정한 영역에서 대표값으로 최대 또는 평균을 취하는 것입니다. Pooling Layer는 인접한 픽셀 중 중요한 정보만 남기는 강조 효과를 가져올 수 있으며, Convolutional Layer와는 달리 단순 계산만 진행하기 때문에 학습할 가중치는 따로 없습니다. 또한, Pooling Layer는 모든 Convolutional Layer에 적용할 필요는 없으며 선택 사항입니다.

- **Fully Connected Layer**

CNN은 회귀와 분류에 모두 적용할 수 있으며, 다층 퍼셉트론과 마찬가지로 최종 출력값은 분류 문제이면 각 클래스에 대한 예측 확률 벡터, 회귀 문제면 예측값 벡터입니다. 이미지의 입력 데이터는 Convolutional Layer와 Pooling Layer를 통과하면서 주요 특징만 추출된 여러 개의 Feature Map의 형태입니다. 고차원의 Feature Map이 출력값의 형태인 1차원 벡터로 변환되기 위해 Flatten Layer를 거치게 됩니다. 예를 들면, 데이터 하나당 (8×8) Feature map이 32개라면, 32×8×8 = 2,048 길이의 1차원 벡터로 변환됩니다.

Fully Connected Layer는 Flatten Layer를 통과한 벡터를 출력값의 길이로 변환시키는 역할을 합니다. 다층 퍼셉트론의 구조와 같기 때문에 여러 Layer를 쌓아 원하는 구조로 구성하면서 마지막 출력층의 노드 개수만 목적에 맞게 설계하면 됩니다. 일반적으로 Fully-connected Layer는 Convolutional Layer보다 가중치가 많이 필요하므로 Layer를 많이 쌓는 것은 과적합 및 학습 속도를 늦추는 원인이 됩니다.

》2.3.2 Recurrent Neural Network(RNN)《

지금까지 다룬 대부분의 머신러닝과 딥러닝 방법론은 데이터 사이에 서로 영향을 주지 않고 시간적 정보가 없는 경우에 적절한 모형이었습니다. 반면, 시계열과 같은 순차적 데이터(Sequential Data)는 과거가 미래에 영향을 주기 때문에 데이터 사이에 독립을 가정한 모형을 적합시키면 좋은 성능을 기대하기 어렵습니다.

Recurrent Neural Network(RNN)은 음성 인식(Speech Recognition)과 자연어 처리(Natural Language Processing, NLP)와 같이 순차적 데이터에 사용되는 대표적인 알고리즘으로 Long Short-Term Memory(LSTM)와 Gated Recurrent Unit(GRU)의 근간이 되는 모델입니다. 인공신경망과 CNN은 입력층에서 은닉층으로, 은닉층에서 출력층으로 움직이는 순방향 신경망(Feed-forward Neural Network)입니다. 반면, RNN은 [그림 2-17]에서 볼 수 있듯이 입력층에서 출력층($x \rightarrow y$)으로 입력값을 보내는 동시에 다음 시점의 은닉층($h_t \rightarrow h_{t+1}$)으로도 입력이 흐르는 형태입니다.

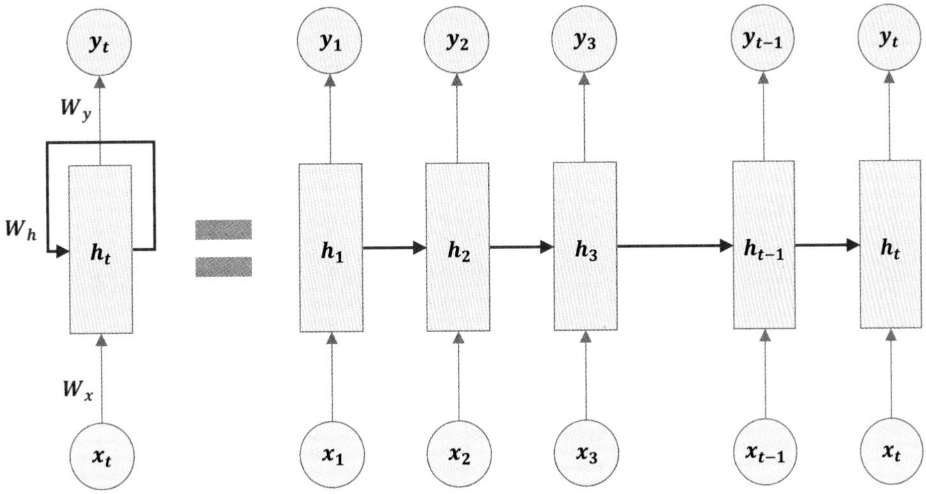

[그림 2-17] RNN의 기본 구조

[그림 2-17]은 RNN의 구조를 나타낸 것으로 왼쪽 구조를 풀면 오른쪽 그림처럼 매 시점의 정보가 다음 시점으로 넘어간다는 것을 쉽게 이해할 수 있습니다. RNN은 입력 x, 출력 y와 RNN Cell이라는 은닉층 h로 구성됩니다. $x_1 \sim x_t$는 데이터의 순차적 상황을 나타냅니다. t 시점의 RNN Cell은 t 시점의 입력 데이터 x_t와 $t-1$ 시점의 RNN Cell h_{t-1}을 입력받으며, 가중치 W_x, W_h와 Tanh Function 활성 함수를 사용하여 다음과 같이 표현할 수 있습니다. 은닉층으로 구한 값은 문제의 목적에 맞는 활성 함수를 적용하여 최종 출력값으로 변환됩니다.

- 은닉층(RNN Cell) : $h_t = tanh(W_x x_t + W_h h_{t-1})$
- 출력층 : $y_t = f_y(W_y h_t)$

RNN은 [그림 2-18]처럼 다양한 입력, 출력 시퀀스(Sequence)에 따라 유연하게 네트워크 구조를 설계할 수 있으며, 그만큼 여러 문제에 적용될 수 있습니다.

- One to Many : Image Captioning (이미지를 설명할 수 있는 문장을 생성하는 문제)
- Many to One : Sentiment Classification (텍스트에서 정보를 추출하여 감정, 태도를 파악하는 감성 분석)
- Many to Many : 동영상의 각 이미지 프레임별 분류
- Delayed Many to Many : Machine Translation (입력된 언어를 다른 언어로 변환하는 기

계 번역)

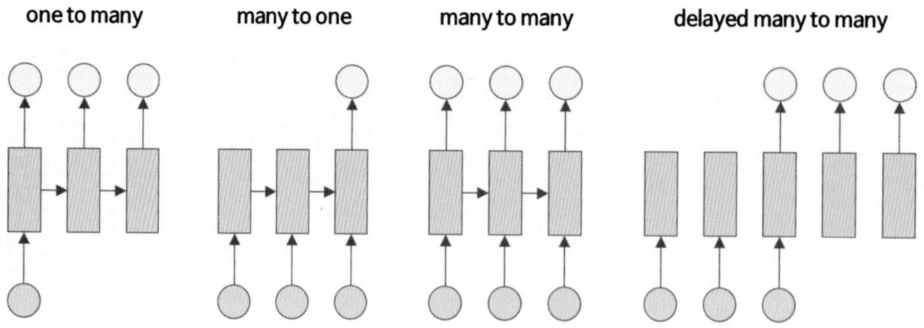

[그림 2-18] RNN의 종류

하지만 RNN에서 입력과 출력 사이의 시점이 멀어질수록 그 관계가 학습되기 어려우며, 가까운 시점의 입력만 잘 기억한다는 단점이 있습니다. 이를 극복하기 위한 RNN 변형 모델에 대해 이어서 알아보겠습니다.

》2.3.3 Long Short-Term Memory(LSTM)《

RNN에서 입력과 출력 시점이 멀어질수록 학습이 잘 안 되는 현상을 Long-Term Dependency Problem이라고 합니다. 예를 들어, "나는 민수와 밥을 먹고 있다. 그는 피자를 좋아한다."라는 짧은 문장에서 "그"라는 지칭이 "민수"임을 쉽게 알 수 있습니다. 하지만 "나는 오늘 오후에 민수를 만나기로 했다. 집을 나서기 전, 남동생과 함께 게임을 했다. … 오후에 약속 장소인 피자집에 도착했다. 피자는 그가 가장 좋아하는 음식이다."라는 긴 문장에서 "그"라는 지칭이 "민수"임을 알기 위해서는 단락의 첫 문장 정보까지 사용해야 합니다. RNN의 특징은 과거의 정보를 은닉층에 저장하는 것인데, 이로 인해서 치명적인 단점이 발생합니다. 매 시점이 지날수록 $h_t = f_h(W_x x_t + W_h h_{t-1})$의 가중치와 활성 함수가 누적되어 곱해지기 때문에 과거의 정보가 점점 잊히는 것입니다.

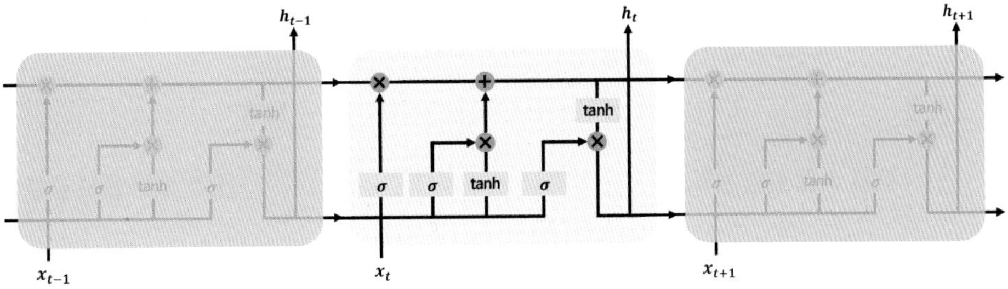

[그림 2-19] LSTM 기본 구조

LSTM은 RNN 구조에 몇 가지 기능을 추가하여 Long-Term Dependency Problem을 해결한 모델입니다. RNN은 활성 함수 하나로 구성된 은닉층이 반복되는 체인 구성이었다면, LSTM은 [그림 2-19]처럼 상호작용하는 여러 모듈이 속한 구조가 반복됩니다.

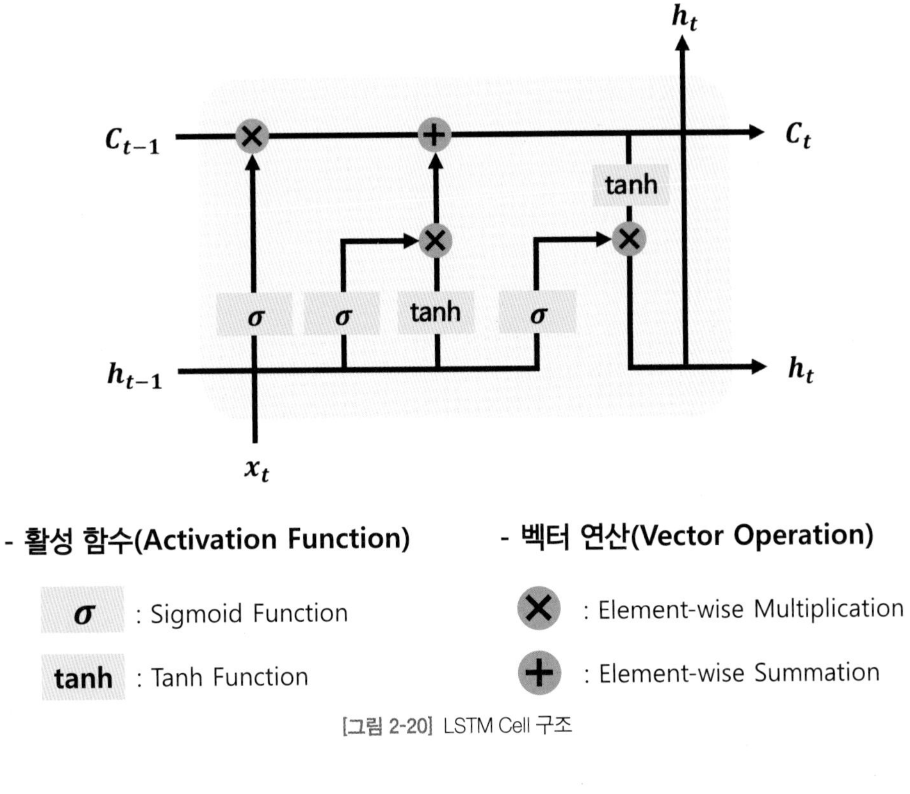

[그림 2-20] LSTM Cell 구조

[그림 2-20]은 [그림 2-19]에서 연결된 은닉층을 확대해 보여주는 그림이며 이를 LSTM Cell이라고 합니다. 우선, LSTM Cell의 입력과 출력에 대해서만 보도록 하겠습니다. LSTM Cell은 총

3개의 입력을 받습니다. x_t는 현재 시점에서의 입력 데이터, h_{t-1}은 이전 시점 Cell의 출력 데이터이며 C_{t-1}은 이전 Cell의 정보입니다. 출력은 t 시점의 출력 데이터 h_t와 Cell 정보 C_t입니다. 결국, LSTM Cell은 현재 입력 데이터, 이전의 출력 데이터, 그리고 이전 Cell 메모리를 통해 작동되며, 현재 시점의 출력 데이터를 예측하고 메모리를 업데이트합니다.

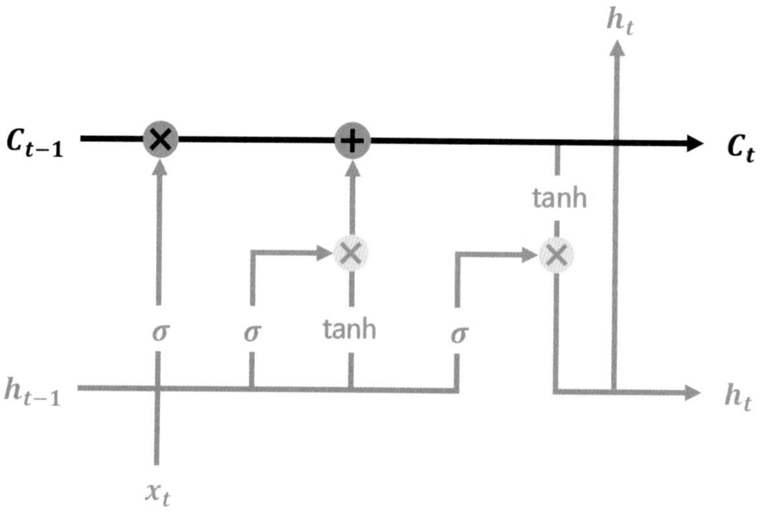

[그림 2-21] Cell State

LSTM의 핵심인 C_t는 Cell State라고 부르며 RNN에서는 없던 개념입니다. [그림 2-21]에서 보듯이 Cell State는 LSTM Cell을 관통하고 있으며, 중간에 어떠한 연산으로 업데이트되어 통과하게 됩니다. 각 연산에는 과거의 정보를 얼마큼 기억하고 현재의 데이터를 얼마큼 더할 것인가를 조절합니다. '얼마큼'의 정도는 수도꼭지의 밸브 역할을 하는 Gate에 의해 정해집니다. Cell State는 Forget Gate와 Input Gate 2개와 연결됩니다.

Forget Gate는 '과거 메모리를 얼마나 기억할 것인가'에 대한 의사결정을 해주는 Gate입니다. 아래의 수식은 h_{t-1}와 x_t를 받아 Sigmoid Function 활성 함수를 적용하여 0에서 1 사이의 값을 출력하는 Forget Gate를 표현합니다. 만약 출력 f_t가 0이라면 이전 시점의 Cell State C_{t-1}와 곱해져 과거의 메모리를 모두 잊고, 1이라면 온전하게 모두 기억하게 됩니다.

$$f_t = \sigma\left(W_f \cdot [h_{t-1}, x_t]\right)$$

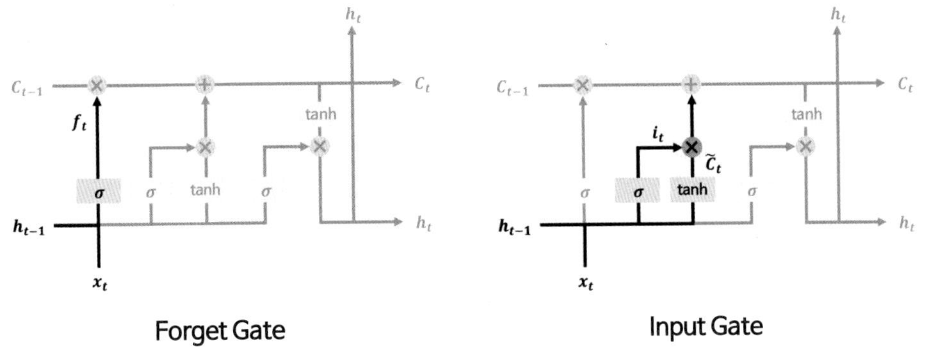

[그림 2-22] Forget Gate와 Input Gate

Input Gate는 '현재 정보를 과거 메모리에 얼마큼 더할 것인가'에 대한 의사결정을 하는 Gate입니다. Input Gate는 Sigmoid Function와 Tanh Function 활성 함수가 적용된 두 개의 모듈로 구성됩니다. 용어는 엄밀히는 Sigmoid Function 부분이 Input Gate이지만, 통상적으로 Tanh Function 모듈까지 합쳐 통칭합니다. 아래의 수식을 보면 두 활성 함수의 입력값은 같지만, 활성 함수에 따라 출력값의 의미가 다릅니다. Sigmoid 활성 함수로 계산된 i_t는 '얼마큼' 정보를 줄 것인지의 정도를 결정합니다. 반면, Tanh 활성 함수 부분은 Cell State에 더해질 후보 값 $\tilde{C}_t$를 만듭니다. 즉, Tanh 활성 함수로 만들어진 후보 값 $\tilde{C}_t$에 Sigmoid 활성 함수 결과 i_t인 0과 1 사이의 값을 곱해 선별합니다.

$$i_t = \sigma(W_i \cdot [h_{t-1}, x_t])$$
$$\tilde{C}_t = \tanh(W_c \cdot [h_{t-1}, x_t])$$

[그림 2-21]의 Cell State는 아래의 수식처럼 현재 시점의 Cell State로 업데이트되며, 이 과정에서는 원소별(Element-wise) 벡터 연산이 수행됩니다. 즉, Forget Gate의 산출값 f_t는 이전 시점의 Cell State C_{t-1}에 곱해지고 Input Gate의 결과 $i_t * \tilde{C}_t$는 현재 시점의 정보로 과거에 추가되는 것입니다.

$$C_t = f_t * C_{t-1} + \ i_t * \tilde{C}_t$$

지금까지 LSTM을 관통하면서 정보를 전달하는 Cell State에 대해 알아보았습니다. 그렇다면, 각 시점의 출력 h_t는 어떻게 구할 수 있을까요?

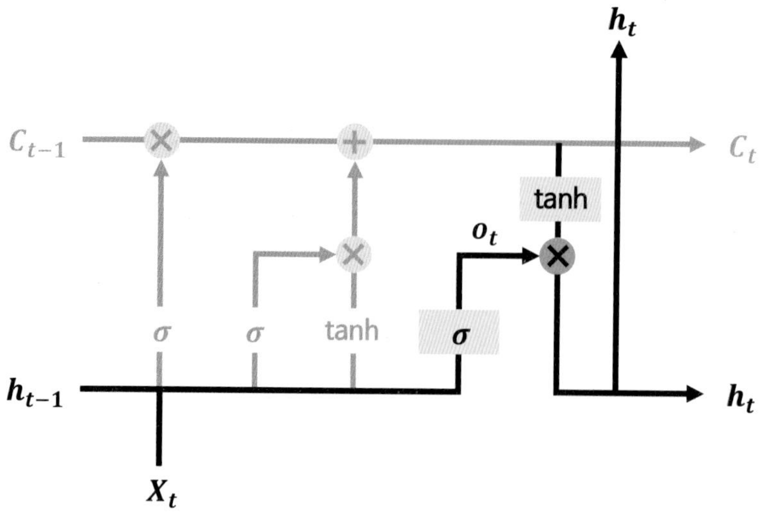

[그림 2-23] Output Gate

$$o_t = \sigma(W_o \cdot [h_{t-1}, x_t])$$

$$h_t = o_t * \tanh(C_t)$$

현재 시점의 출력 h_t는 Output Gate를 통해 구합니다. [그림 2-23]의 Output Gate는 x_t와 h_{t-1}에 Sigmoid Function 활성 함수를 적용하여 0에서 1 사이의 값인 o_t를 산출하는 역할을 합니다. 그다음, 위의 수식처럼 현재 시점의 Cell State C_t에 Tanh Function을 적용한 값을 곱하면서 최종 출력 h_t를 생성합니다. 즉, Cell State 정보 중 어떤 부분을 출력으로 내보낼지를 Output Gate의 o_t로 결정하는 것입니다.

LSTM은 Forget, Input, Output Gate와 Cell State라는 차별화된 특징을 통해 RNN의 단점을 극복했습니다. LSTM의 뛰어난 예측력은 실제로 많은 연구와 활용 사례에서 여러 번 포착되었습니다. 하지만 LSTM Cell 자체가 복잡한 만큼 연산 속도가 느리다는 단점이 있습니다. 이러한 단점을 보완하고자 2014년에 LSTM을 간소화한 Gated Recurrent Units(GRU)(J Chung et al.)가 개발되었습니다.

》2.3.4 강화학습(Reinforcement Learning)《

이번 파트에서는 머신러닝의 일종인 강화학습(Reinforcement Learning)에 대해 살펴보겠습니다. 강화학습은 미지의 환경(Environment)에서 에이전트(Agent)가 임의의 행동(Action)을 했을 때 받는 보상(Reward)을 통해 먼 미래의 누적 보상을 최대화하고자 어떠한 행동을 할 것인지를 학습하는 알고리즘입니다. 마치 반려견을 훈련시키는 것과 유사합니다. 강아지 입장에서 "앉아"라는 명령어를 들었을 때, 여러 행동 중 우연히 앉았을 때 간식이라는 보상을 받게 됩니다. 강아지는 처음에 "앉아"를 인식하지 못한 상황에서 보상을 받았기 때문에 행동과 보상의 관계를 인지하지 못하지만, 시행착오를 통해 "앉으면 간식을 받을 수 있구나"라고 학습하게 됩니다.

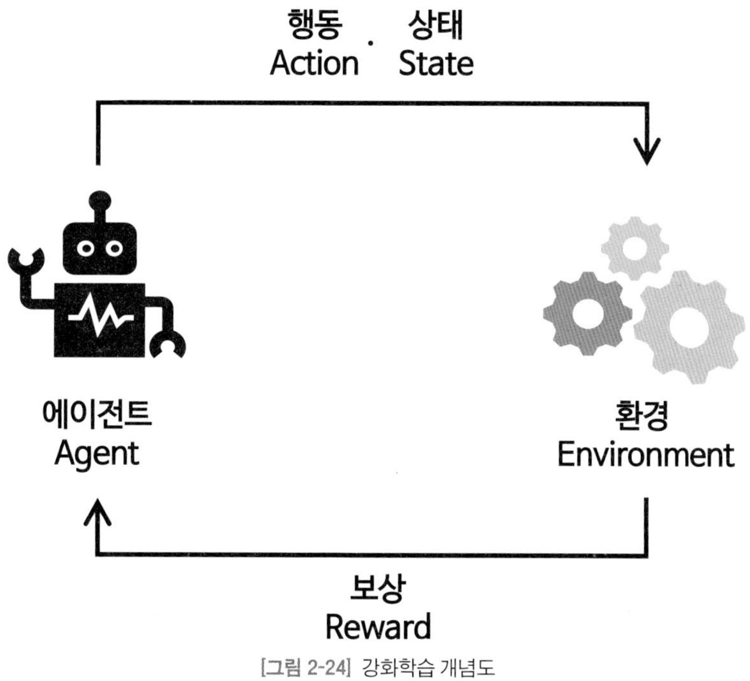

[그림 2-24] 강화학습 개념도

[그림 2-24]는 강화학습의 학습 과정을 보여줍니다. 강화학습은 에이전트가 환경에서 특정 행동을 하면 환경은 해당 행동에 대한 보상을 부여합니다. 에이전트는 행동을 취함과 동시에 상태(State)를 이동하게 됩니다. 이 과정을 반복하면서 순차적으로 어떠한 행동을 할지를 학습합니다.

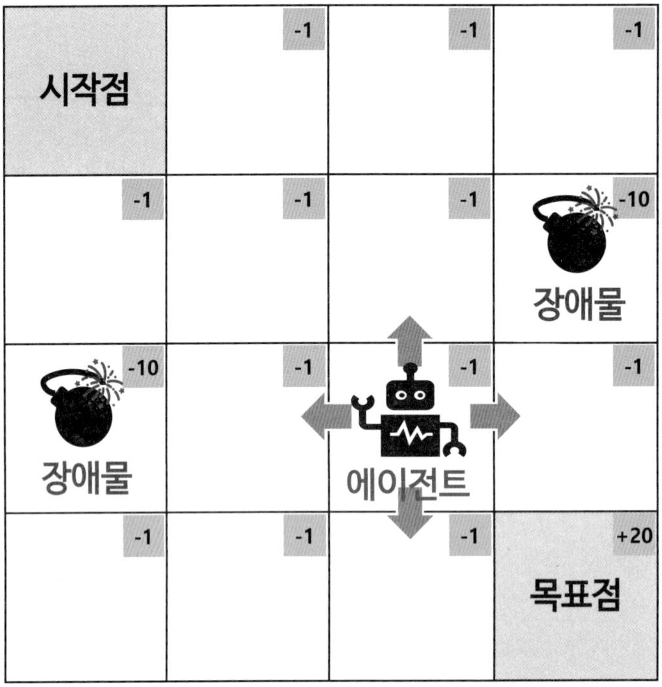

[그림 2-25] Grid World 예제

강화학습의 이해를 돕고자 간단한 예제로 Grid World를 살펴보겠습니다. Grid World에서는 에이전트가 시작점부터 목표 지점까지 최단 거리로 장애물을 피해 도달하는 것이 목적입니다. 보상은 다음과 같이 설정하였습니다. 최단 거리의 의미로 각 상태에선 -1점 보상을 받으며, 목표점을 도달하면 10점을 받을 수 있습니다. 반면, 장애물을 만나면 -10점의 보상을 받게 됩니다. [표 2-2]를 통해 Grid World에서의 강화학습 요소를 알아보겠습니다.

요소	정의	Grid World
상태(State)	에이전트가 처할 수 있는 상황 및 정보	$S=\{(1,1),(1,2),...,(4,4)\}$
행동(Action)	에이전트가 취할 수 있는 행동	$A=\{$위쪽, 아래쪽, 왼쪽, 오른쪽$\}$
보상(Reward)	에이전트가 행동을 선택했을 때, 환경으로부터 받는 보상값	-10, -1, +20
할인율 (Discount Factor)	미래 보상을 현재 보상 가치로 환산해주는 요소	$\gamma=0.9$

[표 2-2] 강화학습 기본 요소의 정의와 Grid World에서의 예시

할인율(Discount Factor)은 미래 가치를 현재 가치로 환산하는 0과 1 사이의 값입니다. 여러분은 지금 당장 100만 원을 받는 것과 10년 뒤 100만 원을 받는 것 중 어느 것을 선택하겠습니까? 당연히 현재의 100만 원을 선택할 것입니다. 그 이유는 10년 뒤의 100만 원의 가치는 현재의 가치보다 작기 때문에 지금 100만 원을 받는 것이 이득입니다. 이렇게 현재와 미래의 가치를 조정하는 것이 할인율입니다.

에이전트는 시작점을 출발하여 여러 행동을 통해 특정 상태에 도달하게 될 것입니다. 그리고, 매 시점마다 에이전트는 보상 함수(Reward Function), 상태-가치 함수(State-Value Function), 행동-가치 함수(Action-Value Function)를 구합니다.

- 보상 함수(Reward Function) : t 시점에서 에이전트가 상태 s에서 행동 a를 취했을 때 받을 수 있는 즉각적인 보상의 기댓값

$$R_s^a = \mathrm{E}[R_{t+1} | S_t = s, A_t = a]$$

- 상태-가치 함수(State-Value Function) : 에이전트가 t 시점일 때 상태 s에서의 가치. 즉, 현재 상태에서 앞으로 일련의 행동을 시행하면 받을 수 있는 누적 보상의 기댓값

$$\begin{aligned} V_\pi(s) &= \mathrm{E}[R_{t+1} + \gamma R_{t+2} + \gamma^2 R_{t+3} + \cdots | S_t = s] \\ &= \mathrm{E}[R_{t+1} + \gamma(R_{t+2} + \gamma R_{t+3} + \cdots) | S_t = s] \\ &= \mathrm{E}[R_{t+1} + \gamma V_\pi(S_{t+1}) | S_t = s] \end{aligned}$$

- 행동-가치 함수(Action-Value Function), Q-value : 에이전트가 t 시점의 상태 s에서 행동 a를 취했을 때, 앞으로 일련의 행동을 시행하면서 받을 수 있는 누적 보상 값의 기댓값. 상태-가치 함수에서 행동을 함께 고려한 함수

$$Q_\pi(s, a) \;=\; \mathrm{E}[R_{t+1} + \gamma Q_\pi(S_{t+1}, A_{t+1}) | S_t = s, A_t = a]$$

각 함수를 기댓값으로 구하는 이유는 t 시점 상태 s에서 $t+1$ 시점의 상태 s'로 이동할 확률

인 상태 전이 확률(State Transition Probability)이 고려되기 때문입니다. 예를 들어, 에이전트가 오른쪽으로 가는 행동을 취했지만 어떠한 외부의 이유로 오른쪽이 아닌 다른 곳에 도달할 수도 있습니다. 하지만 이해를 위해 Grid World 예제에서는 모든 상태 전이 확률이 1임을 가정하겠습니다. 즉, 오른쪽 행동을 하면 무조건 오른쪽으로, 아래쪽 행동을 하면 아래쪽 상태로 움직입니다.

Q-value라고도 불리는 행동-가치 함수를 살펴보겠습니다. 현재의 Q-value는 현재 보상 함수 R_{t+1}에 다음 상태 S_{t+1}에서 다음 행동 A_{t+1}의 Q-value에 할인율을 곱한 값을 더한 기댓값입니다. 쉬운 이해를 위해 Grid World에 적용해보겠습니다. 장애물 근처의 상태에서는 에이전트가 취할 행동에 의해 바로 장애물에 닿을 수 있습니다. 즉, 다음의 어떠한 행동으로 인해 -10이라는 보상을 얻을 수 있기 때문에 다른 상태에 비해 비교적 가치가 낮은 공간입니다. 반면, 목표점 근처의 상태는 다음의 행동으로 인해 +20이라는 보상을 받을 수도 있기 때문에 높은 가치 함수를 지닙니다.

강화학습의 목표는 미래의 누적 보상을 최대화하는 순차적인 행동을 결정하는 것임을 다시 기억해보면, 결국 아래의 수식처럼 각 상태에서 최대 Q-value를 갖는 행동을 찾는 것이라고 할 수 있습니다. 이렇게 모든 상태에 대해 에이전트가 취할 행동을 정책(policy, π)이라고 하며, 정책은 높은 가치 함수를 받는 방향으로 학습됩니다.

$$\underset{*}{V}(s) = \max_a \underset{*}{Q}(s, a)$$

에이전트는 최적 정책에 따라 [그림 2-26]처럼 행동하면 보상의 합을 최대로 받을 수 있습니다.

하지만 Grid World처럼 단순하고 실제 환경(상태, 보상, 상태 전이 확률 등…)의 정보를 정확히 아는 경우는 거의 없습니다. 이러한 문제를 극복하기 위한 강화학습 기법으로 몬테카를로 정책 평가(Monte-Carlo Policy Evaluation), 시간 차 학습(Temporal Difference Policy Evaluation), 살사(SARSA), Q-Learning, 그리고 Q-Learning과 딥러닝이 접목된 DRL(Deep Reinforcement Learning) 등이 있습니다.

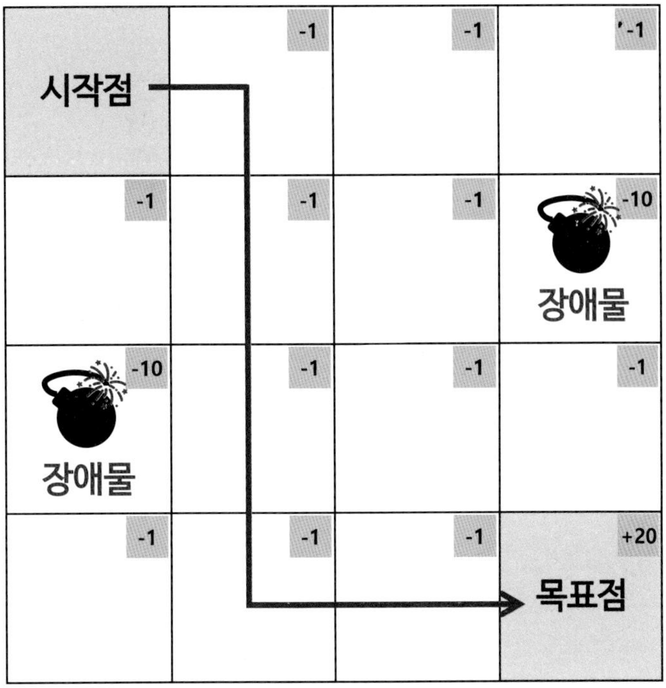

[그림 2-26] 최적 정책 예시

》2.3.5 Generative Adversarial Networks(GAN)《

앞서 머신러닝을 지도학습, 비지도학습, 그리고 강화학습으로 분류했을 때 비지도학습에 Generative Adversarial Networks(GAN)이 포함되어 있었지만 자세한 언급은 하지 않았습니다. GAN은 머신러닝의 다른 비지도학습과는 비교적 다른 특성을 갖고 있고 최근 활발하게 연구되어 주목받고 있기에 이번 파트에서 따로 살펴보겠습니다.

회귀, 분류, 클러스터링, 또는 차원 축소 영역을 주축으로 연구되던 기존의 인공지능 분야에서 GAN은 데이터 생성이라는 새로운 분야를 선보이며 등장했습니다. GAN의 목적은 갖고 있는 데이터를 모방하여 새로운 데이터를 만드는 것이며, 두 개의 네트워크가 서로 목표를 달성하기 위해 적대적으로 겨루는 구조를 지니고 있습니다.

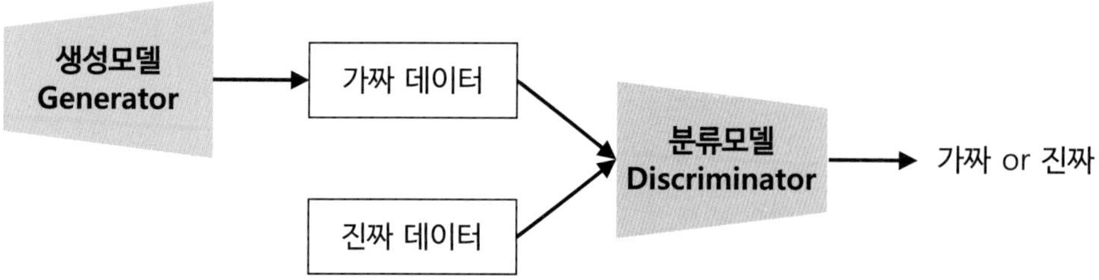

[그림 2-27] GAN 구조

GAN을 처음 제안한 이안 굿펠로우(Ian Goodfellow)는 GAN을 경찰과 위조지폐범의 관계로 설명하였습니다. GAN은 [그림 2-27]처럼 생성모델(Generator)과 분류모델(Discriminator)이 겨루는 네트워크로 Generator는 위조지폐범, Discriminator는 경찰에 비유됩니다. 위조지폐범의 목적은 경찰을 속이기 위해 최대한 진짜 지폐와 유사한 가짜 지폐를 생성하는 것이고 경찰은 위조지폐범이 만든 가짜 지폐와 진짜 지폐를 잘 분류하는 것을 목적으로 합니다. 만약 위조지폐범의 수법이 계속해서 교묘해지고 진화된다면, 경찰도 분류 능력을 향상하도록 노력할 것입니다. 즉, 경찰과 위조지폐범은 각자 목표를 달성하고자 자신들의 능력을 점점 향상시키는 것입니다.

GAN의 손실 함수는 다음과 같으며 Generator와 Discriminator의 상반된 목적을 풀기 위해 Minimax Problem을 적용합니다.

$$\min_G \max_D V(D,G) = E_{x\sim p_{data}(\boldsymbol{x})}[\log D(\boldsymbol{x})] + E_{z\sim p_z(\boldsymbol{z})}[\log(1 - D(G(\boldsymbol{z})))]$$

두 개의 기댓값으로 구성된 손실 함수를 Generator와 Discriminator 각자의 입장에서 살펴보겠습니다. Discriminator는 진짜 데이터 x와, 가짜 데이터 $G(z)$를 입력받는 두 가지 경우가 있습니다. 두 네트워크의 목적을 정리하면 다음과 같습니다.

- Generator : 랜덤 노이즈 z로 만들어낸 가짜 데이터 $G(z)$를 생성하여, 가짜 데이터를 진짜 데이터로 분류할 확률 $D(G(z))$를 높게 예측하는 것
- Discriminator

  1) 실제 데이터 x를 입력받아 진짜 데이터로 분류할 확률 $D(x)$를 높게 예측하는 것

2) Generator가 만든 가짜 데이터 $G(z)$를 입력받아 진짜 데이터일 확률 $D(G(z))$를 낮게 예측하는 것

이해를 돕기 위해 손실 함수에 각 네트워크의 목적을 극단적인 예시로 대입하겠습니다. Generator가 진짜 데이터와 완벽하게 같은 가짜 데이터를 생성한다면, 가짜를 진짜로 분류할 확률은 $D(G(z))=1$입니다. 손실 함수의 $E_{z\sim p_z(\mathbf{z})}[\log(1-D(G(\mathbf{z})))]$ 부분이 -∞가 되면서, Generator는 손실 함수의 최소화를 목표로 하게 됩니다. Discriminator는 가짜 데이터와 진짜 데이터를 정확하게 분류하는 것이 목표이므로 진짜 데이터를 분류할 확률 $D(x)=1$, 가짜 데이터를 분류할 확률 $D(G(z))=0$인 경우가 가장 이상적입니다. 이렇게 되면 손실 함수 $E_{x\sim p_{data}(\mathbf{x})}[\log D(\mathbf{x})] + E_{z\sim p_z(\mathbf{z})}[\log(1-D(G(\mathbf{z})))$가 0이 되면서 최댓값을 얻을 수 있습니다. 다시 말해, Generator는 손실 함수를 최소화하고 Discriminator는 최대화하는 방향으로 적대적으로 학습합니다.

GAN의 학습 방법에 대한 기본적인 콘셉트에 대해 알아보았습니다. 초기 GAN 모델은 이론적으로 증명 가능하고 새로운 영역을 발견했기에 주목을 많이 받았지만, 손실 함수의 최적해 수렴이 어렵고 복잡하여 실제 생성된 이미지는 사람이 만족하기에는 어색하고 흐릿했습니다. 이러한 단점을 극복하고자 성능 방향으로 발전된 모델로 Deep Convolutional GAN(DC-GAN), Conditional GAN, Info GAN, Wasserstein GAN(WGAN), Attention GAN 등이 있습니다. 그리고 GAN이 응용된 Style Transfer와 딥페이크(Deep Fake) 분야는 다음과 같은 흥미로운 결과물을 보였습니다.

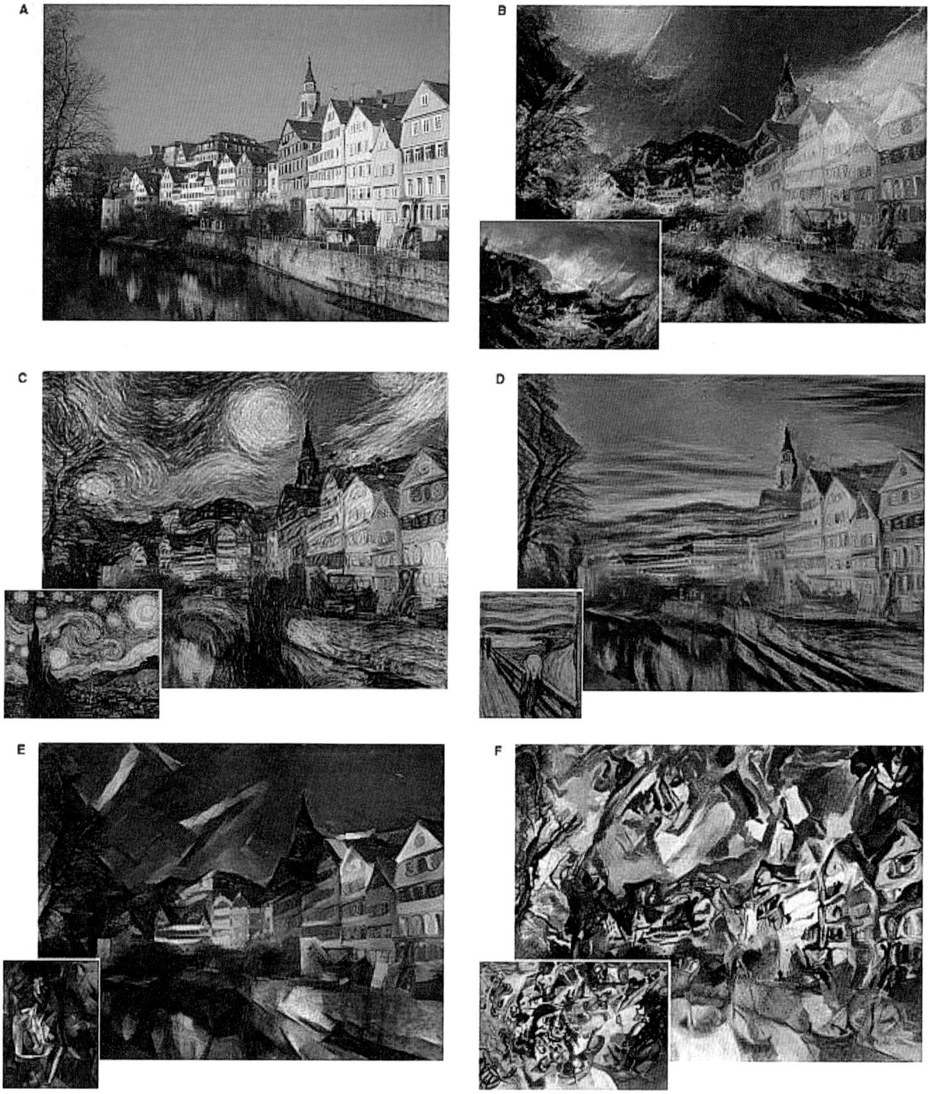

[그림 2-28] Style Transfer 예제

Style Transfer는 이미지의 주된 형태를 갖는 Content Image에 원하는 스타일을 갖는 Style Image를 적용하여 새로운 이미지를 생성합니다. 예를 들어, [그림 2-28]의 A의 주택가 풍경인 Content Image를 여러 화가의 화풍 Style Image를 적용하면 [그림 2-28]의 B~F와 같은 주택가 명화가 탄생합니다.

[그림 2-29] AI가 생성한 '개와 산책하고 있는 튜튜 입은 아기 무'

OpenAI라는 AI 연구 단체에서 제시된 텍스트를 보고 이미지를 창작해 그릴 수 있는 DALL-E라는 모델을 공개했습니다. 간단한 이미지는 물론이고 들어본 적 없는 엉뚱한 주문이 와도 자연스럽게 그릴 수 있습니다. [그림 2-29]는 DALL-E가 만든 '개와 산책하고 있는 튜튜를 입은 아기 무' 그림입니다. 이를 통해, GAN의 수준이 동물이나 사물을 의인화하고 관련 없는 개념을 서로 결합하는 정도까지 발전했다는 것이 입증되었습니다.

GAN을 마지막으로 딥러닝과 머신러닝에 대한 전반적인 내용을 살펴보았습니다. 다음 파트부터는 PyTorch를 다루며 간단한 딥러닝 모델을 구현하도록 하겠습니다.

PART 3

PyTorch

3.1 PyTorch 소개

》3.1.1 PyTorch란?《

이번 파트에서는 본격적인 실생활 문제의 딥러닝 실습을 하기 전, 준비해야 할 프로그래밍 언어에 대해 알아보고 딥러닝을 처음 접하는 분이라면 항상 접하게 되는 '손글씨 숫자 이미지 분류 문제' 실습을 진행하겠습니다.

본 서적에서는 프로그래밍 언어 중 하나인 파이썬(Python)을 통해 데이터를 불러오는 것부터 딥러닝 기술을 적용하는 것까지 여러 예제를 통해 다룰 예정입니다. 딥러닝을 다루는 대표적인 라이브러리로는 TensorFlow, Keras, PyTorch가 있지만, 그중 Facebook에서 제공하는 PyTorch를 사용하도록 하겠습니다.

PyTorch의 가장 큰 장점은 Python의 언어 구조와 굉장히 유사하며 간결합니다. 또한, PyTorch는 내부적으로 Computed Unified Device Architecture(CUDA)와 CUDA based Deep Neural Network(cuDNN)이라는 Application Programming Interface(API)를 이용해 Graphics Processing Unit(GPU) 연산을 가능하게 하며, 이로 인해 연산 속도가 월등히 빠르다는 장점

이 있습니다. [그림 3-1]은 TensorFlow와 PyTorch 사용 추이를 비교한 그래프입니다. Y축은 TensorFlow와 PyTorch로 구현한 논문 중 PyTorch로 구현한 논문의 비율로서, 50%가 넘으면 PyTorch 논문 수가 TensorFlow 논문 수보다 많다고 할 수 있습니다. 2019년 중반 이후부터는 대부분의 저널에서 PyTorch 구현 논문이 많아졌으며, PyTorch의 위상이 점점 높아진다는 것을 알 수 있습니다.

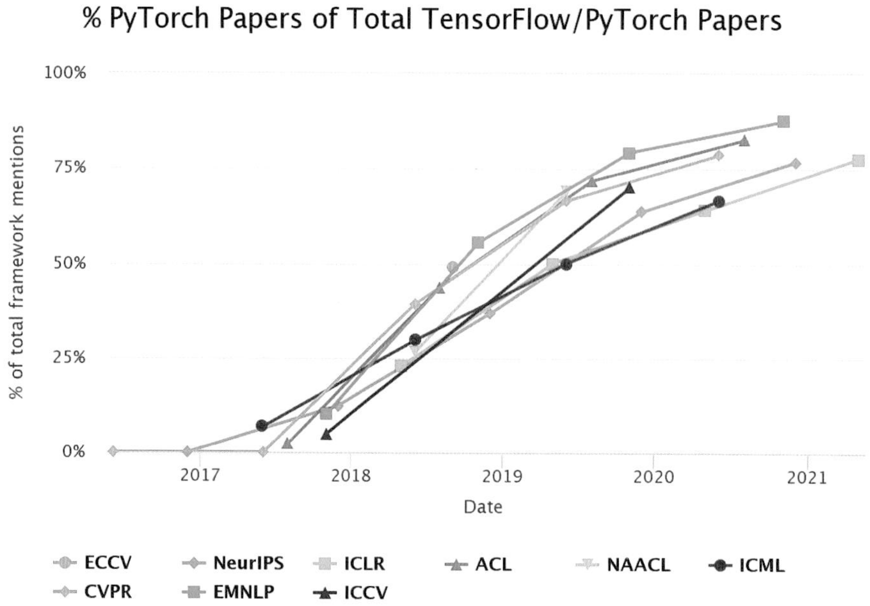

[그림 3-1] PyTorch와 Tensorflow 논문 점유율 트렌드

PyTorch의 특징 중 하나는 데이터의 형태로 텐서(Tensor)를 사용한다는 점입니다. 텐서는 새로운 개념이 아니라 수학적인 개념의 '데이터의 배열(Array)'과 같습니다. 즉, 0차원 - 스칼라(Scalar), 1차원 - 벡터(Vector), 2차원 - 행렬(Matrix)이며, 3차원 이상부터는 n차원 텐서(3-Tensor, …, n-Tensor)라고 부릅니다.

》3.1.2 아나콘다(Anaconda) 설치《

Python과 딥러닝을 구현하는 데 필요한 기본 라이브러리를 사용하기 위해 아나콘다

(Anaconda) 설치를 권장합니다. 아나콘다는 선형 대수를 다루는 Numpy, 정형 데이터를 다루는 Pandas, 여러 머신러닝 알고리즘 모델이 포함된 Sklearn 등 기본 라이브러리를 제공합니다.

아나콘다 공식 홈페이지(https://www.anaconda.com/products/individual)에서 Windows, MacOS, 그리고 Linux를 제공하며, 각자 환경에 맞게 설치해주면 됩니다. 책 집필 시점 기준 Python 3.8을 기본으로 제공하고 있지만, 다른 버전이 필요하다면 가상환경을 구축할 때 원하는 버전으로 설치하는 것을 추천합니다.

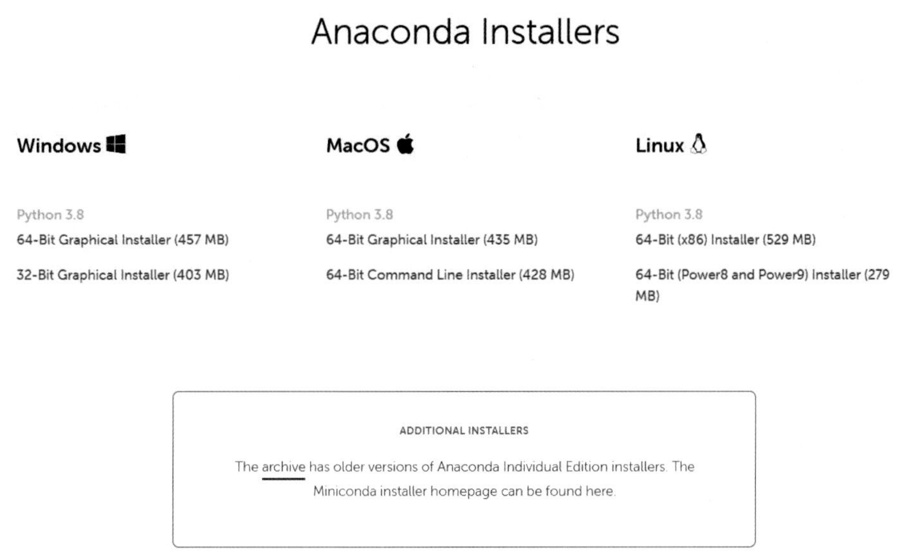

[그림 3-2] 아나콘다 공식 홈페이지 다운로드 화면

》3.1.3 가상환경 구축《

딥러닝 실습을 시작하기 전, 가상환경을 구축하겠습니다. 여러 프로젝트를 진행하다 보면 각 프로젝트에서 필요한 라이브러리와 딥러닝 프레임 워크가 다른 경우가 빈번합니다. A 프로젝트에서는 Python 3.7 버전과 TensorFlow를 사용했다면, B 프로젝트에서는 Python 3.8 버전과 PyTorch가 필요할 수도 있습니다. 하지만 하나의 공간에 여러 버전의 라이브러리가 동시에 설치된다면, 서로 충돌되기 때문에 코드를 실행할 때마다 적절한 버전을 설정해주어야 하는 번거로움을 겪게 됩니다.

이러한 어려움을 극복하기 위해 독립된 작업 공간인 가상환경을 구축하는 것을 추천합니다. 각 프로젝트마다 독립된 방을 만든다고 할 수 있겠습니다. 그렇다면, 가상환경을 구축해보도록 하겠습니다.

[Windows 사용자]

'Windows 키+R' 또는 검색창에 cmd를 입력하여 명령 프롬프트를 실행한 뒤, 아래의 코드를 작성합니다.

```
conda create -n [가상환경 이름] python=[version]         # (1)
activate [가상환경 이름]                                 # (2)
deactivate [가상환경 이름]                               # (3)
```

[Linux 사용자]

Terminal 창에서 다음의 코드를 작성합니다.

```
conda create -n [가상환경 이름] python=[version]         # (1)
source activate [가상환경 이름]                          # (2)
source deactivate [가상환경 이름]                        # (3)
```

(1) 아나콘다 명령어 conda create를 통해 가상환경을 구축합니다. [가상환경 이름]에는 PyTorch_env, project1과 같이 사용자가 결정한 임의의 이름을 작성하면 됩니다. python =[version]에 python=3.6 또는 python=3.7과 같이 입력하여 아나콘다를 설치할 때 지정된 버전 이외의 Python도 설치가 가능합니다.

(2) 생성한 가상환경을 활성화합니다.

(3) 작업이 끝난 후, 실행 중인 가상환경을 종료합니다.

》3.1.4 CUDA와 CuDNN 설치하기《

이번 파트는 GPU가 장착된 컴퓨터가 있거나 GPU 연산을 하실 분만 참고하시면 됩니다. CUDA와 CuDNN은 GPU에서 병렬 처리를 수행할 수 있도록 해주는 기술이므로 반드시 설치해야 합니다. 사용자의 GPU 모델에 맞는 CUDA를 먼저 설치 후, CUDA 버전에 맞는 cuDNN까지 설치해주시면 됩니다.

- CUDA 설치 : https://developer.nvidia.com/cuda-toolkit-archive
- CuDNN 설치 : https://developer.nvidia.com/rdp/cudnn-archive

》3.1.5 PyTorch 설치하기《

드디어 핵심 라이브러리인 PyTorch를 설치하도록 하겠습니다. PyTorch는 공식 홈페이지(https://pytorch.org/)에서 사용자에게 맞는 환경을 선택한 뒤 command 명령어를 통해 설치합니다. [그림 3-3]처럼 사용자 OS와 기존에 설치한 CUDA 버전을 올바르게 선택합니다. 단, 만약에 아나콘다가 아닌 Python 공식 홈페이지에서 Python을 설치하셨다면, Package를 'Pip'으로 선택합니다. 본 서적에서는 아나콘다를 설치했으므로 'Conda'를 선택했습니다.

각 옵션을 알맞게 선택 후, Run this Command에 완성된 command 명령어를 복사합니다. 복사된 명령어 `conda install pytorch torchvision torchaudio cudatoolkit=10.2 -c pytorch`를 앞에서 구축한 가상환경을 활성화한 뒤 입력하면, 해당 가상환경에 PyTorch가 설치됩니다.

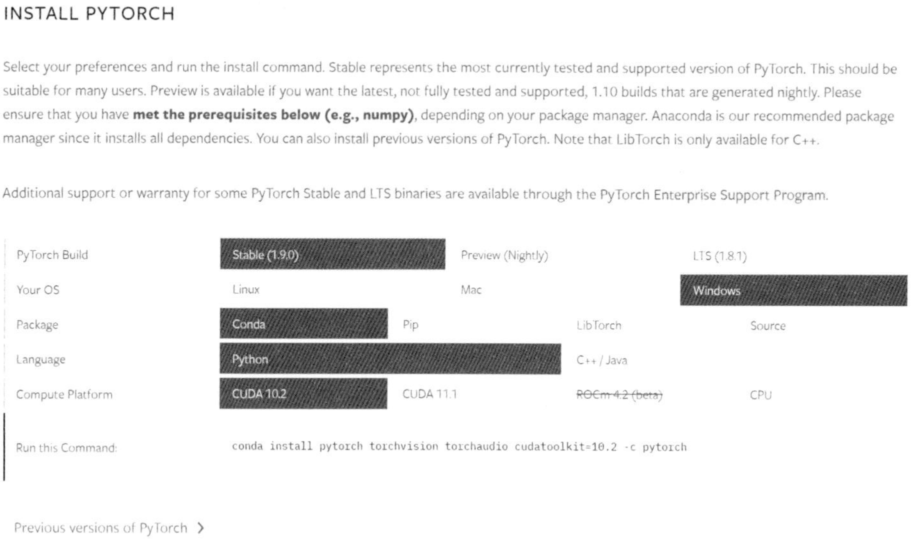

INSTALL PYTORCH
Select your preferences and run the install command. Stable represents the most currently tested and supported version of PyTorch. This should be suitable for many users. Preview is available if you want the latest, not fully tested and supported, 1.10 builds that are generated nightly. Please ensure that you have met the prerequisites below (e.g., numpy), depending on your package manager. Anaconda is our recommended package manager since it installs all dependencies. You can also install previous versions of PyTorch. Note that LibTorch is only available for C++.
Additional support or warranty for some PyTorch Stable and LTS binaries are available through the PyTorch Enterprise Support Program.
PyTorch Build
Stable (1.9.0)
Preview (Nightly)
LTS (1.8.1)
Your OS
Linux
Mac
Windows
Package
Conda
Pip
LibTorch
Source
Language
Python
C++ / Java
Compute Platform
CUDA 10.2
CUDA 11.1
ROCm 4.2 (beta)
CPU
Run this Command:
conda install pytorch torchvision torchaudio cudatoolkit=10.2 -c pytorch
Previous versions of PyTorch

[그림 3-3] PyTorch 공식홈페이지 다운로드 설정 화면

3.2 예제 : 손글씨 숫자 이미지 분류 문제

본격적인 실습에 앞서 딥러닝을 익힐 때 많이 사용하는 '손글씨 숫자 이미지 분류 문제'를 다루어보도록 하겠습니다. 손글씨 데이터는 인공지능 연구의 권위자 Yann LeCun 교수가 만들었습니다.

》3.2.1 데이터 살펴보기《

우리가 다룰 Modified National Institute of Standards and Technology database(MNIST) 데이터는 손으로 쓰인 0에서 9까지의 숫자로 이루어진 이미지 데이터입니다. 각 이미지에는 어떤 숫자인지를 나타내는 정답 레이블 정보가 포함되어 있습니다.

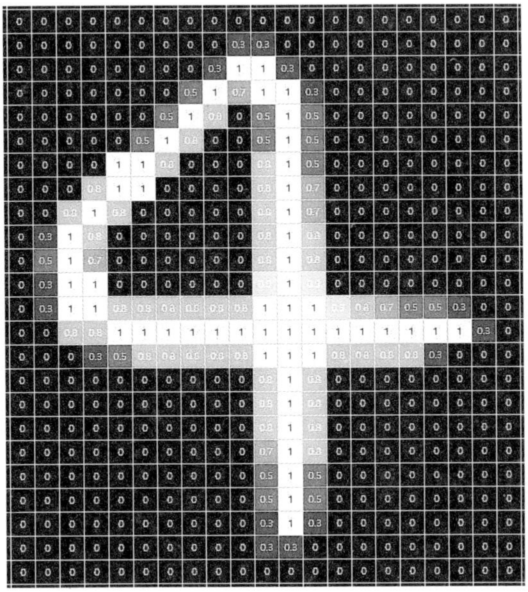

[그림 3-4] 손글씨 4 이미지 예시

이미지 데이터는 [그림 3-4]와 같이 0에서 1까지의 값을 갖는 고정 크기의 28×28 행렬입니다. 각 행렬의 원소는 픽셀의 밝기 정보를 나타냅니다. 1에 가까울수록 흰색, 0에 가까울수록 검은색 픽셀입니다.

레이블은 One-Hot Encoding 방식으로 길이가 10인 벡터로 이루어져 있습니다. 예를 들면, 이미지가 숫자 4이면 각 자리가 0부터 9까지를 나타내는 벡터 [0, 0, 0, 0, 1, 0, 0, 0, 0, 0]로 되어 있습니다.

MNIST는 눈으로 보기에는 2차원 행렬 데이터로 보이지만 실제로는 3차원 데이터입니다. 3차원 행렬은 [1, 28, 28]과 같은 형태이며 각각 [Channel, Width, Height]를 나타냅니다. Width와 Height는 이미지의 가로와 세로를 의미하는 것임을 아실 텐데요, 채널(Channel)은 무엇일까요? 채널은 이미지를 구성하기 위한 색상 정보를 나타내고 색을 표현하는 차원입니다. MNIST는 흑백의 회색 계열만 사용하기 때문에 단일 채널을 사용하지만, 보통 컬러 이미지는 [그림 3-5]처럼 Red, Green, 그리고 Blue로 나타내어진 RGB 3채널을 사용합니다. 즉 Red, Green, Blue 색상이 조합되어 우리가 보는 색으로 나타나는 것입니다. 만약, MNIST 데이터가 색상이 있는 이미지라면 28×28 행렬이 3개로 구성된 [3, 28, 28] 형태를 지녔을 것입니다.

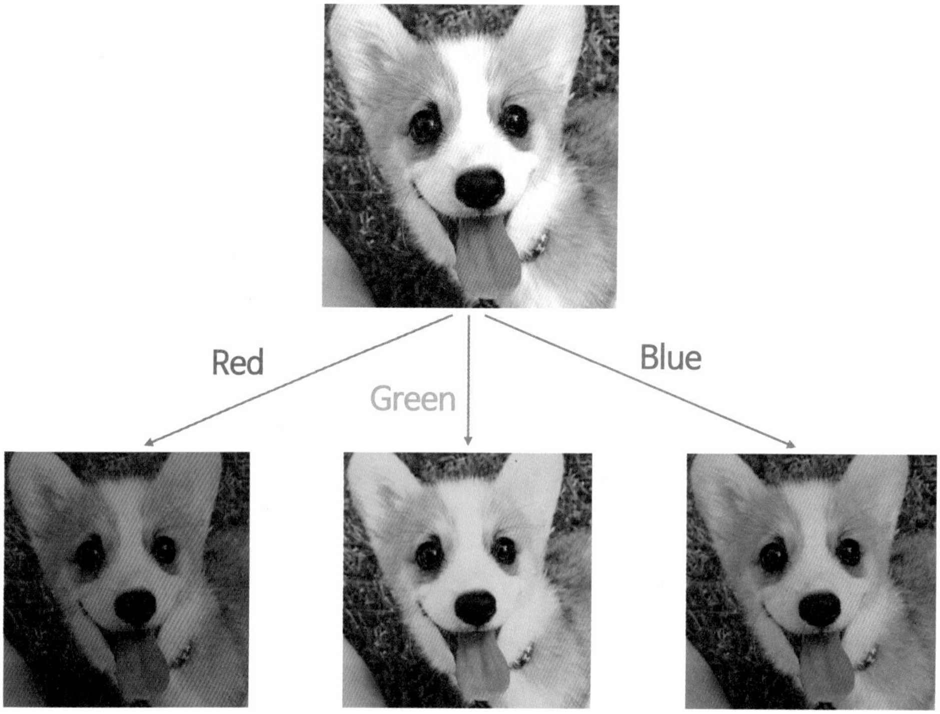

[그림 3-5] RGB 채널

》3.2.2 CNN으로 손글씨 숫자 이미지 분류하기《

Python을 통해 손글씨 숫자 이미지를 분류하는 간단한 구조의 Convolutional Neural Network(CNN)을 구현하도록 하겠습니다.

코드는 크게 네 부분으로 구성되어 있습니다.

1. 모듈(Module) 및 분석 환경 설정
2. 데이터 불러오기
3. 모델 학습
4. 모델 평가

• 모듈(Module) 및 분석 환경 설정

[모듈 불러오기]

```
import torch                                                    # (1)
import torch.nn as nn                                           # (2)
import torch.nn.functional as F                                 # (3)
import torch.optim as optim                                     # (4)
from torchvision import datasets, transforms                    # (5)

from matplotlib import pyplot as plt                            # (6)
%matplotlib inline                                              # (7)
```

Python 코드를 작성할 때 필요한 모듈이 있는 경우 주로 코드 상단에 작성합니다. 이번 예제에서는 PyTorch 관련 모듈과 기본 시각화 기능을 제공하는 모듈을 사용합니다.

(1) PyTorch 라이브러리 torch를 불러옵니다.
(2) 딥러닝 네트워크의 기본 구성 요소를 포함한 torch.nn 모듈을 nn으로 지정하여 불러옵니다.
(3) 딥러닝에 자주 사용되는 함수가 포함된 모듈 torch.nn.functional을 F로 지정하여 불러옵니다.
(4) 가중치 추정에 필요한 최적화 알고리즘을 포함한 torch.optim 모듈을 optim으로 지정하여 불러옵니다.
(5) Torchvision 모듈은 딥러닝에서 자주 사용되는 데이터셋과 모델 구조 및 이미지 변환 기술을 포함하고 있습니다. 그중, datasets과 transforms 함수만 불러옵니다.
(6) 데이터와 차트의 시각화를 돕는 matplotlib 모듈에서 pyplot 함수를 plt로 불러옵니다.
(7) 주피터 노트북 사용자는 코드 실행 시 브라우저에서 바로 그림을 보려면 꼭 필요한 코드입니다(주피터 노트북 사용자가 아니라면 생략해도 무방합니다).

[분석 환경 설정]

```
is_cuda = torch.cuda.is_available()
device = torch.device('cuda' if is_cuda else 'cpu')

print ('Current cuda device is', device)
# GPU 사용 : Current cuda device is cuda
# CPU 사용 : Current cuda device is cpu
```

가중치 업데이트 연산 과정에서 어떠한 장비를 선택할지에 대한 코드입니다. CUDA를 통해 GPU를 사용할 수 있다면 torch.cuda.is.available()에 True 값이, 사용할 수 없다면 False 값이 저장됩니다. 이에 따라, device에 'cuda' 혹은 'cpu'로 설정될 것입니다.

PyTorch에서는 모델과 사용하는 데이터에 어떤 장비를 사용할지 지정해야 하므로 딥러닝을 구현하기 전 코드 상단에서 장치를 device에 미리 저장하는 것이 유용합니다.

[HyperParameter 지정]

```
batch_size = 50
epoch_num = 15
learning_rate = 0.0001
```

데이터를 불러오고 모델을 설계하기 전에 HyperParameter를 사전에 정의합니다.

- batch_size : 모델 가중치를 한 번 업데이트시킬 때 사용되는 샘플 단위 개수(=미니 배치 사이즈)
- epoch_num : 학습 데이터를 모두 사용하여 학습하는 기본 단위 횟수(=Epoch 수)
- learning_rate : 가중치 업데이트의 정도(=Learning Rate(학습률))

• 데이터 불러오기

[MNIST 데이터 불러오기]

```
train_data = datasets.MNIST(root = './data', train = True, download = True,
                            transform = transforms.ToTensor())
test_data = datasets.MNIST(root = './data', train = False,
                            transform = transforms.ToTensor())

print('number of training data: ', len(train_data))
print('number of test data: ', len(test_data))

# Downloading http://yann.lecun.com/exdb/mnist/…
# Processing…
# Done!
# number of training data:  60000
# number of test data:  10000
```

MNIST는 Python의 'Hello World'만큼 딥러닝 입문자라면 반드시 만나는 데이터로서 PyTorch 모듈 안에 내장되어 쉽게 불러올 수 있습니다. datasets.MNIST의 옵션에 따라 학습·테스트 데이터를 지정하며 각 옵션은 다음과 같습니다.

- root : MNIST 데이터를 저장할 물리적 공간 위치입니다. './data'는 현재 폴더(디렉토리) 위치의 data라는 폴더를 의미합니다.
- train : True/False의 논리값으로 데이터를 학습용으로 사용할 것인지 지정합니다.
- download : True를 입력하면 root 옵션에서 지정된 위치에 데이터가 저장됩니다. 만약 처음 시행이 아니고 이미 저장된 데이터가 있다면, False를 입력합니다.
- transform : MNIST 데이터를 저장과 동시에 전처리를 할 수 있는 옵션입니다. PyTorch는 입력 데이터로 Tensor를 사용하므로 이미지를 Tensor로 변형하는 전처리 transforms.ToTensor()를 사용합니다.

위의 코드를 실행하면 http://yann.lecun.com 홈페이지에서 MNIST 데이터가 다운로드되며 진행 현황이 나타납니다. 마지막에 'Processing…, Done!' 구문이 나타나면 데이터가 저장된 것입니다. len 함수를 통해 학습 데이터는 60,000개, 테스트 데이터는 10,000개로 구성된 것을 확인합니다.

데이터가 어떻게 구성되어 있는지 직접 확인해보겠습니다.

[MNIST 데이터 확인하기]

```
image, label = train_data[0]

plt.imshow(image.squeeze().numpy(), cmap = 'gray')
plt.title('label : %s' % label)
plt.show()
```

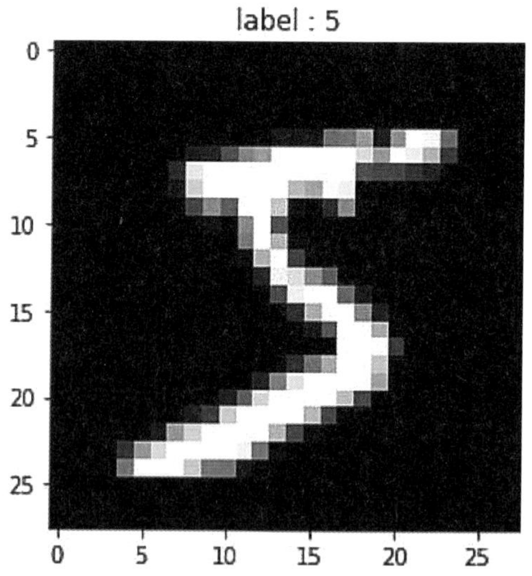

[그림 3-6] MNIST 데이터 예시

image, label에 첫 번째 학습 데이터의 입력 데이터와 정답을 저장합니다. MNIST 데이터는 앞서 말했듯이 단일 채널로 [1, 28, 28] 3차원 텐서입니다. 3차원 텐서를 2차원으로 줄이기 위해 image.squeeze()를 사용합니다. squeeze() 함수는 크기가 1인 차원을 없애는 함수로 2차원인 [28, 28]로 만들어줍니다. 위의 코드를 실행하면 [그림 3-6]이 생성되며 MNIST에 손글씨 데이터 이미지와 해당하는 정답이 저장되어 있음을 알 수 있습니다.

[미니 배치 구성하기]

```
train_loader = torch.utils.data.DataLoader(dataset = train_data,
                                           batch_size = batch_size,
                                           shuffle = True)
test_loader = torch.utils.data.DataLoader(dataset = test_data,
                                          batch_size = batch_size,
                                          shuffle = True)

first_batch = train_loader.__iter__().__next__()
print('{:15s} | {:<25s} | {}'.format('name', 'type', 'size'))
print('{:15s} | {:<25s} | {}'.format('Num of Batch', '',
                                     len(train_loader)))
print('{:15s} | {:<25s} | {}'.format('first_batch', str(type(first_batch)),
                                     len(first_batch)))
print('{:15s} | {:<25s} | {}'.format('first_batch[0]',
                                     str(type(first_batch[0])),
                                     first_batch[0].shape))
print('{:15s} | {:<25s} | {}'.format('first_batch[1]',
                                     str(type(first_batch[1])),
                                     first_batch[1].shape))

# name            | type                      | size
# Num of Batch    |                           | 1200
# first_batch     | <class 'list'>            | 2
# first_batch[0]  | <class 'torch.Tensor'>    | torch.Size([50, 1, 28, 28])
# first_batch[1]  | <class 'torch.Tensor'>    | torch.Size([50])
```

미리 지정한 배치 사이즈를 통해 미니 배치를 구성하는 코드입니다. PyTorch에서 제공하는 torch.utils.data.DataLoader는 손쉽게 배치를 구성하며 학습 과정을 반복 시행할 때마다 미니 배치를 하나씩 불러오는 유용한 함수입니다.

- dataset : 미니 배치로 구성할 데이터입니다.
- batch_size : 미니 배치의 사이즈를 나타냅니다. 해당 예제에서는 사전에 50으로 지정했습니다.
- shuffle : 데이터의 순서를 랜덤으로 섞어서 미니 배치를 구성할지 여부를 결정합니다. 시계열 데이터가 아닌 경우, 딥러닝이 데이터의 순서에 대해서는 학습하지 못하도록 데이터를 랜덤으로 섞어주는 것이 필수입니다.

DataLoader로 구성된 배치를 살펴보면 1,200개의 미니 배치가 생성된 것을 확인할 수 있습니다. 그 이유는 60,000개의 학습 데이터에 50의 배치 사이즈를 사용했기 때문입니다. 미니 배치의 첫 번째 요소 `first_batch[0]`는 [50, 1, 28, 28] 형태의 4차원 Tensor로서, 각 요소는 [Batch Size, Channel, Width, Height]를 나타냅니다. 데이터 한 개는 3차원이지만 데이터가 여러 개 쌓이면서 차원이 하나 더 늘어 4차원 Tensor가 됩니다. 미니 배치의 두 번째 요소 `first_batch[1]`는 50 크기의 벡터입니다. 즉, 미니 배치의 정답이 저장되어 있습니다.

• 모델 학습

이번 예제에서는 간단한 CNN을 만들어볼 예정입니다. 모델을 만들기 위해서는 가장 먼저 클래스의 `__init__`을 통해 모델에 사용되는 가중치 형태를 정의합니다. 주의해야 할 점은 Layer를 쌓으면서 이전 Layer의 출력 크기와 직후 Layer의 입력 크기를 같게 설계해야 한다는 것입니다. 직접 Layer를 쌓으면서 보도록 하겠습니다.

이번 CNN은 [그림 3-7]처럼 2개의 Convolutional Layer와 2개의 Fully-Connected Layer로 설계했습니다. [그림 3-7]은 입력 레이어부터 출력 레이어까지 데이터 한 개의 Tensor 형태가 어떻게 변하는지를 보여줍니다. 구분을 위해 데이터 형태를 나타낼 때는 대괄호 '[ ]', 가중치인 Filter 형태를 나타낼 때는 소괄호 '( )'를 사용했습니다. @는 Filter의 개수를 나타냅니다.

예를 들어, [Channel = 1, Width = 28, Height = 28] 크기의 입력 Tensor에 (Filter_Channel = 1, Filter_Width = 3, Filter_Height = 3)의 Filter를 32개 사용하는 첫 번째 Convolutional Layer(= Conv1)를 통과하면 [Channel = 32, Width = 26, Height = 26] 크기의 Tensor가 출력됩니다. 어떻게 [32, 26, 26] 크기가 되는 것일까요? 채널의 크기는 Filter의 개수로 결정되기 때문에 32입니다. 출력 Tensor의 가로와 세로는 <3.1 Convolutional Neural Network(CNN)>에서 살펴보았던, Filter 사이즈(F), Stride 크기(S), Padding 크기(P)에 따라 출력되는 Feature Map의 사이즈(O) 공식에 의해 결정됩니다. `nn.Conv2d` 함수는 `padding=0`과 `stride=1`을 기본값으로 사용하여 아래의 수식처럼 계산됩니다.

$$O = \frac{I + 2P - F}{S} + 1 = \frac{28 + 2 \times 0 - 3}{1} + 1 = 26$$

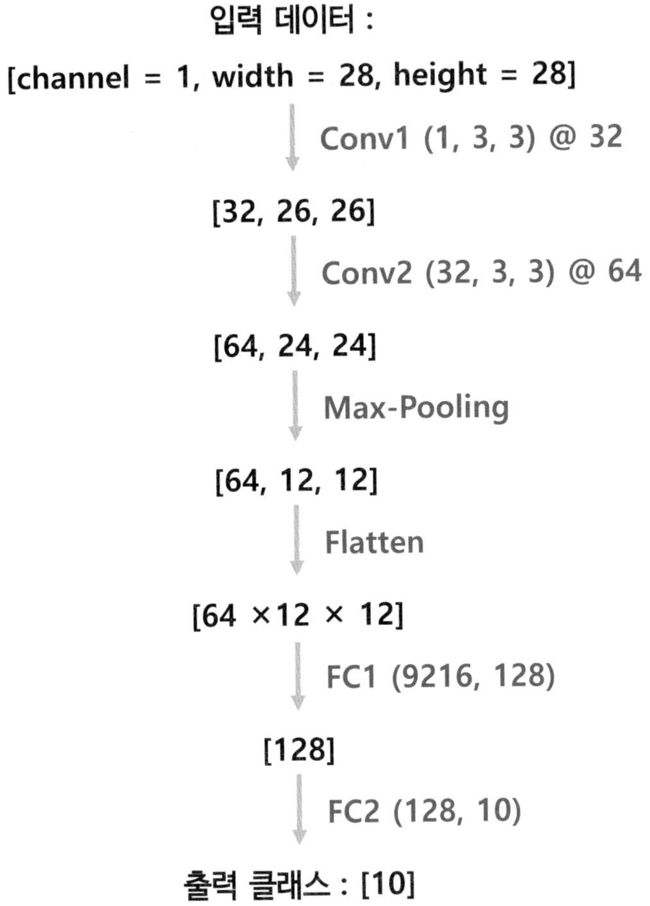

[그림 3-7] Layer에 따른 Tensor 형태의 변화

MaxPooling의 경우 Tensor의 가로, 세로에만 영향을 주므로 [64, 24, 24]에서 [64, 12, 12]로 반감됩니다. Flatten 연산은 Fully-connected Layer 연산을 위해 고차원 Tensor를 1차원으로 줄이는 것으로 3차원의 Tensor를 9,216 길이의 1차원 벡터로 변환합니다.

마지막 Fully-connected Layer인 FC2에서는 각 출력 클래스의 분류 확률을 받기 위해 크기를 반드시 맞추어야 합니다. MNIST는 0부터 9까지 10개의 클래스이기에 10의 길이로 구성합니다. 이제, 설계한 CNN을 직접 코드로 구현하도록 하겠습니다.

[CNN 구조 설계하기]

```
class CNN(nn.Module):                                          # (1)
    def __init__(self):                                        # (2)
        super(CNN, self).__init__()                            # (3)
        self.conv1 = nn.Conv2d(1, 32, 3, 1)                    # (4)
        self.conv2 = nn.Conv2d(32, 64, 3, 1)                   # (5)
        self.dropout1 = nn.Dropout2d(0.25)                     # (6)
        self.dropout2 = nn.Dropout2d(0.5)                      # (7)
        self.fc1 = nn.Linear(9216, 128)                        # (8)
        self.fc2 = nn.Linear(128, 10)                          # (9)

    def forward(self, x):                                      # (10)
        x = self.conv1(x)                                      # (11)
        x = F.relu(x)                                          # (12)
        x = self.conv2(x)                                      # (13)
        x = F.relu(x)                                          # (14)
        x = F.max_pool2d(x, 2)                                 # (15)
        x = self.dropout1(x)                                   # (16)
        x = torch.flatten(x, 1)                                # (17)
        x = self.fc1(x)                                        # (18)
        x = F.relu(x)                                          # (19)
        x = self.dropout2(x)                                   # (20)
        x = self.fc2(x)                                        # (21)
        output = F.log_softmax(x, dim = 1)                     # (22)
        return output                                          # (23)
```

(1) `nn.Module` 클래스를 상속받는 CNN 클래스를 정의합니다.

(2) `__init__`을 통해 모델에서 사용되는 가중치를 정의합니다.

(3) `super()` 함수를 통해 `nn.Module` 클래스의 속성을 상속받고 초기화합니다.

(4) 첫 번째 Convolutional Layer인 `conv1`을 정의합니다. 각 옵션은 `nn.Conv2d(in_channels = 1, out_channels = 32, kernel_size = 3, stride = 1)`입니다. `in_channels`은 `conv1`의 입력 Tensor의 채널 크기, `out_channels`은 `conv1`의 출력 Tensor의 크기를 나타냅니다. `out_channels`은 `conv2`의 `in_channels`과 같아야 합니다. `kernel_size`는 Filter의 크기를 나타내며 Scalar 값으로 지정하면 가로와 세로의 크기가 같은 2D Filter가 생성됩니다. 즉, `kernel_size = 3`은 (3×3) Filter입니다. `stride`는 Filter가 움직이는 단위이며, padding 옵션은 지정하지 않았으므로 기본 `padding = 0`이 적용되어 padding이 시행되지 않습니다.

(5) 두 번째 Convolutional Layer인 conv2를 정의합니다. 각 옵션은 nn.Conv2d(in_channels = 1, out_channels = 32, kernel_size = 3, stride = 1)입니다. conv1의 out_channels과 conv2의 in_channels이 동일한지 확인합니다.

(6) 0.25 확률의 Dropout인 dropout1을 지정합니다.

(7) 0.5의 확률의 Dropout인 dropout2를 지정합니다.

(8) 첫 번째 Fully-connected Layer인 fc1을 정의합니다. 각 옵션은 nn.Linear(in_features = 9216, out_features = 128)입니다. 9,216 크기의 벡터를 128 크기의 벡터로 변환하는 가중치를 설계합니다.

(9) 두 번째 Fully-connected Layer인 fc2를 정의합니다. fc1에서 출력된 128 크기의 벡터를 MNIST의 클래스 개수인 10 크기의 벡터로 변환하는 가중치를 설계합니다.

(10) 입력 이미지와 정의한 가중치를 이용해 Feed Forward 연산을 정의합니다.

(11) 입력 이미지를 conv1 레이어에 통과시킵니다.

(12) ReLU 활성 함수를 적용합니다. 활성 함수는 단순 연산이므로 __init__에서 정의한 학습 가중치가 없습니다.

(13) conv2 레이어를 통과합니다.

(14) ReLU 활성 함수를 적용합니다.

(15) (2×2) 크기의 Filter로 Max Pooling을 적용합니다. Pooling Layer는 단순 연산이므로 학습할 가중치가 없습니다.

(16) 사전에 정의한 0.25 확률의 dropout1을 반영합니다.

(17) Torch.flatten 함수를 통해 Fully-connected Layer를 통과하기 전, 고차원의 Tensor를 1차원의 벡터로 변환합니다. 2개의 Convolutional Layer와 1번의 MaxPooling으로 만들어진 [64, 12, 12] 크기의 3차원 Tensor가 9,216 크기의 벡터로 변환됩니다.

(18) 9,216 크기의 벡터를 128 크기의 벡터로 학습하는 fc1을 통과합니다.

(19) ReLU 활성 함수를 적용합니다.

(20) 사전에 정의한 0.5 확률의 dropout2을 반영합니다.

(21) 두 번째 Fully-connected Layer인 fc2를 통과하면서 벡터의 사이즈가 128에서 10으로 줄어듭니다.

(22) 최종 출력값으로 log-softmax를 계산합니다. Softmax 함수가 아닌, log_softmax()를 사용하게 되면 연산 속도를 높일 수 있습니다.

(23) 최종 출력값을 반환합니다.

[Optimizer 및 손실 함수 정의]

```
model = CNN().to(device)                                                    #  (1)
optimizer = optim.Adam(model.parameters(), lr = learning_rate)              #  (2)
criterion = nn.CrossEntropyLoss( )                                          #  (3)
```

(1) CNN 클래스를 이용해 model이라는 인스턴스를 생성합니다. 이때, 코드 상단에서 지정한 연산 장비(GPU 또는 CPU) device를 인식합니다.

(2) 손실 함수를 최소로 하는 가중치를 찾기 위해 Adam 알고리즘의 optimizer를 지정합니다.

(3) MNIST는 다중 클래스 분류 문제이기에 교차 엔트로피(Cross Entropy)를 손실 함수로 설정합니다.

[설계한 CNN 모형 확인하기]

```
print(model)

# CNN(
#   (conv1): Conv2d(1, 32, kernel_size=(3, 3), stride=(1, 1))
#   (conv2): Conv2d(32, 64, kernel_size=(3, 3), stride=(1, 1))
#   (dropout1): Dropout2d(p=0.25, inplace=False)
#   (dropout2): Dropout2d(p=0.5, inplace=False)
#   (fc1): Linear(in_features=9216, out_features=128, bias=True)
#   (fc2): Linear(in_features=128, out_features=10, bias=True)
# )
```

print(model) 구문을 통해, CNN 모형이 잘 설계되었는지 확인합니다.

[모델 학습]

```
model.train()                                                               #  (1)
i = 0                                                                       #  (2)
for epoch in range(epoch_num):                                              #  (3)
    for data, target in train_loader:                                       #  (4)
        data = data.to(device)                                              #  (5)
        target = target.to(device)                                          #  (6)
```

```
        optimizer.zero_grad()                                          #  (7)
        output = model(data)                                           #  (8)
        loss = criterion(output, target)                               #  (9)
        loss.backward()                                                # (10)
        optimizer.step()                                               # (11)
        if i % 1000 == 0:                                              # (12)
            print('Train Step: {}\tLoss: {:.3f}'.format(i, loss.item()))# (13)
        i += 1                                                         # (14)

# Train Step: 1000	Loss: 0.194
# Train Step: 2000	Loss: 0.165
# Train Step: 3000	Loss: 0.034
# Train Step: 4000	Loss: 0.076
# Train Step: 5000	Loss: 0.049
# Train Step: 6000	Loss: 0.114
# Train Step: 7000	Loss: 0.010
# Train Step: 8000	Loss: 0.081
# Train Step: 9000	Loss: 0.021
# Train Step: 10000	Loss: 0.034
# Train Step: 11000	Loss: 0.018
# Train Step: 12000	Loss: 0.028
# Train Step: 13000	Loss: 0.058
# Train Step: 14000	Loss: 0.097
# Train Step: 15000	Loss: 0.012
# Train Step: 16000	Loss: 0.127
# Train Step: 17000	Loss: 0.059
# Train Step: 18000	Loss: 0.053
```

설계한 모형과 미니 배치를 통해 학습을 진행시킬 차례입니다.

(1) CNN 클래스가 저장된 model 인스턴스를 학습 모드로 실행할 것을 명시합니다.
(2) 반복 학습 중 손실 함수 현황을 확인하고자 학습 횟수를 나타내는 보조 인덱스를 지정합니다.
(3) 미리 지정해둔 Epoch 수만큼 반복 학습 for 문을 선언합니다.
(4) 학습 데이터를 batch_size로 나눈 만큼 반복 수행되며, train_loader는 매 시행마다 미니 배치의 데이터와 정답을 data와 target에 저장합니다.
(5) 미니 배치의 데이터를 기존에 지정한 장비 device에 할당합니다.

(6) 미니 배치의 정답을 기존에 지정한 장비 `device`에 할당합니다.

(7) 학습을 시작하기 전, 이전 반복 시행에서 저장된 `optimizer`의 Gradient를 초기화합니다.

(8) 미니 배치 데이터를 모델에 통과시키는 Feed Forward 연산으로 결괏값을 계산합니다.

(9) 계산된 결괏값과 실제 정답으로 손실 함수를 계산합니다.

(10) 손실 함수를 통해 Gradient를 계산합니다.

(11) 위에서 계산된 Gradient를 통해 모델의 가중치를 업데이트합니다.

(12) 학습이 잘 되고 있는지 확인하고자 1,000번째 시행마다 손실 함수를 확인하기 위한 `if` 문입니다.

(13) 손실 함수를 출력합니다.

(14) 학습을 완료했기 때문에 보조 인덱스를 1만큼 올려줍니다.

출력된 손실 함수를 보면 일관적으로 손실 함수가 줄지는 않지만, 전반적으로 줄어드는 방향으로 학습되는 것을 확인할 수 있습니다.

• 모델 평가

모델 학습을 마쳤다면, 테스트 데이터를 통해 모델 성능을 평가해보도록 하겠습니다.

```
model.eval()                                                    # (1)
correct = 0                                                     # (2)
for data, target in test_loader:                                # (3)
    data = data.to(device)                                      # (4)
    target = target.to(device)                                  # (5)
    output = model(data)                                        # (6)
    prediction = output.data.max(1)[1]                          # (7)
    correct += prediction.eq(target.data).sum()                 # (8)

print('Test set: Accuracy: {:.2f}%'.format(100 * correct /     # (9)
        len(test_loader.dataset)))
# Test set: Accuracy: 99.00%
```

(1) 평가 모드를 실행하기 위해 명시해줍니다. `eval()` 함수를 호출하면, Dropout이 적용되지 않고 Batch-Normalization도 평가 모드로 전환됩니다.

(2) 정답 개수를 저장할 `correct`를 초기화합니다.

(3) 테스트 데이터를 `batch_size`로 나눈 만큼 반복 수행되며, `test_loader`는 매 시행마다 미니 배치의 데이터와 정답을 `data`와 `target`에 저장합니다.

(4) 미니 배치의 데이터를 기존에 지정한 장비 `device`에 할당합니다.

(5) 미니 배치의 정답을 기존에 지정한 장비 `device`에 할당합니다.

(6) 미니 배치 데이터를 모델에 통과시켜 결괏값을 계산합니다.

(7) Log-Softmax 값이 가장 큰 인덱스를 예측값으로 저장합니다.

(8) 실제 정답과 예측값이 같으면 `True`, 다르면 `False`인 논리값으로 구성된 벡터를 더합니다. 즉, 미니 배치 중 정답의 개수를 구하고 반복 시행마다 누적해서 더합니다.

(9) 전체 테스트 데이터 중 맞춘 개수의 비율을 통해 정확도를 계산하여 출력합니다.

간단한 CNN으로 약 99%의 성능을 도출했습니다. 가중치 초기 설정과 Dropout 등 랜덤으로 구현되는 부분이 있으므로 정확도가 동일하게 나오지는 않겠지만, 유사한 예측력으로 구현될 것입니다.

지금까지 인공지능에 대한 전반적인 내용으로 머신러닝과 딥러닝에 대해 배우고, PyTorch를 통해 CNN을 이용한 손글씨 이미지 분류 실습을 해보았습니다. 다음 파트부터는 본격적으로 실제 데이터에 딥러닝을 적용한 사례를 실습을 통해 살펴보겠습니다.

실전 파트

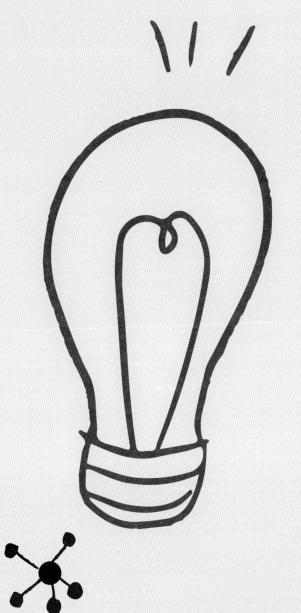

PART 4

작물 잎 사진으로 질병 분류하기

지금까지 우리는 인공지능과 머신러닝의 기본 개념을 다루었습니다. 배운 내용을 바탕으로 이번 파트부터는 본격적으로 딥러닝을 활용한 프로젝트를 진행하겠습니다. 모든 프로젝트의 실습 코드는 주피터 노트북을 기준으로 작성되었습니다. 일부 프로젝트의 경우 코랩으로 실행 시 메모리 에러 등 이슈가 발생할 수 있습니다. 코드 실행은 GPU가 설치되어 있는 로컬 환경에서 하시는 것을 권장합니다. 첫 프로젝트로는 비교적 쉬운 주제를 다루어보겠습니다.

4.1 프로젝트 소개

이번 파트에서는 이미지 분류 모델을 활용하여 작물 잎 사진의 종류와 질병 유무를 분류하는 프로젝트를 진행합니다. 전이학습(Transfer Learning)에 대한 개념을 확립하고 기본 Convolutional Neural Network(CNN) 모델과 학습 방식에서 어떠한 차이점과 장점이 있는지 배우는 것을 목표로 합니다. 프로젝트에서 사용하는 총 데이터의 수는 약 40,000개이고, 분류 클래스와 각 클래스의 해당하는 데이터 수는 [그림 4-1]과 같습니다.

각 클래스의 이름은 작물의 종류와 질병 종류를 나타냅니다. 질병 이름이 'healthy'인 경우는 해당 작물이 건강함을 의미합니다. 예를 들어, Potato의 경우 세 가지 클래스 Potato_Early_blight, Potato_Late_blight, Potato_healthy로 분류될 수 있습니다. 이 중에서 Potato_healthy로 분류된 경우가 질병이 없는 Potato를 의미합니다.

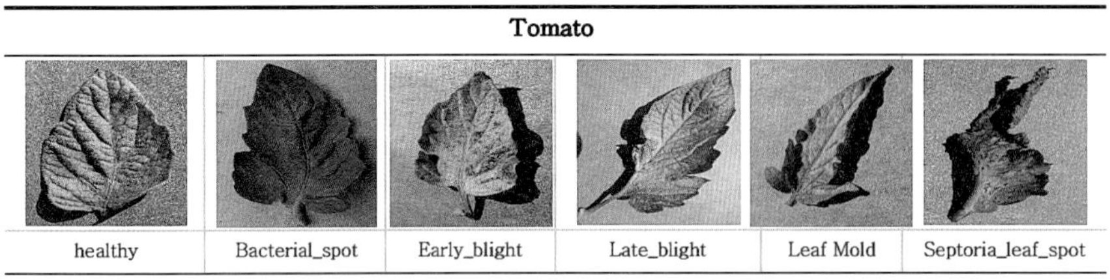

Class	images	Class	images	Class	images	Class	images
Apple_Apple_scab	630	Corn_healthy	1,162	Potato_Early_blight	1,000	Tomato_Septoria_leaf	1,771
Apple_Black_rot	621	Grape_Black_rot	1,180	Potato_Late_blight	1,000	Tomato_Spider_mites	1,676
Apple_Cedar_apple	275	Grap_Esca	1,383	Potato_healthy	152	Tomato_Target_Spot	1,404
Apple_healthy	1,645	Grape_Leaf_blight	1,076	Strawberry_healthy	456	Tomato_mosaic_virus	373
Cherry_Powdery	1,052	Grape_healthy	423	Strawberry_scorch	1,109	Tomato_Yellow_Leaf	5,357
Cherry_healthy	854	Peach_Bacterial_spot	2,297	Tomato_Bacterial_spot	2,127	Tomato_healthy	1,591
Corn_Cercospora	513	Peach_healthy	360	Tomato_Early_blight	1,000		
Corn_Common_rust	1,192	Pepper_Bacterial_spot	997	Tomato_Late_blight	1,909		
Corn_Northern_Leaf	985	Pepper_bell_healthy	1,478	Tomato_Leaf_Mold	952		

[그림 4-1] 분류 클래스와 각 클래스별 데이터 수, 데이터 예시

4.2 프로젝트 파헤치기

이 프로젝트에서는 두 가지의 모델을 구축한 후, 성능을 비교 평가합니다. 먼저, 이전 파트에서 배웠던 기본적인 CNN 구조를 활용하여 가장 기본적인 베이스라인 모델을 구축합니다. 두 번째로, 미리 학습되어 있는(Pre-trained) 모델을 사용하는 Transfer Learning 기법을 활용하여 모델을 학습시킨 후, 베이스라인 모델과 비교합니다. 두 가지 모델의 성능뿐 아니라 구조와 활용 방법을 함께 비교해보는 것도 좋은 학습 방법입니다.

》4.2.1 데이터 구조《

프로젝트에서 사용할 원본 데이터셋은 각 이미지의 분류 클래스가 폴더로 구분되어 있는 형태입니다. 각 폴더 안에는 Train, Validation, Test 데이터가 구별되지 않은 상태로 저장되어 있습니다. 데이터의 예시는 [그림 4-2]와 같습니다.

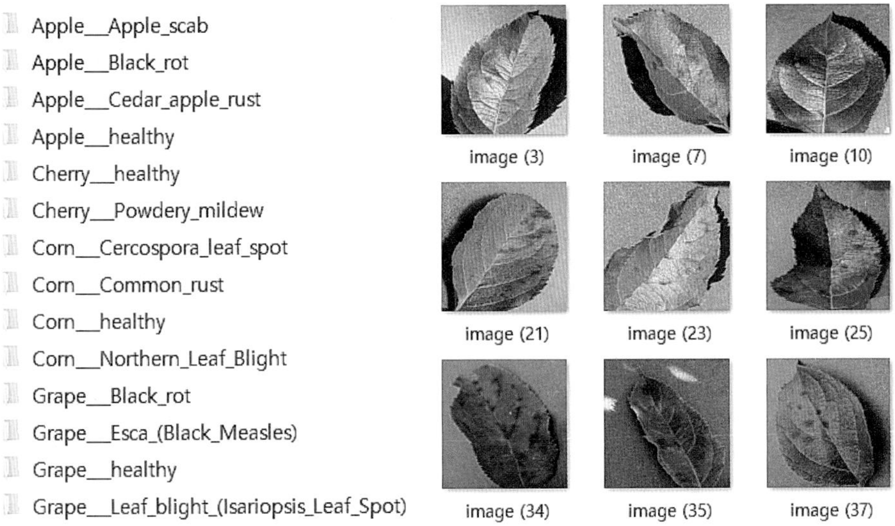

[그림 4-2] 데이터셋 저장 형태

[그림 4-2]의 예시와 같이 각 폴더명은 각각의 클래스를 의미합니다. 각 폴더 안에 해당 분류 클래스에 속하는 이미지 데이터들이 저장되어 있습니다. 예를 들면, 질병이 없는 Cherry의 사진 데이터는 Cherry__healthy 클래스에 해당합니다. 따라서 모든 질병이 없는 Cherry의 사진 데이터는 Cherry__healthy라는 이름의 폴더에 저장되어 있습니다.

학습을 시작하기에 앞서 이 데이터를 Train, Validation, Test 데이터로 나누고, 각각의 클래스에 해당하는 폴더에 저장하는 작업을 시행해야 합니다.

》4.2.2 실험 설계를 위한 데이터 분할《

학습 데이터(Training Data)는 모델을 훈련시키기 위한 데이터 샘플을 의미합니다. 검증 데이터(Validation Data)는 모델의 성능을 조정하기 위한 용도로, 과적합이 발생되는지 판단하거나 HyperParameter를 선택할 때 사용되는 데이터입니다. 테스트 데이터(Test Data)는 최종적으로 결정된 모델의 성능을 측정하는 데이터입니다.

이 프로젝트에서도 적절한 실험설계를 위해 각각의 클래스 폴더에서 데이터를 학습, 검증, 테스트 데이터로 분할해보도록 하겠습니다.

데이터를 나누기 전 데이터를 저장할 폴더를 생성해야 합니다. 먼저 train, val, test 폴더를 생성하고, 각 폴더 안에 클래스별 폴더를 생성합니다.

[데이터 분할을 위한 폴더 생성]

```
import os
import shutil

original_dataset_dir = './dataset'                          # (1)
classes_list = os.listdir(original_dataset_dir)             # (2)

base_dir = './splitted'                                     # (3)
os.mkdir(base_dir)

train_dir = os.path.join(base_dir, 'train')                 # (4)
os.mkdir(train_dir)
validation_dir = os.path.join(base_dir, 'val')
os.mkdir(validation_dir)
test_dir = os.path.join(base_dir, 'test')
os.mkdir(test_dir)


for clss in classes_list:                                   # (5)
    os.mkdir(os.path.join(train_dir, clss))
    os.mkdir(os.path.join(validation_dir, clss))
```

```
    os.mkdir(os.path.join(test_dir, clss))
```

(1) 원본 데이터셋이 위치한 경로를 지정합니다.

(2) `os.listdir()` 메서드는 해당 경로 하위에 있는 모든 폴더의 목록을 가져오는 메서드입니다. 이 경우 폴더 목록은 클래스의 목록에 해당하므로 이것을 `class_list`로 저장합니다.

(3) 나눈 데이터를 저장할 폴더를 생성합니다.

(4) 분리 후에 각 데이터를 저장할 하위 폴더 train, val, test를 생성합니다.

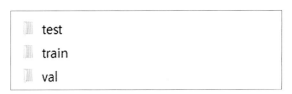

[그림 4-3] 생성된 train, val, test 폴더

해당 부분의 코드를 실행하면 [그림 4-3]과 같이 하위 폴더 train, val, test가 생성됩니다.

(5) train, validation, test 폴더 하위에 각각 클래스 목록 폴더를 생성합니다.

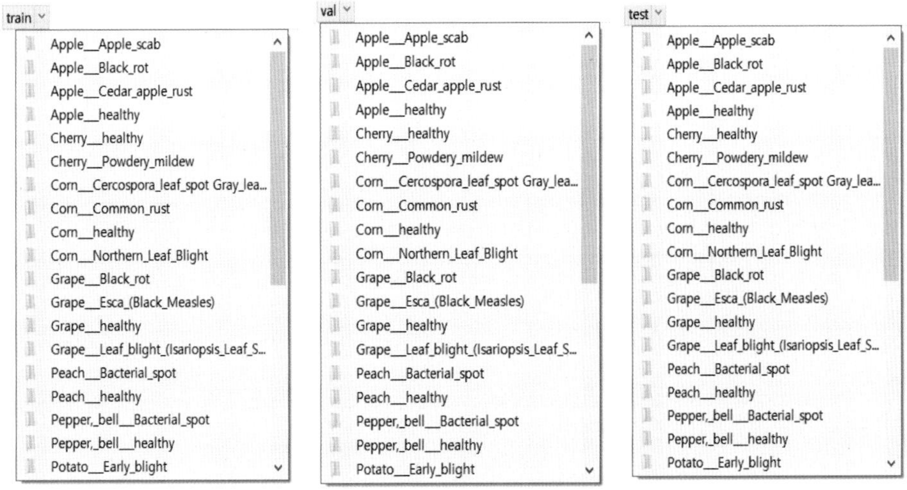

[그림 4-4] train, val, test 폴더 내부에 생성된 클래스별 폴더

해당 부분의 코드 실행 결과 [그림 4-4]와 같이 train, val, test 폴더 하위에 클래스별 폴더가 생성됨을 확인할 수 있습니다.

모델을 구성하기에 앞서 먼저 데이터를 분할한 후, 클래스별로 데이터의 수를 확인해보겠습니다.

[데이터 분할과 클래스별 데이터 수 확인]

```
import math

for clss in classes_list:                                                # (1)
    path = os.path.join(original_dataset_dir, clss)
    fnames = os.listdir(path)                                            # (2)


    train_size = math.floor(len(fnames) * 0.6)                           # (3)
    validation_size = math.floor(len(fnames) * 0.2)
    test_size = math.floor(len(fnames) * 0.2)


    train_fnames = fnames[:train_size]                                   # (4)
    print('Train size(',clss,'): ', len(train_fnames))
    for fname in train_fnames:                                           # (5)
        src = os.path.join(path, fname)                                  # (6)
        dst = os.path.join(os.path.join(train_dir, clss), fname)         # (7)
        shutil.copyfile(src, dst)                                        # (8)

    validation_fnames = fnames[train_size:(validation_size + train_size)]
    print('Validation size(',clss,'): ', len(validation_fnames))
    for fname in validation_fnames:
        src = os.path.join(path, fname)
        dst = os.path.join(os.path.join(validation_dir, clss), fname)
        shutil.copyfile(src, dst)

    test_fnames = fnames[(train_size + validation_size):
                         (validation_size + train_size + test_size)]
```

```
    print('Test size(',clss,'): ', len(test_fnames))
    for fname in test_fnames:
        src = os.path.join(path, fname)
        dst = os.path.join(os.path.join(test_dir, clss), fname)
        shutil.copyfile(src, dst)
```

(1) for 문을 통해 모든 클래스에 대한 작업을 반복합니다.

(2) path 위치에 존재하는 모든 이미지 파일의 목록을 변수 fnames에 저장합니다.

(3) Train, Validation, Test 데이터의 비율을 지정합니다. 이 프로젝트에서는 6:2:2의 비율을 지정합니다.

(4) Train 데이터에 해당하는 파일의 이름을 train_fnames에 저장합니다.

(5) 모든 Train 데이터에 대해 for 문의 내용을 반복합니다.

(6) 복사할 원본 파일의 경로를 지정합니다.

(7) 복사한 후 저장할 파일의 경로를 지정합니다.

(8) src의 경로에 해당하는 파일을 dst의 경로에 저장합니다.

모델의 훈련, 검증, 평가를 위한 데이터셋이 준비되었으니 베이스라인 모델을 구성할 차례입니다. 학습에 필요한 데이터를 불러오고, Dataloader를 생성하겠습니다.

[베이스라인 모델 학습을 위한 준비]

```
import torch

USE_CUDA = torch.cuda.is_available()                                    # (1)
DEVICE = torch.device('cuda' if USE_CUDA else 'cpu')                    # (2)

BATCH_SIZE = 256                                                        # (3)
EPOCH = 30                                                              # (4)

import torchvision.transforms as transforms
from torchvision.datasets import ImageFolder

transform_base = transforms.Compose([transforms.Resize((64,64)),
                                     transforms.ToTensor()])            # (5)
```

```
train_dataset = ImageFolder(root='./splitted/train',
                           transform=transform_base)                # (6)
val_dataset = ImageFolder(root='./splitted/val',
                           transform=transform_base)                # (7)

from torch.utils.data import DataLoader

train_loader = torch.utils.data.DataLoader(train_dataset,
                              batch_size=BATCH_SIZE, shuffle=True,
                              num_workers=4)                        # (8)
val_loader = torch.utils.data.DataLoader(val_dataset,
              batch_size=BATCH_SIZE, shuffle=True, num_workers=4)  # (9)
```

(1) torch의 `cuda.is_available()`은 현재 사용 중인 환경에서 GPU를 사용할 수 있는지를 확인하는 메서드입니다. GPU를 사용할 수 있다면 `True`를, 사용할 수 없다면 `False`를 반환합니다.

(2) `DEVICE` 변수는 사용하는 장비가 무엇인지를 저장하는 변수입니다. 앞선 (1) 코드에서 GPU 사용 가능 여부가 `True`이면 'cuda' 장비를, `False`이면 'cpu' 장비를 변수에 저장합니다.

(3) 모델을 학습하고 평가하는 과정에서 배치 사이즈를 여러 번 입력해야 합니다. 배치 사이즈를 변경하고 싶을 때 모든 경우를 다 찾아서 바꿔주기에는 번거롭습니다. 이 때문에 배치 사이즈를 한 번에 모두 바꾸기 위해 `BATCH_SIZE` 변수를 미리 만들고, 이후에 입력하는 배치 사이즈는 모두 `BATCH_SIZE`로 설정합니다. 배치 사이즈를 256으로 설정합니다.

(4) `EPOCH` 변수 또한 `BATCH_SIZE`와 같은 이유로 사용됩니다. Epoch 수를 30으로 설정합니다.

(5) `transforms.compose()`는 이미지 데이터의 전처리, Augmentation 등의 과정에서 사용되는 메서드입니다. 이미지 데이터의 Augmentation 종류로는 대표적으로 좌우 반전, 밝기 조절, 이미지 임의 확대 등이 있습니다. Augmentation을 통해 이미지에 노이즈를 주어 더욱 강건한 모델을 만들 수 있습니다. `transforms.Resize([64,64])`는 이미지의 크기를 64*64로 조정합니다. `transforms.ToTensor()`는 이미지를 Tensor형태로 변환하고, 모든 값을 0에서 1 사이로 정규화합니다.

(6) `ImageFolder` 메서드는 데이터셋을 불러오는 메서드입니다. 우리가 사용하는 이미지 데이터는 앞서 확인한 것과 같이 하나의 클래스가 하나의 폴더에 대응됩니다. 이러한 구조의 데이터셋을 불러올 때 `ImageFolder` 메서드를 사용합니다. `root` 옵션에 데이터를 불러올 경로를 설정합니다. `transform` 옵션에는 데이터를 불러온 후 전처리 또는

Augmentation을 할 방법을 지정합니다. 앞서 정의한 transform_base로 옵션을 지정합니다.

(7) 검증을 위한 데이터를 val 폴더에 접근하여 불러오고, 학습 데이터와 동일하게 전처리가 되도록 설정합니다.

(8) Dataloader는 불러온 이미지 데이터를 주어진 조건에 따라 미니 배치 단위로 분리하는 역할을 수행합니다. 학습 과정에 사용될 Dataloder는 (6)에서 생성한 train_dataset을 이용하여 생성합니다. shuffle = True로 설정하면 데이터의 순서가 섞여 모델이 학습할 때 Label 정보의 순서를 기억하는 것을 방지할 수 있습니다.

(9) 검증 과정에 사용될 Dataloader는 (7)에서 생성한 ImageFolder인 val_dataset을 이용하여 생성합니다. 다른 조건은 (8)의 train_loader와 동일하게 설정합니다.

》4.2.3 베이스라인 모델 설계《

베이스라인 모델을 설계하기 위한 준비를 마쳤으니 이제부터 본격적으로 베이스라인 모델을 설계하겠습니다.

[베이스라인 모델 설계]

```
import torch.nn as nn
import torch.nn.functional as F
import torch.optim as optim

class Net(nn.Module):                                          # (1)

  def __init__(self):                                          # (2)

    super(Net, self).__init__()                                # (3)

    self.conv1 = nn.Conv2d(3, 32, 3, padding=1)                # (4)
    self.pool = nn.MaxPool2d(2, 2)                             # (5)
    self.conv2 = nn.Conv2d(32, 64, 3, padding=1)               # (6)
    self.conv3 = nn.Conv2d(64, 64, 3, padding=1)               # (7)

    self.fc1 = nn.Linear(4096, 512)                            # (8)
```

```
    self.fc2 = nn.Linear(512, 33)                                   # (9)

  def forward(self, x):                                             # (10)

    x = self.conv1(x)                                               # (11)
    x = F.relu(x)                                                   # (12)
    x = self.pool(x)                                                # (13)
    x = F.dropout(x, p=0.25, training=self.training)                # (14)

    x = self.conv2(x)                                               # (15)
    x = F.relu(x)
    x = self.pool(x)
    x = F.dropout(x, p=0.25, training=self.training)

    x = self.conv3(x)                                               # (16)
    x = F.relu(x)
    x = self.pool(x)
    x = F.dropout(x, p=0.25, training=self.training)

    x = x.view(-1, 4096)                                            # (17)
    x = self.fc1(x)                                                 # (18)
    x = F.relu(x)
    x = F.dropout(x, p=0.5, training=self.training)
    x = self.fc2(x)                                                 # (19)

    return F.log_softmax(x, dim=1)                                  # (20)

model_base = Net().to(DEVICE)                                       # (21)
optimizer = optim.Adam(model_base.parameters(), lr=0.001)           # (22)
```

(1) 딥러닝 모델과 관련된 기본적인 함수를 포함하는 `nn.Module` 클래스를 상속하여 사용합니다. 상속을 통해 `nn.Module` 클래스에 있는 여러 메서드를 사용할 수 있습니다.

(2) 클래스 내부의 `__init__`함수에서는 모델에서 사용할 모든 Layer를 정의합니다.

(3) `nn.Module` 내에 있는 메서드를 상속받아 사용합니다.

(4) 첫 번째 2d Convolutional Layer를 정의합니다. 입력된 이미지 데이터에서 2차원의 Convolutional 연산을 하는 필터에 해당합니다. `Conv2d()` 메서드의 첫 Parameter 3개는 순서대로 입력 채널 수, 출력 채널 수, 커널 크기에 해당합니다.

(5) 2차원 MaxPooling을 실행하는 Layer를 정의합니다. `MaxPool2d()` 메서드의 Parameter는

순서대로 커널 크기, Stride를 의미합니다.

(6) 입력 채널 수가 32, 출력 채널 수가 64, 커널 크기가 3인 2d Convolutional Layer를 정의합니다.

(7) 입력 채널 수가 64, 출력 채널 수가 64, 커널 크기가 3인 2d Convolutional Layer를 정의합니다.

(8) Flatten 이후에 사용될 첫 번째 Fully Connected Layer를 정의합니다. Flatten 직후에 사용될 것이기 때문에 이 Layer의 입력 채널 수는 (17)의 출력 채널 수와 동일합니다.

(9) Flatten 이후에 사용될 두 번째 Fully Connected Layer를 정의합니다. 입력 채널 수는 `fc1`의 출력 채널 수와 동일하고, 모델에서 마지막 Layer로 사용될 것이기 때문에 출력 채널 수는 분류 클래스의 수와 동일합니다.

(10) 클래스 내부의 `forward` 함수는 모델이 학습 데이터를 입력받아 Forward Propagation을 실행시켜 Output을 계산하는 과정을 정의합니다.

(11) (4)에서 정의한 `conv1` Layer를 이용해 Convolution 연산을 진행한 후 Feature Map을 생성합니다.

(12) (11)에서 Convolution 연산을 통해 생성된 Feature Map값에 비선형 활성 함수인 `ReLU()`를 적용합니다.

(13) (5)에서 정의한 MaxPooling을 적용합니다.

(14) MaxPooling의 결괏값에 Dropout을 적용합니다. `p`는 Dropout의 비율을 의미합니다. `p = 0.25`이므로 25%의 노드를 Dropout 하겠다는 의미입니다. `training = self.training` 부분은 학습 모드일 때와 검증 모드일 때 각각 다르게 적용되기 위해 존재합니다. 학습 과정에서는 일부 노드를 랜덤하게 제외시키지만, 평가 과정에서는 모든 노드를 사용해야 하기 때문입니다.

(15) (6)에서 정의한 `conv2` Layer를 이용해 Convolution 연산을 진행한 후 Feature Map을 생성합니다.

(16) (7)에서 정의한 `conv3` Layer를 이용해 Convolution 연산을 진행한 후 Feature Map을 생성합니다.

(17) 생성된 Feature Map을 1차원으로 펼치는 과정인 Flatten을 수행합니다.

(18) (17)에서 Flatten된 1차원 Tensor를 (8)에서 정의한 `fc1`에 통과시킵니다.

(19) (9)에서 정의한, 모델의 마지막 Layer입니다. 클래스의 개수에 해당하는 33개의 출력값을 가집니다.

(20) 마지막 Layer의 33개 결괏값에 softmax() 함수를 적용하여 데이터가 각 클래스에 속할 확률을 Output값으로 출력합니다.

(21) 정의한 CNN 모델 Net()의 새로운 객체를 생성합니다. to(DEVICE)를 통해 모델을 현재 사용 중인 장비에 할당합니다.

(22) optimizer는 Adam으로 설정하고, Learning Rate는 0.001로 설정합니다.

모델의 구조 설계에 이어서 모델의 학습과 평가를 위한 함수를 각각 구성합니다.

[모델 학습을 위한 함수]

```
def train(model, train_loader, optimizer):
    model.train()                                                    # (1)
    for batch_idx, (data, target) in enumerate(train_loader):        # (2)
        data, target = data.to(DEVICE), target.to(DEVICE)            # (3)
        optimizer.zero_grad()                                        # (4)
        output = model(data)                                         # (5)
        loss = F.cross_entropy(output, target)                       # (6)
        loss.backward()                                              # (7)
        optimizer.step()                                             # (8)
```

(1) 입력받는 모델을 학습 모드로 설정합니다.

(2) 앞서 정의했던 train_loader에는 (data, target) 형태가 미니 배치 단위로 묶여 있습니다. train_loader에 enumerate() 함수를 적용했기 때문에 batch_idx, (data, target) 형태로 반복 가능한 객체가 생성되어 for 문을 실행합니다.

(3) data와 target 변수를 사용 중인 장비에 할당합니다.

(4) 이전 Batch의 Gradient값이 optimizer에 저장되어 있으므로 optimizer를 초기화합니다.

(5) 데이터를 모델에 입력하여 Output 값을 계산합니다.

(6) 모델에서 계산한 Output 값인 예측값과 Target 값 사이의 Loss를 계산합니다. 분류 문제에 적합한 Cross Entropy Loss를 사용합니다.

(7) (6)에서 계산한 Loss 값을 바탕으로 Back Propagation을 통해 계산한 Gradient값을 각 Parameter에 할당합니다.

(8) (7)에서 각 Parameter에 할당된 Gradient 값을 이용해 모델의 Parameter를 업데이트합니다.

[모델 평가를 위한 함수]

```
def evaluate(model, test_loader):
    model.eval()                                                    # (1)
    test_loss = 0                                                   # (2)
    correct = 0                                                     # (3)

    with torch.no_grad():                                           # (4)
        for data, target in test_loader:                            # (5)
            data, target = data.to(DEVICE), target.to(DEVICE)       # (6)
            output = model(data)                                    # (7)


            test_loss += F.cross_entropy(output,
                         target, reduction='sum').item()            # (8)


            pred = output.max(1, keepdim=True)[1]                   # (9)
            correct += pred.eq(target.view_as(pred)).sum().item()  # (10)

    test_loss /= len(test_loader.dataset)                          # (11)
    test_accuracy = 100. * correct / len(test_loader.dataset)      # (12)
    return test_loss, test_accuracy                                # (13)
```

(1) 입력받는 모델을 평가 모드로 설정합니다.

(2) 미니 배치별로 Loss를 합산해서 저장할 변수인 test_loss를 선언하고, 0으로 초기화합니다.

(3) 올바르게 예측한 데이터의 수를 세는 변수인 correct를 선언하고, 0으로 초기화합니다.

(4) 모델을 평가하는 단계에서는 모델의 Parameter를 업데이트하지 않아야 합니다. with torch.no_grad() 메서드를 이용하여 해당 부분을 실행하는 동안 모델의 Parameter 업데이트를 중단합니다.

(5) 앞서 학습했던 것과 같이, train_loader에는 (data, target) 형태가 미니 배치단위로 묶여 있습니다. for 문을 통해 데이터와 대응하는 Label 값에 접근합니다.

(6) data와 target 변수를 사용 중인 장비로 할당합니다.

(7) 데이터를 모델에 입력하여 output 값을 계산합니다.

(8) 모델에서 계산한 output 값인 예측값과 target 값 사이의 Loss를 계산합니다. 성능 평가

과정에서도 Cross Entropy Loss 함수를 사용합니다.

(9) 모델에 입력된 Test데이터가 33개의 클래스에 속할 각각의 확률값이 Output으로 출력됩니다. 이 중 가장 높은 값을 가진 인덱스를 예측값으로 저장합니다.

(10) `target.view_as(pred)`를 통해 `target` Tensor의 구조를 `pred` Tensor와 같은 모양으로 정렬합니다. `view_as()` 메서드는 적용 대상 Tensor를 메서드에 입력되는 Tensor의 모양대로 재정렬하는 함수입니다. 앞서 모델 구조를 구성할 때 학습했던 `view()` 함수는 정렬하고 싶은 Tensor의 모양을 숫자로 직접 지정한다는 점에서 차이가 있습니다. `eq()` 메서드는 객체 간의 비교 연산자로, `pred.eq(target.view_as(pred))`은 `pred`와 `target.view_as(pred)`의 값이 일치하면 1, 일치하지 않으면 0을 반환합니다.

(11) 모든 미니 배치에서 합한 Loss값을 Batch 수로 나누어 미니 배치마다 계산된 Loss 값의 평균을 구합니다.

(12) 모든 미니 배치에서 합한 정확도 값을 Batch 수로 나누어 미니 배치마다 계산된 정확도 값의 평균을 구합니다.

(13) 측정한 Test Loss와 정확도를 반환합니다.

지금까지는 학습과 평가를 위한 함수를 구성했다면, 이제는 이 함수를 호출하여 실제로 학습을 실행시킬 차례입니다.

[모델 학습 실행하기]

```
import time
import copy

def train_baseline(model, train_loader, val_loader,
                   optimizer, num_epochs = 30):
    best_acc = 0.0                                                  # (1)
    best_model_wts = copy.deepcopy(model.state_dict())              # (2)

    for epoch in range(1, num_epochs + 1):
        since = time.time()                                         # (3)
        train(model, train_loader, optimizer)                       # (4)
        train_loss, train_acc = evaluate(model, train_loader)       # (5)
        val_loss, val_acc = evaluate(model, val_loader)             # (6)
```

```
        if val_acc > best_acc:                                         # (7)
            best_acc = val_acc                                         # (8)
            best_model_wts = copy.deepcopy(model.state_dict())         # (9)

        time_elapsed = time.time() - since                            # (10)
        print('-------------- epoch {} ----------------'.format(epoch))

        print('train Loss: {:.4f}, Accuracy: {:.2f}%'
                  .format(train_loss, train_acc))                      # (11)
        print('val Loss: {:.4f}, Accuracy: {:.2f}%'
                  .format(val_loss, val_acc))                          # (12)
        print('Completed in {:.0f}m {:.0f}s'
              .format(time_elapsed // 60, time_elapsed % 60))          # (13)
    model.load_state_dict(best_model_wts)                              # (14)
    return model                                                       # (15)

base = train_baseline(model_base, train_loader,
                      val_loader, optimizer, EPOCH)                    # (16)

torch.save(base,'baseline.pt')                                         # (17)
```

(1) 정확도가 가장 높은 모델의 정확도를 저장하는 변수 best_acc를 선언하고, 값을 0으로 초기화합니다.

(2) 정확도가 가장 높은 모델을 저장할 변수 best_model_wts를 선언합니다.

(3) 한 Epoch당 소요되는 시간을 측정하기 위해 해당 Epoch을 시작할 때의 시각을 저장합니다.

(4) 앞서 정의한 train() 함수를 이용하여 모델을 학습시킵니다.

(5) 앞서 정의한 evaluate() 함수를 이용하여 해당 Epoch에서의 학습 Loss와 정확도를 계산합니다.

(6) 앞서 정의한 evaluate() 함수를 이용하여 해당 Epoch에서의 검증 Loss와 정확도를 계산합니다.

(7),(8),(9) 현재 Epoch의 검증 정확도가 최고 정확도보다 높다면 best_acc를 현재 Epoch의 검증 정확도로 업데이트하고, 해당 Epoch의 모델을 best_model_wts에 저장합니다.

(10) 한 Epoch당 소요된 시간을 계산합니다. (3)에서 저장한 해당 Epoch을 시작할 때의 시각을 Epoch이 끝날 때의 시각에서 뺀 값을 계산합니다.

(11) 해당 Epoch의 학습 Loss와 정확도를 출력합니다.

(12) 해당 Epoch의 검증 Loss와 정확도를 출력합니다.

(13) 한 Epoch당 소요된 시간을 출력합니다.

(14),(15) 최종적으로 정확도가 가장 높은 모델을 불러온 뒤, 반환합니다.

(16) 앞서 정의한 `train_baseline()` 함수를 이용하여 Baseline 모델을 학습합니다.

(17) 학습이 완료된 모델을 저장합니다.

모델을 학습시키는 과정에서 출력되는 결과물 예시는 다음과 같습니다.

```
------------------------- epoch 1 -------------------------
train Loss: 1.8146, Accuracy: 47.54%
val Loss: 1.8230, Accuracy: 47.15%
Completed in 0m 35s

------------------------- epoch 2 -------------------------
train Loss: 1.1140, Accuracy: 66.48%
val Loss: 1.1401, Accuracy: 65.47%
Completed in 0m 34s

------------------------- epoch 3 -------------------------
train Loss: 0.8168, Accuracy: 74.85%
val Loss: 0.8588, Accuracy: 73.83%
Completed in 0m 32s

…
…
… (중략)
------------------------- epoch 29 -------------------------
train Loss: 0.0609, Accuracy: 98.55%
val Loss: 0.2154, Accuracy: 92.69%
Completed in 0m 33s
------------------------- epoch 30 -------------------------
train Loss: 0.0565, Accuracy: 98.75%
val Loss: 0.2095, Accuracy: 93.10%
Completed in 0m 33s
```

》4.2.4 Transfer Learning《

높은 성능의 이미지 분류 모델을 구축하기 위해서는 많은 수의, 질 좋은 데이터셋이 필요합니다. 하지만 많은 경우에서 양질의 데이터셋을 대량으로 구하기는 어렵습니다. 그렇다면 대량의 데이터셋으로 미리 학습된 모델을 재활용한 후, 일부를 조정하여 다른 주제의 이미지 분류 모델에 사용할 수 있다면 상당히 효과적일 것입니다. 이때, 대량의 데이터셋으로 미리 학습된 모델은 Pre-Trained Model이며, Pre-Trained Model을 조정하는 과정을 Fine-Tuning이라 하며, 이러한 기법을 통틀어서 Transfer Learning이라 합니다.

일반적으로 Pre-Trained Model은 ImageNet의 훈련 데이터를 이용하며, 약 1,400만 개의 이미지를 1,000개의 클래스로 분류하는 학습을 합니다. PyTorch의 경우에는 `torchvision.models` 패키지에서 ImageNet데이터를 학습해놓은 AlexNet, VGG, ResNet, SqueezeNet, DenseNet, Inception v3, GoogLeNet, ShuffleNet v2, MobileNet v2, ResNeXt, Wide ResNet, MNASNet 등의 모델을 바로 불러올 수 있도록 지원하고 있습니다. [그림 4-5]와 같이 PyTorch 공식 문서에서도 `torchvision.models` 패키지를 통해 불러올 수 있는 모델의 종류와 각 모델의 논문 정보를 제공하고 있습니다.

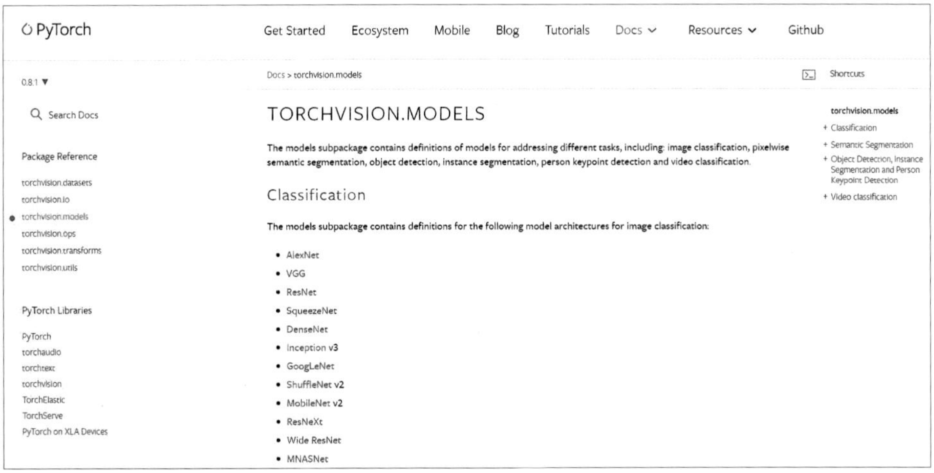

[그림 4-5] PyTorch 공식 문서에서 제공하는 Pre-Trained model

Transfer Learning의 개념에 대해 조금 더 자세히 살펴보겠습니다. 앞서 구축한 베이스라인 모델과 같이 딥러닝 모델을 설계하고 처음부터 학습을 진행할 때에는 초기 Parameter의 값이 랜덤하게 설정됩니다. 하지만 Transfer Learning을 할 경우에는 대량의 데이터로 미리 학습된 모델의 Parameter 값을 불러온 후, 학습 과정에서 업데이트하게 됩니다.

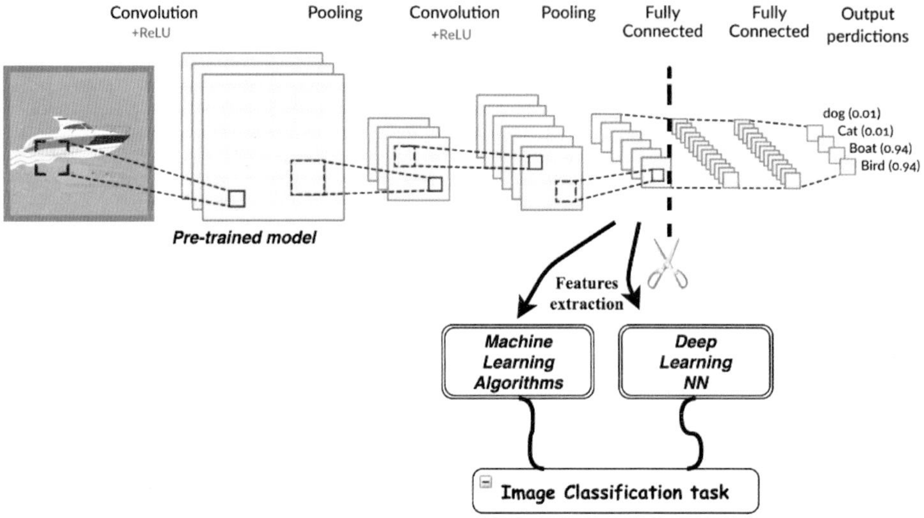

[그림 4-6] Pre-trained model과 Fine-tuning 도식화

앞서 배운 것과 같이 Fine-Tuning이란, 불러온 모델의 Parameter 값 일부를 우리가 가진 데이터셋의 특성에 맞게 다시 학습하여 Parameter를 조정하는 것을 의미합니다. 이때, 사용할 Pre-Trained model의 일부 Layer는 학습 시에 업데이트되지 않게 하고, 일부 Layer는 업데이트되도록 설정합니다. Layer의 Parameter가 업데이트되지 않도록 고정하는 것을 'Layer를 Freeze 한다'고 표현합니다. [그림 4-6]에서 Transfer Learning의 개념을 시각화하고 있습니다.

이미지 분류 모델은 먼저 낮은 수준의 특징(Low-Level Features)을 학습하고, 그것을 토대로 더 높은 수준의 특징(High-Level Features)을 학습합니다. [그림 4-7]에서와 같이 Low-Level Features는 모서리와 같이 작은 지역 패턴을 의미하고, High-Level Features는 Low-Level Features로 구성된 더 큰 패턴을 의미합니다. 다른 종류의 이미지라도 낮은 수준의 특징은 상대적으로 비슷할 가능성이 높습니다. 이 때문에 Fine-Tuning 과정에서 마지막 Layer인 분류기(Classifier)와 가까운 Layer부터 원하는 만큼 학습 과정에서 업데이트합니다. 이때, Freeze 하는 Layer의 수는 데이터셋의 크기와 Pre-trained model에 사용된 데이터셋과의 유사성을 고려하여 결정합니다. 그렇다면, 어느 상황에서 얼마나 많은 Layer를 Freeze해야 할지 결정하는 방법에 대해 더 자세히 알아보겠습니다.

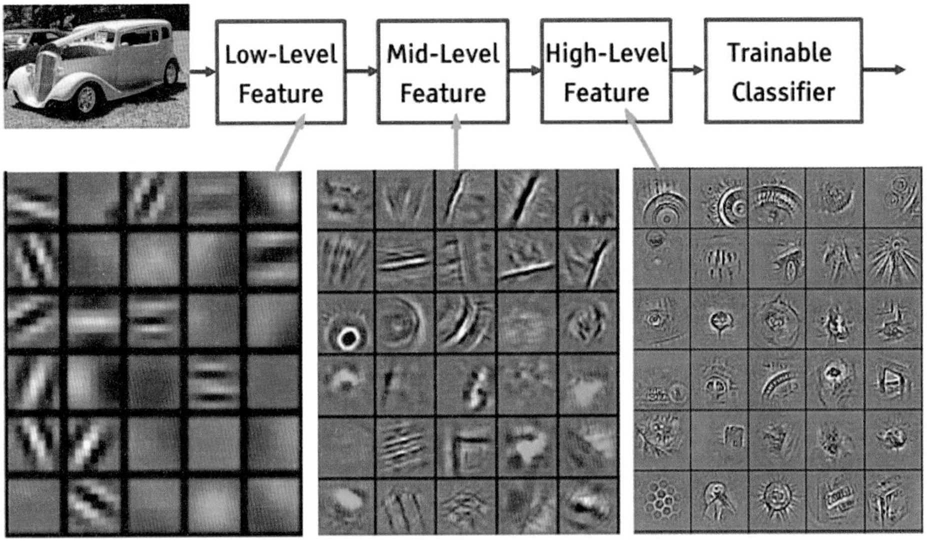

[그림 4-7] Feature Level 시각화

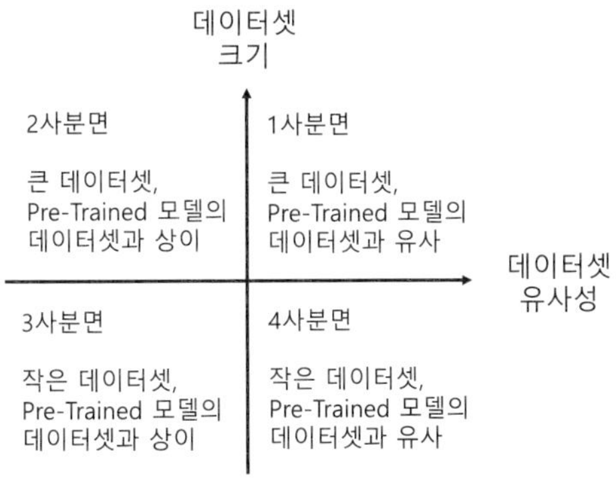

[그림 4-8] 데이터 크기 - 유사성 그래프

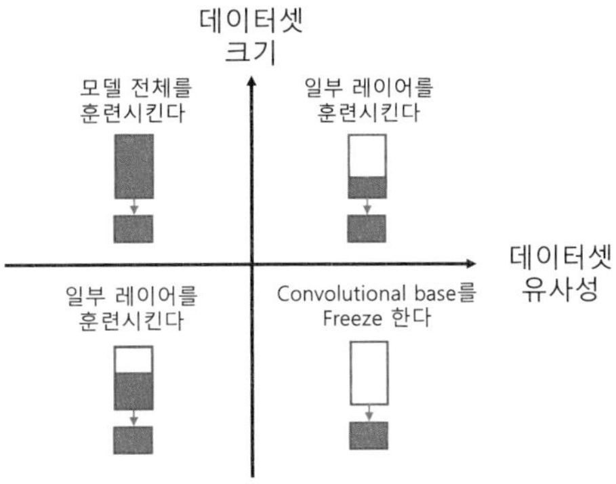

[그림4-9] 상황별 Fine-Tuning 전략

[그림 4-8]은 우리가 가진 데이터셋의 크기와 우리의 데이터셋이 Pre-Trained Model의 학습에 사용된 데이터와 얼마나 유사한지에 따라 4가지 경우로 구분하고 있습니다. 모델은 이미지의 Feature를 학습하는 Convolutional Base 부분과 이미지를 분류하는 Classifier 부분으로 나뉠 수 있습니다. 분류하는 이미지가 다를 경우 Classifier 부분을 변경해주어야 합니다.

1사분면의 경우, 우리가 가진 데이터의 수도 많고, 원래의 학습에 이용된 데이터와의 유사도도 높습니다. 이 경우에는 [그림 4-9]에서와 같이 일부 Layer만을 Freeze하는 것이 좋습니다. 데이터의 유사도가 높기 때문에 상대적으로 적은 수의 Layer만 업데이트해도 높은 성능을 낼 수 있습니다.

2사분면의 경우, 우리가 가진 데이터의 수는 많지만, Pre-Trained Model의 학습에 사용된 데이터와는 유사도가 낮습니다. 이 경우 [그림 4-9]에서와 같이 Pre-Trained Model을 불러온 후, 전체 Layer를 Unfreeze하여 학습을 진행하는 것이 효과적입니다. 모든 Layer가 학습 과정에서 업데이트되지만, 모델의 효과적인 구조는 그대로 유지되고, 불러온 Parameter 값에서 조금씩 업데이트하며 조정한다는 점이 처음부터 모델을 구성하는 방법과의 차이점입니다.

3사분면의 경우, 우리가 가진 데이터의 수가 적고, 원래의 학습에 이용된 데이터와의 유사도가 낮습니다. 이 경우에도 일부 Layer만을 Freeze합니다. 2사분면의 경우에는 모델의 크기에 비해 데이터의 수가 충분하기 때문에 전체 Layer를 재학습해도 과적합 위험이 상대적으로 낮습니다. 하지만 3사분면의 경우에는 데이터 수가 충분하지 않으므로 일부 Layer만을 업데이트하는 것이 효과적입니다.

4사분면의 경우, 우리가 가진 데이터의 수는 적지만 원래의 학습에 이용된 데이터와의 유사도가 높습니다. 이 경우에는 데이터의 유사도가 높으므로 Pre-Trained Model이 학습한 많은 Feature들을 그대로 사용할 수 있지만, 일부 Layer를 재학습하기에는 과적합의 위험이 상대적으로 큽니다. 따라서 [그림 4-9]에서와 같이 모델의 Convolutional Base 부분 전체를 Freeze하고, Classifier 부분만 변경하는 것이 효과적입니다.

이 프로젝트에서는 ResNet50 모델을 불러온 후, Fine-Tuning하여 작물 잎을 분류하는 주제에 맞추어 사용할 것입니다.

먼저, Transfer Learning에 필요한 데이터를 불러오고, Dataloader를 생성하겠습니다.

[Transfer Learning을 위한 준비]

```
data_transforms = {
    'train': transforms.Compose([                                        # (1)
        transforms.Resize([64,64]),                                      # (2)
        transforms.RandomHorizontalFlip(),                               # (3)
        transforms.RandomVerticalFlip(),                                 # (4)
        transforms.RandomCrop(52),                                       # (5)
        transforms.ToTensor(),                                           # (6)
        transforms.Normalize([0.485, 0.456, 0.406],
                             [0.229, 0.224, 0.225])                      # (7)
    ]),
    'val': transforms.Compose([                                          # (8)
        transforms.Resize([64,64]),
        transforms.RandomCrop(52),
        transforms.ToTensor(),
        transforms.Normalize([0.485, 0.456, 0.406], [0.229, 0.224, 0.225])
    ])
}

data_dir = './splitted'                                                  # (9)
image_datasets = {x: ImageFolder(root=os.path.join(data_dir, x),
        transform=data_transforms[x]) for x in ['train', 'val']}#  (10)
dataloaders = {x: torch.utils.data.DataLoader(image_datasets[x],
        batch_size=BATCH_SIZE, shuffle=True, num_workers=4)      #  (11)
                        for x in ['train', 'val']}
dataset_sizes = {x: len(image_datasets[x]) for x in ['train', 'val']}  #  (12)

class_names = image_datasets['train'].classes                           #  (13)
```

(1) `transforms.compose()`는 이미지 데이터의 전처리, Augmentation 등의 과정에서 사용되는 메서드입니다.

(2) `transforms.Resize([64,64])`는 이미지의 크기를 64*64로 조정하는 것을 의미합니다.

(3) (3),(4),(5)는 이미지 Augmentation에 해당합니다. 이미지를 무작위로 좌우 반전하는 것을 의미합니다. 괄호 안에 Parameter p를 입력하여 반전되는 이미지의 비율을 설정할 수 있습니다. p의 기본값은 0.5입니다.

(4) 이미지를 무작위로 상하 반전하는 것을 의미합니다. 괄호 안에 Parameter p를 입력하여 반전되는 이미지의 비율을 설정할 수 있습니다. p의 기본값은 0.5입니다.

(5) 이미지의 일부를 랜덤하게 잘라내어 52*52 사이즈로 변경합니다. 예를 들어, 이미지의 가운데 부분만이 선택될 수도 있고, 오른쪽 위 또는 왼쪽 아래 부분만이 선택될 수도 있습니다. RandomCrop 이외에도 Centercrop, FiveCrop 등 다양한 Crop 방법이 존재합니다.

(6) transforms.ToTensor()는 이미지를 Tensor 형태로 변환하고, 모든 숫자를 0에서 1 사이로 변경하는 것을 의미합니다.

(7) 이미지가 Tensor 형태로 전환된 이후에 정규화를 시행합니다. 정규화를 위해서는 평균값과 표준편차 값이 필요합니다. Normalize() 메서드 내의 첫 번째 대괄호[ ]는 각각 Red, Green, Blue 채널 값에서 정규화를 적용할 평균값을 의미하고, 두 번째 대괄호[ ]는 각각 Red, Green, Blue 채널 값에서 정규화를 적용할 표준편차 값을 의미합니다. 사용된 평균과 표준편차 값은 Pre-Trained-Model의 학습에 사용된 ImageNet 데이터의 값입니다. 입력 데이터 정규화는 모델을 최적화하고, Local Minimum에 빠지는 것을 방지하는 데 도움이 됩니다.

(8) 검증에 사용되는 데이터에는 학습에 적용했던 전처리에서 Augmentation에 해당하는 부분을 제외한 나머지 부분을 동일하게 적용합니다.

(9) 학습 데이터와 검증 데이터를 불러올 폴더 경로를 설정합니다.

(10) ImageFolder 메서드는 데이터셋을 불러오는 메서드입니다. root 옵션에 데이터를 불러올 경로를 설정합니다. transform 옵션에는 데이터를 불러온 후 전처리 또는 Augmentation 방법을 지정합니다. 앞서 정의한 transform_base로 옵션을 지정합니다. 훈련, 검증 과정에서 각각의 과정에 맞는 데이터를 편리하게 불러오고자 딕셔너리 형태로 구성합니다.

(11) Dataloader는 불러온 이미지 데이터를 주어진 조건에 따라 미니 배치 단위로 분리하는 역할을 수행합니다. (10)에서 생성한 image_datasets을 이용하여 생성합니다. shuffle = True로 설정하면 데이터의 순서가 섞여 모델이 학습할 때 Label 정보의 순서를 기억하는 것을 방지할 수 있습니다. 훈련, 검증 과정에서 각각의 단계에 맞는 데이터를 편리하게 불러오고자 딕셔너리 형태로 구성합니다.

(12) 이후 활용을 위해 학습 데이터와 검증 데이터의 총 개수를 각각 저장합니다. 훈련, 검증 과정에서 각각의 단계에 맞는 데이터를 편리하게 불러오고자 딕셔너리 형태로 구성합니다.

(13) 이후 활용을 위해 33개의 클래스 이름 목록을 저장합니다.

Transfer Learning을 위한 데이터 준비를 마쳤으니 사용할 Pre-Trained Model을 불러오겠습니다.

[Pre-Trained Model 불러오기]

```
from torchvision import models

resnet = models.resnet50(pretrained=True)                              # (1)
num_ftrs = resnet.fc.in_features                                       # (2)
resnet.fc = nn.Linear(num_ftrs, 33)                                    # (3)
resnet = resnet.to(DEVICE)                                             # (4)

criterion = nn.CrossEntropyLoss()                                      # (5)

optimizer_ft = optim.Adam(filter(lambda p: p.requires_grad,
                          resnet.parameters()), lr=0.001)              # (6)

from torch.optim import lr_scheduler

exp_lr_scheduler = lr_scheduler.StepLR(optimizer_ft,
                                       step_size=7, gamma=0.1) #  (7)
```

(1) torchvision의 models에서는 ResNet 이외에도 Alexnet, VGG, DenseNet, Inception, GoogLeNet 등의 이미지 분류 모델을 불러와 사용할 수 있습니다. 이 프로젝트에서는 ResNet50 모델을 불러와 사용합니다. pretrained 옵션을 True로 설정하면 미리 학습된 모델의 Parameter 값을 그대로 가져옵니다. False로 설정하면 모델의 구조만을 가져오고, Parameter 값은 랜덤으로 설정됩니다.

(2) 이 프로젝트에서는 데이터를 33개의 클래스로 분류해야 하기 때문에 모델의 마지막 Layer의 출력 채널 수는 33개여야 합니다. 하지만 우리가 불러온 ResNet50 모델은 다른 주제를 위해 설계되었기에 마지막 Layer의 출력 채널 수가 33개가 아닙니다. 따라서 불러온 모델을 이 프로젝트의 주제에 맞추고자 모델의 마지막 Fully Connected Layer 대신 출력 채널의 수가 33개인 새로운 Layer를 추가할 것입니다. 이를 위해 불러온 ResNet50에서 마지막 Layer의 입력 채널의 수를 저장합니다. in_features는 해당 Layer의 입력 채널 수를 의미합니다.

(3) 불러온 모델의 마지막 Fully Connected Layer를 새로운 Layer로 교체합니다. 이때, 입력 채널의 수는 기존의 Layer와 동일하고, 출력 채널 수는 우리의 목적에 맞게 33개로 설정합니다.

(4) to.(DEVICE) 메서드를 통해 모델을 현재 사용 중인 장비에 할당합니다.

(5) 모델을 학습할 때 사용하는 Loss 함수를 지정하는 변수입니다. 베이스라인 모델과 동일하게 Cross Entropy Loss를 사용합니다.

(6) Optimizer는 Adam으로, Learning Rate는 0.001로 설정합니다. 앞서 학습한 베이스라인 모델에서는 모든 Parameter를 업데이트했지만 이 모델에서는 설정한 일부 Layer의 Parameter만을 업데이트해야 합니다. 따라서 `filter()` 메서드와 `lambda` 표현식을 사용하여 `requires_grad = True`로 설정된 Layer의 Parameter에만 적용합니다.

(7) `StepLR()` 메서드는 Epoch에 따라 Learning Rate를 변경하는 역할을 합니다. `step_size = 7, gamma = 0.1`로 설정하면 7 Epoch마다 0.1씩 곱해 Learning Rate를 감소시킨다는 의미입니다.

Transfer Learning에서는 불러오는 모델의 Parameter 중 학습 과정에서 업데이트할 부분을 지정할 수 있습니다. 앞서 언급한 바와 같이 Transfer Learning 시에 기본적으로 Pre-Trained Model의 Fully Connected Layer 앞부분의 Parameter를 고정시키고 뒷부분만 학습시키므로, 고정시킬 Parameter를 지정해주어야 합니다. 만약 이 부분을 설정하지 않는다면 우리가 불러온 ResNet50 모델을 처음부터 학습하게 됩니다.

ResNet50 모델에서 학습된 Parameter를 불러온 후, 일부만을 학습 과정에서 업데이트하도록 설정하겠습니다.

[Pre-Trained Model의 일부 Layer Freeze하기]

```
ct = 0                                                # (1)
for child in resnet.children():                       # (2)
  ct += 1                                             # (3)
  if ct < 6:                                          # (4)
     for param in child.parameters():                 # (5)
         param.requires_grad = False
```

(1) 해당 Layer가 몇 번째 Layer인지를 나타내는 변수 `ct`의 값을 0으로 초기화합니다.

(2) `children()` 메서드는 모델의 자식 모듈을 반복 가능한 객체로 반환하는 메서드입니다. 여기서 `resnet.children()`은 생성한 `resnet` 모델의 모든 Layer 정보를 담고 있습니다.

이해를 돕기 위해 예시를 살펴보겠습니다. [그림 4-10]은 `resnet.children()`에 존재하는 요소들을 출력한 결과 중 일부입니다.

```
Conv2d(3, 64, kernel_size=(7, 7), stride=(2, 2), padding=(3, 3), bias=False)
BatchNorm2d(64, eps=1e-05, momentum=0.1, affine=True, track_running_stats=True)
ReLU(inplace=True)
MaxPool2d(kernel_size=3, stride=2, padding=1, dilation=1, ceil_mode=False)
Sequential(
  (0): Bottleneck(
    (conv1): Conv2d(64, 64, kernel_size=(1, 1), stride=(1, 1), bias=False)
    (bn1): BatchNorm2d(64, eps=1e-05, momentum=0.1, affine=True, track_running_stats=True)
    (conv2): Conv2d(64, 64, kernel_size=(3, 3), stride=(1, 1), padding=(1, 1), bias=False)
    (bn2): BatchNorm2d(64, eps=1e-05, momentum=0.1, affine=True, track_running_stats=True)
    (conv3): Conv2d(64, 256, kernel_size=(1, 1), stride=(1, 1), bias=False)
    (bn3): BatchNorm2d(256, eps=1e-05, momentum=0.1, affine=True, track_running_stats=True)
    (relu): ReLU(inplace=True)
    (downsample): Sequential(
      (0): Conv2d(64, 256, kernel_size=(1, 1), stride=(1, 1), bias=False)
      (1): BatchNorm2d(256, eps=1e-05, momentum=0.1, affine=True, track_running_stats=True)
    )
  )
```

[그림 4-10] `resnet.children()` 내부 요소 출력 결과 중 일부

`resnet` 모델의 Layer에 대한 정보를 확인할 수 있습니다.

(3) `for` 문을 한 번 반복한 후에는 다음 Layer를 지칭하도록 변수 `ct`의 값을 1만큼 증가시킵니다.

(4) 미리 학습된 모델의 일부 Layer만 업데이트하도록 설정하는 방법은 Parameter를 업데이트하지 않을 상위 Layer들의 `requires_grad` 값을 `False`로 지정하는 것입니다.

(5) ResNet50에 존재하는 10개의 Layer 중에서 1번부터 5번 Layer의 Parameter는 업데이트되지 않도록 고정하고, 6번부터 10번 Layer의 Parameter는 학습 과정에서 업데이트하도록 설정합니다.

(6) 여기서 `child.parameters()`는 각 Layer의 Parameter Tensor를 의미합니다. 각 Tensor에는 `requires_grad` 옵션이 있고, 기본값은 `True`로 설정되어 있습니다.

(7) `requires_grad = False`는 Parameter가 업데이트되지 않도록 설정한다는 의미입니다. Layer의 번호가 6보다 작을 경우에는 Parameter가 업데이트되지 않도록 설정합니다.

Transfer Learning 모델의 학습과 검증을 위한 함수를 구성합니다.

[Transfer Learning 모델 학습과 검증을 위한 함수]

```
def train_resnet(model, criterion, optimizer, scheduler, num_epochs=25):

    best_model_wts = copy.deepcopy(model.state_dict())                # (1)
    best_acc = 0.0                                                    # (2)

    for epoch in range(num_epochs):
        print('-------------epoch {}-------------'.format(epoch+1)) # (3)
        since = time.time()                                           # (4)

        for phase in ['train', 'val']:                                # (5)
            if phase == 'train':                                      # (6)
                model.train()
            else:
                model.eval()                                          # (7)

            running_loss = 0.0                                        # (8)
            running_corrects = 0                                      # (9)


            for inputs, labels in dataloaders[phase]:               # (10)
                inputs = inputs.to(DEVICE)                           # (11)
                labels = labels.to(DEVICE)                           # (12)

                optimizer.zero_grad()

                with torch.set_grad_enabled(phase == 'train'):       # (13)
                    outputs = model(inputs)                          # (14)
                    _, preds = torch.max(outputs, 1)                 # (15)
                    loss = criterion(outputs, labels)                # (16)

                    if phase == 'train':                             # (17)
                        loss.backward()
                        optimizer.step()

                running_loss += loss.item() * inputs.size(0)         # (18)
                running_corrects += torch.sum(preds == labels.data)# (19)
            if phase == 'train':                                     # (20)
                scheduler.step()
```

```
            l_r = [x['lr'] for x in optimizer_ft.param_groups] #  (21)
            print('learning rate: ',l_r)

        epoch_loss = running_loss/dataset_sizes[phase]           #  (22)
        epoch_acc = running_corrects.double()/dataset_sizes[phase] #  (23)

        print('{} Loss: {:.4f} Acc: {:.4f}'
                  .format(phase, epoch_loss, epoch_acc))  #  (24)


        if phase == 'val' and epoch_acc > best_acc:               #  (25)
            best_acc = epoch_acc
            best_model_wts = copy.deepcopy(model.state_dict())


    time_elapsed = time.time() - since                           #  (26)
    print('Completed in {:.0f}m {:.0f}s'
                  .format(time_elapsed // 60, time_elapsed % 60))
print('Best val Acc: {:4f}'.format(best_acc))


model.load_state_dict(best_model_wts)                            #  (27)

return model
```

(1) 정확도가 가장 높은 모델을 저장할 변수 best_model_wts를 선언합니다.

(2) 정확도가 가장 높은 모델의 정확도를 저장하는 변수 best_acc를 선언하고, 값을 0으로 초기화합니다.

(3) 현재 진행중인 Epoch을 출력합니다.

(4) 한 Epoch당 소요되는 시간을 측정하기 위해 해당 Epoch을 시작할 때의 시각을 저장합니다.

(5) 한 Epoch은 각각 학습 단계와 검증 단계를 갖습니다. for 문을 통해 한 Epoch마다 학습 모드와 검증 모드를 각각 실행합니다.

(6) 상황에 적합하게 모델을 학습 모드로 설정합니다.

(7) 상황에 적합하게 모델을 검증 모드로 설정합니다.

(8) 모든 데이터의 Loss를 합산해서 저장할 변수인 running_loss를 선언하고, 0으로 초기화

합니다.

(9) 올바르게 예측한 경우의 수를 세는 변수인 running_corrects를 선언하고, 0으로 초기화합니다.

(10) 모델의 현재 모드에 해당하는 Dataloader에서 데이터를 입력받습니다.

(11),(12) 데이터와 해당하는 Label 값을 현재 사용 중인 장비에 할당합니다.

(13) 학습 단계에서만 모델의 Gradient를 업데이트하고, 검증 단계에서는 업데이트하지 않아야 합니다. 따라서 set_grad_enabled() 메서드를 이용하여 phase가 train일 경우에만 업데이트하도록 설정합니다.

(14) 데이터를 모델에 입력하여 Output 값을 계산합니다.

(15) 모델에 입력된 test 데이터가 33개의 클래스에 속할 각각의 확률값이 Output으로 출력됩니다. 이 중 가장 높은 값을 가진 인덱스를 예측값으로 저장합니다.

(16) 모델에서 계산한 Output 값인 예측값과 Target 값 사이의 Loss를 계산합니다. 입력받는 Loss 함수를 이용하여 Loss를 계산합니다.

(17) 모델이 현재 학습 모드인 경우 (16)에서 계산한 Loss 값을 바탕으로 Back Propagation을 통해 계산한 Gradient 값을 각 Parameter에 할당하고, 모델의 Parameter를 업데이트합니다.

(18) 모든 데이터 Loss를 합산해서 저장하고자 하나의 미니 배치에 대해 계산된 Loss 값에 데이터의 수를 곱해 합산합니다. 이때 inputs.size(0)는 Dataloader에서 전달되는 미니 배치의 데이터 수를 의미하는 것으로, 배치 사이즈입니다.

(19) (15)에서 모델을 통해 예측한 값과 Target이 같으면 running_corrects을 1만큼 증가시키고, 같지 않으면 증가시키지 않습니다.

(20) 7 Epoch마다 Learning Rate를 다르게 조정하는 Scheduler와 관련된 부분입니다. 한 Epoch당 1번, 모델이 현재 학습 단계일 경우에만 실행됩니다.

(21) Scheduler에 의해 Learning Rate가 조정되는 것을 직접 확인하기 위한 부분입니다. optimizer_ft.param_groups의 원소는 학습 과정에서의 Parameter를 저장하고 있는 딕셔너리입니다. 이 중 Learning Rate에 해당하는 Key인 'lr'를 이용하여 각 Epoch의 Learning Rate를 불러옵니다.

(22) 해당 Epoch의 Loss를 계산하기 위해 running_loss를 미리 계산해둔 dataset_size로 나눕니다.

(23) 해당 Epoch의 정확도를 계산하기 위해 running_corrects를 미리 계산해둔 dataset_size로 나눕니다.

(24) 해당 Epoch과 현재 모델의 단계, Loss 값, 정확도를 출력합니다.

(25) 검증 단계에서 현재 Epoch의 정확도가 최고 정확도보다 높다면 best_acc를 현재 Epoch의 정확도로 업데이트하고, 해당 Epoch의 모델을 best_model_wts에 저장합니다.

(26) 한 Epoch당 소요된 시간을 계산합니다. (1)에서 저장한 해당 Epoch을 시작할 때의 시각을 Epoch이 끝날 때의 시각에서 뺀 값을 계산합니다.

(27) 정확도가 가장 높은 모델을 불러온 후 반환합니다.

학습을 위한 함수를 구성했다면, 이제는 이 함수를 호출하여 실제로 학습을 실행시킬 차례입니다.

[모델 학습 실행하기]

```
model_resnet50 = train_resnet(resnet, criterion, optimizer_ft,
                              exp_lr_scheduler, num_epochs=EPOCH)    # (1)

torch.save(model_resnet50, 'resnet50.pt')                            # (2)
```

(1) 앞서 정의한 train_resnet() 함수를 이용하여 ResNet50 모델을 Fine-Tuning합니다.

(2) 학습이 완료된 모델인 model_resnet50을 'resnet50.pt'라는 이름의 파일로 저장합니다.

모델을 학습시키는 과정에서 출력되는 결과물 예시는 다음과 같습니다.

```
------------------------- epoch 1 ------------------------
learning rate:  [0.001]
train Loss: 0.6169 Accuracy: 0.8129
val Loss: 0.3257 Accuracy: 0.8964
Completed in 0m 28s
------------------------- epoch 2 ------------------------
learning rate:  [0.001]
train Loss: 0.2290 Accuracy: 0.9257
val Loss: 0.2392 Accuracy: 0.9254
Completed in 0m 28s
```

```
------------------------- epoch 3 -------------------------
learning rate: [0.001]
train Loss: 0.1688 Accuracy: 0.9456
val Loss: 0.2382 Accuracy: 0.9318
Completed in 0m 27s

…
…
… (중략)

------------------------- epoch 29 -------------------------
learning rate:  [1.0000000000000002e-07]
train Loss: 0.0102 Accuracy: 0.9965
val Loss: 0.0354 Accuracy: 0.9891
Completed in 0m 26s
------------------------- epoch 30 -------------------------
learning rate:  [1.0000000000000002e-07]
train Loss: 0.0124 Accuracy: 0.9958
val Loss: 0.0330 Accuracy: 0.9902
Completed in 0m 29s
```

4.3 모델 평가

이제 우리가 만든 모델을 평가해볼 차례입니다. 평가하기에 앞서 평가에 사용될 데이터를 학습에 사용된 데이터와 같은 방식으로 전처리합니다. 먼저, 베이스라인 모델을 평가할 데이터를 전처리합니다.

[베이스라인 모델 평가를 위한 전처리]

```
transform_base = transforms.Compose([transforms.Resize([64,64]),
                                     transforms.ToTensor()])        # (1)
test_base = ImageFolder(root='./splitted/test',
                        transform=transform_base)                   # (2)
```

```
test_loader_base = torch.utils.data.DataLoader(test_base,
                                batch_size=BATCH_SIZE, shuffle=True,
                                num_workers=4)                        # (3)
```

(1),(2),(3) 베이스라인 모델의 성능 평가를 위해 사용할 테스트 데이터의 Dataloader를 생성합니다. 모델을 학습시킬 때 사용한 학습, 검증 데이터와 동일한 방법으로 전처리를 수행하고, 배치 사이즈도 동일하게 설정합니다.

이어서 Transfer Learning 모델을 평가할 데이터를 전처리합니다.

[Transfer Learning모델 평가를 위한 전처리]

```
transform_resNet = transforms.Compose([                               # (1)
        transforms.Resize([64,64]),
        transforms.RandomCrop(52),
        transforms.ToTensor(),
        transforms.Normalize([0.485, 0.456, 0.406], [0.229, 0.224, 0.225])
    ])

test_resNet = ImageFolder(root='./splitted/test',
                          transform=transform_resNet)                 # (2)

test_loader_resNet = torch.utils.data.DataLoader(test_resNet,
            batch_size=BATCH_SIZE, shuffle=True, num_workers=4)       # (3)
```

(1),(2),(3) Transfer Learning 모델의 성능 평가를 위해 사용할 테스트 데이터의 Dataloader를 생성합니다. Transfer Learning 모델의 경우에도 마찬가지로 모델을 학습시킬 때 사용한 학습, 검증 데이터와 동일한 방법으로 전처리를 수행하고, 배치 사이즈도 동일하게 설정합니다.

전처리를 완료한 Test 데이터를 이용하여 베이스라인 모델과 Transfer Learning 모델의 성능을 각각 평가하겠습니다.

[베이스라인 모델 성능 평가하기]

```
baseline=torch.load('baseline.pt')                                   # (1)
baseline.eval()                                                      # (2)
test_loss, test_accuracy = evaluate(baseline, test_loader)           # (3)

print('baseline test acc:  ', test_accuracy)                         # (4)
```

(1) 저장했던 베이스라인 모델을 불러옵니다.

(2) 모델을 평가 모드로 설정합니다.

(3) 앞서 정의한 evaluate 함수를 이용하여 테스트 데이터에 대한 정확도를 측정합니다.

(4) 평가 정확도를 출력합니다.

[Transfer Learning 모델 성능 평가하기]

```
resnet50=torch.load('resnet50.pt')                                   # (1)
resnet50.eval()                                                      # (2)
test_loss, test_accuracy = evaluate(resnet50, test_loader_resNet)    # (3)

print('ResNet test acc:  ', test_accuracy)                           # (4)
```

(1) 저장된 Transfer Learning 모델을 불러옵니다.

(2) 모델을 평가 모드로 설정합니다.

(3) 앞서 정의한 evaluate 함수를 이용하여 테스트 데이터에 대한 정확도를 측정합니다.

(4) 평가 정확도를 출력합니다.

두 모델의 평가 정확도를 측정한 결과, 베이스라인 모델의 경우 약 93.27%의 정확도를 보였고, Fine-Tuning을 거친 ResNet50 모델의 경우 약 97.07%의 정확도를 보였습니다. 모델을 직접 구축하여 처음부터 학습시키는 것보다 많은 양의 데이터셋으로 미리 학습된 모델을 불러와 일부를 Fine-Tuning하는 것이 더 높은 예측 성능을 낸다고 할 수 있습니다.

왜 이런 차이가 나타날까요? 사실 우리가 가지고 있는 데이터의 수는 약 40,000개로 적지 않습니다. 베이스라인 모델도 어느 정도 좋은 성능을 보였습니다. 그렇지만 Pre-Trained 모델은 약 1,400만 개의 이미지를 학습해놓은 모델이고, 이 모델에는 다양한 이미지의 Feature가 학습되어 있습니다. 모델이 학습한 이미지의 종류에는 강아지, 고양이, 사자와 같은 동물은 물론이고 곤충, 건물, 악기, 자동차, 식물까지도 해당합니다. 베이스라인 모델의 초기 Parameter는 랜덤으로 설정되는 반면, Pre-Trained Model의 초기 Parameter는 수백만 장의 이미지를 통해 미리 학습해놓은 모델의 Parameter입니다. 따라서 Pre-Trained Model이 더 좋은 성능을 나타낼 가능성이 높다는 것은 매우 당연한 사실입니다.

우리는 파트 4를 통해 이미지를 분류하는 두 가지 모델을 구축하고, 성능을 비교해 보았습니다. 모델을 처음부터 구축하여 학습시키기보다는 Pre-Trained Model을 불러와 사용하는 방법이 더 예측 성능이 높음을 확인하였습니다. 이러한 Transfer Learning 기법은 이미지 분류뿐만 아니라 영상, 자연어 처리 등의 다른 분야에서도 다양하게 활용되고 있습니다.

[그림 4-11] 이미지 분류의 다양한 응용

이미지 분류 또한 다양한 방법으로 응용되고 있습니다. 이 프로젝트에서는 단순히 이미지 데이터를 이용하여 클래스를 분류하는 작업을 하였지만, [그림 4-11]에서와 같이 물체가 존재하는 부분을 파악하는 Localization 작업을 하는 모델도 존재합니다. 이 프로젝트에서는 하나의 이미지 당 한 개의 물체를 탐지했지만, [그림 4-11]과 같이 하나의 이미지에 여러 개의 물체를 탐지하는 Object Detection도 가능합니다. 더 나아가 물체를 단순히 탐지하는 것에 그치지 않고 물체의 경계를 정확히 파악하는 Segmentation 기술도 널리 응용되고 있습니다.

PART 5

국민청원 분류하기

앞서 우리는 파트 4에서 이미지 분류 프로젝트를 진행하였습니다. 이번 파트에서 진행할 프로젝트는 딥러닝을 활용한 텍스트 분류 프로젝트입니다. 텍스트 데이터를 모델링하는 분야를 자연어 처리(Natural Language Processing, NLP)라고 합니다. 자연어 처리에는 다양한 분야가 있으며 대표적으로 텍스트 분류(Text Classification), 감정 분석(Sentiment Analysis), 요약(Summarization), 기계 번역(Machine Translation), 질문 응답(Question Answering) 등이 있습니다. 이번 프로젝트는 텍스트 분류 영역에 해당하며 문장에 대한 정보를 활용하여 글을 분류합니다.

우리가 사용할 데이터는 누구에게나 익숙할 법한 국민청원 데이터입니다. 국민청원 글에 TextCNN이라는 모델을 적용하여 특정 글에서 청원 참여인원이 1,000명 이상 달성할지 여부를 분류하는 것을 목표로 합니다. 즉, 수많은 청원 글 중 주목받을 만한 글을 예측하는 것이 목적입니다. 이 프로젝트의 목적은 관심이 필요한 많은 사연들에 사람들의 눈길이 한 번 더 닿도록 하기 위함입니다. 국민청원의 몇몇 사연들은 언론이나 SNS 등의 도움을 받아 20만 동의를 단숨에 달성하곤 합니다. 반면 중대하지만 눈에 띄지 않고, 도움이 반드시 필요하지만 관심을 받지 못한 사연들은 많은 동의를 받기 어렵습니다. 사람들의 관심이 일부 청원 글에 집중되기보다 사회의 다양한 사연들에 전해지도록 하는 것이 이 프로젝트의 궁극적인 목적입니다.

5.1 프로젝트 소개

프로젝트의 목표는 '주목받을 만한 청원 분류하기'입니다. 하지만 '주목받을 만한'이라는 기준이 매우 모호합니다. 사연의 경중을 판단하는 것은 매우 주관적인 영역이기에 읽는 사람마다 다른 판단을 내릴 것입니다. 우리는 이러한 주관적 판단을 배제할 수 있는 방법으로 딥러닝을 도입합니다. 딥러닝 모델을 통하여 높은 청원 참여인원을 기록한 글들의 특징을 학습하여, 새로운 글이 입력되었을 때 청원 참여인원이 높은 글들과의 유사성을 계산하여 주목받을 만한 글인지 아닌지를 판단하도록 합니다.

[그림 5-1]은 프로젝트의 전체 흐름이며, 크게 6단계로 프로젝트가 진행됩니다.

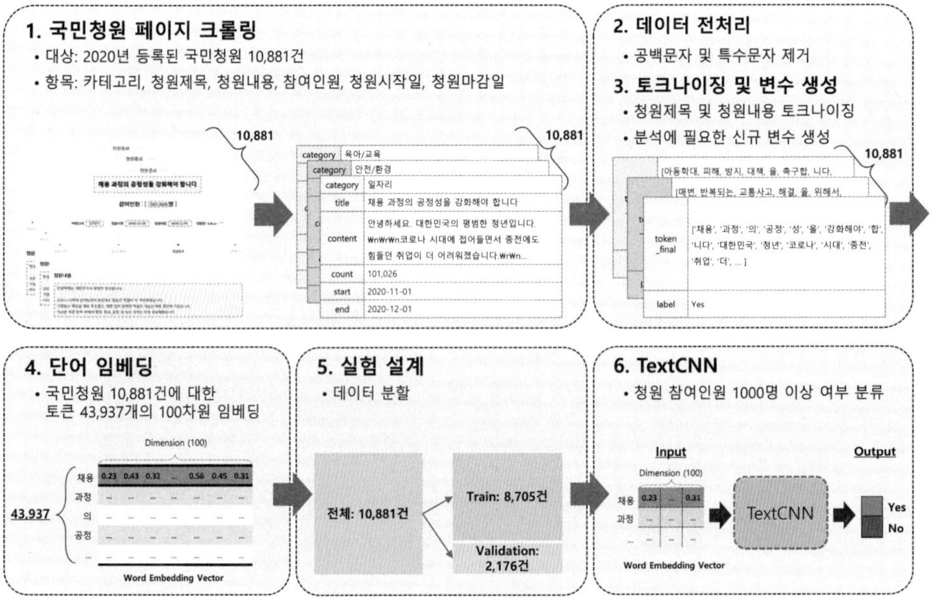

[그림 5-1] 국민청원 분류 모델 전체 흐름

●데이터셋

2020년 1월부터 2020년 12월까지 한 해 동안 등록된 10,881건의 국민청원 글을 활용합니다.

국민청원 웹 페이지에 있는 글을 직접 크롤링할 것이므로 데이터 수집 기간과 양은 자유롭게 변경할 수 있습니다. 통상 자연어 처리는 모델이 학습할 수 있도록 글을 다듬는 전처리 작업이 모델 성능에 큰 영향을 미칩니다. 따라서 이 프로젝트에서도 청원의 제목과 내용에 대한 전처리 및 토크나이징(Tokenizing) 작업을 진행합니다.

●결과물

프로젝트의 결과물은 청원 참여인원이 1,000명을 넘을 것으로 분류된 청원들입니다. 실제로는 분류에 그치지 않고 국민청원 페이지에 딥러닝 모델을 접목했을 때의 모습을 가정하여 웹 페이지를 구현했습니다. 하지만 웹 페이지 구현은 이 서적의 범위가 아니므로 [그림 5-2] 예시로 대신합니다.

[그림 5-2]를 비롯하여 예시로 등장하는 청원들은 실제 청원을 기반으로 각색된 내용이며 실제 청원이 아님을 알려드립니다.

[그림 5-2] 국민청원 딥러닝 접목 예시

[그림 5-2] '답변 대기 중인 청원' 메뉴 하단에 '주목할 만한 청원' 메뉴를 신설한 것을 볼 수 있습니다. 주목할 만한 청원에 게시되는 글들은 실제로는 참여인원이 적지만, 딥러닝 모델을 통해 높은 참여인원을 기록할 것으로 분류된 청원들입니다.

5.2 프로젝트 파헤치기

이번 절에서는 크롤링을 통하여 웹 페이지에서 직접 데이터를 얻는 방법을 배웁니다. 그리고 텍스트 데이터의 전처리, 토크나이징, 임베딩 및 TextCNN 모델 적용 등 자연어 처리의 전 과정을 직접 경험할 수 있습니다.

》5.2.1 크롤링《

크롤링이란, 웹 페이지에서 원하는 데이터를 추출하여 수집하는 방법입니다. 이 기법을 사용하여 2020년 1월 1일부터 2020년 12월 31일까지 등록된 국민청원 글을 얻을 수 있습니다. 총 10,881건이며, 2020년 12월 31일을 기준으로 잡은 이유는 청원 동의 가능 기간인 30일이 지난, 즉 종료된 청원 중 가장 최근 일자를 선정한 것입니다.

[그림 5-3]에 국민청원 페이지에서 크롤링할 항목을 표시했습니다. 하나의 국민청원 글에서 청원 제목, 참여인원, 카테고리, 청원시작일, 청원마감일, 청원 내용 총 6개 항목을 추출합니다.

가장 먼저, 데이터를 수집하기 위해 청와대 홈페이지의 국민청원 https://www1.president.go.kr/petitions 에 접속합니다. 국민청원 글의 URL을 살펴보면 다음과 같이 URL 끝 6자리 숫자만 바뀌며 이전 글일수록 숫자가 1씩 줄어드는 것을 알 수 있습니다.

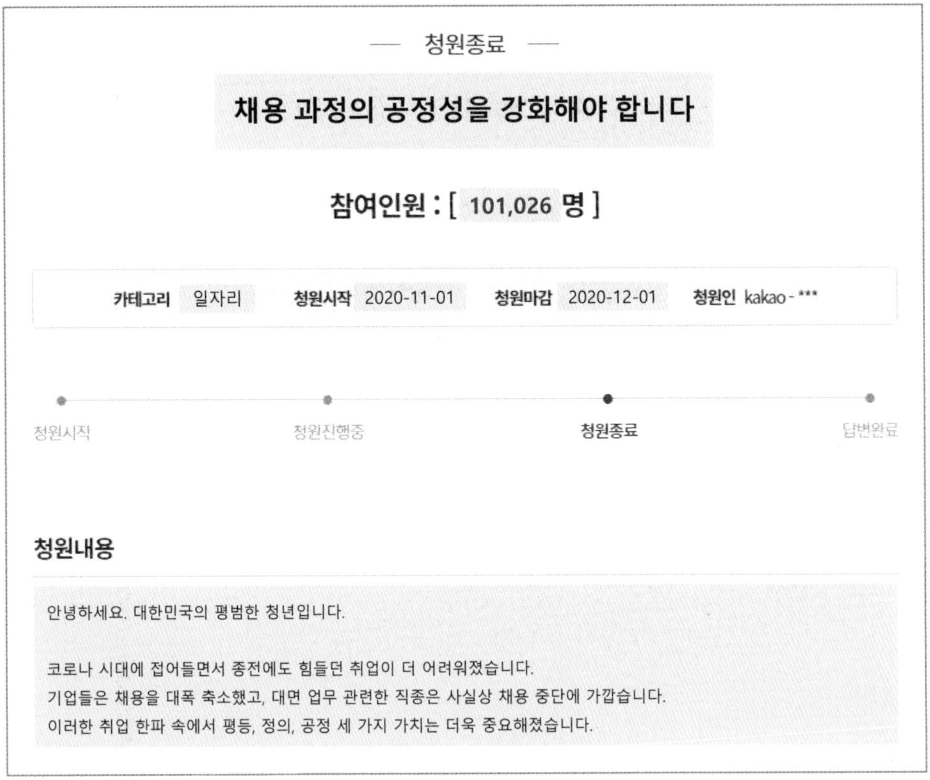

[그림 5-3] 크롤링할 데이터 확인

```
https://www1.president.go.kr/petitions/594320
https://www1.president.go.kr/petitions/594319
https://www1.president.go.kr/petitions/594318
https://www1.president.go.kr/petitions/594317
https://www1.president.go.kr/petitions/594316
```

이러한 URL 규칙을 다음과 같이 for 문으로 표현할 수 있습니다. for 문 안에 크롤링 코드를 추가하면 한 페이지씩 넘어가면서 데이터 수집이 가능합니다.

```
for i in range(594316, 594321):
    URL = "https://www1.president.go.kr/petitions/"+str(i)
    print(URL)
```

본격적인 크롤링에 앞서 웹 페이지에 사용되는 언어인 HTML의 구조를 간략히 알아보겠습니다. [그림 5-4]와 같이 HTML 요소는 시작 태그로 시작해서 종료 태그로 끝나며, 시작 태그 내에는 태그명과 속성(속성명, 속성값)이 존재합니다. 크롤링을 통하여 원하는 데이터를 추출하려면 데이터가 위치한 태그명과 속성을 알아야 합니다. 예를 들어, [그림 5-4]와 같이 구성된 웹 페이지에서 청원 제목을 추출하기 위해서는 청원 제목이 'h3' 태그의 'class' 속성, 'petitionsView_title' 속성값에 위치하고 있다는 것을 알아야 합니다.

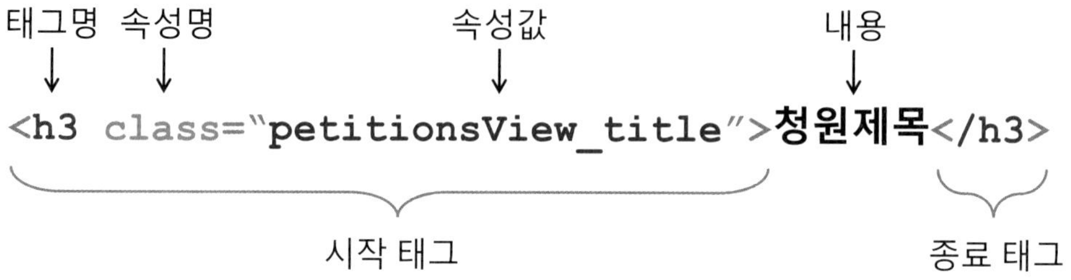

[그림 5-4] HTML 요소

[크롤링]

```
import pandas as pd
import numpy as np
import requests
from bs4 import BeautifulSoup
import time

result = pd.DataFrame()                                                  # (1)
for i in range(584274, 595226):                                          # (2)
    URL = "http://www1.president.go.kr/petitions/"+str(i)

    response = requests.get(URL)                                         # (3)
    html = response.text                                                 # (4)
    soup = BeautifulSoup(html, 'html.parser')                            # (5)
    title = soup.find('h3', class_='petitionsView_title')                # (6)
    count = soup.find('span', class_='counter')                          # (7)

    for content in soup.select('div.petitionsView_write > div.View_write'):
        content                                                          # (8)
```

```
a=[]
for tag in soup.select('ul.petitionsView_info_list > li'):
    a.append(tag.contents[1])                                    # (9)

if len(a) != 0:
    df1=pd.DataFrame({ 'start' : [a[1]],                         # (10)
                       'end' : [a[2]],                           # (11)
                       'category' :  [a[0]],                     # (12)
                       'count' : [count.text],                   # (13)
                       'title': [title.text],                    # (14)
                       'content': [content.text.strip()[0: 13000]]  # (15)
                     })

    result=pd.concat([result, df1])                              # (16)
    result.index = np.arange(len(result))                        # (17)

if i % 60 == 0:                                                  # (18)
     print("Sleep 90seconds. Count:" + str(i)                    # (19)
          +",  Local Time:"
          + time.strftime('%Y-%m-%d', time.localtime(time.time()))
          +" "+ time.strftime('%X', time.localtime(time.time()))
          +",  Data Length:"+ str(len(result)))
     time.sleep(90)                                              # (18)

# Sleep 90seconds. Count:584280,  Local Time:2021-02-06 23:48:33,  Data Length:7
# Sleep 90seconds. Count:584340,  Local Time:2021-02-06 23:50:10,  Data Length:67
# Sleep 90seconds. Count:584400,  Local Time:2021-02-06 23:51:49,  Data Length:127
# …
# Sleep 90seconds. Count:595200,  Local Time:2021-02-07 05:14:01,  Data Length:10856
```

(1) 크롤링한 데이터를 저장한 빈 데이터프레임을 생성합니다.

(2) 2020년 1월 가장 처음 등록된 국민청원 글 URL의 끝 숫자(584274)를 for 문의 시작 지점으로, 2020년 12월 가장 마지막에 등록된 국민청원 글 URL의 끝 숫자(595225)에 1을 더한 값(595226)을 for 문의 종료 지점으로 지정합니다.

(3) URL로 get 요청(request)을 보내 그 응답을 'response'에 저장합니다. 웹 브라우저에서 국민청원 페이지에 접속한 것이라고 볼 수 있습니다.

(4) 'response'의 text는 다음과 같이 국민청원 페이지에서 [F12] 키를 누르면 등장하는

HTML 코드입니다. 이 코드를 'html'에 저장합니다.

```
<!DOCTYPE html>
<html lang="ko">
<head>
<meta charset="utf-8">
<meta http-equiv="X-UA-Compatible" content="IE=edge, chrome=1">
<meta name="viewport" content="width=device-width,initial-scale=1.0,minimum
-scale=1.0,maximum-scale=1.0">
<meta name="theme-color" content="#082e59">
<meta name="description" content="나라를 나라답게, 국민과 함께 갑니다."/>
<meta name="keywords" content="청와대, 대통령비서실, 대통령, 한국, 대한민국, 대한
민국 정부, president.go.kr, 靑瓦臺, 19대, 문재인"/>
<meta name="author" content="청와대 (CHEONGWADAE)"/>
<meta name="format-detection" content="telephone=no"/>
<meta property="og:type" content="website">
```

(5) 웹 페이지에 쓰이는 HTML 코드에 데이터를 추출하는 모듈인 BeautifulSoup을 이용합니다. 'html.parser'라는 Parser를 이용해 HTML 코드를 Python이 이해할 수 있도록 객체 구조로 변환하는 Parsing을 진행합니다.

* **Parsing** : 문서나 HTML 코드 등에서 원하는 데이터를 특정 패턴으로 가공하는 것을 말합니다.

(6) BeautifulSoup의 find 함수에 태그명과 속성을 지정하여 원하는 정보를 얻습니다. 따라서 청원 제목 등의 항목을 가져오려면 각 항목에 대응되는 태그명과 속성을 알아야만 합니다. 다행히도 해당 정보는 [그림 5-5]와 같이 쉬운 방법으로 알 수 있습니다. 국민청원 페이지에서 [F12] 키를 누른 후, 청원 제목과 같이 원하는 항목에 마우스를 가져가면 해당 항목이 위치한 태그와 속성명, 속성값을 보여줍니다. [그림 5-5]를 보면 청원 제목은 'h3' 태그, 'class' 속성, 'petitionsView_title' 속성값에 위치한 것을 확인할 수 있습니다.

(7) 참여인원은 'span' 태그 'counter' 속성값에 위치합니다.

(8) 이번에는 BeautifulSoup의 select 함수를 사용해보겠습니다. 청원 내용은 'div' 태그의 'petitionsView_write' 속성값 하위의 'div' 태그 'View_write' 속성값에 위치하므로, 하위를 표시하는 '>' 기호를 사용해 데이터를 추출합니다.

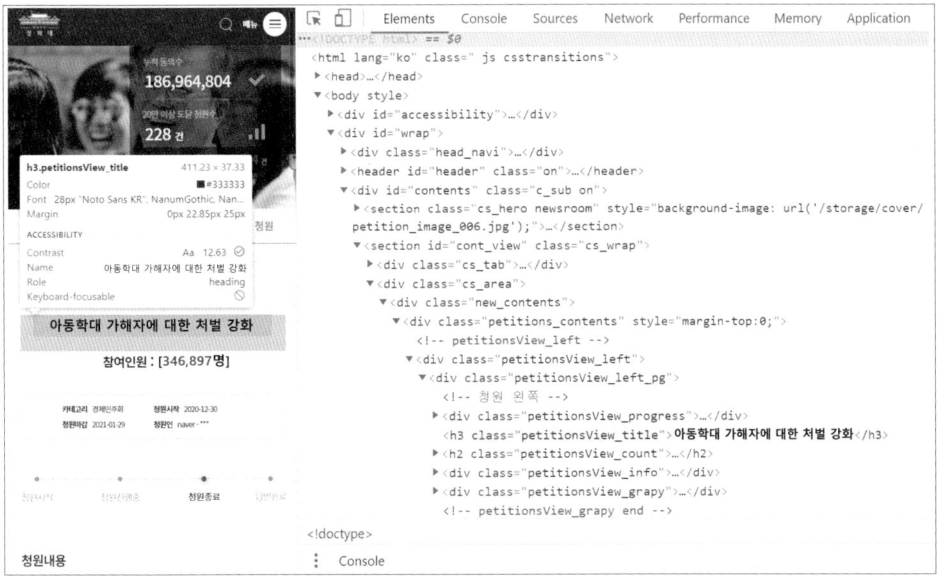

[그림 5-5] 국민청원 페이지 HTML 코드 확인

(9) 청원 정보는 'ul' 태그 'petitionsView_info_list' 속성값 하위의 'li' 태그에 위치하므로 '>' 기호를 사용해 데이터를 추출합니다. tag의 contents는 다음과 같으며, 각 contents에서 두 번째 내용만 필요하므로 'a'라는 빈 리스트에 contents[1] 값만 저장합니다.

[<p>카테고리</p>, '정치개혁']

[<p>청원시작</p>, '2020-12-24']

[<p>청원마감</p>, '2021-01-23']

[<p>청원인</p>, 'facebook - ***']

(10) 청원시작일이 저장되어 있는 a[1]을 'start'에 저장합니다.

(11) 청원마감일이 저장되어 있는 a[2]를 'end'에 저장합니다.

(12) 카테고리가 저장되어 있는 a[0]를 'category'에 저장합니다.

(13) 참여인원이 저장되어 있는 count의 내용을 'count'에 저장합니다.

(14) 청원 제목이 저장되어 있는 title의 내용을 'title'에 저장합니다.

(15) 청원 내용이 저장되어 있는 context의 내용을 'context'에 저장합니다. strip()을 추가해 글 앞뒤 공백을 제거합니다. 엑셀에 데이터를 저장하기 위해 데이터의 길이를 13,000으로 제한합니다. 왜냐하면 엑셀에서 한 셀에 넣을 수 있는 최대 글자 수가 32,767

자이기 때문에 13,000자까지 크롤링한 후 토크나이징 및 청원 제목과 병합하여 32,767자를 초과하지 않도록 하기 위함입니다.

(16) 위에서 하나의 청원을 하나의 데이터프레임으로 생성했습니다. 해당 데이터를 'result' 데이터프레임에 누적 병합하면서 여러 건의 청원 글을 수집합니다.

(17) 0부터 len(result)-1까지의 값을 갖는 배열을 'result' 데이터프레임의 인덱스로 설정합니다.

(18) 국민청원 페이지에 연속 접근할 경우 페이지에 접근이 불가능한 문제가 있습니다. 따라서 60건의 글을 크롤링할 때마다 90초를 멈춘 후 재작업합니다. 이처럼 웹 페이지 정책에 따라 크롤링이 불가한 경우도 있고, 코드에 예외 처리를 해야 하는 경우도 있습니다.

(19) 90초간 시스템 멈춤을 알림과 동시에 현재 크롤링 중인 청원의 순번, 현재 시각, 현재까지 크롤링한 데이터의 수를 출력합니다.

[크롤링 데이터 확인]

```
print(result.shape)
# (10881, 6)

df = result                                                    # (1)
df.head()                                                      # (2)
```

(1) 원본 크롤링 데이터를 유지하기 위해 result는 df에 복사한 뒤, df로 전처리를 비롯한 남은 작업을 수행하도록 합니다.

(2) df 결과는 [그림 5-6]과 같은 형태입니다.

	category	content	count	start	end	title
0	행정	안녕하세요, 대통령님. 저는 **에 거주하는 시민입니다. 다름이 아니라...	1,786	2020-11-10	2020-12-10	잘못된 행정처리로 인한 제 억울함 좀 풀어주세요
1	안전/환경	12월 8일 방송에서 나온 사건을 기억하시나요? **동 앞에 있는 횡단보도에서 교통사고...	456	2020-11-10	2020-12-10	매번 반복되는 교통사고 해결을 위해서 신호등 설치를 청원합니다.
2	반려동물	오늘 새벽 저희 강아지가 무지개 다리를 건넜습니다...	5,921	2020-11-10	2020-12-10	동물법에 의료사고를 정확하게 명시해 처벌 받을 수 있게 해주세요.
3	육아/교육	뉴스에서 나오는 아동학대가 나날이 심각해지고 있습니다. 매년 반복되는 이 사태를 해결하고자...	56	2020-11-10	2020-12-10	아동학대 피해 방지 대책을 촉구합니다.
4	일자리	청년들의 간절함을 이용하여 최저시급도 보장하지 않는 악덕사장...	205	2020-11-10	2020-12-10	청년들의 열정페이를 미끼로 한 노동착취

[그림 5-6] 크롤링 후 df 출력 예시

》5.2.2 데이터 전처리《

데이터 전처리에 앞서 전처리 전, 즉 크롤링 직후의 국민청원 글 일부를 확인해보겠습니다.

```
df.loc[1][‘content’]
```

```
안녕하세요. 대한민국의 평범한 청년입니다.₩n₩r₩n코로나 시대에 접어들면서 종전에도 힘들던 취업이 더 어려워졌습니다.₩r₩n기업들은 채용을 대폭 축소했고, 대면 업무 관련한 직종은 사실상 채용 중단에 가깝습니다.₩r₩n이러한 취업 한파 속에서 ‘평등’, ‘정의’, ‘공정’ 세 가지 가치는 더욱 중요해졌습니다. ₩n₩r₩n -★세 가지 가치를 준수하기 위해 다음과 같이 요구합니다.★-₩n₩r₩n
```

코드 실행 결과를 보니 웹 페이지에서의 공백이 '₩n', '₩r'과 같은 문자로 표현되어 있습니다. 공백문자는 작성자가 글을 쓸 때 엔터나 탭 등을 입력하여 생기는 것입니다. 또한, 작은따옴표를 비롯한 특수문자도 보입니다. 이러한 개행 문자나 특수문자는 글의 맥락에 영향을 주지 않으며 토크나이징 및 임베딩 시 성능 저하를 일으킬 수 있으므로 제거하는 것이 좋습니다.

[전처리]

```
import re                                                    # (1)

def remove_white_space(text):                                # (2)
    text = re.sub(r‘[\t\r\n\f\v]’, ‘ ’, str(text))
    return text

def remove_special_char(text):                               # (3)
    text = re.sub(‘[^ ㄱ-ㅣ가-힣 0-9]+’, ‘ ’, str(text))
    return text

df.title = df.title.apply(remove_white_space)                # (4)
df.title = df.title.apply(remove_special_char)               # (5)

df.content = df.content.apply(remove_white_space)            # (6)
df.content = df.content.apply(remove_special_char)           # (7)
```

(1) 정규 표현식을 지원하는 모듈입니다. 정규 표현식을 활용한 문자열 검색이나 문자열 치환 등을 지원합니다.

*** 정규 표현식(Regular Expression):** Python에서만 쓰이는 것이 아닌 타 프로그래밍 언어와 텍스트 처리 프로그램에서도 사용되는 것으로, 특정 문자열 집합을 지정하기 위해 쓰이는 식입니다. 예를 들어, 메타 문자 '[ ]'를 이용하여 '[0-9]'라고 표현하면 문자열에서 숫자 0에서 9까지 지정할 수 있습니다.

(2) 공백문자를 제거하는 함수를 정의합니다. Input으로 들어온 `text`에서 ₩t(탭), ₩r₩n(엔터), ₩n(줄바꿈), ₩f(새 페이지), ₩v(수직 탭) 문자가 등장하면 ' '(공백)으로 치환하여 `text`를 반환합니다.

(3) 특수문자를 제거하는 함수를 정의합니다. Input으로 들어온 `text`에서 ㄱ-ㅣ(자음 ㄱ~ㅎ, 모음 ㅏ~ㅣ), 가-힣(한글 가~힣), 0-9(숫자)에 해당하지 않는 문자가 등장하면 ' '(공백)으로 치환하여 `text`를 반환합니다. 영어가 등장해도 공백으로 교체되며, 이는 추후 한국어 Word Embedding Vector를 생성하기 위함입니다.

(4) 청원 제목에 `remove_white_space` 함수를 적용하여 공백문자를 제거합니다.

(5) 청원 제목에 `remove_special_char` 함수를 적용하여 특수문자를 제거합니다.

(6) 청원 내용에 `remove_white_space` 함수를 적용하여 공백문자를 제거합니다.

(7) 청원 내용에 `remove_special_char` 함수를 적용하여 특수문자를 제거합니다.

위에서 확인했던 글이 원하는 대로 전처리되었는지 확인해보겠습니다.

```
df.loc[1]['content']
```

```
안녕하세요  대한민국의 평범한 청년입니다         코로나 시대에 접어들면서 종전에도 힘들던 취업이 더 어려워졌습니다    기업들은 채용을 대폭 축소했고   대면 업무 관련한 직종은 사실상 채용 중단에 가깝습니다      이러한 취업 한파 속에서   평등    정의    공정  세 가지 가치는 더욱 중요해졌습니다         세 가지 가치를 준수하기 위해 다음과 같이 요구합니다
```

》5.2.3 토크나이징 및 변수 생성《

토크나이징이란 문장을 의미 있는 부분으로 나누는 과정을 말하며, 그 나누어진 부분을 토큰(Token)이라고 부릅니다. 예를 들어, '영희는 출근길에 커피를 사러 카페에 들렀습니다'라는 문장을 형태소 단위로 토크나이징하면 ['영희', '는', '출근길', '에', '커피', '를', '사러', '카페', '에', '들렀', '습니다'] 라는 11개의 토큰을 얻을 수 있습니다. 여기서 형태소란, 문장에서 의미를 지닌 최소 단위를 말합니다.

분석에 필요한 모든 문장을 토크나이징해주어야 하는데 그 이유는 컴퓨터는 다른 형태의 단어는 아예 다른 단어라고 인식하기 때문입니다. 예를 들어, '좋네요', '좋아요', '좋군요', '좋습니다', '좋은데요'는 모두 좋다는 의미입니다. 하지만 컴퓨터는 모두 다른 단어라고 인식하므로 단어를 더 작은 단위로 쪼개는 작업이 필요합니다. 다음은 토크나이징 예시입니다.

```
'좋네요' → ['좋', '네요']
'좋아요' → ['좋', '아요']
'좋군요' → ['좋', '군요']
'좋습니다' → ['좋', '습니다']
'좋은데요' → ['좋', '은데', '요']
```

좋다는 뜻을 가진 5개의 다른 표현들을 형태소 단위로 토크나이징했습니다. 의미를 가진 최소 단위인 '좋'이 추출되었고, 컴퓨터는 이 토큰을 근거로 5개 문장들이 모두 유사한 의미를 지녔다고 판단합니다.

우리는 청원 제목과 청원 내용을 토크나이징해야 합니다. 청원 제목은 형태소 단위로, 청원 내용은 명사 단위로 문장을 나눕니다. 청원 내용에서는 명사만 추출하여 학습하는데, 그 이유는 학습 효율과 키워드 중심의 분석을 하기 위함입니다. 청원 내용은 글이 길어 형태소 단위로 토크나이징해 학습하기에는 비교적 많은 시간과 자원이 요구됩니다. 따라서 명사만 추출하여 키워드 중심의 학습을 진행하였습니다. [그림 5-7]은 토크나이징 및 파생변수 생성 예시입니다.

1 청원제목을 형태소 단위 토크나이징 (title → title_token)

2 청원내용을 명사 단위 토크나이징 (content → content_token)

3 청원제목과 청원내용 병합 (title_token + content_token)

no	title	title_token	content	content_token	token_final
1	급증하는 일회용품 사용에 대한 대책이 필요합니다	[급증하는, 일회용품, 사용, 에, 대한, 대책, 이, 필요합, 니다]	최근 코로나19로 인해 온라인 쇼핑과 배달의 수요가 급격히 늘었습니다. 그에 따라 일회용 플라스틱 용기, 포장재 등의 발생량도 크게 늘었습니다. 코로나19 장기전에 대비해 일회용 쓰레기를 줄여야 합니다. 배달 및 유통 업계, 외식 업계 등은 친환경 용기, 포장재로 대체하는 등 조치가 필요합니다.	[최근, 코로나, 로, 온라인, 쇼핑, 배달, 수요, 그, 일회용, 플라스틱, 용기, 포장재, 등, 발생량, 크게, 코로나, 장기전, 일회용, 쓰레기, 배달, 및, 유통, 업계, 외식, 업계, 등, 친환경, 용기, 포장재, 대체, 등, 조치]	[급증하는, 일회용품, 사용, 에, 대한, 대책, 이, 필요합, 니다, 최근, 코로나, 로, 온라인, 쇼핑, 배달, 수요, 그, 일회용, 플라스틱, 용기, 포장재, 등, 발생량, 크게, 코로나, 장기전, 일회용, 쓰레기, 배달, 및, 유통, 업계, 외식, 업계, 등, 친환경, 용기, 포장재, 대체, 등, 조치]

[그림 5-7] 토크나이징 및 파생변수 생성 예시

[토크나이징]

```
from konlpy.tag import Okt                                          # (1)

okt = Okt()

df['title_token'] = df.title.apply(okt.morphs)                     # (2)
df['content_token'] = df.content.apply(okt.nouns)                  # (3)
```

(1) Konlpy는 형태소 분석기 패키지로, Konlpy.tag 모듈에 한국어 토크나이징을 지원하는 Okt(Twitter), Kkma, Komoran, Mecab 등의 클래스가 존재하며 그중 Okt를 선정합니다.

(2) 청원 제목을 형태소(Morphs) 단위로 토크나이징하여 'title_token'에 저장합니다.

(3) 청원 내용을 명사(Nouns) 단위로 토크나이징하여 'content_token'에 저장합니다.

[파생변수 생성]

```
df['token_final'] = df.title_token + df.content_token              # (1)

df['count'] = df['count']
        .replace({',' : ''}, regex = True).apply(lambda x : int(x)) # (2)

print(df.dtypes)                                                    # (3)
```

```
# category        object
# content         object
# count            int64
# end              object
# start            object
# title            object
# title_token     object
# content_token   object
# most_token_7    object
# token_final     object
# dtype: object

df['label'] = df['count'].apply(lambda x: 'Yes' if x>=1000 else 'No')# (4)
```

(1) 형태소 단위로 나누어진 청원 제목과 청원 내용에서 등장한 명사들을 합해 'token_final'에 저장합니다.

(2) 참여인원은 천 단위마다 ','가 있어 object 형태로 인식합니다. 1,000명 이상 여부를 판단해야 하므로 청원 참여인원에 ','를 제거하고 int형으로 변환합니다.

(3) 데이터프레임의 Type을 확인하여 'count'가 int64형으로 변환되었음을 확인합니다.

(4) 청원 참여인원이 1,000명 이상이면 'label'에 Yes를, 1,000명 미만이면 No를 저장합니다. [그림 5-8]은 토크나이징 및 변수 생성이 완료된 df 결과 예시입니다.

	category	content	count	start	end	title	title_token	content_token	token_final	label
0	행정	안녕하세요, 대통령님. 저는 **에 거주하는 시민입니다. 다름이 아니라...	1786	2020-11-10	2020-12-10	잘못된 행정처리로 인한 제 억울함 좀 풀어주세요	[잘못된, 행정, 처리, 로, 인한, 제, 억울함, 좀, 풀어, 주, 세요]	[대통령, 저, 거주, 시민, ...]	[잘못된, 행정, 처리, 로, 인한, 제, 억울함, 좀, 풀어, 주, 세요, 대통령, 저, 거주, 시민, ...]	Yes
1	안전/환경	12월 8일 방송에서 나온 사건을 기억하시나요? **동 앞에 있는 횡단보도에서 교통사고...	456	2020-11-10	2020-12-10	매번 반복되는 교통사고 해결을 위해서 신호등 설치를 청원합니다.	[매번, 반복되는, 교통사고, 해결, 을, 위해서, 신호등, 설치, 를, 청원, ...]	[월, 일, 방송, 사건, 동, 앞, 횡단보도, 교통사고, ...]	[매번, 반복되는, 교통사고, 해결, 을, 위해서, 신호등, 설치, 를, 청원, 월, 일, ...]	No
2	반려동물	오늘 새벽 저희 강아지가 무지개 다리를 건넜습니다...	5921	2020-11-10	2020-12-10	동물법에 의료사고를 정확하게 명시해 처벌 받을 수 있게 해주세요.	[동물법, 에, 의료사, 고를, 정확하게, 명시, 해, 처벌, 받, 을, 수, 있게, 해주세, 요]	[오늘, 새벽, 저희, 강아지, 무지개, 다리, ...]	[동물법, 에, 의료사, 고를, 정확하게, 명시, 해, 처벌, 받, 을, 수, 있게, 해주세, 요, 오늘, 새벽, 저희, 강아지, ...]	Yes
3	육아/교육	뉴스에서 나오는 아동학대가 나날이 심각해지고 있습니다. 매년 반복되는 이 사태를 해결하고자...	56	2020-11-10	2020-12-10	아동학대 피해 방지 대책을 촉구합니다.	[아동학대, 피해, 방지, 대책, 을, 촉구합, 니다]	[뉴스, 아동학대 나날이, 매년, 이, 사태, ...]	[아동학대, 피해, 방지, 대책, 을, 촉구합, 니다, 뉴스, 아동학대, 나날이, 매년, ...]	No
4	일자리	청년들의 간절함을 이용하여 최저시급도 보장하지 않는 악덕사장...	205	2020-11-10	2020-12-10	청년들의 열정페이를 미끼로 한 노동착취	[청년, 들, 의, 열정, 페이, 를, 미끼, 로, 한, 노동, 착취]	[청년, 간절, 함, 최저, 시급, 악덕, 사장, ...]	[청년, 들, 의, 열정, 페이, 를, 미끼, 로, 한, 노동, 착취, 청년, 간절, 함, 최저, ...]	No

[그림 5-8] 토크나이징 및 변수 생성 후 df 출력 예시

분석에 필요한 'token_final'과 'label'만 추출하여 'df_drop'에 저장합니다. 결과는 [그림 5-9]와 같습니다.

```
df_drop = df[['token_final', 'label']]
```

	token_final	label
0	[잘못된, 행정, 처리, 로, 인한, 제, 억울함, 좀, 풀어, 주, 세요, 대통령, 저, 거주, 시민, ...]	Yes
1	[매번, 반복되는, 교통사고, 해결, 을, 위해서, 신호등, 설치, 를, 청원, 월, 일, ...]	No
2	[동물법, 에, 의료사, 고를, 정확하게, 명시, 해, 처벌, 받, 을, 수, 있게, 해주세, 요, 오늘, 새벽, 저희, 강아지, ...]	Yes
3	[아동학대, 피해, 방지, 대책, 을, 촉구합, 니다, 뉴스, 아동학대, 나날이, 매년, ...]	No
4	[청년, 들, 의, 열정, 페이, 를, 미끼, 로, 한, 노동, 착취, 청년, 간절, 함, 최저, ...]	No

[그림 5-9] df_drop 출력 예시

》5.2.4 단어 임베딩《

최종적으로 사용할 데이터는 국민청원의 전처리 결과인 'token_final'과 참여인원 1,000명 이상 여부를 나타내는 'label'입니다. 이제 모델 학습이 남았는데 과연 딥러닝 모델은 'token_final'의 토큰들, 즉 한글 단어를 어떻게 학습할까요?

앞서 토크나이징을 통해 '좋습니다'를 2개의 토큰 ['좋', '습니다']로 나누었습니다. 하지만 컴퓨터는 '좋'과 '습니다'가 무슨 의미인지 인식할 수 없습니다. 또한 딥러닝 모델에는 Input으로 숫자 데이터를 입력해주어야 합니다. 따라서 딥러닝 모델을 학습시키기 위해서는 문자를 숫자로 변환하여 컴퓨터가 이해하도록 해야 합니다. 이러한 과정을 단어 임베딩(Word Embedding)이라고 합니다. 이 프로젝트에서는 다양한 임베딩 방법 중 가장 대표적인 Word2Vec을 선정하였습니다.

Word2Vec을 알아보기 전, 문자를 숫자로 변환하는 가장 쉬운 방법으로 각 토큰에 인덱스를 부여하는 방법을 살펴보겠습니다.

```
T1. ['음주운전', '사고', '가해자', '강력', '처벌']          → [0, 1, 2, 3, 4]
T2. ['음주운전', '역주행', '사건', '집행유예', '처벌']      → [0, 5, 6, 7, 4]
T3. ['음주운전', '사고', '면허', '취소', '규정']            → [0, 1, 8, 9, 10]
```

토큰이 등장하는 순서대로 숫자를 부여하였습니다. 음주운전은 0, 사고는 1의 값을 갖습니다. 하지만 이 방법은 토큰을 숫자로 치환한 것에 불과하므로 토큰의 의미나 토큰 간 유사도를 파악하기 어렵습니다.

• One-Hot Encoding

앞서 토큰에 인덱스를 부여하는 방법에서 조금 더 발전한, One-Hot Encoding이라는 가장 기초적인 임베딩 방법이 있습니다. [그림 5-10]과 같이 토큰을 범주형 변수라고 가정, 변수가 가질 수 있는 범주(카테고리)를 전체 토큰(예시에서는 11개)으로 간주한 것입니다. 통계학에서 가변수(Dummy Variable)와 같은 기법입니다.

		음주운전	사고	가해자	강력	처벌	역주행	사건	집행유예	면허	취소	규정
T1	음주운전	**1**	0	0	0	0	0	0	0	0	0	0
	사고	0	**1**	0	0	0	0	0	0	0	0	0
	가해자	0	0	**1**	0	0	0	0	0	0	0	0
	강력	0	0	0	**1**	0	0	0	0	0	0	0
	처벌	0	0	0	0	**1**	0	0	0	0	0	0
T2	음주운전	**1**	0	0	0	0	0	0	0	0	0	0
	역주행	0	0	0	0	0	**1**	0	0	0	0	0
	사건	0	0	0	0	0	0	**1**	0	0	0	0
	집행유예	0	0	0	0	0	0	0	**1**	0	0	0
	처벌	0	0	0	0	**1**	0	0	0	0	0	0
T3	음주운전	**1**	0	0	0	0	0	0	0	0	0	0
	사고	0	**1**	0	0	0	0	0	0	0	0	0
	면허	0	0	0	0	0	0	0	0	**1**	0	0
	취소	0	0	0	0	0	0	0	0	0	**1**	0
	규정	0	0	0	0	0	0	0	0	0	0	**1**

One-Hot Encoding Vector

[그림 5-10] One-Hot Encoding 예시

하지만 One-Hot Encoding을 이용한 문자 표현은 몇 가지 문제점이 있습니다. 첫 번째, 단어

의 의미와 단어 간 유사성을 반영하지 못합니다. 예시에서 '사고'와 '사건'은 유사한 단어임에도 One-Hot Encoding으로는 이를 파악할 수 없습니다. 두 번째, 변수의 희소성(Sparseness)입니다. One-Hot Encoding 행렬은 전체 단어의 개수만큼 열을 생성하면서 단어에 해당하는 인덱스의 값만 1이고 나머지는 모두 0 값을 갖고 있습니다. 이는 상당한 연산이 요구되지만 대부분은 0이기 때문에 비효율적으로 자원이 사용됩니다. 마지막으로, 글의 양이 많아질수록 단어 수도 많아져 학습의 효율성이 떨어질 뿐만 아니라, 데이터의 차원이 커짐으로써 컴퓨팅 비용이 기하급수적으로 증가합니다. 이러한 문제를 보완하는 새로운 방법이 2013년에 등장하게 됩니다.

• Word2Vec

Word2Vec은 단어의 의미와 유사도를 반영하여 단어를 벡터로 표현하는 방식입니다. 예를 들어, '왕 - 남자 + 여자 = 여왕'을 벡터로 표현하여 연산하는 것입니다. Word2Vec은 어떻게 언어를 벡터로 표현하여 연산할까요? Word2Vec 모델 학습은 '토큰의 의미는 주변 토큰의 정보로 표현된다'고 가정합니다. 즉, 특정 토큰 근처에 있는 토큰들을 비슷한 위치의 벡터로 표현하는 것입니다.

One-Hot Encoding Vector란 One-Hot Encoding에서 토큰 하나에 대한 벡터(행)를 말합니다. [그림 5-11]과 같이 One-Hot Encoding Vector에 가중치 행렬(Weight Matrix)을 곱하여 Word Embedding Vector를 생성할 수 있는데, Word2Vec은 주어진 데이터에 대해 가중치 행렬을 학습합니다. Word2Vec의 결과물은 학습이 완료된 가중치 행렬이며, 각 행은 임베딩된 단어의 벡터(Word Embedding Vector)를 의미합니다. 가중치 행렬의 차원(Dimension)은 사용자가 지정해주어야 하는 값으로, 이 프로젝트에서는 100차원을 지정했습니다. One-Hot Encoding에서 단어를 표현하기 위해 전체 단어의 개수만큼 열을 생성하는 것과 달리 Word2Vec은 현저히 작은 차원으로 단어 표현이 가능한 장점이 있습니다.

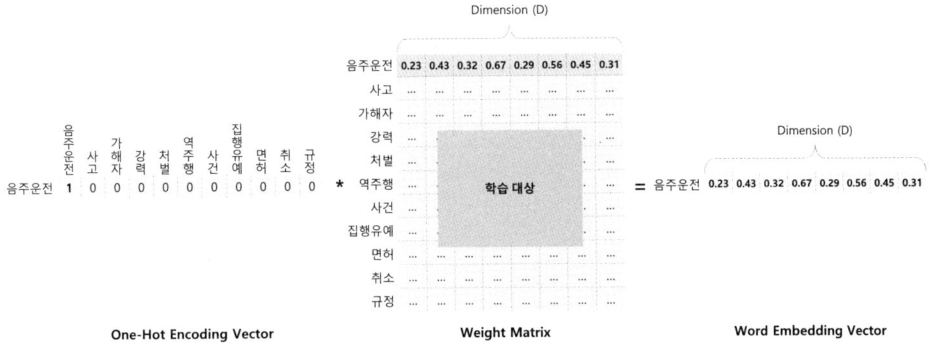

[그림 5-11] Word Embedding Vector 생성 과정

가중치 행렬을 학습하는 과정으로 CBOW와 Skip-Gram이 있으며 두 가지 방법 모두 문장을 윈도우 형태로 일부분만 보는 것을 기본으로 합니다. 중심 토큰의 양옆 토큰을 포함한 윈도우가 이동하면서 중심 토큰과 주변 토큰의 관계를 학습합니다. CBOW의 목적은 윈도우 크기만큼 앞뒤 주변 토큰을 벡터로 변환해 더한 후 중심 토큰을 맞추는 것이고, 반대로 Skip-Gram의 목적은 중심 토큰을 벡터로 변환한 후 윈도우 크기만큼 주변 토큰을 맞추는 것입니다. [그림 5-12]는 '영희는 밥을 먹으러 식당에 갔습니다'라는 문장에서 윈도우 크기가 2일 때 CBOW와 Skip-Gram의 학습 과정을 비교한 그림입니다. 일반적으로 Skip-Gram의 성능이 더 좋다고 알려져 있으므로 Skip-Gram을 활용하여 Word2Vec 임베딩을 진행하겠습니다.

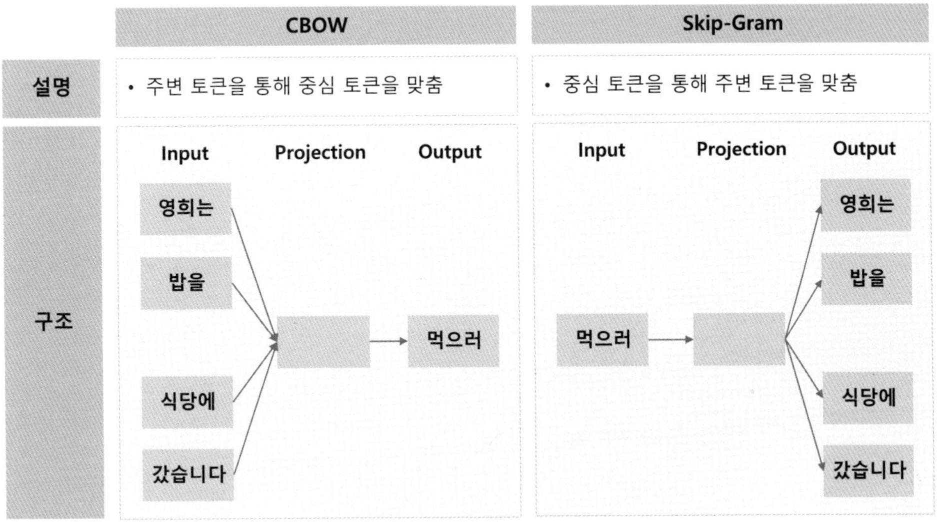

[그림 5-12] CBOW와 Skip-Gram 학습 과정 비교

[단어 임베딩]

```
from gensim.models import Word2Vec                                  # (1)

embedding_model = Word2Vec(df_drop['token_final'],                  # (2)
                           sg = 1,                                  # (3)
                           size = 100,                              # (4)
                           window = 2,                              # (5)
                           min_count = 1,                           # (6)
                           workers = 4                              # (7)
                           )
print(embedding_model)                                              # (8)

# Word2Vec(vocab=43937, size=100, alpha=0.025)

model_result = embedding_model.wv.most_similar("음주운전")            # (9)
print(model_result)

# [('음주', 0.8656878471374512), ('무면허', 0.8152726888656616),
# ('빵소니', 0.8011273145675659), ('살인자', 0.7600499391555786),
# ('살인죄', 0.757340133190155), ('전과자', 0.7466579675674438),
# ('동승', 0.7451672554016113), ('촉법소년', 0.7396708726882935),
# ('운전자', 0.7388774156570435)]
```

(1) `gensim.models`는 Word2Vec, Doc2Vec, FastText, LDA Model 등과 같이 자연어 처리에 사용되는 모델을 지원하는데 그중 Word2Vec을 사용합니다.

(2) 임베딩 벡터를 생성할 대상이 되는 데이터입니다.

(3) Word2Vec의 모델 구조 옵션을 지정합니다. (1: Skip-Gram, 0: CBOW)

(4) 임베딩 벡터의 크기(Dimension)를 지정합니다.

(5) 임베딩 벡터 생성 시 문맥 파악을 위해 고려해야 할 앞, 뒤 토큰 수를 지정합니다.

(6) 전체 토큰에서 일정 횟수 이상 등장하지 않는 토큰은 임베딩 벡터에서 제외합니다.

(7) 실행할 병렬 프로세서의 수를 지정하는 옵션입니다. 보통 4에서 6 사이의 값을 사용합니다.

(8) 임베딩 모델을 출력해보니 총 43,937개의 토큰이 저장되어 있습니다.

(9) 임베딩 모델에서 '음주운전'과 유사한 단어와 벡터 값을 '`model_result`'에 저장합니다.

[임베딩 모델 저장 및 로드]

```
from gensim.models import KeyedVectors                                    # (1)

embedding_model.wv.save_word2vec_format('data/petitions_tokens_w2v') # (2)

loaded_model = KeyedVectors.load_word2vec_format
("data/petitions_tokens_w2v")                                              # (3)

model_result = loaded_model.most_similar("음주운전")                       # (4)
print(model_result)

# [('음주', 0.8656878471374512), ('무면허', 0.8152726888656616),
# ('뺑소니', 0.8011273145675659), ('살인자', 0.7600499391555786),
# ('살인죄', 0.757340133190155), ('전과자', 0.7466579675674438),
# ('동승', 0.7451672554016113), ('촉법소년', 0.7396708726882935),
# ('운전자', 0.7388774156570435)]
```

(1) 임베딩 모델을 불러오기 위한 클래스를 불러옵니다.

(2) 임베딩 모델을 로컬 data 폴더에 'petitions_tokens_w2v'라는 이름으로 저장합니다.

(3) 로컬 data 폴더에 저장되어 있는 임베딩 모델을 불러와 'loaded_model'에 저장합니다.

(4) 임베딩 모델이 이상 없이 로드되었는지 확인하기 위해 '음주운전'과 유사한 단어와 벡터 값이 이전 결과와 같은지 확인합니다.

》5.2.5 실험 설계《

[데이터셋 분할 및 저장]

```
from numpy.random import RandomState

rng = RandomState()

tr = df_drop.sample(frac=0.8, random_state=rng)                    # (1)
val = df_drop.loc[~df_drop.index.isin(tr.index)]                    # (2)

tr.to_csv('data/train.csv', index=False, encoding='utf-8-sig')      # (3)
val.to_csv('data/validation.csv', index=False, encoding='utf-8-sig')
```

데이터를 Train, Validation Set으로 랜덤하게 분할합니다. (1) 전체 데이터의 80%를 Train Set으로 지정하고, (2) 나머지 20%를 Validation Set으로 지정합니다. 통상 전체 데이터를 Train, Validation, Test Set으로 나누지만 이번 프로젝트에서는 데이터가 적기 때문에 Test Set을 생략하고 Train, Validation Set으로 분할합니다. (3) 분할 결과를 data 폴더에 csv 형식으로 저장합니다.

[Field 클래스 정의]

```
import torchtext                                                    # (1)
from torchtext.data import Field                                    # (2)

def tokenizer(text):                                                # (3)
    text = re.sub('[\[\]\']', '', str(text))                        # (4)
    text = text.split(', ')                                         # (5)
    return text

TEXT = Field(tokenize=tokenizer)                                    # (6)
LABEL = Field(sequential = False)                                   # (7)
```

(1) torchtext는 PyTorch에서 텍스트 데이터 처리 기능 및 텍스트 데이터를 제공해 자연어 처리를 지원하는 유용한 라이브러리입니다.

(2) torchtext.data 모듈은 텍스트에 대한 DataLoader, 추상화 기능 및 Iterator를 제공합니다. Field 클래스는 토크나이징 및 단어장 생성 등을 지원합니다.

(3) 토크나이저를 정의합니다. 앞서 전처리 및 토크나이징 부분에서 토크나이징을 완료했으므로 별도의 처리는 요구되지 않습니다.

(4) 다만, Field 클래스에 토큰을 ['토큰1', '토큰2', …] 형태로 입력해주어야 하기 때문에 'token_final'에서 '[', ']', "' 을 제거하여 형태를 변경합니다. 변경하지 않으면 'token_final'의 ['토큰1', '토큰2', …] 자체를 하나의 토큰으로 인식하는 문제가 발생합니다. (token_final: ['토큰1', '토큰2', …] → 변경 후: 토큰1, 토큰2)

(5) 위 문자열을 ', ' 구분자로 분리한 결과를 반환합니다. (분리 전: 토큰1, 토큰2 → Return: ['토큰1', '토큰2', …])

(6) 데이터의 TEXT Field를 설정합니다. TEXT Field는 데이터셋의 'token_final', 즉 딥러닝 모델의 Input에 해당합니다. 모든 옵션은 Default 값을 적용하고, tokenize 옵션만 사전에 정의한 tokenizer 함수로 지정하겠습니다.

- fix_length: Sentence의 길이를 미리 제한하는 옵션
- tokenize: Tokenize를 설정하는 옵션 (Default: string.split( ), 띄어쓰기 기반 토크나이징)
- lower: Sentence 모두 소문자로 만드는 옵션 (Default: True)
- sequential: 순서가 있는 데이터인지 여부 옵션. TEXT는 순서가 있는 데이터임 (Default: True)
- pad_first: fix_length 대비 짧은 문장의 경우 Padding을 해야 하는데 Padding을 앞에서 줄 것인지 여부 옵션 (Default: False)
- pad_token: 위에서 설명한 Padding에 대한 특수 토큰 설정 (Default: "")
- use_vocab: 단어장(Vocab) 객체를 사용할 것인지 여부 옵션 (Default: True)

(7) 데이터의 LABEL Field를 설정합니다. LABEL Field는 데이터셋의 'label', 즉 딥러닝 모델의 Output에 해당합니다. sequential 옵션을 제외한 모든 옵션은 Default 값을 적용합니다. sequential 옵션을 False로 지정하는 이유는 LABEL 데이터는 순서가 불필요한 Yes, No 형식이기 때문입니다.

[데이터 불러오기]

```
from torchtext.data import TabularDataset                              # (1)

train, validation = TabularDataset.splits(                             # (2)
    path = 'data/',
    train = 'train.csv',
    validation = 'validation.csv',
    format = 'csv',
    fields = [('text', TEXT), ('label', LABEL)],
    skip_header = True
)

print("Train:", train[0].text,  train[0].label)
print("Validation:", validation[0].text, validation[0].label)

# Train: ['대법원', '은', '재판', '을', '왜', '미루는', '가', '대법원', '지방',
'법원장', '일때', '파격', '대법원', '임명', '것', '국민', '염원', '사법', '개혁',
'하라', '것', '그동안', '사법', '개혁', '진전', '재판', '판결', '하라'] Yes

# Validation: ['사회', '적', '약자', '를', '향한', '묻', '지', '마', '폭행',
'무기징역', '사형', '등', '엄벌', '에', '처', '할', '수', '있게', '해주세', '요',
'남성', '범죄자', '징역', '년', '검찰', '항소심', '무기징역', '형량', '범죄',
'경력', '죄', '늬우', '재범', '위험', '전자발찌', '재판', '저', '이', '범죄',
'사건', '충격', '사회', '약자', '대상', '범죄', '더', '형량', '어린이', '노인',
'여성', '몸', '작고', '힘', '사람', '이', '사회', '권리', '가지', '누군가',
'사회', '약자', '범죄', '본보기', '최근', '기사', '링크', '공감', '청원'] No
```

(1) TabularDataset 클래스는 파일에서 데이터를 읽어 데이터셋의 생성을 지원합니다.

(2) TabularDataset 클래스의 splits 함수를 이용해 csv 형식의 Train, Validation 데이터를 읽어 TEXT, LABEL 형식을 가진 데이터셋을 생성합니다.

- path: 데이터의 경로를 지정하는 옵션. data 폴더에 데이터를 저장했으므로 'data/' 로 지정합니다.
- train / validation : 각각 Train, Validation Set의 파일 이름을 지정합니다.
- format: csv, tsv, json에 해당하는 데이터 포맷을 지정합니다.
- fields: 앞서 설정한 Field를 지정합니다.
- skip_header: 데이터의 첫 행이 컬럼명인 경우 True로 지정합니다.

[단어장 및 DataLoader 정의]

```
import torch                                                        # (1)
from torchtext.vocab import Vectors                                 # (2)
from torchtext.data import BucketIterator                           # (3)

vectors = Vectors(name="data/petitions_tokens_w2v")                 # (4)

TEXT.build_vocab(train,
                 vectors = vectors, min_freq = 1,max_size = None)   # (5)

LABEL.build_vocab(train)

vocab = TEXT.vocab

device = torch.device("cuda" if torch.cuda.is_available() else "cpu")# (6)

train_iter, validation_iter = BucketIterator.splits(                # (7)
    datasets = (train, validation),
    batch_size = 8,
    device = device,
    sort = False
)

print('임베딩 벡터의 개수와 차원 : {} '.format(TEXT.vocab.vectors.shape))

# 임베딩 벡터의 개수와 차원 : torch.Size([40348, 100])
```

(1) PyTorch의 기본 모듈입니다.

(2) 임베딩 벡터를 생성하기 위한 클래스입니다.

(3) BucketIterator 클래스는 데이터셋에서 배치 사이즈만큼 데이터를 로드하는 Iterator를 지원합니다.

(4) 사전에 훈련된 'petitions_tokens_w2v' 임베딩 벡터를 'vectors'에 저장합니다.

(5) Train 데이터의 단어장(Vocab)을 생성합니다.

- vectors: Pre-Train Vector를 가져와 단어장에 세팅하는 옵션입니다. 만들어진 단어장에서 각 단어의 임베딩 벡터 값을 'petitions_tokens_w2v'에 저장되어 있던 임베딩 벡터 값들로 초기화합니다.

- `min_freq`: 등장 빈도가 일정 수준 이상인 토큰만 허용합니다. 전체 토큰에서 1회라도 등장한 토큰은 포함하도록 1로 지정합니다.
- `max_size`: 전체 Vocab Size에 제한을 둡니다. 전체 토큰을 활용할 예정이기에 `None`으로 지정합니다.

(6) 사용 중인 PC의 장비를 확인하여 GPU를 사용 가능하다면 GPU를, 그렇지 않다면 CPU를 사용하도록 합니다.

(7) `BucketIterator` 클래스의 `splits` 함수를 이용해 Train, Validation Set을 지정한 배치 사이즈만큼 로드하여 각각 Batch Data를 생성합니다.

- `datasets`: 로드한 데이터셋을 지정합니다.
- `batch_size`: 각 Batch Data별 크기를 지정합니다.
- `device`: Batch 생성 장비를 지정합니다.
- `sort`: 전체 데이터 정렬 여부를 선택합니다. (Default: False)

'2.4 단어 임베딩'에서는 Word2Vec을 통해서 컴퓨터가 사람의 언어를 이해할 수 있도록 한글을 숫자로 변환했습니다. '2.5 실험 설계'에서는 전체 데이터를 Train, Validation 데이터로 나누었고, Train 데이터에 대한 임베딩 벡터를 생성했습니다.

이제부터 사람이 단어 간의 논리 구조 이해를 바탕으로 문서를 이해하듯, 컴퓨터 역시 임베딩 벡터를 기반으로 문서를 이해하고 분류할 수 있도록 해야 합니다. 따라서 컴퓨터에게 주어지는 Input은 위에서 생성한 Train 데이터의 임베딩 벡터(`TEXT.vocab.vectors`)이며, 이를 딥러닝 모델이 학습하는 것입니다. 딥러닝 모델로 문서를 분류할 수 있는 방법론 중 하나인 TextCNN을 선정하였습니다.

》5.2.6 TextCNN 모델 설계《

컴퓨터는 어떻게 이미지나 글을 분류할까요? 본래 Convolutional Neural Network(CNN)은 컴퓨터 비전에서 대표적으로 사용되는 딥러닝 모델로, Filter들이 이미지를 스캔하면서 특징을 추출합니다. 예를 들어 [그림 5-13]을 보면, 고양이 사진을 분류하고자 할 때 Filter들이 사진을 스캔하면서 주변과 다른 특징(뾰족한 귀, 세모난 코 등)을 파악하고, 이 특징들을 통해 해당 사진이 고양이임을 학습합니다.

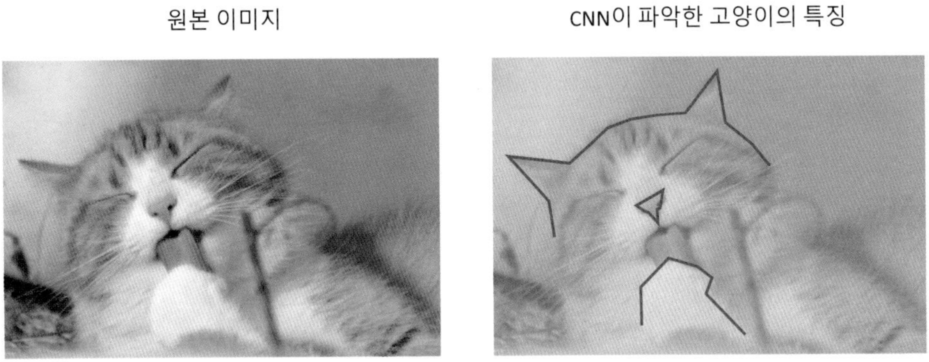

[그림 5-13] 원본 이미지 및 CNN 이미지 비교

파트 2에서 언급한 바와 같이 일반적으로 시계열 요소를 포함한 텍스트 데이터는 LSTM과 같은 RNN 계열 모델을 사용하였습니다. 기존에 대부분의 사람들은 이미지 처리는 CNN, 텍스트 처리는 RNN을 적용한다고 인식하고 있었습니다. 하지만 2014년에 발표된 TextCNN은 이러한 관념을 깨고 텍스트 데이터에 CNN을 적용하였습니다. TextCNN은 Filter가 문장을 스캔하면서 문맥적 의미를 파악하며, 분류 문제에서는 RNN 계열보다 비슷하거나 좋은 성능을 가집니다.

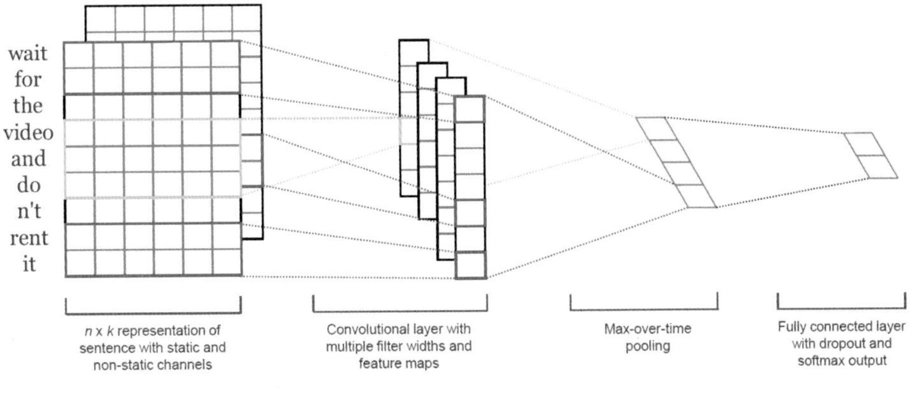

[그림 5-14] TextCNN 구조

[그림 5-14]는 논문에서 제시한 TextCNN 구조로서, 해당 논문에서는 영화 리뷰 데이터를 기반으로 리뷰가 긍정인지 부정인지 분류했습니다. 우선, 문장을 단어 기준으로 나누어 컴퓨터

가 단어를 이해할 수 있도록 텍스트를 벡터 형태로 전환하는 임베딩을 실시합니다. 그다음 Filter가 해당 문장을 스캔하면서 Feature Map(특징을 모아 놓은, Filter를 통과한 결과물)을 생성하고 해당 Feature Map에 가장 큰 값을 추출하는 Max Pooling을 함으로써 한 번 더 크기를 줄입니다. 그리고 최종적으로 해당 문장의 긍정/부정 여부를 분류합니다. 이처럼 TextCNN은 문장의 문맥적 의미를 파악하는 과정에서 정보를 집약해주기 때문에 연산이 빠르다는 장점이 존재합니다. 또, TextCNN은 Graphical Feature를 잘 추출할 수 있다면 텍스트에도 CNN을 적용시킬 수 있음을 보여준 모델로서 딥러닝의 특징인 Graphical Representation Learning이 잘 드러난 모델입니다.

TextCNN을 국민청원 데이터에 적용해보겠습니다.

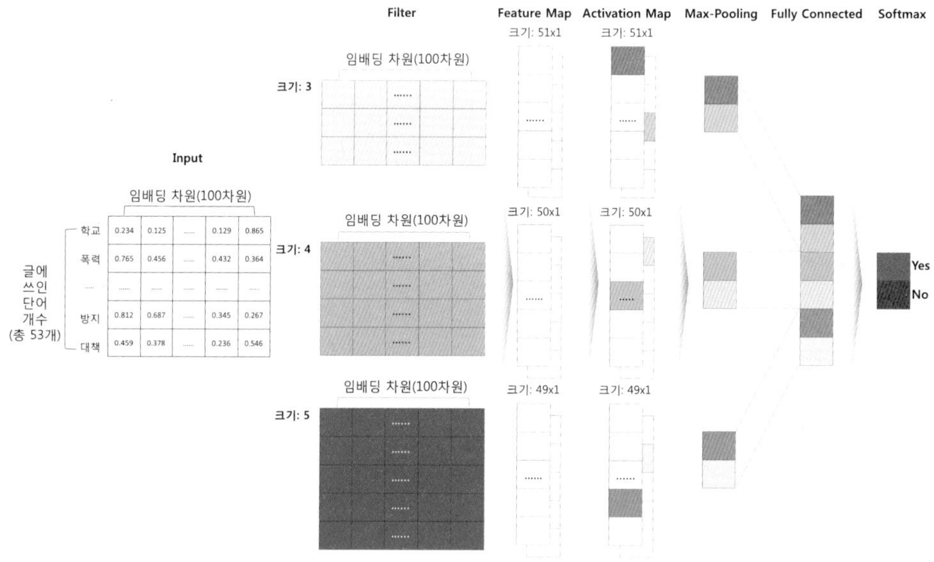

[그림 5-15] 본 프로젝트 TextCNN 구조

[그림 5-15]와 같은 형태로 모델에 Input 데이터가 입력됩니다. Input 데이터를 구체적으로 살펴보면, 행은 해당 청원에 쓰인 단어의 개수이고 열은 임베딩 차원이 됩니다. 예를 들어 학교 폭력 방지 대책을 촉구하는 청원 글이 총 53개의 단어로 구성되어 있을 때, 행이 단어가 되고 열은 각 단어를 100차원으로 임베딩한 값이 됩니다. 그리고 이 데이터는 크기가 각각 3, 4, 5인 Filter를 통과하게 됩니다. 여기서 Filter의 열은 임베딩 차원과 동일합니다. 3, 4, 5 Filter

를 통과하면 각각 51×1, 50×1, 49×1 크기의 Feature Map이 생성되는데, 주의할 점은 Feature Map은 사전에 정의한 채널 수만큼 생성된다는 것입니다. 즉, 10 채널로 지정했다면 51×1, 50×1, 49×1 크기의 Feature Map이 각각 10 채널씩 생성되는 것입니다. Filter를 통과해 생긴 Feature Map의 크기를 구하는 식은 다음과 같습니다 (예: Input 데이터 크기: 53, Filter 크기: 3, 상단 Padding 크기: 0, 하단 Padding 크기: 0, Stride 크기: 1 → Feature Map크기: 51).

$$Feature\ \ Map\ \ 크기 = \frac{Input\ \ 데이터\ \ 크기\ \ - Filter\ \ 크기\ \ + 상단\ \ Padding크기\ \ + 하단\ \ Padding크기}{Stride\ \ 크기} + 1$$

Feature Map은 Activation Function을 거쳐 Activation Map으로 변환됩니다. 이때 51×1, 50×1, 49×1 크기의 Feature Map이 10 채널씩 Activation Map으로 변환되는 것이기에 Activation Map 역시 51×1, 50×1, 49×1 크기로 10 채널씩 생성됩니다. 이후 가장 큰 값을 추출하는 Max Pooling을 통과합니다. [그림 5-15]의 Activation Map에서 색칠이 되어 있는 곳이 가장 큰 값이라고 했을 때 Max Pooling을 통해 색칠된 부분이 선택되는 것입니다. 그리고 Max Pooling 한 결과물이 합쳐져 Fully Connected Layer를 형성, Softmax를 거쳐 최종적으로 청원 참여인원이 1,000명 이상이다(Yes)와 1,000명 미만이다(No)에 대한 분류를 진행합니다.

[TextCNN 모델링]

```
import torch.nn as nn                                                # (1)
import torch.optim as optim                                          # (2)
import torch.nn.functional as F                                      # (3)

class TextCNN(nn.Module):                                            # (4)

    def __init__(self, vocab_built, emb_dim, dim_channel, kernel_wins,
                                                      num_class):   # (5)

        super(TextCNN, self).__init__()                              # (6)

        self.embed = nn.Embedding(len(vocab_built), emb_dim)         # (7)
        self.embed.weight.data.copy_(vocab_built.vectors)            # (8)
```

```
        self.convs = nn.ModuleList([nn.Conv2d(1, dim_channel, (w, emb_dim))
                                                for w in kernel_wins]) # (9)
        self.relu = nn.ReLU()                                          # (10)
        self.dropout = nn.Dropout(0.4)                                 # (11)
        self.fc = nn.Linear(len(kernel_wins)*dim_channel, num_class) # (12)


    def forward(self, x):                                              # (13)

        emb_x = self.embed(x)                                          # (14)
        emb_x = emb_x.unsqueeze(1)                                     # (15)

        con_x = [self.relu(conv(emb_x)) for conv in self.convs]       # (16)

        pool_x = [F.max_pool1d(x.squeeze(-1), x.size()[2])
                                                    for x in con_x]   # (17)

        fc_x = torch.cat(pool_x, dim=1)                                # (18)
        fc_x = fc_x.squeeze(-1)                                        # (19)
        fc_x = self.dropout(fc_x)                                      # (20)

        logit = self.fc(fc_x)                                          # (21)

        return logit
```

(1) 신경망을 쌓기 위한 모듈입니다. 다양한 Layer(Convolutional Layer, Fully Connected Layer, Dropout Layer 등) 및 함수 등을 제공합니다.

(2) 모델 최적화(Optimization) 알고리즘을 제공하는 모듈입니다.

(3) `torch.nn`의 모든 함수가 포함되어 있는 모듈입니다. 다양한 활성 함수, 손실 함수 등 신경망을 만드는 데 쓰이는 함수를 제공합니다.

(4) 딥러닝 모델 관련 기본 함수를 포함하고 있는 `nn.Module` 클래스를 상속받는 `TextCNN` 클래스를 정의합니다.

(5) `TextCNN` 클래스로 생성한 객체를 초기화하는 역할을 합니다(괄호 안 숫자는 코드 상 실제 값).

- `vocab_built` : Train 데이터로 생성한 단어장을 인자로 받습니다.
- `emb_dim` : 임베딩 벡터의 Dimension(크기)을 인자로 받습니다(100).

- dim_channel : Feature Map 이후로 생성되는 채널의 수를 인자로 받습니다(10).
- kernel_wins : Filter의 크기를 리스트 형태로 받습니다([3, 4, 5]).
- num_class : Output의 클래스 개수를 받습니다(2).

(6) nn.Module 내에 있는 메서드를 상속받아 이용합니다.

(7) 임베딩 설정을 위해서 Vocab Size * Embedding Dimension (40348 * 100) 크기의 행렬을 만듭니다.

(8) 앞서 Word2Vec으로 학습한 임베딩 벡터 값들을 가져옵니다.

(9) nn.Conv2d 함수에 임베딩 결과를 전달해 Filter를 생성합니다.

- 1: Input의 채널은 1이므로 1을 입력합니다.
- dim_channel: Output의 채널은 인자로 받은 dim_channel 크기와 같습니다(10).
- w: Filter의 크기입니다. kernel_wins가 [3, 4, 5]이므로 w는 각각 3, 4, 5 값을 갖습니다.
- emb_dim: 임베딩 벡터의 Dimension(크기)입니다(100).

(10) Activation Map을 생성하는 Activation Function인 Relu를 정의합니다.

(11) 오버피팅을 방지하기 위해 일부 Node의 가중 값을 계산하지 않는 Dropout을 적용합니다. 즉, 가중치 행렬에서 랜덤하게 40%에 0을 넣어 연산합니다.

(12) 클래스에 대한 Score를 생성하기 위해 len(kernel_wins)*dim_channel, num_class (3 * 10, 2) 크기의 Fully Connected Layer를 생성합니다.

(13) TextCNN의 Forward Propagation을 정의합니다. 즉, 설계한 모델에 데이터를 입력했을 때 Output을 계산하기까지의 과정을 의미합니다.

(14) 인자로 받은 x의 임베딩 정보를 전달합니다.

(15) unsqueeze(1)을 통해 emb_x의 첫 번째 축(축 1)에 차원을 추가합니다. (Batch Size * 40348 * 100) → (Batch Size * 1 * 40348 * 100) 이유는 2차원의 텍스트 데이터를 모델에 이미지처럼 입력하려면 차원을 추가하여 3차원 형태로 변환해야 하기 때문입니다.

(16) self.convs에는 Filter 세 개([3 * 100, 4 * 100, 5 * 100])가 리스트 형태로 이루어져 있습니다. 리스트의 각 원소에 대한 Output으로 Feature Map을 생성하여, 세 가지 Filter를 각각 통과한 결과인 Feature Map 3개가 con_x에 리스트 형태로 저장됩니다. 이후에 Relu 함수를 통과해 Activation Map을 생성합니다.

(17) Max Pooling을 진행해 리스트 형태로 이루어진 Pooling Layer([dim_channel(10) * 1, dim_channel(10) * 1, dim_channel(10) * 1])를 생성합니다.

(18) Pooling Layer 크기(10) * 1 형태로 이루어진 1차원 Pooling 벡터 세 개를 각각 Concat하

여 하나의 Fully Connected Layer(Pooling Layer 크기(10) * 3)를 생성합니다.

(19) Pooling Layer 크기(10) * 3 형태의 Fully Connected Layer에 차원을 줄여 (30 * 1) 형태인 최종 Fully Connected Layer를 생성합니다.

(20) Fully Connected Layer에 Dropout을 적용합니다.

(21) (30 * 1) 크기의 fc_x를 fc 함수에 통과시켜 (1 * 2) 크기인 Fully Connected Layer의 Propagation Logit 값을 연산합니다.

[모델 학습 함수 정의]

```
def train(model, device, train_itr, optimizer):

    model.train()                                                   # (1)
    corrects, train_loss = 0.0,0                                    # (2)

    for batch in train_itr:

        text, target = batch.text, batch.label                      # (3)
        text = torch.transpose(text, 0, 1)                          # (4)
        target.data.sub_(1)                                         # (5)
        text, target = text.to(device), target.to(device)           # (6)

        optimizer.zero_grad()                                       # (7)
        logit = model(text)                                         # (8)

        loss = F.cross_entropy(logit, target)                       # (9)
        loss.backward()                                             # (10)
        optimizer.step()                                            # (11)

        train_loss += loss.item()                                   # (12)
        result = torch.max(logit,1)[1]                              # (13)
        corrects += (result.view(target.size()).data == target.data).sum()
                                                                    # (14)

    train_loss /= len(train_itr.dataset)                            # (15)
    accuracy = 100.0 * corrects / len(train_itr.dataset)            # (16)

    return train_loss, accuracy                                     # (17)
```

(1) TextCNN 모델을 Train Mode로 변경하여 Parameter를 업데이트 가능하도록 합니다. 바로 위에서 정의한 train 함수와는 다른 의미입니다.

(2) 학습 과정에서 모델이 올바른 클래스로 분류한 경우에 대한 Accuracy와 Loss를 계산하기 위해 'corrects'와 'train_loss'를 0으로 설정합니다.

(3) 미니 배치 단위로 저장되어 있는 텍스트 데이터와 레이블 데이터를 'text', 'target'에 저장합니다.

(4) 연산을 위해 텍스트 데이터를 역행렬로 변환합니다.

(5) target의 각 값을 1씩 줄입니다.

(6) 미니 배치 내에 있는 데이터를 이용해 모델을 학습시키고자 장비에 할당합니다.

(7) 이전 미니 배치에 있는 텍스트 데이터와 레이블 데이터를 바탕으로 계산된 Loss의 Gradient 값이 Optimizer에 할당돼 있으므로 Optimizer의 Gradient 값을 초기화합니다.

(8) 텍스트 데이터를 TextCNN 모델의 Input으로 이용해 Output을 계산합니다.

(9) TextCNN 모델에서 Return 받은 Logit 값에 Softmax 함수를 통과시켜 Yes 혹은 No로 분류합니다. 그리고 예측값과 실제 레이블 데이터를 비교하여 Negative Log Loss 값을 계산합니다. Softmax와 Negative Log Loss 값은 torch.nn.functional 모듈의 cross_entropy 함수로 동시에 연산합니다.

(10) Forward를 통해서 알고 있는 Computational Graph를 거꾸로 올라가며 Loss 값을 가지며, Parameter에 대해 미분하면서 누적된 Gradient를 구합니다.

(11) loss.backward()를 통해 각 Parameter별로 할당된 Gradient 값을 이용해 Parameter 값을 업데이트합니다.

(12) 현재 진행 중인 미니 배치에서의 loss 값을 'train_loss'에 누적하여 더합니다.

(13) 인덱스별로 계산된 logit 값에서 더 큰 확률을 가진 클래스를 저장합니다.

(14) TextCNN 모델의 예측값과 레이블 데이터를 비교해 맞으면 corrects에 더해 올바르게 예측한 횟수를 저장합니다.

(15) 현재까지 계산된 train_loss 값을 train_itr 내에 있는 미니 배치 개수만큼 나눠 train_itr의 평균 Loss 값을 계산합니다.

(16) train_itr 데이터 중 얼마나 맞혔는지 정확도를 계산합니다.

(17) 계산된 Loss 값과 Accuracy 값을 반환합니다.

[모델 평가 함수 정의]

```
def evaluate(model, device, itr):

    model.eval()
    corrects, test_loss = 0.0, 0

    for batch in itr:

        text = batch.text
        target = batch.label
        text = torch.transpose(text, 0, 1)
        target.data.sub_(1)
        text, target = text.to(device), target.to(device)

        logit = model(text)
        loss = F.cross_entropy(logit, target)

        test_loss += loss.item()
        result = torch.max(logit,1)[1]
        corrects += (result.view(target.size()).data == target.data).sum()

    test_loss /= len(itr.dataset)
    accuracy = 100.0 * corrects / len(itr.dataset)

    return test_loss, accuracy
```

학습 과정 중에 모델 성능을 확인하는 함수를 정의합니다. 해당 코드는 Train 코드와 동일하므로 설명은 Train 코드의 설명으로 대신합니다.

[모델 학습 및 성능 확인]

```
model = TextCNN(vocab, 100, 10, [3, 4, 5], 2).to(device)
print(model)

device = torch.device("cuda" if torch.cuda.is_available() else "cpu")

optimizer = optim.Adam(model.parameters(), lr=0.001)                # (1)

best_test_acc = -1

for epoch in range(1, 3+1):

    tr_loss, tr_acc = train(model, device, train_iter, optimizer)    # (2)

    print('Train Epoch: {} \t Loss: {} \t Accuracy: {}%'.format(epoch,
                                          tr_loss, tr_acc))         # (3)

    val_loss, val_acc = evaluate(model, device, validation_iter)     # (4)

    print('Valid Epoch: {} \t Loss: {} \t Accuracy: {}%'.format(epoch,
                                               val_loss, val_acc))

    if val_acc > best_test_acc:
        best_test_acc = val_acc

        print("model saves at {} accuracy".format(best_test_acc))
        torch.save(model.state_dict(), "TextCNN_Best_Validation")

    print('------------------------------------------------------------')


# TextCNN(                                                          # (5)
#   (embed): Embedding(40348, 100)
#   (convs): ModuleList(
#     (0): Conv2d(1, 10, kernel_size=(3, 100), stride=(1, 1))
#     (1): Conv2d(1, 10, kernel_size=(4, 100), stride=(1, 1))
#     (2): Conv2d(1, 10, kernel_size=(5, 100), stride=(1, 1))
# )
#   (relu): ReLU()
#   (dropout): Dropout(p=0.4, inplace=False)
```

```
#   (fc): Linear(in_features=30, out_features=2, bias=True)
# )
# Train Epoch: 1        Loss: 0.0820874        Accuracy: 61.091%
# Valid Epoch: 1        Loss: 0.0756631        Accuracy: 67.096%
# model saves at 67.096 accuracy
# ----------------------------------------------------------------
# Train Epoch: 2        Loss: 0.0760160        Accuracy: 67.800%
# Valid Epoch: 2        Loss: 0.0772647        Accuracy: 67.325%
# model saves at 67.325 accuracy
# ----------------------------------------------------------------
# Train Epoch: 3        Loss: 0.0674595        Accuracy: 73.383%
# Valid Epoch: 3        Loss: 0.0748101        Accuracy: 69.072%
# model saves at 69.072 accuracy
# ----------------------------------------------------------------
```

(1) Back Propagation을 통해 Parameter를 업데이트할 때 이용하는 Optimizer를 정의합니다. Adam 알고리즘을 사용하며 Parameter 업데이트 시 Learning Rate를 0.001로 지정합니다.

(2) 정의한 Train 함수를 실행합니다. 모델은 TextCNN, 학습 데이터는 train_iter, Optimizer는 Adam으로 설정합니다.

(3) 각 Epoch별로 출력되는 Loss 값과 Accuracy 값을 출력합니다.

(4) 정의한 Evaluate 함수를 실행합니다. 모델은 TextCNN, 학습 데이터는 validation_iter로 설정하여 모델이 Train 데이터를 잘 학습하고 있는지 확인합니다.

(5) TextCNN 모델을 실행한 결과, 3 Epoch의 학습을 수행하여 Validation Set 기준 Accuracy 69.1%를 기록하였습니다.

• TextCNN 모델 실행 결과

다음은 TextCNN의 결과로, 실제로는 청원 참여인원이 1,000명 미만으로 낮은 참여율을 보이지만 TextCNN을 통해 참여인원이 1,000명 이상 될 것으로 분류된 청원 중 3가지 사연을 선정한 것입니다.

1

청원 제목: 발달장애 학생을 위한 지원 대책 마련을 촉구합니다.

참여인원: 940

청원 내용: 최근 발달장애 학생과 보호자가 스스로 목숨을 끊는 안타까운 사건이 발생했습니다. 최근 코로나19로 인해 발달장애인을 포함한 보호자의 돌봄이 필요한 장애인 가정의 돌봄 부담이 더욱 가중되고 있습니다. 코로나19가 장기화되고 있는 상황에서 발달장애 학생과 보호자의 죽음은 개인적 차원의 죽음이 아닙니다. 피해 상황이 비가시화되어 있는 발달장애인과 가족들 누구나 어려운 상황을 끝내 견디지 못해 이 같은 비극을 맞을 수 있습니다. 이전부터 대부분의 발달장애 학생들은 외부 활동을 하지 못하고 보호자의 도움을 받으며 집 안에 갇혀 지내고 있었습니다. 보호자들은 학생들의 돌봄을 위해 맞벌이를 할 수도 없고 학생의 행동을 일거수일투족 관찰하고 보살피고 있습니다. 발달장애 학생에 대한 대응책을 속히 마련할 것을 촉구합니다.

2

청원 제목: 보육교사 인원 충원이 시급합니다.

참여인원: 928

청원 내용: 현재의 비합리적인 보육 시스템에 대한 개선이 필요합니다. 현재 선생님과 아이들의 비율은 1:15입니다. 즉, 선생님 1명이 갓 만 3살이 넘은 아이 15명을 돌보는 것입니다. 스스로 밥을 먹거나 대소변을 해결하기 어렵고, 심지어 말이 트이지 않아 말을 못 하는 아이들도 있습니다. 친구들과의 싸움이 원만히 해결되기보다 몸이 먼저 나가기 때문에 위험한 상황이 자주 연출되기도 합니다. 이렇게 선생님의 손이 필요한 아이들을 1:15 비율로 돌본다는 것이 과연 가능한 일입니까? 반드시 담임교사를 충원하여 교사가 질 높은 보육을 제공할 수 있도록 장려해야 합니다. 출산가정에 현금을 지원하는 것보다 안전한 보육환경을 조성해 주는 것이야말로 진정한 복지, 출산 장려가 아닐까 싶습니다.

3

청원 제목: 건설 현장 노동자들의 안전을 보장해 주십시오.

참여인원: 276

청원 내용: 올해는 전태일 열사의 50주기입니다. 뉴스와 인터넷에서 떠들썩하지만 대한민국은 50년 동안 얼마나 많은 변화가 있었나요? 저희 큰엄마는 건설 현장에서 돌아가셨습니다. 지금 이 순간에도 산재 사건들이 발생하고 있습니다. 원청이나 하청업체들은 노동자의 죽음 앞에서 안전 장비를 다 하고도, 안전 수칙을 다 지켰음에도 발생한 예기치 못한 사고였다고 주장합니다. 하지만 안전 장비보다 더한 공사 현장의 독촉이나 시간 압박이 존재했다면, 이 역시 안전장비의 문제로 볼 수 있을까요? 가령 작업의 속도, 인건비의 축소 등 이익 추구가 갑의 우선순위가 되면 을은 안전 장비만으로는 절대 자신의 안전을 보장받을 수 없습니다. 그러므로 건설 현장, 작업장 등의 허가 혹은 감독 시 시간적 여유가 보장되는지, 안전 장비나 안전 교육이 확보되었는지 확인해야 합니다. 모든 가정에서 일하러 나간 가족이 영영 돌아오지 못하는 일이 다시는 일어나지 않도록 꼭 도움 부탁드립니다.

5.3 결론

이 프로젝트는 자연어 처리의 기초 프로젝트로 전처리, 토크나이징, 임베딩 및 딥러닝 모델 선정 등 전 부분에서 가장 기초가 되는 기법들을 적용했습니다. 따라서 프로젝트의 각 단계에 발전된 기법을 적용한다면 모델의 성능 향상이 가능합니다. 예를 들어 다음과 같은 항목들을 보완할 수 있습니다.

- **데이터 확보**

2020년 이전 시점의 국민청원 크롤링을 통하여 추가적인 데이터를 확보할 수 있습니다. 프로젝트에서는 2020년 12개월 치의 청원 글을 이용하여 분석했지만, 데이터의 양을 늘린다면 더욱 질 높은 분석 결과를 얻을 수 있을 것입니다.

- **토크나이저 및 토크나이징 단위 변경**

토크나이저로 Okt를 사용하여 청원 제목은 형태소 단위로, 청원 내용은 명사 단위로 토크나이징하였습니다. Okt가 아닌 다른 토크나이저를 사용한다면 다른 형태의 토크나이징 결과를 얻을 수 있습니다. 또한, 토크나이징 단위도 변경할 수 있습니다. 예를 들어, 청원 내용을 형태소 단위로 토크나이징한 후, Term Frequency - Inverse Document Frequency(TF-IDF) 기법을 적용하여 모든 글에서 흔하게 등장하는 토큰들을 제거하는 등의 전처리를 통하여 성능 향상이 가능할 것입니다.

- **임베딩 모델 업그레이드**

데이터를 더 많이 확보하고 그에 대한 임베딩을 실시하면 임베딩 모델의 성능이 더욱 개선될 수 있습니다. 뿐만 아니라, TextCNN의 논문에서는 Pre-Train 모델을 사용하여 성능을 높였다고 합니다. 마찬가지로 한국어에 특화되어 있는 Kobert 등을 활용해 Pre-Train 모델로 사용한다면 모델의 성능 향상을 기대할 수 있습니다.

• 딥러닝 모델 변경

문서를 분류할 수 있는 딥러닝 모델 중 하나인 TextCNN을 선정하였습니다. TextCNN뿐만 아니라, RNN, LSTM, GRU 등과 같은 다양한 텍스트 분석 모델을 적용할 수 있습니다.

국민청원 분류하기 프로젝트는 다음과 같이 확장이 가능합니다.

• 수집한 데이터의 추가적인 활용

하나의 국민청원 글에서 청원 제목, 참여인원, 카테고리, 청원시작일, 청원마감일, 청원 내용 총 6개 항목을 크롤링했습니다. 하지만 실제로 사용한 것은 청원 제목, 참여인원, 청원 내용 총 3가지입니다. 따라서 미사용 항목인 카테고리, 청원시작일, 청원마감일을 추가로 활용할 수 있습니다.

• 주제 확장

국민청원 글을 활용해 참여인원 분류뿐 아니라 다양한 주제로도 확장할 수 있습니다.

1. 월별로 가장 많이 등장한 단어들을 추출하여 국민청원 기반 월별 이슈를 작성할 수 있습니다.
2. 분류 대상을 카테고리로 변경하여 카테고리 분류를 할 수 있습니다.
3. 유사한 청원들을 그룹화해 해당 청원의 총 참여인원이 몇 명이 될지 분석이 가능합니다. 예를 들어 미세먼지와 관련된 비슷한 청원 3개가 각각 10만 명, 6만 명, 4만 명 참여인원을 기록했다면, 이 세 개 글은 그룹화되었을 때 20만 명의 동의를 얻을 수 있다는 정보입니다.
4. 작성자가 글을 작성할 때, 해당 글과 기존에 작성된 청원 글과의 유사도를 구해 가장 유사한 청원을 추천하는 추천 시스템을 구현할 수 있습니다.
5. 다양한 청원 중에는 국민청원보다 국민신문고, 지자체 민원 등 다른 기관을 이용하는 편이 더 효율적인 사연들이 있습니다. 따라서 이러한 청원이 등록되었을 때, 청원 내용에 따른 적합한 기관에 대한 가이드를 제공할 수 있습니다.

본 프로젝트의 아이디어, 방법론 및 결과는 청와대에 제안 발표된 이력이 있습니다. [그림 5-16]의 QR 코드에 발표 자료가 공유되어 있습니다.

[그림 5-16] 발표 자료 링크

URL : www.datamarket.kr/xe/index.php?mid=board_pdzw77&page=2&document_srl=50368

PART 6

실제 사진 애니메이션으로 만들기

앞서 우리는 이미지 분류와 텍스트 분류 문제를 다루어보았습니다. 이번에는 GAN을 활용하여 실제 사진을 애니메이션으로 바꾸는 프로젝트에 대해 살펴보도록 하겠습니다. 실제 사진을 애니메이션으로 바꾸는 것과 같이 이미지를 특정 스타일로 변환하는 작업을 Image to Image Translation이라고 합니다. 파트 2에서 언급한 Style Transfer의 일종이라고 볼 수 있습니다. 이 기술을 활용하면, 컬러 영상에 대한 흑백 영상처럼 쌍으로 이루어진 데이터가 있다면 우리는 흑백 영상으로부터 컬러 영상으로 변환하는 함수를 학습하여 Image to Image Translation을 수행할 수 있습니다.

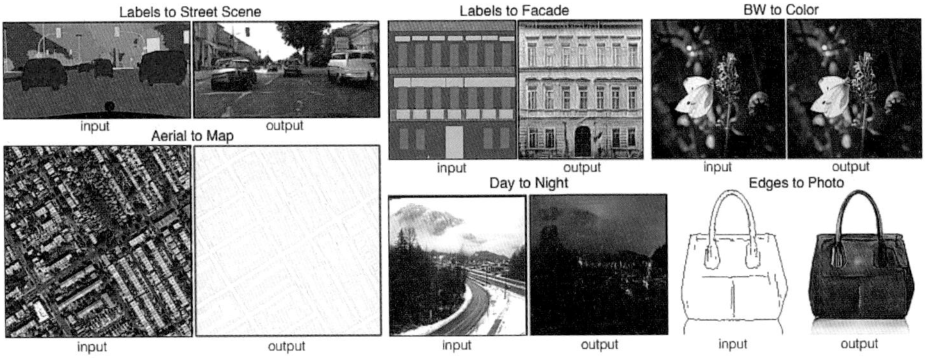

[그림 6-1] Pix2Pix로 만든 여러 가지 스타일 변환

[그림 6-1]의 예시처럼 쌍으로 이루어진 데이터가 있다면 다양한 Image to Image Translation이 가능합니다. RGB 픽셀 마스크로부터 실제 거리의 풍경, 마스크로부터 실제 건물 사진, 흑백 사진의 색 복원 등 마법 같은 일들을 할 수 있습니다. 이 중 대표적인 모델은 Pix2Pix이며 이 모델을 시작으로 혁신적인 Image to Image Translation 연구가 시작되었습니다. 하지만 안타깝게도 우리가 변환하고 싶은 이미지의 스타일 변환이나 Image to Image Translation에는 쌍을 이루는 데이터의 예시가 거의 존재하지 않습니다. 쌍 데이터를 설명하기 위해서 예시를 들어보겠습니다. 낮 사진은 밤 사진으로, 밤 사진은 낮 사진으로 바꾸는 작업에서 쌍으로 주어진 데이터는 같은 장소에 대하여 낮과 밤의 사진이 둘 다 있어야 함을 의미합니다. 서울에서의 낮, 밤 풍경사진, 여수에서의 낮과 밤의 풍경사진이 장소마다 있어야 합니다. 하지만 CycleGAN의 경우 다른 장소에서 사진을 찍더라도 낮과 밤 사진이 있기만 하면 낮과 밤의 스타일 변환이 가능합니다.

Unpaired Image-to-Image Translation using Cycle-Consistent Adversarial Networks, CycleGAN은 쌍이 맞지 않는 데이터로도 학습이 가능합니다. 그럼에도 아주 그럴듯한 Image to Image Translation 성능을 보입니다. Cycle은 스타일 A에서 스타일 B로 단방향으로 변환하는 것이 아닌 양방향으로 변환하는 것을 학습함을 의미합니다. 우리는 Pix2Pix에서 사용하던 데이터셋으로부터 CycleGAN으로 실제 사진과 애니메이션같이 데이터 간의 쌍이 존재하지 않더라도 서로의 스타일을 변환하는 모델을 만들 수 있습니다.

[그림 6-2] CycleGAN으로 만든 스타일 변환 예시

CycleGAN은 데이터의 쌍이 맞지 않아도 서로의 스타일 변환을 학습할 수 있습니다. CycleGAN 데이터셋의 대표적인 예는 모네의 그림과 실제 사진 사이의 스타일 변환입니다. 모네가 그린 그림과 실제 사진 데이터는 대표적인 쌍이 맞지 않는 데이터입니다. 모네가 모든 실제 사진을 보고 그리거나 모네가 그린 모든 사진의 풍경을 찾는 것은 불가능합니다. [그림 6-2]를 보시면 모네의 그림에서 실제 사진, 실제 사진에서 모네의 그림으로 변환한 결과가 매우 그럴듯합니다. 얼룩말의 이미지와 말의 이미지의 변환 역시 CycleGAN을 이용한 아주 유명한 결과의 예시입니다. 얼룩말과 말의 자세가 완벽히 일치하면서 무늬만 다른 데이터를 찾을 수는 없습니다. 하지만 CycleGAN을 활용하여 얼룩말은 말로, 말은 얼룩말로 완벽히 변신한 것을 확인할 수 있습니다.

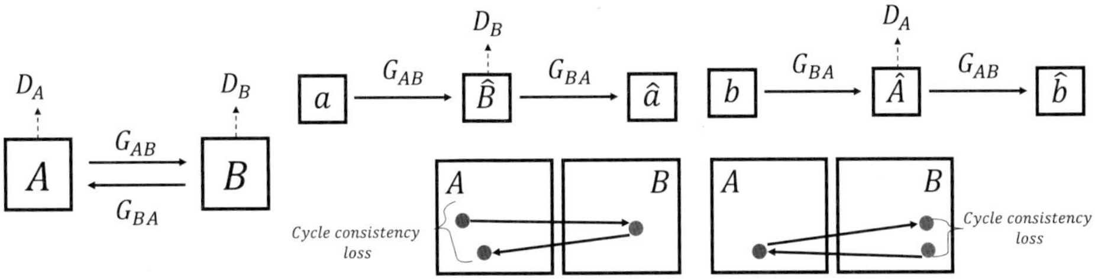

[그림 6-3] CycleGAN의 구조

변환할 스타일 A와 변환하고 싶은 스타일 B가 있다고 가정합니다. [그림 6-2]를 예를 들면 스타일 A는 모네의 그림, 스타일 B는 실제 풍경 사진이라고 할 수 있습니다. 스타일 A에서 B로 변환하는 Generator 함수 G_{AB}와 스타일 B에서 A로 변환하는 Generator 함수 G_{BA}가 있습니다. 그리고 Generator G_{AB}, G_{BA}로부터 생성된 이미지가 진짜인지 가짜인지 판별하는 Discriminator D_A, D_B가 있습니다. CycleGAN 구조에서 스타일 A를 가진 진짜 이미지 a를 Generator G_{AB}를 통해 가짜 이미지 $\hat{B}$를 생성합니다. 가짜 이미지 $\hat{B}$와 스타일 B를 가진 진짜 이미지 b를 이용해 Discriminator D_B는 입력 이미지가 진짜인지 가짜인지 구분하도록 학습합니다. 그 후 가짜 이미지 $\hat{B}$를 Generator G_{BA}를 통해 다시 스타일 A를 가진 이미지 $\hat{a}$를 재생성 후 이미지 $\hat{a}$가 a와 비슷하도록 Generator를 학습합니다. $\hat{a}$와 a가 가지는 손실 함수를 Cycle Consistency Loss라고 합니다. 이는 스타일 B를 가진 진짜 이미지 b에 대하여 똑같이 동작하기 때문에 CycleGAN은 2개의 Cycle Consistency Loss를 가집니다. 논문에서는 실제 이미지 a로부터 구한 Cycle Consistency Loss를 Forward Cycle-Consistency Loss라고 하며 실제 이미지 b로부터 구한 Cycle Consistency Loss를 Backward Cycle-Consistency Loss라고 합니다.

$$\mathcal{L}(G_{AB}, G_{BA}, D_A, D_B)$$
$$= \mathcal{L}_{GAN}(G_{AB}, D_B\ , A, B) + \mathcal{L}_{GAN}(G_{BA}\ , D_A, B, A)$$
$$+\lambda\mathcal{L}_{cyc}(G_{AB}, G_{BA}\ ),$$

위의 수식은 CycleGAN의 목적함수를 나타냅니다. λ는 HyperParameter로 임의로 지정 가능한 값입니다. 그럼 위 수식을 하나씩 살펴보도록 하겠습니다.

$$\mathcal{L}_{GAN}(G_{AB}, D_B\ , A, B)$$
$$= \mathbb{E}_{b\sim p_{data}(b)}[logD_B(b)]$$
$$+\mathbb{E}_{a\sim p_{data}(a)}[log(1 - D_B(G_{AB}(a))]$$

Adversarial Loss로 우리는 Generator G는 진짜 같은 이미지를 만들도록 학습시키고, Discriminator D는 생성한 이미지가 진짜인지 가짜인지 잘 구분하도록 학습합니다. 학습과정에서 한 번은 생성자의 가중치를 고정하여 Discriminator가 구분을 잘하도록 학습시키고, 한 번은 Discriminator의 가중치를 고정하여 Generator가 이미지를 잘 생성하도록 각 네트워크가 번갈아가며 학습합니다. 앞선 수식의 목적함수에서 알 수 있듯이 스타일 A와 스타일 B 모두에서 각각 Adversarial Loss를 최적화하여 두 Generator 모두 진짜 같은 이미지를 만들도록 학습합니다.

$$\mathcal{L}_{cyc}(G_{AB}, G_{BA})$$
$$= \mathbb{E}_{a\sim p_{data}(a)}\left[\left|\left|G_{BA}\left(G_{AB}(a)\right) - a\right|\right|_1\right]$$
$$+\mathbb{E}_{b\sim p_{data}(b)}[||G_{AB}(G_{BA}(b)) - b||_1]$$

하지만 Adversarial Loss만으로는 변환한 이미지의 스타일이 우리가 원하는 스타일인지는 알 수 없습니다. 우리는 Cycle-Consistency Loss를 정의하여 가짜 이미지로부터 재생성한 이미지가 원본 이미지와 같아지도록 Generator를 학습시켜 원하는 스타일을 생성하도록 합니다. Cycle-Consistency Loss는 재생성한 이미지와 원본 이미지 간의 L1 Loss를 사용합니다. 왜냐하면 L1 Loss가 몇 개의 돋보이는 특징들을 제외한 나머지 특징들을 무시하여 스타일의 특징적인 부분만 학습하는 효과를 가져오기 때문입니다. 마지막으로 CycleGAN에서 중요한 Identity Loss가 추가됩니다. 입력 이미지의 색감이나 형태들을 보존하는 역할을 합니다. [그림 6-4]를 통해 그 차이를 확인할 수 있습니다.

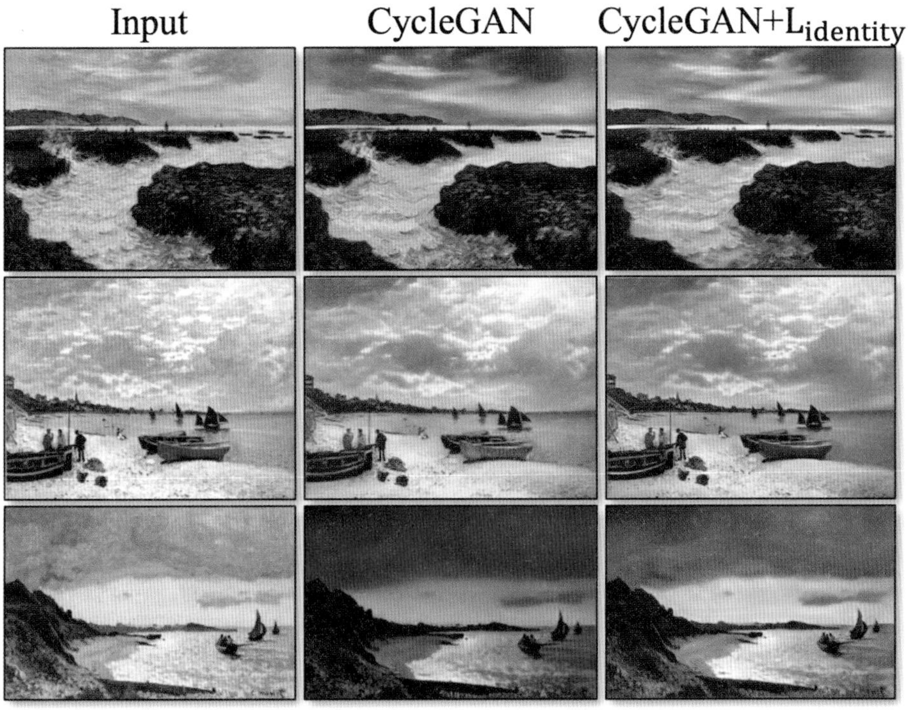

[그림 6-4] CycleGAN에서 Identity Loss가 있을 때와 없을 때의 차이

6.1 프로젝트 소개

이번 파트에서 다룰 프로젝트는 사람의 얼굴 사진에 만화 스타일을 적용하여 애니메이션 사진을 생성하는 프로젝트입니다. 이를 통해 Snow 등의 앱에서 제공하는 애니메이션 필터를 직접 제작해볼 수 있습니다. 실제 사람 사진과, 만화가가 그린 실제 사람 그림은 쌍으로 존재

하지 않으므로 CycleGAN이 기본 모델로 적합합니다.

• 데이터셋

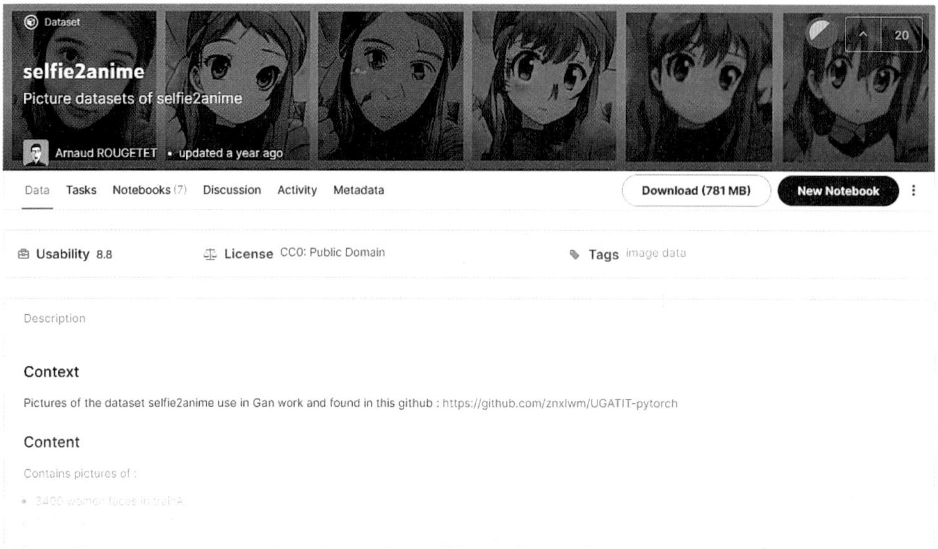

[그림 6-5] Kaggle에서 제공하는 Selfie2anime 데이터셋

데이터는 [그림 6-5]에 보이는 것처럼 Kaggle에 있는 Selfie2anime 데이터셋을 이용합니다. 사람의 실사 얼굴 사진과 애니메이션 캐릭터들의 이미지가 각각의 폴더에 나뉘어 있습니다. 학습용으로 사람의 실제 얼굴 이미지 3,400장, 애니메이션 이미지 3,400장과 평가용으로 사람의 실제 얼굴 이미지 100장, 애니메이션 이미지 100장을 제공합니다. Download 버튼을 눌러서 전체 데이터를 다운받을 수 있습니다.

• 결과물

[그림 6-6]은 이번 프로젝트에서 학습시킨 모델이 생성한 애니메이션 필터의 예시입니다. TV에서 보던 캐릭터처럼 이미지가 잘 생성된 것을 확인할 수 있습니다.

[그림 6-6] 프로젝트에서 생성한 애니메이션 사진

6.2 프로젝트 파헤치기

이번 프로젝트를 통해 CycleGAN 코드로부터 직접 이미지 변환 모델을 학습시켜볼 수 있습니다. 사람의 실제 사진을 애니메이션으로 바꾸는 프로젝트가 아니더라도, 스타일 변환이 필요한 프로젝트라면 폴더 내의 데이터를 변경하는 것만으로도 재미있는 프로젝트를 진행할 수 있습니다. 본 서적에서 작성한 CycleGAN 코드는 https://github.com/eriklindernoren/PyTorch-GAN/tree/master/implementations/cyclegan의 코드를 주피터 노트북 형태로 수정한 것입니다.

》6.2.1 전처리 및 데이터 클래스 정의《

캐글에서 다운받은 데이터 폴더가 주피터 노트북과 한 폴더 안에 있으면 수월하게 프로젝트를 따라 할 수 있습니다.

[Library Import]

```
import glob
import random
import os
from torch.utils.data import Dataset, DataLoader
from PIL import Image
import torchvision.transforms as transforms
import sys
import torch.nn as nn
import torch.nn.functional as F
import torch
import os
import numpy as np
import math
import itertools
import datetime
import time
from torchvision.utils import save_image, make_grid
from torchvision import datasets
from torch.autograd import Variable
```

[흑백 이미지를 RGB 이미지로 바꾸는 함수]

아래 보이는 to_rgb 함수는 PIL의 Image 모듈을 이용해 인자로 받은 흑백 이미지를 RGB로 바꿔서 반환합니다.

```
def to_rgb(image):
    rgb_image = Image.new("RGB", image.size)
    rgb_image.paste(image)
    return rgb_image
```

[사용자 정의 데이터셋 클래스 정의]

```
class ImageDataset(Dataset):
    def __init__(self, root, transforms_=None, unaligned=False,
         mode="train"):
        self.transform = transforms.Compose(transforms_)
        self.unaligned = unaligned
        # (1)
        if mode=="train":
            # (2)
            self.files_A = sorted(glob.glob(os.path.join(root, "trainA")
              + "/*.*"))
            self.files_B = sorted(glob.glob(os.path.join(root, "trainB")
              + "/*.*"))
        else:
            self.files_A = sorted(glob.glob(os.path.join(root, "testA")
              + "/*.*"))
            self.files_B = sorted(glob.glob(os.path.join(root, "testB")
              + "/*.*"))
    def __getitem__(self, index):
        # (3)
        image_A = Image.open(self.files_A[index % len(self.files_A)])
        # (4)
        if self.unaligned:
            image_B = Image.open(self.files_B[random.randint(0, len
(self.files_B) - 1)])
        else:
            image_B = Image.open(self.files_B[index % len(self.files_B)])
        # (5)
        if image_A.mode != "RGB":
            image_A = to_rgb(image_A)
        if image_B.mode != "RGB":
            image_B = to_rgb(image_B)
        # (6)
        item_A = self.transform(image_A)
        item_B = self.transform(image_B)
        return {"A": item_A, "B": item_B}
    def __len__(self):
        return max(len(self.files_A), len(self.files_B))
```

(1) Train 모드일 때는 trainA, trainB 폴더에서 각각 실제 사진과 애니메이션 이미지를 가져오

고, Test 모드일 때는 testA, testB 폴더에서 이미지를 가져옵니다.

(2) glob 모듈을 이용하여 self.files_A, self.files_B에 이미지의 목록을 리스트로 만들어줍니다. *.*은 폴더 내부의 모든 파일을 의미합니다.

(3) Index 값으로 self.files_A 리스트에 있는 이미지 중 하나를 PIL의 Image로 불러옵니다.

(4) unaligned 변수로 학습할 쌍을 무작위로 고를지 고정시킬지를 정할 수 있습니다.

(5) 불러온 이미지가 흑백이라면 RGB 이미지로 변환합니다.

(6) 불러온 PIL 이미지를 우리가 인자로 받은 transform 함수를 적용하여 torch의 tensor 자료형으로 바꿉니다.

정의한 데이터셋으로 Loader를 이용해서 배치 사이즈만큼 이미지를 불러올 수 있습니다.

》6.2.2 Generator 구현《

Generator는 이미지를 입력받아 다른 스타일의 이미지를 생성하는 역할을 합니다.

[가중치 초기화 함수]

```
def weights_init_normal(m):
    classname = m.__class__.__name__
    if classname.find("Conv") != -1:
        torch.nn.init.normal_(m.weight.data, 0.0, 0.02)
        if hasattr(m, "bias") and m.bias is not None:
            torch.nn.init.constant_(m.bias.data, 0.0)
    elif classname.find("BatchNorm2d") != -1:
        torch.nn.init.normal_(m.weight.data, 1.0, 0.02)
        torch.nn.init.constant_(m.bias.data, 0.0)
```

torch에서 제공하는 layer의 종류에 따라 가중치 초기화를 다르게 하고자 weights_init_normal 함수를 사용합니다. __class__로 layer의 이름을 얻은 후에 각 종류에 맞게 가중치를 초기화합니다.

[Residual block 구현]

Generator를 구현하기 위해서는 내부에 들어갈 layer인 Residual Block을 구현해야 합니다. Residual Block은 이전 Layer와 현재 layer의 출력값을 더해서 Forward 하기 때문에 모델이 깊어짐에 따라 생기는 기울기 소실 문제를 해결합니다. 더하기 연산으로는 기울기가 작아지지 않고 그대로 Back Propagation이 일어나기 때문입니다.

```
class ResidualBlock(nn.Module):
    def __init__(self, in_features):
        super(ResidualBlock, self).__init__()
        self.block = nn.Sequential(
            nn.ReflectionPad2d(1),                              # (1)
            nn.Conv2d(in_features, in_features, 3),
            nn.InstanceNorm2d(in_features),                     # (2)
            nn.ReLU(inplace=True),
            nn.ReflectionPad2d(1),
            nn.Conv2d(in_features, in_features, 3),
            nn.InstanceNorm2d(in_features),
        )
    def forward(self, x):
        return x + self.block(x)                                # (3)
```

(1) Reflection padding은 점대칭 방식으로 가장 가까운 픽셀로부터 값을 복사해옵니다. Zero Padding처럼 값 지정이 아닌 더욱 자연스러운 이미지 생성을 위해 사용합니다.

(2) Instance Normalization은 데이터 개별로 정규화를 진행합니다. 정규화는 데이터 값의 범위를 비슷하게 조정하는 과정을 말합니다. 배치 정규화는 데이터의 배치 단위로 평균과 분산을 구하여 학습의 안정성을 높이지만, Instance Normalization은 이미지에 특화된 정규화 과정으로, 이미지를 개별로 정규화합니다.

(3) Residual Block에서 이전 Layer의 출력값을 더하기 위해서는 입력 Feature의 개수와 출력 Feature가 같아야 합니다. Generator의 Residual Block이 늘어날수록 더 많은 계층적인 정보를 바탕으로 더욱 그럴듯한 이미지를 생성할 수 있습니다.

[Generator 구현]

이제 Generator를 구현할 수 있습니다. 입력 이미지를 다운 샘플링한 후 여러 개의 Residual Block를 통과시킨 후에 Upsampling하는 것으로 스타일을 변환하는 Generator를 구현합니다.

```
class GeneratorResNet(nn.Module):
    def __init__(self, input_shape, num_residual_blocks):
        super(GeneratorResNet, self).__init__()
        channels = input_shape[0]
        # (1)
        out_features = 64
        model = [
            nn.ReflectionPad2d(channels),
            nn.Conv2d(channels, out_features, 7),
            nn.InstanceNorm2d(out_features),
            nn.ReLU(inplace=True),
        ]
        in_features = out_features
        # (2)
        for _ in range(2):
            out_features *= 2
            model += [
                nn.Conv2d(in_features, out_features, 3, stride=2, padding=1),
                nn.InstanceNorm2d(out_features),
                nn.ReLU(inplace=True),
            ]
            in_features = out_features
        # (3)
        for _ in range(num_residual_blocks):
            model += [ResidualBlock(out_features)]
        # (4)
        for _ in range(2):
            out_features //= 2
            model += [
                nn.Upsample(scale_factor=2),
                nn.Conv2d(in_features, out_features, 3, stride=1, padding=1),
                nn.InstanceNorm2d(out_features),
                nn.ReLU(inplace=True),
            ]
            in_features = out_features
```

```
        # (5)
        model += [nn.ReflectionPad2d(channels), nn.Conv2d(out_features,
channels, 7), nn.Tanh()]
        self.model = nn.Sequential(*model)
    def forward(self, x):
        return self.model(x)
```

(1) 초기 Convolution block를 선언합니다.

(2) Downsampling을 2번 진행합니다. stride=2이므로 이미지의 크기가 반씩 줄어듭니다.

(3) num_residual_blocks만큼 residual block을 만들어줍니다.

(4) nn.Upsample을 2번 진행하여 다시 이미지의 크기를 2배씩 늘립니다.

(5) 출력 layer를 선언합니다. 출력 이미지는 입력 이미지와 크기가 똑같습니다. 마지막 층의 활성 함수는 nn.Tanh()를 사용합니다.

》6.2.3 Discriminator 구현《

Discriminator는 입력받은 이미지가 실제 이미지인지 생성된 이미지인지를 분류하는 역할을 합니다. CycleGAN의 Discriminator는 PatchGAN의 Discriminator를 기반으로 정사각형 사이즈의 이미지 패치 영역에 대하여 생성된 이미지가 진짜인지 가짜인지 판단합니다. PatchGAN의 Discriminator의 구조로 생성된 전체 이미지의 영역을 분할하여 진짜 혹은 가짜 여부를 판단할 수 있습니다. 만약에 이미지의 영역을 분할하지 않는다면 Generator는 우리가 학습하려는 스타일의 변환이 아닌 엉뚱한 특징으로 Discriminator를 속입니다. 이를 방지하기 위해 PatchGAN의 Discriminator는 각각의 패치 영역을 따로 판단하여 우리가 원하는 스타일의 변환을 학습할 수 있습니다. 또한 전체 이미지가 아닌 작은 이미지 패치에 대하여 연산을 수행하므로 Parameter의 개수가 작아지고 속도가 더 빠릅니다.

[Discriminator 구현]

```
class Discriminator(nn.Module):
    def __init__(self, input_shape):
        super(Discriminator, self).__init__()
        channels, height, width = input_shape
        # (1)
        self.output_shape = (1, height // 2 ** 4, width // 2 ** 4)
        def discriminator_block(in_filters, out_filters, normalize=True):
        # (2)
            layers = [nn.Conv2d(in_filters, out_filters, 4, stride=2,
                                                                    padding=1)]
            if normalize:
                layers.append(nn.InstanceNorm2d(out_filters))
            layers.append(nn.LeakyReLU(0.2, inplace=True))
            return layers
        # (3)
        self.model = nn.Sequential(
            *discriminator_block(channels, 64, normalize=False),
            *discriminator_block(64, 128),
            *discriminator_block(128, 256),
            *discriminator_block(256, 512),
            nn.ZeroPad2d((1, 0, 1, 0)),
            nn.Conv2d(512, 1, 4, padding=1)
        )
    def forward(self, img):
        return self.model(img)
```

(1) Discriminator의 출력 크기를 정의합니다. PatchGAN의 Discriminator는 출력이 0 또는 1의 값이 아닌 입력 이미지의 1/16인 이진화된 Feature Map이 나옵니다. 만약 이미지의 크기가 256×256이라면 PatchGAN의 Discriminator의 출력 이미지의 크기는 16×16 입니다.

(2) discriminator_block은 stride=2로 점점 Downsampling하면서 출력 이미지의 크기를 줄입니다.

(3) 이미지의 크기가 256×256일 때 discriminator_block을 4번 통과하면 한 번 통과할 때마다 크기가 반으로 줄어들므로 출력 이미지의 크기는 16×16이 됩니다.

》6.2.4 모델 학습《

다음은 구현한 Generator와 Discriminator로 Cycle 모델을 학습하는 과정에 대하여 설명하겠습니다. HyperParameter를 설정합니다.

[HyperParameter지정]

```
dataset_name="selfie2anime"
channels = 3
img_height = 256
img_width = 256
n_residual_blocks=9
lr=0.0002
b1=0.5
b2=0.999
n_epochs=200
init_epoch=0
decay_epoch=100
lambda_cyc=10.0
lambda_id=5.0
n_cpu=8
batch_size=1
sample_interval=100
checkpoint_interval=5
```

- **dataset_name** : 학습 및 테스트 데이터가 들어 있는 폴더 혹은 폴더의 이름을 의미합니다.
- **channels** : 이미지의 채널을 의미하며 흑백일 때는 1, RGB 이미지일 때는 3입니다.
- **img_height, img_width** : 이미지의 가로, 세로의 크기를 뜻합니다.
- **n_residual_blocks** : Generator에서의 Residual Block의 개수를 의미합니다.
- **lr** : 모델에 대한 Learning Rate입니다.
- **b1, b2** : Adam Optimizer에 대한 HyperParameter입니다.
- **lambda_cyc, lambda_id** : Cycle-consistency Loss와 Identity Loss에 대한 람다값을 의미합니다. lambda_id가 클수록 본래의 색감을 유지하려는 성질이 있습니다.

[샘플 이미지와 모델 가중치를 저장할 폴더 생성]

학습하는 동안 생성할 샘플 이미지와 학습시킬 모델을 저장할 폴더를 생성합니다. exist_ok를 True로 지정하면 같은 이름의 폴더가 있어도 오류가 나지 않습니다.

```
os.makedirs("images/%s" % dataset_name, exist_ok=True)
os.makedirs("saved_models/%s" % dataset_name, exist_ok=True)
```

[손실 함수 정의하기]

손실 함수를 정의합니다. GAN Loss는 MSELoss를 사용하고 Cycle-consistency Loss와 Identity Loss는 nn.L1Loss를 사용합니다.

```
# Losses
criterion_GAN = torch.nn.MSELoss()
criterion_cycle = torch.nn.L1Loss()
criterion_identity = torch.nn.L1Loss()
```

[모델 객체 선언하기]

다음은 스타일을 변환하기 위한 Generator와 Discriminator를 선언합니다. 스타일 A에서 스타일 B로 변환하는 Generator G_AB, 스타일 B에서 스타일 A로 변환하는 Generator G_BA, 그리고 생성한 스타일 A, B가 진짜인지 가짜인지 판별할 네트워크 D_A, D_B를 선언합니다.

```
input_shape = (channels, img_height, img_width)
# Initialize generator and discriminator
G_AB = GeneratorResNet(input_shape, n_residual_blocks)
G_BA = GeneratorResNet(input_shape, n_residual_blocks)
D_A = Discriminator(input_shape)
D_B = Discriminator(input_shape)
```

각 모델을 출력하면 결괏값은 다음과 같습니다.

```
print(G_AB)

# GeneratorResNet(
#   (model): Sequential(
#     (0): ReflectionPad2d((3, 3, 3, 3))
#     (1): Conv2d(3, 64, kernel_size=(7, 7), stride=(1, 1))
#     (2): InstanceNorm2d(64, eps=1e-05, momentum=0.1, affine=False,
track_running_stats=False)
#     (3): ReLU(inplace=True)
#     (4): Conv2d(64, 128, kernel_size=(3, 3), stride=(2, 2), padding=(1, 1))
#     (5): InstanceNorm2d(128, eps=1e-05, momentum=0.1, affine=False,
track_running_stats=False)
#     (6): ReLU(inplace=True)
#     (7): Conv2d(128, 256, kernel_size=(3, 3), stride=(2, 2), padding=(1, 1))
#     (8): InstanceNorm2d(256, eps=1e-05, momentum=0.1, affine=False,
track_running_stats=False)
#     (9): ReLU(inplace=True)
#     (10): ResidualBlock(
#       (block): Sequential(
#         (0): ReflectionPad2d((1, 1, 1, 1))
#         (1): Conv2d(256, 256, kernel_size=(3, 3), stride=(1, 1))
#         (2): InstanceNorm2d(256, eps=1e-05, momentum=0.1, affine=False,
track_running_stats=False)
#         (3): ReLU(inplace=True)
#         (4): ReflectionPad2d((1, 1, 1, 1))
#         (5): Conv2d(256, 256, kernel_size=(3, 3), stride=(1, 1))
#         (6): InstanceNorm2d(256, eps=1e-05, momentum=0.1, affine=False,
track_running_stats=False)
#       )
#     )
#     (11): ResidualBlock(
#       (block): Sequential(
#         (0): ReflectionPad2d((1, 1, 1, 1))
#         (1): Conv2d(256, 256, kernel_size=(3, 3), stride=(1, 1))
#         (2): InstanceNorm2d(256, eps=1e-05, momentum=0.1, affine=False,
track_running_stats=False)
#         (3): ReLU(inplace=True)
#         (4): ReflectionPad2d((1, 1, 1, 1))
#         (5): Conv2d(256, 256, kernel_size=(3, 3), stride=(1, 1))
#         (6): InstanceNorm2d(256, eps=1e-05, momentum=0.1, affine=False,
track_running_stats=False)
```

```
#       )
#     )
#     (12): ResidualBlock(
#       (block): Sequential(
#         (0): ReflectionPad2d((1, 1, 1, 1))
#         (1): Conv2d(256, 256, kernel_size=(3, 3), stride=(1, 1))
#         (2): InstanceNorm2d(256, eps=1e-05, momentum=0.1, affine=False,
track_running_stats=False)
#         (3): ReLU(inplace=True)
#         (4): ReflectionPad2d((1, 1, 1, 1))
#         (5): Conv2d(256, 256, kernel_size=(3, 3), stride=(1, 1))
#         (6): InstanceNorm2d(256, eps=1e-05, momentum=0.1, affine=False,
track_running_stats=False)
#       )
#     )
#     (13): ResidualBlock(
#       (block): Sequential(
#         (0): ReflectionPad2d((1, 1, 1, 1))
#         (1): Conv2d(256, 256, kernel_size=(3, 3), stride=(1, 1))
#         (2): InstanceNorm2d(256, eps=1e-05, momentum=0.1, affine=False,
track_running_stats=False)
#         (3): ReLU(inplace=True)
#         (4): ReflectionPad2d((1, 1, 1, 1))
#         (5): Conv2d(256, 256, kernel_size=(3, 3), stride=(1, 1))
#         (6): InstanceNorm2d(256, eps=1e-05, momentum=0.1, affine=False,
track_running_stats=False)
#       )
#     )
#     (14): ResidualBlock(
#       (block): Sequential(
#         (0): ReflectionPad2d((1, 1, 1, 1))
#         (1): Conv2d(256, 256, kernel_size=(3, 3), stride=(1, 1))
#         (2): InstanceNorm2d(256, eps=1e-05, momentum=0.1, affine=False,
track_running_stats=False)
#         (3): ReLU(inplace=True)
#         (4): ReflectionPad2d((1, 1, 1, 1))
#         (5): Conv2d(256, 256, kernel_size=(3, 3), stride=(1, 1))
#         (6): InstanceNorm2d(256, eps=1e-05, momentum=0.1, affine=False,
track_running_stats=False)
#       )
#     )
```

```
#     (15): ResidualBlock(
#       (block): Sequential(
#         (0): ReflectionPad2d((1, 1, 1, 1))
#         (1): Conv2d(256, 256, kernel_size=(3, 3), stride=(1, 1))
#         (2): InstanceNorm2d(256, eps=1e-05, momentum=0.1, affine=False,
track_running_stats=False)
#         (3): ReLU(inplace=True)
#         (4): ReflectionPad2d((1, 1, 1, 1))
#         (5): Conv2d(256, 256, kernel_size=(3, 3), stride=(1, 1))
#         (6): InstanceNorm2d(256, eps=1e-05, momentum=0.1, affine=False,
track_running_stats=False)
#       )
#     )
#     (16): ResidualBlock(
#       (block): Sequential(
#         (0): ReflectionPad2d((1, 1, 1, 1))
#         (1): Conv2d(256, 256, kernel_size=(3, 3), stride=(1, 1))
#         (2): InstanceNorm2d(256, eps=1e-05, momentum=0.1, affine=False,
track_running_stats=False)
#         (3): ReLU(inplace=True)
#         (4): ReflectionPad2d((1, 1, 1, 1))
#         (5): Conv2d(256, 256, kernel_size=(3, 3), stride=(1, 1))
#         (6): InstanceNorm2d(256, eps=1e-05, momentum=0.1, affine=False,
track_running_stats=False)
#       )
#     )
#     (17): ResidualBlock(
#       (block): Sequential(
#         (0): ReflectionPad2d((1, 1, 1, 1))
#         (1): Conv2d(256, 256, kernel_size=(3, 3), stride=(1, 1))
#         (2): InstanceNorm2d(256, eps=1e-05, momentum=0.1, affine=False,
track_running_stats=False)
#         (3): ReLU(inplace=True)
#         (4): ReflectionPad2d((1, 1, 1, 1))
#         (5): Conv2d(256, 256, kernel_size=(3, 3), stride=(1, 1))
#         (6): InstanceNorm2d(256, eps=1e-05, momentum=0.1, affine=False,
track_running_stats=False)
#       )
#     )
#     (18): ResidualBlock(
#       (block): Sequential(
```

```
#         (0): ReflectionPad2d((1, 1, 1, 1))
#         (1): Conv2d(256, 256, kernel_size=(3, 3), stride=(1, 1))
#         (2): InstanceNorm2d(256, eps=1e-05, momentum=0.1, affine=False,
track_running_stats=False)
#         (3): ReLU(inplace=True)
#         (4): ReflectionPad2d((1, 1, 1, 1))
#         (5): Conv2d(256, 256, kernel_size=(3, 3), stride=(1, 1))
#         (6): InstanceNorm2d(256, eps=1e-05, momentum=0.1, affine=False,
track_running_stats=False)
#       )
#     )
#     (19): Upsample(scale_factor=2.0, mode=nearest)
#     (20): Conv2d(256, 128, kernel_size=(3, 3), stride=(1, 1), padding=(1, 1))
#     (21): InstanceNorm2d(128, eps=1e-05, momentum=0.1, affine=False,
track_running_stats=False)
#     (22): ReLU(inplace=True)
#     (23): Upsample(scale_factor=2.0, mode=nearest)
#     (24): Conv2d(128, 64, kernel_size=(3, 3), stride=(1, 1), padding=(1, 1))
#     (25): InstanceNorm2d(64, eps=1e-05, momentum=0.1, affine=False,
track_running_stats=False)
#     (26): ReLU(inplace=True)
#     (27): ReflectionPad2d((3, 3, 3, 3))
#     (28): Conv2d(64, 3, kernel_size=(7, 7), stride=(1, 1))
#     (29): Tanh()
#   )
# )
```

```
print(G_BA)
# GeneratorResNet(
#   (model): Sequential(
#     (0): ReflectionPad2d((3, 3, 3, 3))
#     (1): Conv2d(3, 64, kernel_size=(7, 7), stride=(1, 1))
#     (2): InstanceNorm2d(64, eps=1e-05, momentum=0.1, affine=False,
track_running_stats=False)
#     (3): ReLU(inplace=True)
#     (4): Conv2d(64, 128, kernel_size=(3, 3), stride=(2, 2), padding=(1, 1))
#     (5): InstanceNorm2d(128, eps=1e-05, momentum=0.1, affine=False,
track_running_stats=False)
#     (6): ReLU(inplace=True)
```

```
#     (7): Conv2d(128, 256, kernel_size=(3, 3), stride=(2, 2), padding=(1, 1))
#     (8): InstanceNorm2d(256, eps=1e-05, momentum=0.1, affine=False,
track_running_stats=False)
#     (9): ReLU(inplace=True)
#     (10): ResidualBlock(
#       (block): Sequential(
#         (0): ReflectionPad2d((1, 1, 1, 1))
#         (1): Conv2d(256, 256, kernel_size=(3, 3), stride=(1, 1))
#         (2): InstanceNorm2d(256, eps=1e-05, momentum=0.1, affine=False,
track_running_stats=False)
#         (3): ReLU(inplace=True)
#         (4): ReflectionPad2d((1, 1, 1, 1))
#         (5): Conv2d(256, 256, kernel_size=(3, 3), stride=(1, 1))
#         (6): InstanceNorm2d(256, eps=1e-05, momentum=0.1, affine=False,
track_running_stats=False)
#       )
#     )
#     (11): ResidualBlock(
#       (block): Sequential(
#         (0): ReflectionPad2d((1, 1, 1, 1))
#         (1): Conv2d(256, 256, kernel_size=(3, 3), stride=(1, 1))
#         (2): InstanceNorm2d(256, eps=1e-05, momentum=0.1, affine=False,
track_running_stats=False)
#         (3): ReLU(inplace=True)
#         (4): ReflectionPad2d((1, 1, 1, 1))
#         (5): Conv2d(256, 256, kernel_size=(3, 3), stride=(1, 1))
#         (6): InstanceNorm2d(256, eps=1e-05, momentum=0.1, affine=False,
track_running_stats=False)
#       )
#     )
#     (12): ResidualBlock(
#       (block): Sequential(
#         (0): ReflectionPad2d((1, 1, 1, 1))
#         (1): Conv2d(256, 256, kernel_size=(3, 3), stride=(1, 1))
#         (2): InstanceNorm2d(256, eps=1e-05, momentum=0.1, affine=False,
track_running_stats=False)
#         (3): ReLU(inplace=True)
#         (4): ReflectionPad2d((1, 1, 1, 1))
#         (5): Conv2d(256, 256, kernel_size=(3, 3), stride=(1, 1))
#         (6): InstanceNorm2d(256, eps=1e-05, momentum=0.1, affine=False,
track_running_stats=False)
```

```
#       )
#     )
#     (13): ResidualBlock(
#       (block): Sequential(
#         (0): ReflectionPad2d((1, 1, 1, 1))
#         (1): Conv2d(256, 256, kernel_size=(3, 3), stride=(1, 1))
#         (2): InstanceNorm2d(256, eps=1e-05, momentum=0.1, affine=False,
track_running_stats=False)
#         (3): ReLU(inplace=True)
#         (4): ReflectionPad2d((1, 1, 1, 1))
#         (5): Conv2d(256, 256, kernel_size=(3, 3), stride=(1, 1))
#         (6): InstanceNorm2d(256, eps=1e-05, momentum=0.1, affine=False,
track_running_stats=False)
#       )
#     )
#     (14): ResidualBlock(
#       (block): Sequential(
#         (0): ReflectionPad2d((1, 1, 1, 1))
#         (1): Conv2d(256, 256, kernel_size=(3, 3), stride=(1, 1))
#         (2): InstanceNorm2d(256, eps=1e-05, momentum=0.1, affine=False,
track_running_stats=False)
#         (3): ReLU(inplace=True)
#         (4): ReflectionPad2d((1, 1, 1, 1))
#         (5): Conv2d(256, 256, kernel_size=(3, 3), stride=(1, 1))
#         (6): InstanceNorm2d(256, eps=1e-05, momentum=0.1, affine=False,
track_running_stats=False)
#       )
#     )
#     (15): ResidualBlock(
#       (block): Sequential(
#         (0): ReflectionPad2d((1, 1, 1, 1))
#         (1): Conv2d(256, 256, kernel_size=(3, 3), stride=(1, 1))
#         (2): InstanceNorm2d(256, eps=1e-05, momentum=0.1, affine=False,
track_running_stats=False)
#         (3): ReLU(inplace=True)
#         (4): ReflectionPad2d((1, 1, 1, 1))
#         (5): Conv2d(256, 256, kernel_size=(3, 3), stride=(1, 1))
#         (6): InstanceNorm2d(256, eps=1e-05, momentum=0.1, affine=False,
track_running_stats=False)
#       )
#     )
```

```
#    (16): ResidualBlock(
#      (block): Sequential(
#        (0): ReflectionPad2d((1, 1, 1, 1))
#        (1): Conv2d(256, 256, kernel_size=(3, 3), stride=(1, 1))
#        (2): InstanceNorm2d(256, eps=1e-05, momentum=0.1, affine=False,
track_running_stats=False)
#        (3): ReLU(inplace=True)
#        (4): ReflectionPad2d((1, 1, 1, 1))
#        (5): Conv2d(256, 256, kernel_size=(3, 3), stride=(1, 1))
#        (6): InstanceNorm2d(256, eps=1e-05, momentum=0.1, affine=False,
track_running_stats=False)
#      )
#    )
#    (17): ResidualBlock(
#      (block): Sequential(
#        (0): ReflectionPad2d((1, 1, 1, 1))
#        (1): Conv2d(256, 256, kernel_size=(3, 3), stride=(1, 1))
#        (2): InstanceNorm2d(256, eps=1e-05, momentum=0.1, affine=False,
track_running_stats=False)
#        (3): ReLU(inplace=True)
#        (4): ReflectionPad2d((1, 1, 1, 1))
#        (5): Conv2d(256, 256, kernel_size=(3, 3), stride=(1, 1))
#        (6): InstanceNorm2d(256, eps=1e-05, momentum=0.1, affine=False,
track_running_stats=False)
#      )
#    )
#    (18): ResidualBlock(
#      (block): Sequential(
#        (0): ReflectionPad2d((1, 1, 1, 1))
#        (1): Conv2d(256, 256, kernel_size=(3, 3), stride=(1, 1))
#        (2): InstanceNorm2d(256, eps=1e-05, momentum=0.1, affine=False,
track_running_stats=False)
#        (3): ReLU(inplace=True)
#        (4): ReflectionPad2d((1, 1, 1, 1))
#        (5): Conv2d(256, 256, kernel_size=(3, 3), stride=(1, 1))
#        (6): InstanceNorm2d(256, eps=1e-05, momentum=0.1, affine=False,
track_running_stats=False)
#      )
#    )
#    (19): Upsample(scale_factor=2.0, mode=nearest)
#    (20): Conv2d(256, 128, kernel_size=(3, 3), stride=(1, 1), padding=(1, 1))
```

```
#     (21): InstanceNorm2d(128, eps=1e-05, momentum=0.1, affine=False,
track_running_stats=False)
#     (22): ReLU(inplace=True)
#     (23): Upsample(scale_factor=2.0, mode=nearest)
#     (24): Conv2d(128, 64, kernel_size=(3, 3), stride=(1, 1), padding=(1, 1))
#     (25): InstanceNorm2d(64, eps=1e-05, momentum=0.1, affine=False,
track_running_stats=False)
#     (26): ReLU(inplace=True)
#     (27): ReflectionPad2d((3, 3, 3, 3))
#     (28): Conv2d(64, 3, kernel_size=(7, 7), stride=(1, 1))
#     (29): Tanh()
#   )
# )
```

```
print(D_A)
# Discriminator(
#   (model): Sequential(
#     (0): Conv2d(3, 64, kernel_size=(4, 4), stride=(2, 2), padding=(1, 1))
#     (1): LeakyReLU(negative_slope=0.2, inplace=True)
#     (2): Conv2d(64, 128, kernel_size=(4, 4), stride=(2, 2), padding=(1, 1))
#     (3): InstanceNorm2d(128, eps=1e-05, momentum=0.1, affine=False,
track_running_stats=False)
#     (4): LeakyReLU(negative_slope=0.2, inplace=True)
#     (5): Conv2d(128, 256, kernel_size=(4, 4), stride=(2, 2), padding=(1, 1))
#     (6): InstanceNorm2d(256, eps=1e-05, momentum=0.1, affine=False,
track_running_stats=False)
#     (7): LeakyReLU(negative_slope=0.2, inplace=True)
#     (8): Conv2d(256, 512, kernel_size=(4, 4), stride=(2, 2), padding=(1, 1))
#     (9): InstanceNorm2d(512, eps=1e-05, momentum=0.1, affine=False,
track_running_stats=False)
#     (10): LeakyReLU(negative_slope=0.2, inplace=True)
#     (11): ZeroPad2d(padding=(1, 0, 1, 0), value=0.0)
#     (12): Conv2d(512, 1, kernel_size=(4, 4), stride=(1, 1), padding=(1, 1))
#   )
# )
```

```
print(D_B)
# Discriminator(
#   (model): Sequential(
#     (0): Conv2d(3, 64, kernel_size=(4, 4), stride=(2, 2), padding=(1, 1))
#     (1): LeakyReLU(negative_slope=0.2, inplace=True)
#     (2): Conv2d(64, 128, kernel_size=(4, 4), stride=(2, 2), padding=(1, 1))
#     (3): InstanceNorm2d(128, eps=1e-05, momentum=0.1, affine=False,
track_running_stats=False)
#     (4): LeakyReLU(negative_slope=0.2, inplace=True)
#     (5): Conv2d(128, 256, kernel_size=(4, 4), stride=(2, 2), padding=(1, 1))
#     (6): InstanceNorm2d(256, eps=1e-05, momentum=0.1, affine=False,
track_running_stats=False)
#     (7): LeakyReLU(negative_slope=0.2, inplace=True)
#     (8): Conv2d(256, 512, kernel_size=(4, 4), stride=(2, 2), padding=(1, 1))
#     (9): InstanceNorm2d(512, eps=1e-05, momentum=0.1, affine=False,
track_running_stats=False)
#     (10): LeakyReLU(negative_slope=0.2, inplace=True)
#     (11): ZeroPad2d(padding=(1, 0, 1, 0), value=0.0)
#     (12): Conv2d(512, 1, kernel_size=(4, 4), stride=(1, 1), padding=(1, 1))
#   )
# )
```

[GPU에 로드하기]

torch.cuda.is_availabile( ) 함수로 GPU 연산이 가능한지 확인합니다. 가능하다면 True, 아니라면 False를 반환합니다. True일 경우 정의한 Generator와 Discriminator, 그리고 손실 함수를 .cuda( ) 함수로 GPU에 로드합니다.

```
cuda = torch.cuda.is_available()
if cuda:
    G_AB = G_AB.cuda()
    G_BA = G_BA.cuda()
    D_A = D_A.cuda()
    D_B = D_B.cuda()
    criterion_GAN.cuda()
    criterion_cycle.cuda()
    criterion_identity.cuda()
```

[가중치 초기화]

앞서 선언한 weights_init_normal 함수로 Generator와 Discriminator의 가중치를 초기화합니다. apply 함수로 각 네트워크에 있는 모든 layer에 가중치 초기화를 적용할 수 있습니다.

```
G_AB.apply(weights_init_normal)
G_BA.apply(weights_init_normal)
D_A.apply(weights_init_normal)
D_B.apply(weights_init_normal)
```

[Optimizer 정의]

Optimizer를 정의합니다. Generator와 Discriminator는 Adam을 사용하며, 앞서 정의한 HyperParameter lr, b1, b2로 Optimizer를 정의합니다. itertools.chain을 이용하면 Optimizer가 여러 모델의 Parameter를 하나의 모델을 다루는 것처럼 동작합니다.

```
optimizer_G = torch.optim.Adam(
    itertools.chain(G_AB.parameters(), G_BA.parameters()), lr=lr,
    betas=(b1, b2)
)
optimizer_D_A = torch.optim.Adam(D_A.parameters(), lr=lr, betas=(b1, b2))
optimizer_D_B = torch.optim.Adam(D_B.parameters(), lr=lr, betas=(b1, b2))
```

[학습 스케줄러]

LambdaLR 클래스를 정의합니다. Learning Rate를 Decay할 Epoch을 정할 수 있습니다.

```
class LambdaLR:
    def __init__(self, n_epochs, offset, decay_start_epoch):
        assert (n_epochs - decay_start_epoch) > 0,
         "Decay must start before the training session ends!"
        self.n_epochs = n_epochs
        self.offset = offset
        self.decay_start_epoch = decay_start_epoch
    def step(self, epoch):
```

```
        return 1.0 - max(0, epoch + self.offset - self.decay_start_epoch) /
        (self.n_epochs - self.decay_start_epoch)
```

그다음 Learning Rate Scheduler를 정의합니다.

```
lr_scheduler_G = torch.optim.lr_scheduler.LambdaLR(
    optimizer_G, lr_lambda=LambdaLR(n_epochs, init_epoch, decay_epoch).step
)
lr_scheduler_D_A = torch.optim.lr_scheduler.LambdaLR(
    optimizer_D_A, lr_lambda=LambdaLR(n_epochs, init_epoch, decay_epoch).step
)
lr_scheduler_D_B = torch.optim.lr_scheduler.LambdaLR(
    optimizer_D_B, lr_lambda=LambdaLR(n_epochs, init_epoch, decay_epoch).step
)
```

Tensor 연산에 사용할 Tensor 자료형을 정의합니다.

```
Tensor = torch.cuda.FloatTensor if cuda else torch.Tensor
```

[ReplayBuffer]

Torch 변수가 requires_grad=True로 지정되어 있다면 매 연산마다 Gradient를 저장하므로 CycleGAN의 학습을 위해서는 ReplayBuffer 클래스를 통해 이미지를 따로 저장해야 합니다.

```
class ReplayBuffer:
    def __init__(self, max_size=50):
        assert max_size > 0, "Empty buffer or trying to create a black hole.
                                                            Be careful."
        self.max_size = max_size
        self.data = []
    def push_and_pop(self, data):
        to_return = []
        for element in data.data:
            element = torch.unsqueeze(element, 0)
            if len(self.data) < self.max_size:
                self.data.append(element)
```

```
                to_return.append(element)
            else:
                if random.uniform(0, 1) > 0.5:
                    i = random.randint(0, self.max_size - 1)
                    to_return.append(self.data[i].clone())
                    self.data[i] = element
                else:
                    to_return.append(element)
        return Variable(torch.cat(to_return))
```

```
fake_A_buffer = ReplayBuffer()
fake_B_buffer = ReplayBuffer()
```

[transform 정의]

이제 Dataset 클래스로 이미지를 불러오는 방식에 대하여 정의합니다.

```
# Image transformations
transforms_ = [
    transforms.Resize(int(img_height * 1.12), Image.BICUBIC),
    transforms.RandomCrop((img_height, img_width)),
    transforms.RandomHorizontalFlip(),
    transforms.ToTensor(),
    transforms.Normalize((0.5, 0.5, 0.5), (0.5, 0.5, 0.5)),
]
```

- **transforms.Resize( )** : PIL 이미지를 가로, 세로로 1.12배 확대합니다. 이때 보간 방식은 BICUBIC을 사용합니다.
- **transforms.RandomCrop( )** : PIL 이미지를 가로, 세로 길이만큼 무작위로 잘라냅니다.
- **transforms.RandomHorizontalFlip( )** : PIL 이미지를 무작위로 좌우로 뒤집습니다.
- **transforms.ToTensor( )** : PIL 이미지를 0~1 사이의 Tensor 자료형으로 변환합니다.
- **transforms.Normalize( )** : RGB 채널별로 픽셀 값이 평균 0.5, 표준편차가 0.5가 되도록 정규화합니다.

[DataLoader 정의]

학습 혹은 평가 중 이미지 데이터를 불러올 DataLoader를 정의합니다. 앞서 정의한 ImageDataset 클래스로 selfie2anime 데이터 폴더로부터 transform_를 적용한 이미지를 배치 사이즈만큼 불러옵니다. 또한 num_workers로 cpu 유틸리티를 설정할 수 있습니다. shuffle 변수를 True 혹은 False로 설정해 이미지를 무작위로 혹은 순차적으로 불러올 수 있습니다. colab에서 실습할 경우 GPU 메모리 부족으로 OOM 이슈가 나올 수 있으므로 배치사이즈를 줄여서 실행하면 됩니다.

```
# Training data loader
dataloader = DataLoader(
    ImageDataset("./datasets/%s" % dataset_name, transforms_=transforms_,
                                                    unaligned=True),
    batch_size=batch_size,
    shuffle=True,
    num_workers=n_cpu,
)
# Test data loader
val_dataloader = DataLoader(
    ImageDataset("./datasets/%s" % dataset_name, transforms_=transforms_,
                                         unaligned=True, mode="test"),
    batch_size=5,
    shuffle=True,
    num_workers=1,
)
```

[생성한 샘플 이미지를 시각화하여 저장하는 함수]

학습하는 동안 생성한 이미지를 확인 및 저장하기 위해 sample_images 함수를 정의합니다. val_dataloader의 배치 사이즈가 5이므로 sample_images는 make_grid 함수를 통해 5개씩 샘플을 생성하여 images 폴더에 저장합니다.

```
def sample_images(batches_done):
    imgs = next(iter(val_dataloader))
    G_AB.eval()
    G_BA.eval()
```

```
    real_A = Variable(imgs["A"].type(Tensor))
    fake_B = G_AB(real_A)
    real_B = Variable(imgs["B"].type(Tensor))
    fake_A = G_BA(real_B)
    # Arange images along x-axis
    real_A = make_grid(real_A, nrow=5, normalize=True)
    real_B = make_grid(real_B, nrow=5, normalize=True)
    fake_A = make_grid(fake_A, nrow=5, normalize=True)
    fake_B = make_grid(fake_B, nrow=5, normalize=True)
    # Arange images along y-axis
    image_grid = torch.cat((real_A, fake_B, real_B, fake_A), 1)
    save_image(image_grid, "images/%s/%s.png" % (dataset_name,
                                        batches_done), normalize=False)
```

[모델 학습 파이프라인]

학습 코드가 길기 때문에 번호를 매겨서 설명하겠습니다. 다음은 학습 단계에 대하여 간략히 주석으로 작성한 것입니다.

```
prev_time = time.time()
for epoch in range(init_epoch, n_epochs):
    for i, batch in enumerate(dataloader):
        # (1) Set model input
        # (2) Adversarial ground truths
        # (3) Train Generators
        # (4) Identity loss
        # (5) GAN loss
        # (6) Cycle loss
        # (7) Total loss
        # (8) Train Discriminator A
        # (9) Real loss
        # (10) Fake loss (on batch of previously generated samples)
        # (11) Total loss
        # (12) Train Discriminator B
        # (13) Real loss
        # (14) Fake loss (on batch of previously generated samples)
        # (15) Total loss
        # (16) Determine approximate time left
        # (17) Print log
```

```
        # (18) If at sample interval save image
    # (19) Update learning rates
    # (20) Save model checkpoints
```

(1) dataloader에서 실제 사진 이미지(A)와 애니메이션 이미지(B)를 배치 사이즈만큼 불러옵니다.

(2) Discriminator의 레이블 값을 만듭니다. valid와 fake 변수를 만듭니다. PatchGAN에 따라 valid는 Discriminator의 출력 크기만큼 전부 1로 채워지고, 변수 fake는 Discriminator의 출력 크기만큼 전부 0으로 채워집니다.

(3) Generator를 학습합니다. Generator G_AB와 G_BA를 학습 모드로 전환하고 optimizer_G를 zero_grad( )합니다.

(4) 색감, 형태 등을 유지하기 위한 Identity Loss를 계산합니다. G_BA에 실제 이미지 A를 입력한 후 이를 real_A와 비교하여 L1Loss를 계산합니다. 마찬가지로 G_AB에 실제 이미지 B를 입력한 후 이를 다시 real_B와 비교하여 L1Loss를 계산합니다.

(5) GAN Loss를 계산합니다. 이미지 real_A로부터 스타일이 변환된 가짜 이미지 fake_B를 생성합니다. Discriminator D_B는 생성된 fake_B가 진짜인지 가짜인지 분류합니다. 그리고 이 Discriminator D_B를 속이도록 Generator G_AB의 GAN Loss를 계산합니다. 이미지 real_B도 마찬가지의 과정을 거쳐서 Generator G_BA의 GAN Loss를 계산합니다.

(6) Cycle Loss를 계산합니다. Generator G_BA로 가짜 이미지 fake_B에서 새로운 가짜 이미지 recov_A를 생성합니다. 그리고 이를 다시 원래 실제 이미지 real_A와 비교하여 L1 Loss를 계산합니다.

(7) 앞서 계산한 Loss를 총합하여 Generator의 전체 손실 함수를 계산하고 Generator의 가중치를 업데이트합니다.

(8) Discriminator D_A의 가중치를 업데이트하는 과정입니다. 실제 이미지 real_A는 valid로 분류하고, 생성한 fake_A는 fake로 분류합니다. 학습을 위하여 optimizer_D_A를 zero_grad( )합니다.

(9) Discriminator D_A가 진짜라고 판별한 경우, 실제 이미지 real_A의 MSE 손실함수를 계산합니다.

(10) Discriminator D_A가 가짜라고 판별한 경우, 가짜 이미지 fake_A_의 MSE 손실함수를 계산합니다. fake_A의 가중치는 업데이트 가능한 상태이므로 detach( ) 함수로 값만 복사해

옵니다.

(11) (9)와 (10)에서 계산한 손실함수를 모두 합한 후 D_A의 가중치를 업데이트합니다.

(12) Discriminator D_B의 가중치를 업데이트하는 과정도 Discriminator D_A의 가중치를 업데이트하는 것과 동일합니다. Discriminator D_B는 실제 이미지 real_B를 valid로 분류하고, 생성한 fake_B는 fake로 분류합니다.

(13) Discriminator D_B가 진짜라고 판별한 경우, 실제 이미지 real_B의 MSE 손실함수를 계산합니다.

(14) Discriminator D_B가 진짜라고 판별한 경우, 실제 이미지 fake_B의 MSE 손실함수를 계산합니다.

(15) (13)와 (14)에서 계산한 손실함수를 모두 합한 후 D_B의 가중치를 업데이트합니다.

(16) Epoch과 배치 사이즈로 남은 시간을 출력하기 위한 코드입니다.

(17) Epoch과 배치 사이즈로 남은 시간을 출력하기 위한 코드입니다.

(18) 특정 Epoch 간격마다 샘플로 생성한 이미지를 저장합니다.

(19) Generator와 Discriminator의 Learning Rate 스케줄러를 업데이트합니다.

(20) 모델 가중치를 저장합니다.

[최종 학습 과정]

```
prev_time = time.time()
for epoch in range(init_epoch, n_epochs):
    for i, batch in enumerate(dataloader):
        # (1) Set model input
        real_A = Variable(batch["A"].type(Tensor))
        real_B = Variable(batch["B"].type(Tensor))
        # (2) Adversarial ground truths
        valid = Variable(Tensor(np.ones((real_A.size(0),
                            *D_A.output_shape))), requires_grad=False)
        fake = Variable(Tensor(np.zeros((real_A.size(0),
                            *D_A.output_shape))), requires_grad=False)
        # (3) Train Generators
        G_AB.train()
        G_BA.train()
        optimizer_G.zero_grad()
        # (4) Identity loss
        loss_id_A = criterion_identity(G_BA(real_A), real_A)
```

```
loss_id_B = criterion_identity(G_AB(real_B), real_B)
loss_identity = (loss_id_A + loss_id_B) / 2
# (5) GAN loss
fake_B = G_AB(real_A)
loss_GAN_AB = criterion_GAN(D_B(fake_B), valid)
fake_A = G_BA(real_B)
loss_GAN_BA = criterion_GAN(D_A(fake_A), valid)
loss_GAN = (loss_GAN_AB + loss_GAN_BA) / 2
# (6) Cycle loss
recov_A = G_BA(fake_B)
loss_cycle_A = criterion_cycle(recov_A, real_A)
recov_B = G_AB(fake_A)
loss_cycle_B = criterion_cycle(recov_B, real_B)
loss_cycle = (loss_cycle_A + loss_cycle_B) / 2
# (7) Total loss
loss_G = loss_GAN + lambda_cyc * loss_cycle + lambda_id
                                                * loss_identity
loss_G.backward()
optimizer_G.step()
# (8) Train Discriminator A
optimizer_D_A.zero_grad()
# (9) Real loss
loss_real = criterion_GAN(D_A(real_A), valid)
# (10) Fake loss (on batch of previously generated samples)
fake_A_ = fake_A_buffer.push_and_pop(fake_A)
loss_fake = criterion_GAN(D_A(fake_A_.detach()), fake)
# (11) Total loss
loss_D_A = (loss_real + loss_fake) / 2
loss_D_A.backward()
optimizer_D_A.step()
# (12) Train Discriminator B
optimizer_D_B.zero_grad()
# (13) Real loss
loss_real = criterion_GAN(D_B(real_B), valid)
# (14) Fake loss (on batch of previously generated samples)
fake_B_ = fake_B_buffer.push_and_pop(fake_B)
loss_fake = criterion_GAN(D_B(fake_B_.detach()), fake)
# (15) Total loss
loss_D_B = (loss_real + loss_fake) / 2
loss_D_B.backward()
optimizer_D_B.step()
```

```
        loss_D = (loss_D_A + loss_D_B) / 2
        # (16) Determine approximate time left
        batches_done = epoch * len(dataloader) + i
        batches_left = n_epochs * len(dataloader) - batches_done
        time_left = datetime.timedelta(seconds=batches_left *
                                        (time.time() - prev_time))
        prev_time = time.time()
        # (17) Print log
        sys.stdout.write(
            "\r[Epoch %d/%d] [Batch %d/%d] [D loss: %f] [G loss: %f,
                            adv: %f, cycle: %f, identity: %f] ETA: %s"
            % (
                epoch,
                n_epochs,
                i,
                len(dataloader),
                loss_D.item(),
                loss_G.item(),
                loss_GAN.item(),
                loss_cycle.item(),
                loss_identity.item(),
                time_left,
            )
        )
        # (18) If at sample interval save image
        if batches_done % sample_interval == 0:
            sample_images(batches_done)
    # (19) Update learning rates
    lr_scheduler_G.step()
    lr_scheduler_D_A.step()
    lr_scheduler_D_B.step()
    # (20) Save model checkpoints
    if checkpoint_interval != -1 and epoch % checkpoint_interval == 0:
        torch.save(G_AB.state_dict(), "saved_models/%s/G_AB_%d.pth" %
                                        (dataset_name, epoch))
        torch.save(G_BA.state_dict(), "saved_models/%s/G_BA_%d.pth" %
                                        (dataset_name, epoch))
        torch.save(D_A.state_dict(), "saved_models/%s/D_A_%d.pth" %
                                        (dataset_name, epoch))
        torch.save(D_B.state_dict(), "saved_models/%s/D_B_%d.pth" %
                                        (dataset_name, epoch))
```

》6.2.5 학습 결과《

GAN은 일반적인 모델 학습과는 달리 손실함수가 0으로 수렴하는 것이 무조건 좋은 것은 아닙니다. Generator와 Discriminator의 경쟁적 학습이 핵심이므로 학습 모니터링을 할 때 염두에 두도록 합시다. 위 코드를 실행시키면 폴더 혹은 폴더 saved_models에는 Epoch에 따른 모델 가중치를 저장하고 폴더 images에는 학습 과정을 거치면서 생성한 샘플 이미지들을 저장합니다. [그림 6-7]은 Epoch이 5일 때 테스트 이미지로부터 생성한 이미지 샘플들이고 [그림 6-8]은 Epoch이 125일 때 테스트 이미지로부터 생성한 샘플 이미지들입니다. 학습을 거치면서 점차 애니메이션과 흡사한 이미지를 생성하는 것을 알 수 있습니다.

[그림 6-7] 학습 초기에 테스트 데이터로부터 생성한 샘플 이미지들

[그림 6-8] 학습 후 테스트 데이터로부터 생성한 샘플 이미지들

6.3 결론

하지만 우리가 생성한 캐릭터 이미지는 완전한 얼굴 형태가 아닌 왠지 모르게 어색한 이미지로 보입니다. 성능을 개선하려면 어떤 방법을 사용할 수 있을까요? 또한 Image-to-Image Translation의 성능을 어떻게 측정할 수 있을까요? [그림 6-9]는 CycleGAN에서 발전된 모델 U-GAT-IT이 실제 사진을 애니메이션으로 바꾼 모습입니다.

[그림 6-9] U-GAT-IT이 생성한 애니메이션 이미지들

U-GAT-IT은 CycleGAN 구조에서 발전된 Attention 모듈과 Adaptive Layer-Instance Normalization 기법을 적용하여 Image-to-Image Translation의 성능을 크게 개선하였습니다. Image-to-Image Translation의 성능은 KID Score, Inception Score 등을 사용하여 정량적인 측정이 가능합니다. 또한 여러 가지 스타일을 한 번에 변환하기 위해 StarGAN을 사용할 수 있습니다.

우리는 지금까지 쌍이 맞지 않는 데이터에 대하여 두 도메인이 스타일을 Transfer 시키는 CycleGAN을 이용해서 사람의 실제 얼굴 사진을 애니메이션으로 바꿔보았습니다. 이 CycleGAN은 모든 Image-to-Image Translation의 기본 뼈대로 많이 활용되고 있으며 다양한 스타일을 한 번에 변환시키는 StarGAN, 이미지가 아닌 목소리의 스타일을 변환하는 Voice-CycleGAN 등 다양한 형태로 발전되고 있습니다.

PART 7

실시간 비명 감지 시스템

지금까지 우리는 이미지 분류, 텍스트 분류, 그리고 이미지 변환 프로젝트를 진행해왔습니다. 이번 파트에서는 청각 데이터를 활용한 프로젝트를 진행해보도록 하겠습니다. 프로젝트 주제는 실시간 비명 감지 시스템입니다.

청각 데이터는 많은 사람들이 잘 접해보지 못한 데이터일 것입니다. 프로젝트 설명에 앞서 청각 데이터가 어떻게 이루어져 있는지 먼저 살펴보겠습니다.

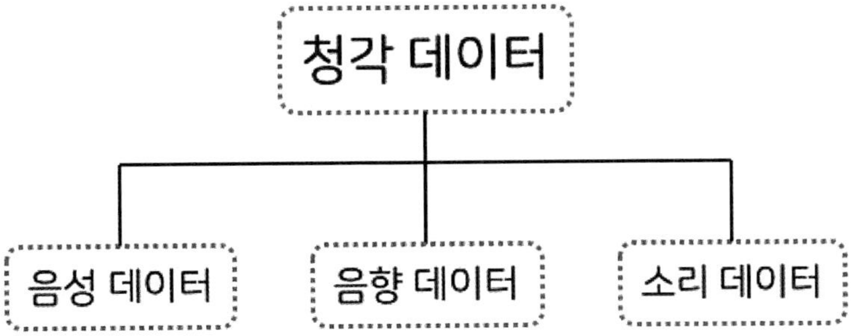

[그림 7-1] 청각 데이터의 종류

[그림 7-1]과 같이 청각 데이터는 크게 사람의 말소리인 음성 데이터, 음악과 관련된 음향 데이터, 바람 소리나 물 소리와 같은 소리 데이터로 나눌 수 있습니다. 최근 인공지능 스피커나 번역기 등을 주변에서 쉽게 접할 수가 있다는 것을 보아 주로 음성 분야의 발달이 두드러진다

는 것을 알 수 있습니다. 음향 분야도 음악 추천, 음악 생성 등 실생활에서 다양하게 활용되고 있습니다. 아기 울음 소리를 잡아내고, 왜 우는지 알아내는 것은 소리 데이터 분야라고 할 수 있습니다.

그렇다면 비명을 탐지하는 것은 어느 분야에 속할까요? 바로 소리 데이터 분야입니다. 얼핏 보면 비명 소리는 데이터로서 특징이 명확하다고 생각되어, 쉬운 문제라고 생각할 수 있습니다. 하지만 소리 데이터를 처리하기 위해서는 거쳐야 할 관문이 많습니다. 또한 성능을 끌어올리는 일도 쉽지 않습니다. 함께 실시간 비명 감지 시스템 프로젝트를 차근차근 살펴보도록 하겠습니다.

7.1 프로젝트 소개

이번 파트에서 진행하는 실시간 비명 감지 시스템 프로젝트는 어떤 소리가 비명인지 아닌지 판단하는 프로그램을 만드는 프로젝트입니다. 본격적으로 프로젝트를 파헤치기 전에 프로젝트에서 다루는 내용과 프로젝트를 통해 배울 수 있는 내용에 대해 간략히 정리하겠습니다.

》7.1.1 프로젝트에서 다루는 내용《

실시간 비명 감지 시스템 프로젝트는 소리 데이터를 활용하는 프로젝트입니다. 그렇기에 이번 파트의 초반에는 소리 데이터가 무엇인지 살펴보겠습니다. 소리 데이터를 이해한 후 비명이 담긴 데이터와 비명이 아닌 데이터를 수집하는 방식과 실제 비명인지 아닌지 레이블링하는 과정에 대해 다룹니다. 레이블링하는 과정은 시간이 오래 걸리는 작업이므로, 학습에 활용할 데이터는 [Github 비명 감지 시스템 프로젝트 페이지](https://github.com/deep-learning-with-projects/deep-learning-with-projects/tree/main/scream_detection)에 다운로드 가이드를 제공합니다. 이후 이어지는 실습에 대한 환경 구성 가이드와 실습에서 진행하는 소스코드 또한 해당 페이지에서 제공합니다.

소리 데이터와 레이블 데이터를 학습하기 위해 크게 3가지 과정을 거칩니다. 먼저 소리의 길이는 다양하므로 동일한 길이로 잘라주는 작업이 필요니다. 이를 Frame Processing이라 부릅니다. 이 과정을 통해 학습 네트워크에 동일한 모양으로 데이터를 넣어줄 수 있습니다. 두 번째로 Frame Processing의 결과물로 얻어낸 동일한 길이(예: 1초)의 소리 데이터에 대한 특징(예: 음이 낮다, 높다 등)을 뽑아주는 Feature Engineering을 수행합니다. 소리의 특징을 추출하는 이유는 딥러닝 모델이 소리에 대한 판단을 하는 데 도움이 될 것이라 기대할 수 있기 때문입니다. 이후 선택적으로 위 과정을 다시 거치면서 데이터를 더 늘리기 위한 Data Augmentation을 수행할 수 있습니다.

특징을 추출한 데이터를 통해 네트워크 모델을 학습시킵니다. 여기서는 Convolutional Neural Network(CNN)을 이용해 학습시키겠습니다. 이 모델은 비명 소리와 비명 소리가 아닌 소리를 판단하는 Binary Classification을 수행합니다. 마지막으로 학습시킨 모델을 이용해 실시간으로 기계(예: 노트북)에 들어오는 소리를 비명인지 아닌지 판단하는 데모를 실행합니다.

》7.1.2 프로젝트를 통해 배울 수 있는 내용《

실시간 비명 감지 시스템 프로젝트를 통해 소리 데이터를 Python 코드상에서 처리하는 방법에 대해 알 수 있습니다. 음원 파일을 코드에서 불러 메모리에 올리고, 레이블 정보를 매칭시킵니다. 이후 Frame Processing, Feature Extraction의 과정을 거쳐 모델을 학습시키고 실제로 데모를 실행해볼 수 있습니다.

7.2 프로젝트 파헤치기

이제부터 실시간 비명 감지 프로젝트에 대한 코드를 이해해보도록 하겠습니다. 소리 데이터를 다루는 방법에 대해 먼저 알아본 후, 실시간 비명 감지 시스템 프로젝트의 시작부터 끝까지 코드로 직접 구현하며 살펴보도록 하겠습니다.

》7.2.1 소리 데이터에 대한 이해《

실시간 비명 감지 시스템 프로젝트는 소리 데이터를 활용한 프로젝트입니다. 따라서 소리 데이터가 어떻게 생겼는지에 대한 이해가 필요합니다. 음악 파일이나 영화 파일에서 나오는 모든 소리도 마찬가지입니다. 본격적으로 프로젝트 설명에 들어가기에 앞서 소리 데이터가 어떻게 생겼는지 알아보기 위해 직접 코드상에서 불러오고, 재생해보고, 그려보도록 하겠습니다.

이를 위해서는 librosa와 sounddevice, maplotlib 세 가지 Python 라이브러리가 필요합니다.

- librosa : 소리 데이터를 처리하는 라이브러리
- sounddevice : 소리를 재생시켜주는 라이브러리
- matplotlib : 시각화 라이브러리

[Library Import]

```
import librosa
from matplotlib import pyplot as plt
import sounddevice as sd
```

소리 데이터를 알아보기 위해 librosa에서 제공하는 트럼펫 예제 소리를 사용하려고 합니다. 해당 예제 파일은 다음 위치에 있습니다. 여러분들도 해당 경로에서 음악 재생 프로그램으로 파일을 실행해보세요. ogg 형식의 파일은 음악 재생 프로그램으로 열어볼 수 있습니다.

[예제 파일 경로 출력]

```
example_file_path = librosa.ex('trumpet')                         # (1)
print(f'예제 파일은 다음 위치에 있습니다.\n파일 경로: {example_file_path}')

# ----------------------------------------------------------------------
# 예제 파일은 다음 위치에 있습니다.
# 파일 경로: /…/Library/Caches/librosa/sorohanro_-_solo-trumpet-06.ogg
```

(1) librosa에서 제공하는 예제 파일 경로를 불러옵니다.

이제 해당 예제 파일에 담긴 소리를 우리가 Python에서 사용할 수 있도록 불러오겠습니다.

[Amplitude 벡터 생성]

```
y, sr = librosa.load(example_file_path)                                    # (1)
```

(1) `librosa` 라이브러리를 통해 파일에 담긴 소리를 불러옵니다. y는 소리의 Amplitude 벡터, sr은 Sampling Rate를 의미합니다.

[용어 설명]

- Amplitude : 신호의 진폭 값
- Sampling Rate : 초당 신호 값 개수

예제 파일을 Python 코드상으로도 재생해보겠습니다. 라이브러리를 사용하면 간단합니다. 음악 재생 프로그램을 통해 실행한 소리와 Python에서 실행한 소리가 같은지 직접 비교해보시기 바랍니다.

[Amplitude 벡터 재생]

```
sd.play(y)                                                                 # (1)
```

(1) 신호 재생

파일 재생을 통해 두 소리가 같은지 확인해볼 수 있습니다.

이번에는 위에서 불러온 y, sr 값을 직접 살펴보겠습니다.

[벡터 값 20개 출력]

```
print(f'y : {y}\nsampling_rate : {sr}')                                    # (1)

# ------------------------------------------------------------------------------
# y : [-0.00140381 -0.00045776 -0.00039673 … 0.          0.
#   0.         ]
# sampling_rate : 22050
```

(1) y와 sr 출력

y는 신호의 진폭 값 벡터입니다. 작은 숫자들로 이루어져 있는 것을 확인할 수 있습니다. sampling rate가 22,050 이므로 1초에 22,050개의 신호 진폭 값이 y에 들어 있음을 파악할 수 있습니다.

y가 몇 개의 벡터인지 출력해보겠습니다.

[벡터 길이 출력]

```
print(f'y는 {len(y)} 길이의 벡터')

# ------------------------------------------------------------------------------
# y는 117888 길이의 벡터
```

y에 들어 있는 실제 값을 조금 더 살펴볼까요? 다음과 같은 숫자들로 이루어져 있는 벡터임을 확인할 수 있습니다.

[벡터 값 20개 출력]

```
print(f'y의 앞 20개 값은?\n{y[:20]}')

# ------------------------------------------------------------------------------
# y의 앞 20개 값은?
# [-1.4038086e-03 -4.5776367e-04 -3.9672852e-04  9.1552734e-05
```

```
#   3.0517578e-05 -1.8310547e-04 -3.6621094e-04  1.5258789e-04
#   5.1879883e-04  1.4953613e-03  1.8615723e-03  9.1552734e-04
#  -3.9672852e-04 -2.0446777e-03 -1.2817383e-03 -5.4931641e-04
#   8.8500977e-04  9.7656250e-04  1.0070801e-03 -1.2817383e-03]
```

y의 길이를 sampling rate로 나누면 y가 몇 초 데이터인지 알 수 있습니다.

[0.1초까지 시각화]

```
print(f'y는 {len(y) / sr} 초의 신호 벡터!')

# ----------------------------------------------------------------------------
# y는 5.346394557823129 초의 신호 벡터!
```

사실 숫자만 보면 감이 잡히지 않을 수 있습니다. 방금 얻어낸 y벡터에 대한 시각화를 진행해 보면 소리 데이터를 이해하는 데 도움이 됩니다.

[예시 데이터 시각화]

```
x = [i / sr for i in range(len(y))]                                    # (1)

plt.figure(figsize=(10, 6))                                            # (2)
plt.plot(x, y)                                                         # (3)
plt.title('Audio Example Data (trumpet sound)', fontsize=20)           # (4)
plt.xlabel('Time (sec)', fontsize=16)                                  # (5)
plt.ylabel('Signal Amplitude', fontsize=16)                            # (6)
plt.show()
```

(1) y 벡터의 각 값에 해당하는 초 값이 들어 있는 리스트 만들기

(2) 시각화 figure 만들기

(3) 시간과 신호 진폭 값을 시각화

(4) 타이틀 표시

(5) x축 레이블 작성 (시간)

(6) y축 레이블 작성 (신호 진폭)

우리가 얻었던 y는 시간에 따라 대략 -0.6에서 0.6 사이의 값을 가지는 벡터임을 눈으로 확인할 수 있습니다. 우리가 실제로 재생하면서 들었던 소리와 시각화의 결과인 [그림 7-2]를 비교해보고, 소리가 이런 식으로 벡터 값으로 표현된다는 것을 이해하면 좋을 것 같습니다.

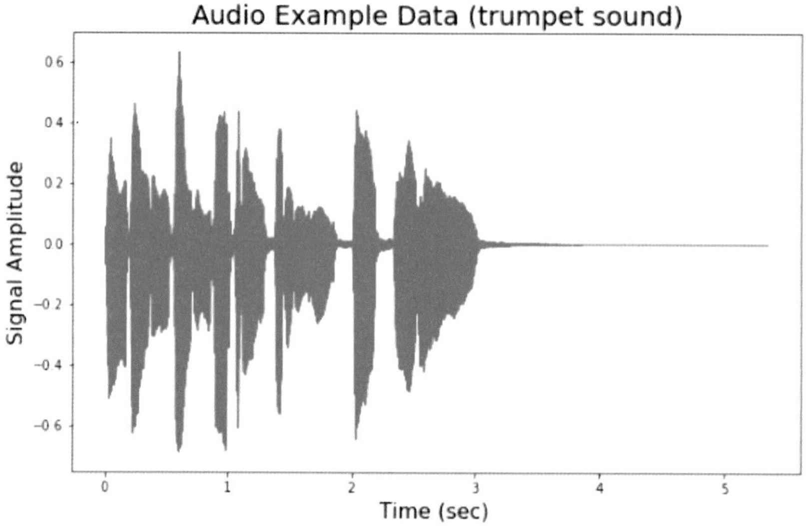

[그림 7-2] 예시 소리 데이터 시각화

0초부터 1초까지 확대해서 그려보겠습니다.

[1초까지 시각화]

```
plt.figure(figsize=(10, 6))
plt.plot(x[:sr], y[:sr])                                          # (1)
plt.title('Audio Example Data (trumpet sound)', fontsize=20)
plt.xlabel('Time (sec)', fontsize=16)
plt.ylabel('Signal Amplitude', fontsize=16)
plt.show()
```

(1) 신호 벡터 1초까지 개수 조절

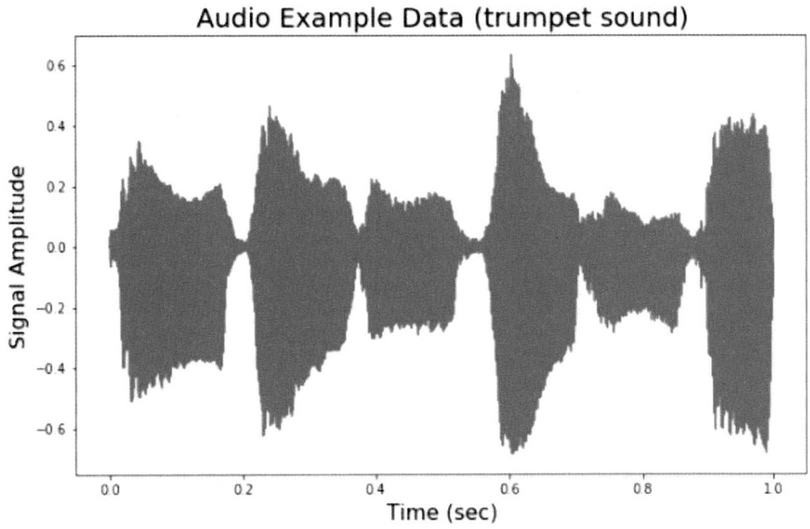

[그림 7-3] 예시 소리 데이터 1초까지 시각화

[그림 7-3]은 1초까지 신호를 시각화한 모습입니다. 아직까지는 데이터가 뭉쳐 보여 각 값을 확인하기는 어려워 보이네요. 0.1초, 0.01초까지 확대하면 [그림 7-4], [그림 7-5]의 결과를 얻을 수 있습니다. 각각 비교해보시기 바랍니다.

[0.1초까지 시각화]

```
plt.figure(figsize=(10, 6))
plt.plot(x[: sr // 10], y[: sr // 10])
plt.title('Audio Example Data (trumpet sound)', fontsize=20)
plt.xlabel('Time (sec)', fontsize=16)
plt.ylabel('Signal Amplitude', fontsize=16)
plt.show()
```

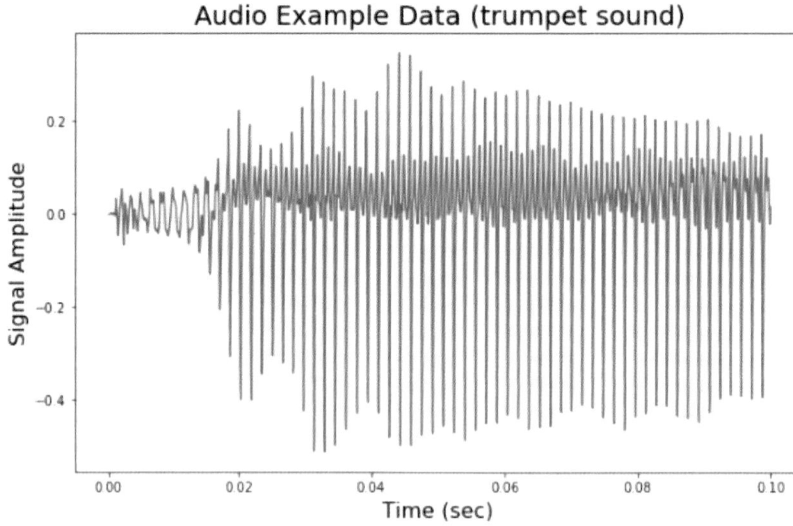

[그림 7-4] 0.1초까지 시각화

[0.01초까지 시각화]

```
plt.figure(figsize=(10, 6))
plt.plot(x[: sr // 100], y[: sr // 100])
plt.title('Audio Example Data (trumpet sound)', fontsize=20)
plt.xlabel('Time (sec)', fontsize=16)
plt.ylabel('Signal Amplitude', fontsize=16)
plt.show()
```

확대해서 볼수록 신호 벡터가 어떻게 생겼는지 감이 더 잘 잡히는 것 같습니다.

이와 같이 `librosa` 라이브러리를 통해 소리 데이터를 Python 코드상에서 불러올 수 있습니다. 우리가 불러온 y 벡터로 실제 소리에 대한 분석을 진행합니다. 다음 장부터 실시간 비명 감지 시스템 프로젝트에 대해 본격적으로 알아보도록 하겠습니다.

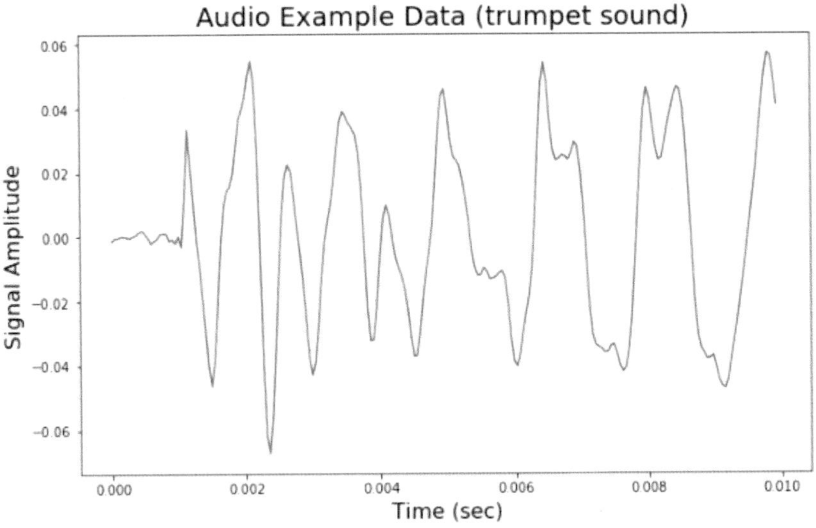

[그림 7-5] 0.01초까지 시각화

》7.2.2 비명 데이터 & 비 비명 데이터 수집 방식 소개《

먼저 비명 소리 데이터와 비명 소리가 아닌 데이터를 모아야 합니다. 위 프로젝트는 다음 세 가지 방식으로 데이터를 수집합니다.

- Youtube
  - Screaming이 포함된 검색어 키워드 중심으로 크롤링 및 음성 파일로 변환
  - 비명 소리만 있는 것이 아닌 다양한 소리도 섞여 있으므로 같이 사용
- 구글 검색
  - '효과음' 키워드 중심으로 검색해 다양한 블로그와 카페에서 무료로 제공된 데이터 수집
  - 비명과 헷갈릴 수 있는 소방차 사이렌, 환호 소리, 트림 소리 등 추가 수집
- 직접 녹음
  - 조용한 공간에서 직접 녹음하여 수집

위 프로젝트 실습을 진행하고자 수집한 데이터를 파일로 제공할 예정이니 이후 코드 실습에는 크롤링을 직접 진행하지 않아도 됨을 먼저 알려드립니다.

》7.2.3 데이터 레이블링《

소리를 듣고 비명 소리인지 아닌지 판단하는 모델을 만들기 위해서는 각 데이터에 "비명이다" 혹은 "비명이 아니다"라는 정답이 있어야 합니다. 즉, 직접 파일을 들어보고 어느 부분이 비명인지, 아닌지를 확인해야 합니다. 이 과정을 데이터 레이블링이라고 부릅니다.

우리가 제공하는 파일은 .wav 파일과 해당 파일에 대한 레이블링 .txt 파일은 각각 258개입니다. 프로젝트를 진행하는 데 레이블링 과정은 사실 쉬운 작업이 아닙니다. 단순 작업처럼 보이지만 그만큼 시간도 많이 들고, 레이블링을 하는 기준도 사람마다 달라서 레이블링의 기준을 맞춰야 합니다. 또한, 프로젝트 특성상 레이블링 과정에서 비명을 계속 들어야 하는데, 이 또한 사람에 따라 지속하기 어려울 수 있습니다. 중복 데이터를 줄이기 위해 너무 비슷한 소리는 여러 번 레이블링하지 않거나, 시간이 긴 데이터의 경우에는 일부만 진행하는 등 일관된 규칙을 세웠습니다.

아래에서 소개하는 레이블링 과정은 실제 프로젝트를 수행하면서 진행한 부분이지만 크롤링과 마찬가지로 제공하는 파일에 포함되어 있기 때문에 독자가 직접 수행할 필요는 없습니다. 아래와 같은 방식으로 정답 데이터가 만들어졌다는 것에 초점을 맞추면 되겠습니다.

이번 장에서는 레이블링 과정을 소개하도록 하겠습니다. 레이블링을 하기 위해 Audacity라는 프로그램을 사용했습니다. Audacity는 음성 파일을 편집할 수 있는 프로그램입니다.

해당 프로그램은 [그림 7-6]과 같이 (https://www.audacityteam.org/download/) 링크에서 다운로드 받을 수 있습니다.

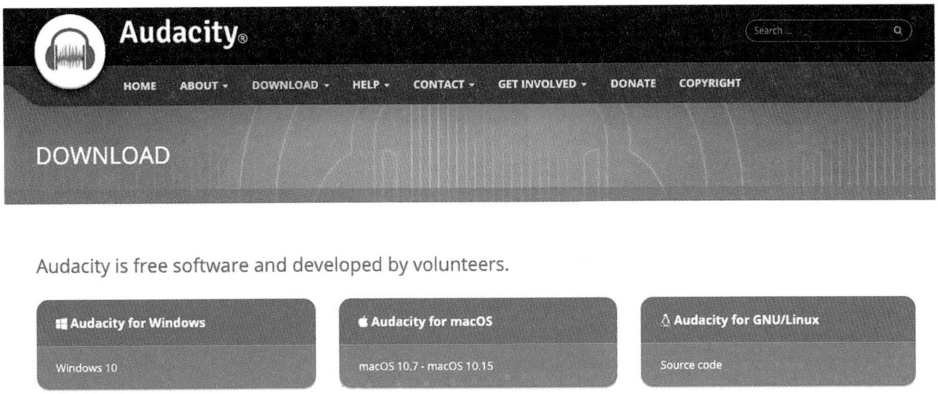

[그림 7-6] Audacity 프로그램 다운로드

[그림 7-7]과 같이 Audacity 프로그램을 연 후 [파일] - [열기] 버튼을 눌러 원하는 파일을 불러올 수 있습니다.

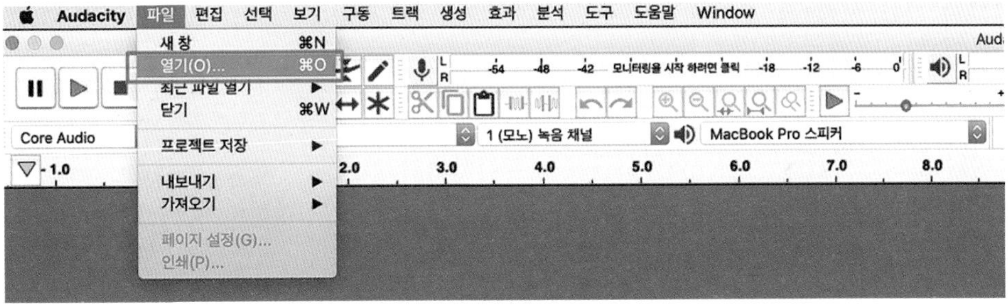

[그림 7-7] Audacity 프로그램 열기 화면

원하는 파일을 불러오면 [그림 7-8]과 같이 소리 신호가 나타납니다.

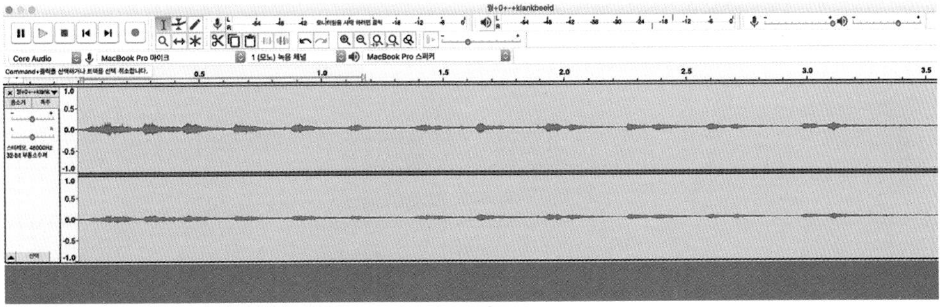

[그림 7-8] Audacity 데이터 로드

레이블 구간만큼 드래그하고 cmd(혹은 control) + b를 누르면 [그림 7-9]와 같이 레이블을 생성할 수 있습니다.

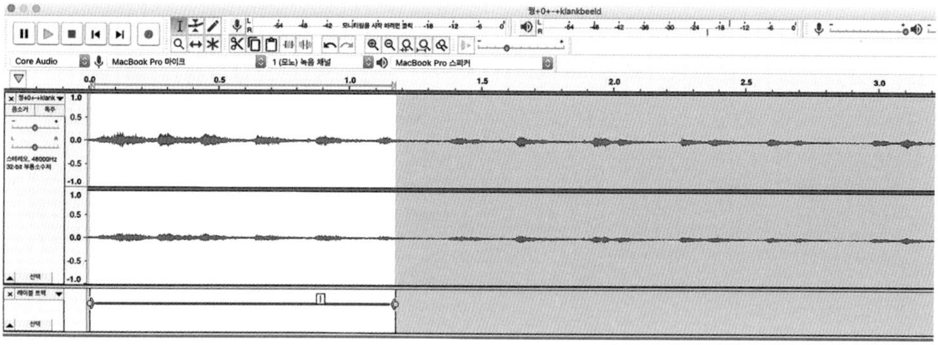

[그림 7-9] Audacity 데이터 레이블링

레이블을 완료한 후 [그림 7-10] 과정을 통해 레이블만 따로 저장할 수 있습니다.

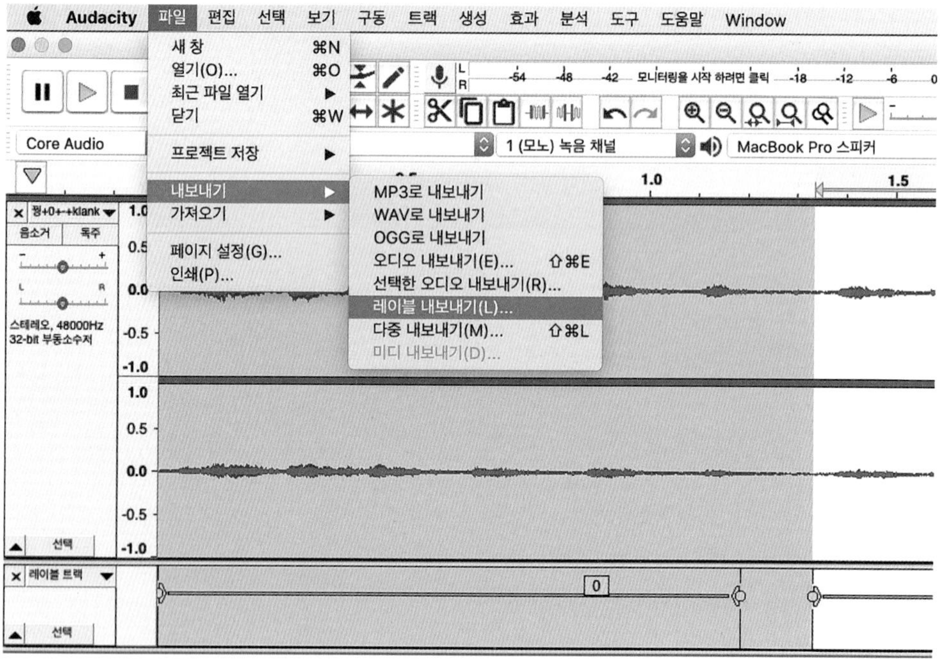

[그림 7-10] Audacity 레이블 내보내기

저장하면 텍스트 파일로 된 레이블 파일을 얻을 수 있습니다. [그림 7-11]은 레이블 파일을 직접 열어본 화면입니다.

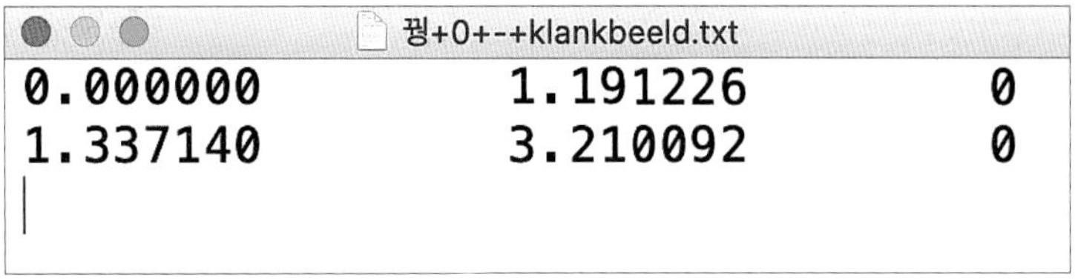

[그림 7-11] 레이블 txt 파일

위 예시는 새 소리 데이터로 레이블링을 한 것입니다. 본 서적에서 제공하는 파일에는 비명 파일이 다수 포함되어 있습니다. 직접 해보시는 경우 큰 비명 소리를 들을 수 있으므로 주의하시기 바랍니다.

》7.2.4 데이터 불러오기《

우리는 앞서 소개한 방식으로 다양한 데이터를 수집하였고, 파일 형태로 가지고 있습니다. 이제 파일 형태의 데이터를 직접 코드로 불러오도록 하겠습니다.

[Library Import]

```
import pandas as pd
import librosa
```

[파일 경로 선언]

```
example_audio_path = './example/꿩+0+-+klankbeeld.wav'
example_label_path = './example/꿩+0+-+klankbeeld.txt'
```

[소리 데이터 로드]

```
example_audio, example_sr = librosa.load(example_audio_path)
print(
    f'audio 벡터 길이 : {len(example_audio)}\
    \naudio 파일 길이 : {len(example_audio) / sr} 초'
)

# ---
# audio 벡터 길이 : 85604
# audio 파일 길이 : 3.882267573696145 초
```

[레이블 데이터 로드]

```
example_label = pd.read_csv(
    example_label_path, sep='\t', names=['start(s)', 'end(s)', 'label']
)
print(
    f'label :\
    \n{example_label}'
)

# ---
# label :
#    start(s)    end(s)  label
# 0   0.00000  1.191226      0
# 1   1.33714  3.210092      0
```

레이블 데이터는 Pandas 라이브러리의 데이터프레임 형태로 가져왔습니다. 데이터 불러오기는 간단하게 마무리하겠습니다.

》7.2.5 Frame Processing & 짝 맞추기《

이제 우리는 소리 데이터와 레이블 데이터를 모델이 입력받을 수 있도록 준비를 해야 합니다. 데이터가 모델에 들어가려면 소리 벡터와 레이블을 맞춰주는 작업이 필요합니다. 그런데 여기서 문제가 있습니다. 파일마다 레이블의 길이가 다르다는 점입니다. 위 예시에서도 첫 번째 레이블은 약 1.19초, 두 번째 레이블은 1.87초로 길이가 다릅니다. 어떻게 맞춰줄 수 있을까요? 그리고 네트워크에는 어떤 값이 들어가야 비명 소리인지 아닌지 판단할 수 있을까요?

모델에 통일된 입력값을 넣어주기 위해 Frame Processing을 진행합니다. Frame Processing이란 데이터를 동일한 구간, 즉 Frame으로 쪼갠다는 의미입니다. 이를 도식화하면 [그림 7-12]와 같습니다.

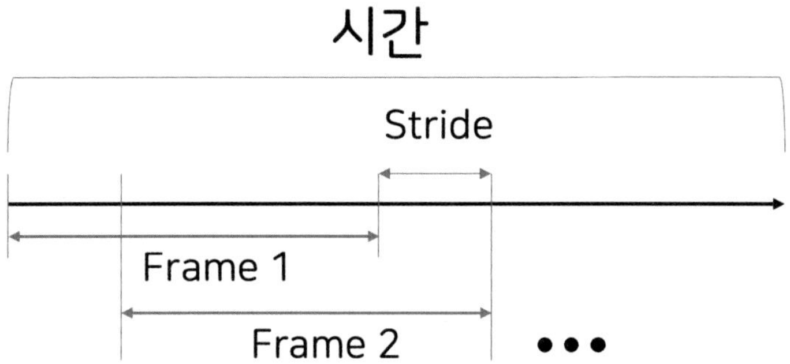

[그림 7-12] Frame Processing 도식화

예를 들어 0 초부터 1.5 초 데이터에 대해 1초를 Frame으로, 0.2초씩 Stride를 준다고 하면 다음 [그림 7-13]과 같이 총 3개의 Frame을 얻을 수 있게 됩니다.

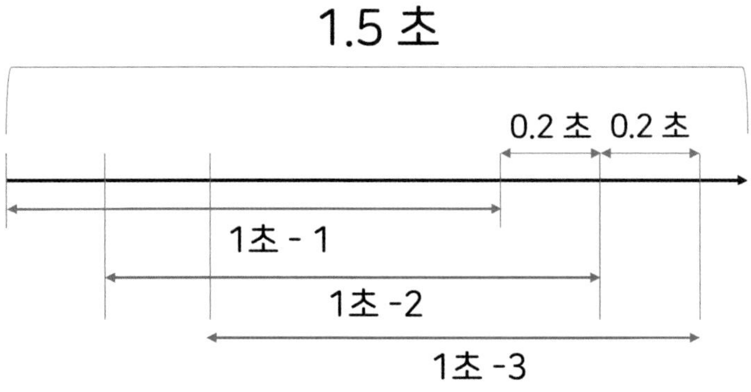

[그림 7-13] Frame Processing 실제 예시

몇 개의 Frame이 나오는지는 다음과 같은 수식으로 표현할 수 있습니다.

$$\left\lfloor \frac{((end\ \ time - start\ \ time) - frame\ \ size)}{stride} + 1 \right\rfloor$$

직관적으로 생각해보면, 우리가 1초라는 시간 동안 소리를 들으면 비명인지 아닌지 판단할 수 있습니다. 그렇다면, 네트워크가 1초의 데이터를 분석한다면 비명인지 아닌지 충분히 판단할 수 있을 것입니다. 그래서 1초 단위로 Frame Processing을 진행하고자 합니다. Stride는 0.2로 설정했습니다. Frame 길이가 1초이므로 1초보다 짧은 레이블 정보는 사용하지 않게 됩니다.

[Frame Size & Stride 선언 및 1초 미만 레이블 제거]

```
frame_size = 1
stride = 0.2

idx = example_label['end(s)'] - example_label['start(s)'] >= frame_size
example_label = example_label[idx]                                       # (1)
```

(1) Frame Size(1초) 이상 레이블 구간만 선택

[레이블별 Frame 개수 & 총 Frame 개수 출력]

```
each_n_frames = (
    np.floor(
        (
            (
                (
                    example_label['end(s)'] - example_label['start(s)']
                ) - frame_size
            ) / stride
        ) + 1
    )
```

```
).astype(int).values                                          # (1)
total_n_frames = sum(each_n_frames)                           # (2)

print(f'각각의 구간마다 프레임 개수 : {each_n_frames}')
print(f'총 구간의 프레임 개수 : {total_n_frames}')

# ---
# 각각의 구간마다 프레임 개수 : [1 5]
# 총 구간의 프레임 개수 : 6
```

(1) 한 파일 내 각 레이블 구간의 Frame 개수

(2) 한 파일 내 총 Frame 개수

[Frame 벡터 & Target 벡터를 담을 빈 벡터 생성]

```
frame_vectors = np.zeros((int(total_n_frames), frame_size * sr))
target_vectors = np.zeros((int(total_n_frames), 1))
print(
    f'frame_vectors의 shape : {frame_vectors.shape}\
    \ntarget_vectors의 shape : {target_vectors.shape}'
)
for i in range(len(frame_vectors)):
    print(f'{i}-th frame vector[:5] : {frame_vectors[i][:5]}')

# ---
# frame_vectors의 shape : (6, 22050)
# target_vectors의 shape : (6, 1)
# 0-th frame vector[:5] : [0. 0. 0. 0. 0.]
# 1-th frame vector[:5] : [0. 0. 0. 0. 0.]
# 2-th frame vector[:5] : [0. 0. 0. 0. 0.]
# 3-th frame vector[:5] : [0. 0. 0. 0. 0.]
# 4-th frame vector[:5] : [0. 0. 0. 0. 0.]
# 5-th frame vector[:5] : [0. 0. 0. 0. 0.]
# target_vectors : [0. 0. 0. 0. 0. 0.]
```

[Frame 벡터 & Target 벡터 출력]

```
current_idx = 0
for i, (start, end, y) in example_label.iterrows():
    for j in range(each_n_frames[i]):
        start_idx = int((start + j * stride) * sr)
        end_idx = start_idx + frame_size * sr
        frame_vectors[current_idx] = example_audio[start_idx:end_idx]
        target_vectors[current_idx] = y
        current_idx += 1
print(
    f'frame_vectors의 shape : {frame_vectors.shape}\
    \ntarget_vectors의 shape : {target_vectors.shape}'
)
for i in range(len(frame_vectors)):
    print(f'{i}-th frame vector[:5] : {frame_vectors[i][:5]}')

# ---
# frame_vectors의 shape : (6, 22050)
# target_vectors의 shape : (6, 1)
# 0-th frame vector[:5] : [0. 0. 0. 0. 0.]
# 1-th frame vector[:5] : [0. 0. 0. 0. 0.]
# 2-th frame vector[:5] : [0. 0. 0. 0. 0.]
# 3-th frame vector[:5] : [0. 0. 0. 0. 0.]
# 4-th frame vector[:5] : [0. 0. 0. 0. 0.]
# 5-th frame vector[:5] : [0. 0. 0. 0. 0.]
# target_vectors : [0. 0. 0. 0. 0. 0.]
```

》7.2.6 Feature Extraction《

우리는 Frame Processing을 통해서 1초로 잘 쪼개진 데이터를 얻었습니다. 1초의 데이터는 신호의 진폭 값으로 이루어진 벡터입니다. 진폭 값도 충분히 의미 있는 값이지만, 주파수 등의 또 다른 중요한 정보를 전부 포함하지는 않습니다. 진폭 벡터를 활용해 Short Time FFT와 같은 방법을 써서 주파수 등의 다른 특징도 추출 가능하며, 더 의미 있는 변수를 만들어낼 수도 있습니다. Mel Spectrogram을 그리는 것은 그 방법 중 하나입니다. Mel Spectrogram을 간단하게 설명하면, 시간별로 각 주파수 영역대의 크기 값을 나타낸 Feature입니다. 이번 예시에서는 1초 데이터 벡터로 Mel Spectrogram을 만들어보도록 하겠습니다.

FFT에 대해 궁금하다면 유튜브 3Blue1Brown 채널의 '푸리에 변환이 대체 뭘까요?' 영상을 참고해보시기 바랍니다.
(https://youtu.be/spUNpyF58BY)

Mel Spectrogram을 그리기 전에 우리가 방금 만든 1초 데이터 중 하나를 살펴보도록 하겠습니다.

```
y = frame_vectors[1]                                                    # (1)
```

(1) 직전에 만들었던 6개의 1초 데이터 중 2번째 데이터를 예시로 사용

다시 한번 들어볼까요? 새가 짹짹 하는 소리가 들립니다.

[새 울음 소리 재생]

```
sd.play(y)
```

벡터를 간단히 살펴보면 다음과 같습니다. 우리가 기대한 대로 신호 벡터는 22,050개의 값으로 이루어져 있습니다.

[예시 데이터 벡터 살펴보기]

```
print(
    f'벡터의 shape : {y.shape}\
    \n벡터의 대략적인 모습은.. :\n {y}'
)

# ---
# 벡터의 shape : (22050,)
# 벡터의 대략적인 모습은.. :
#  [ 0.00462255  0.00474213  0.00503599 … -0.00755864 -0.00101585
#   0.00437011]
```

[새 울음 소리 1초 데이터 시각화]

```
x = [t / sr for t in range(len(y))]

plt.figure(figsize=(10, 6))
plt.plot(x, y)
plt.title('Example Data (bird sound)', fontsize=20)
plt.xlabel('Time (sec)', fontsize=16)
plt.ylabel('Signal Amplitude', fontsize=16)
plt.show()
```

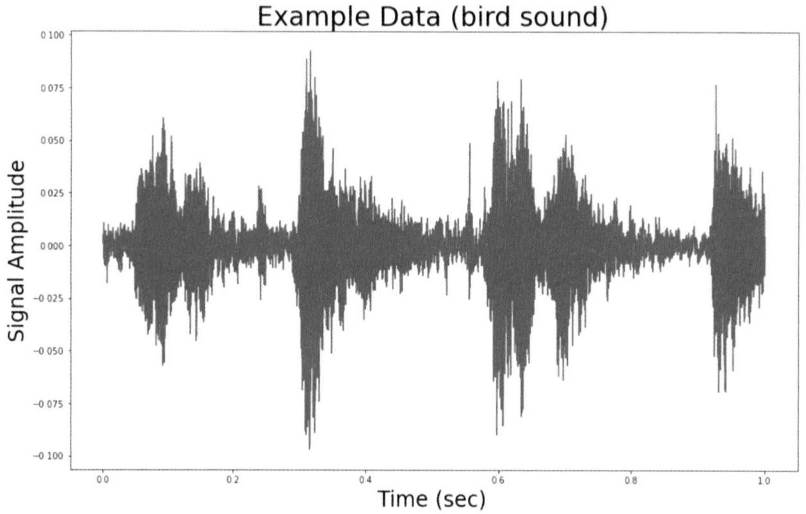

[그림 7-14] 새 울음 소리 1초 데이터

[그림 7-14]는 우리가 만들어낸 새 울음 소리 1초 데이터입니다. 보시는 바와 같이 벡터에는 진폭 값이 들어 있습니다. Feature Extraction은 이 벡터에서 또다른 특징을 추출하는 것입니다. 신호 벡터는 22,050개로 이루어져 있습니다. 이 중에서 짧은 구간에 Short Time FFT를 활용하고 Mel Spectrogram을 그리면 각 주파수 영역에 어느 정도 세기 값이 있는지 추출할 수 있습니다. 이는 아래에서 순서대로 진행됩니다.

[그림 7-15]는 1초 신호 벡터의 첫 번째 2,048개 값으로 Mel Spectrogram을 추출한 모습입니다.

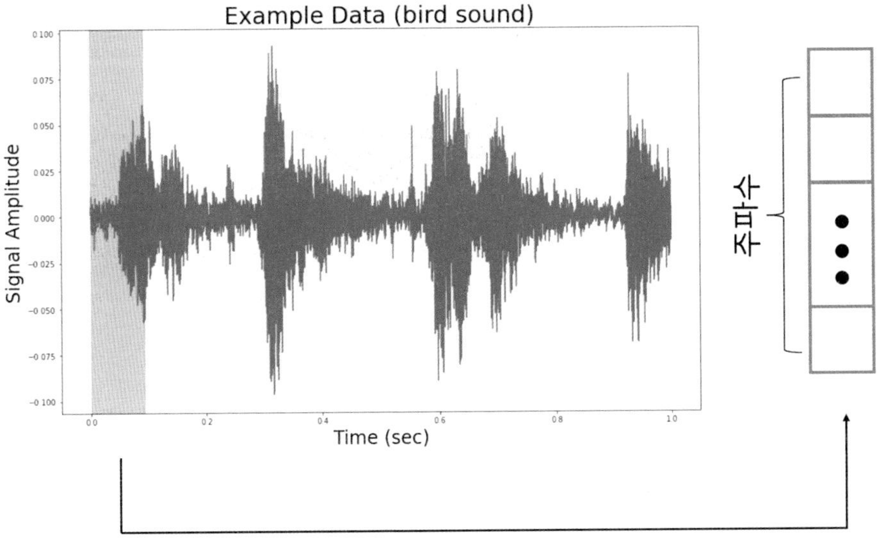

[그림 7-15] 새 울음 소리를 활용한 Mel Spectrogram 추출 과정 (첫 번째 Frame)

[그림 7-16]은 첫 번째로부터 512칸이 우측으로 밀린 512 번째 값부터 2,560 (2,048 + 512) 번째 값까지 추출한 모습입니다.

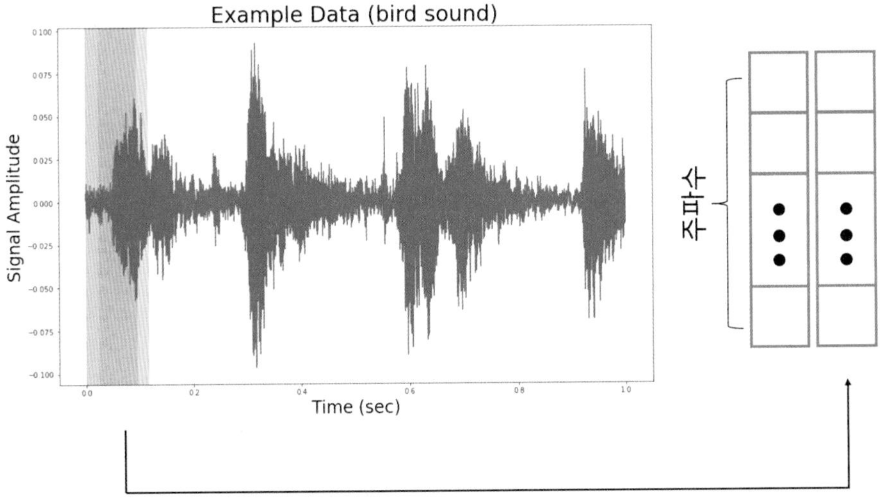

[그림 7-16] 새 울음 소리를 활용한 Mel Spectrogram 추출 과정 (두 번째 Frame)

이와 같은 과정을 반복하여 [그림 7-17]과 같이 마지막 2,048개 구간에 대해서까지 추출합니다.

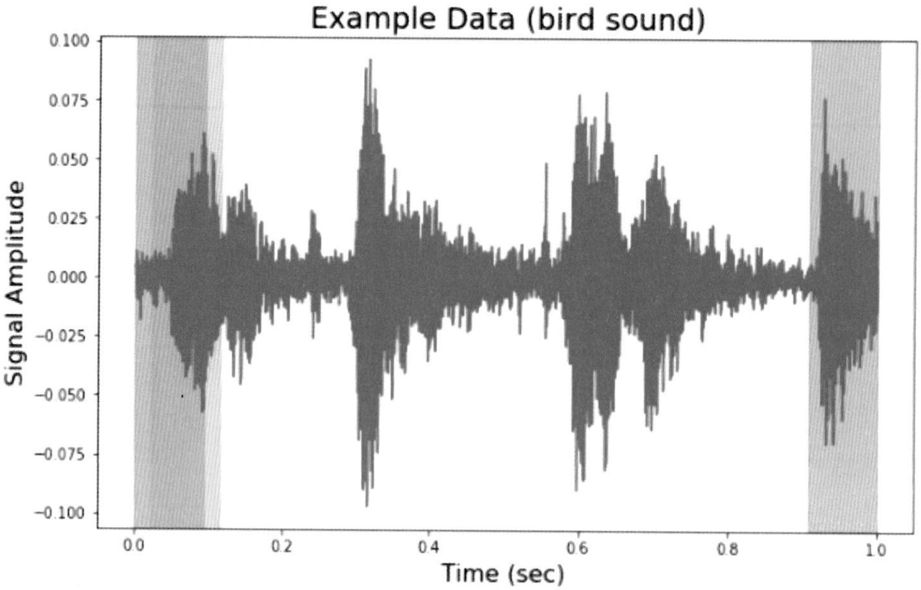

[그림 7-17] 새 울음 소리를 활용한 Mel Spectrogram 추출 과정 (마지막 Frame)

Mel Spectrogram을 구하는 과정을 코드상으로 구현해보도록 하겠습니다. librosa 라이브러리를 통해 쉽게 구할 수 있습니다.

[Mel Spectrogram 추출 및 시각화]

```
from librosa.display import specshow

S = librosa.feature.melspectrogram(y=y, sr=sr)                   # (1)
fig, ax = plt.subplots()
S_dB = librosa.power_to_db(S, ref=np.max)                        # (2)
img = specshow(
    S_dB, x_axis='time', y_axis='mel',
    sr=sr, fmax=8000, ax=ax
)                                                                # (3)
fig.colorbar(img, ax=ax, format='%+2.0f dB')
ax.set(title='Mel-frequency spectrogram')
plt.show()
```

(1) Mel Spectrogram을 추출하는 과정

(2) 파워 단위에서 데시벨 단위로 변환. 사람의 달팽이관은 외부의 소리를 로그 형태로 변환하는데, 그와 비슷한 역할. 간단하게 말하면 파워는 간단히 세기 값과 비슷함

(3) `librosa`에서 제공하는 Spectrogram 전용 시각화 메서드

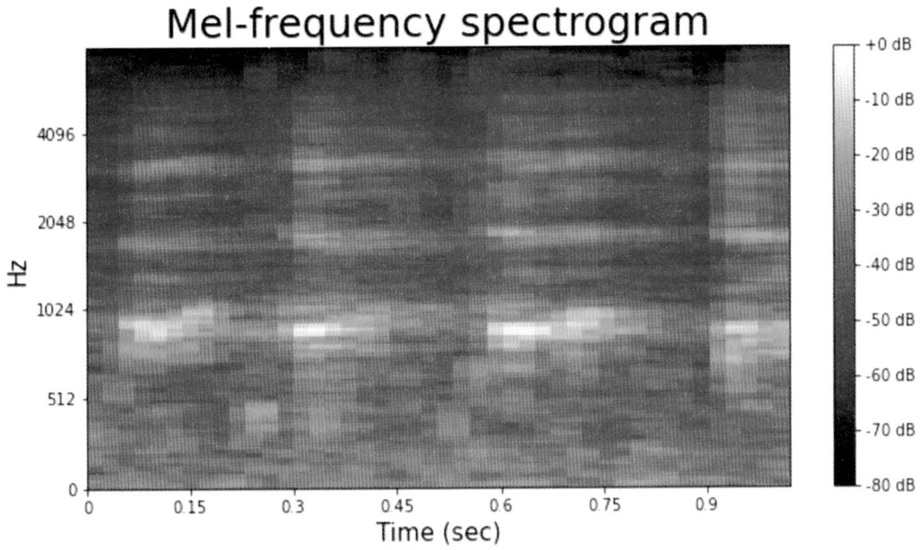

[그림 7-18] 새 울음 소리에서 추출한 Mel Spectrogram (단위: dB)

[그림 7-18] Mel Spectrogram을 해석해보면 주파수 1024Hz, 2048Hz 부근에서 소리가 가장 센 것 같습니다. 색깔이 연할수록 큰 값이라고 볼 수 있습니다.

우리는 1초 신호 벡터를 Mel Spectrogram으로 변환했습니다. 실제 데이터의 차원 변화를 살펴보겠습니다.

[데이터 차원 변화 출력]

```
print(
    f'1초 신호 데이터는 다음과 같이 변합니다.\
    \nBefore shape (signal) : {y.shape}\
    \nAfter shape (Mel Spectrogram) : {S_dB.shape}'
)

# ---
# 1초 신호 데이터는 다음과 같이 변합니다.
# Before shape (signal) : (22050,)
# After shape (Mel Spectrogram) : (128, 44)
```

1차원이었던 벡터가 2차원의 매트릭스 형태로 바뀌었습니다. 위 예시에서의 차원 변화를 도식화하면 [그림 7-19]와 같습니다. [그림 7-17]에서 수행한 작업을 매트릭스 형태로 표현한 것입니다. 이미지 처리에 주로 활용하는 CNN의 입력은 2차원, 혹은 3차원 형태입니다. 우리는 위에서 보여준 방식으로 Mel Spectrogram을 만들어 CNN의 입력으로 사용할 예정입니다.

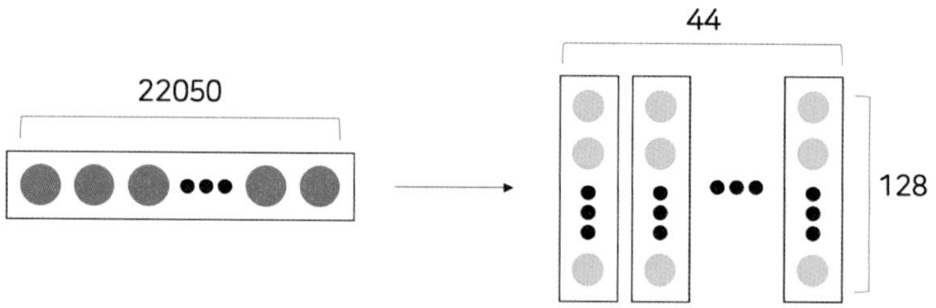

[그림 7-19] 예시 데이터 Mel Spectrogram 추출 과정 차원 변화 도식화

[그림 7-20]는 파워 값을 데시벨 단위로 변환하지 않고 그린 결과입니다. 주파수 1024Hz대에서 값이 두드러지게 보이는 것은 비슷하나 데이터 내 색상이 대부분 비슷한 것으로 보아 모델의 입력으로 사용하기에 문제가 있어 보입니다. 앞으로는 데시벨 단위의 Mel Spectrogram을 사용하도록 하겠습니다.

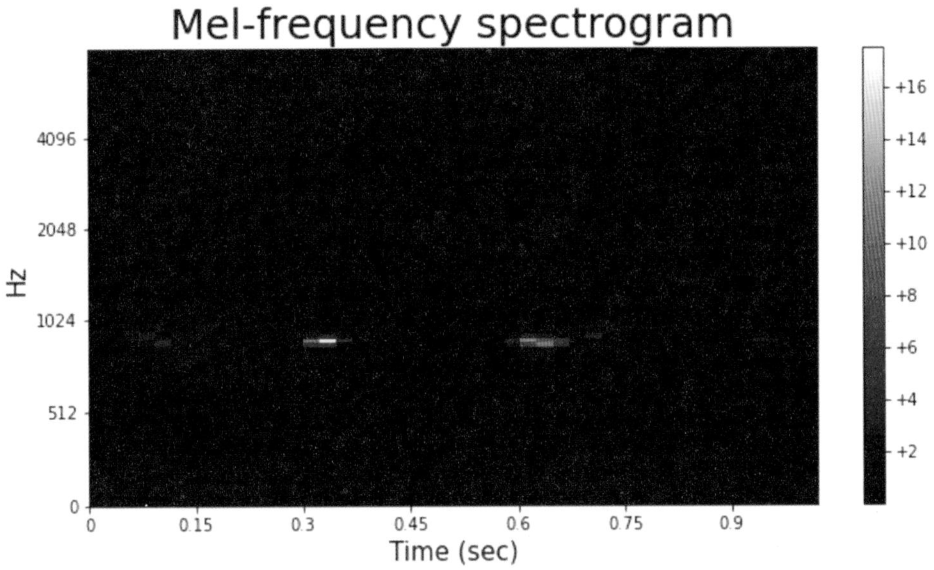

[그림 7-20] 새 울음 소리에서 추출한 Mel Spectrogram (단위: power)

》7.2.7 레이블 데이터 정리《

지금까지 한 개의 예제 소리 파일과 레이블로 Frame Processing을 진행하는 것을 보았습니다. 프로젝트를 진행하면서 활용했던 소리 파일과 레이블을 제공합니다. 소리 파일은 `./data/raw_data/` 위치에, 레이블 파일은 `./data/labels/` 위치에 있습니다. 각각의 파일들은 258개의 쌍으로 이루어져 있습니다. [그림 7-21]은 그 일부를 보여줍니다.

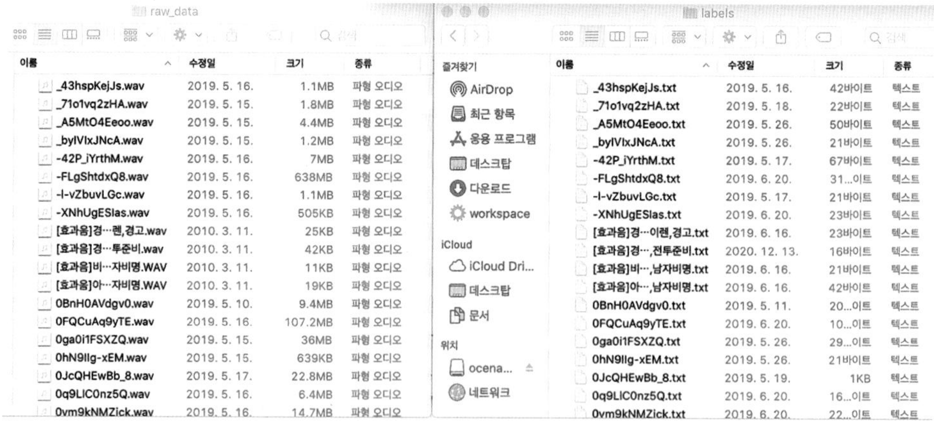

[그림 7-21] 소리 파일 & 레이블 쌍

아래의 코드를 이용해 각각의 파일들을 짝지어줄 수 있습니다.

[Library Import]

```
from os import listdir
from os.path import join, splitext
import pandas as pd
```

[레이블 파일 출력]

```
label_path = './data/labels/'
label_files = [
    f for f in listdir(label_path)
    if splitext(join(label_path, f))[-1] == '.txt'
]
print(
    f'label file 목록 예시 : {label_files[:5]}'
)

# ----------------------------------------------
# label file 목록 예시 : ['Gun5.txt', 'maleyell.txt', 'aarrgghh.txt']
```

엑셀의 각 페이지에 레이블 파일 정보를 담고, 파일 목록을 정리해주는 엑셀 파일을 다음과 같이 만들 수 있습니다.

[레이블 정보 모음 파일 생성]

```
list_file_fn = 'file_list.xlsx'                                          # (1)
with pd.ExcelWriter(list_file_fn) as writer:                             # (2)
    audio_names = []                                                     # (3)
    for i, file_name in enumerate(label_files):
        temp = pd.read_csv(label_path + file_name, sep='\t', header=None)
        temp.columns = ['start(s)', 'end(s)', 'label']
        temp.to_excel(writer, index=False, sheet_name=str(i))            # (4)
        audio_names.append(file_name[:-3] + 'wav')                       # (5)
        if i == len(label_files) - 1:                                    # (6)
            pd.DataFrame(
                audio_names, columns=['audio_name']
            ).to_excel(writer, sheet_name='list')
```

(1) 결과물 엑셀 파일 이름

(2) pandas의 `ExcelWriter` 객체를 통해 엑셀 파일을 씀

(3) 최종 정리를 위한 각각의 파일 이름 저장

(4) i번째 인덱스 이름의 sheet에 레이블 정보 저장

(5) 현재 저장한 레이블에 해당하는 소리 파일 목록에 넣기

(6) 마지막 반복에서 [그림 7-21]과 같이 모든 파일들의 목록을 저장

이를 통해 만들어낸 엑셀 파일은 [그림 7-22]와 [그림 7-23]과 비슷합니다.

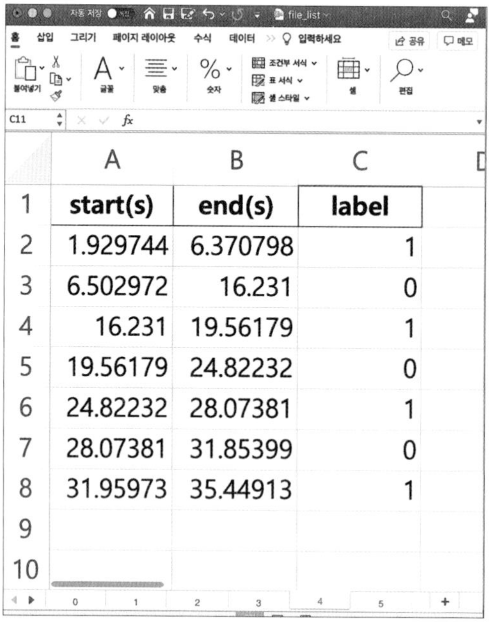

	A	B	C
1	**start(s)**	**end(s)**	**label**
2	1.929744	6.370798	1
3	6.502972	16.231	0
4	16.231	19.56179	1
5	19.56179	24.82232	0
6	24.82232	28.07381	1
7	28.07381	31.85399	0
8	31.95973	35.44913	1
9			
10			

[그림 7-22] 한 파일에 대한 레이블

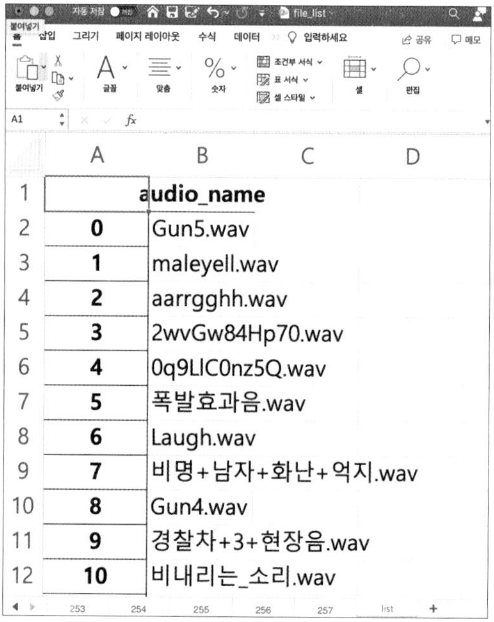

	A	B
1		**audio_name**
2	**0**	Gun5.wav
3	**1**	maleyell.wav
4	**2**	aarrgghh.wav
5	**3**	2wvGw84Hp70.wav
6	**4**	0q9LlC0nz5Q.wav
7	**5**	폭발효과음.wav
8	**6**	Laugh.wav
9	**7**	비명+남자+화난+억지.wav
10	**8**	Gun4.wav
11	**9**	경찰차+3+현장음.wav
12	**10**	비내리는_소리.wav

[그림 7-23] 파일 목록 정리

》7.2.8 전체 파일 데이터 전처리《

지금까지 한 파일에 대해 레이블 부분을 구하고, 각 부분에서 Frame Processing을 진행하는 방법에 대해 살펴봤습니다. 이번에는 전체 파일에 대해 전처리를 진행하도록 하겠습니다.

[Library Import]

```
import time
import math

import numpy as np
import pandas as pd
from tqdm import tqdm
import librosa
from torch.utils.data import Dataset, DataLoader
```

다음은 앞에서 다뤘던 Frame Processing, 그리고 Mel Spectrogram을 추출하는 Feature Extraction을 쉽게 진행하기 위해 함수로 구현한 모습입니다. 함수 내용을 한 번씩 살펴보시면 앞에서 다뤘던 내용을 정리했다는 것을 알 수 있습니다.

[데이터 로드 함수]

```
def load_label_data(file_path, i, frame_size):
    audio_label = pd.read_excel(file_path, sheet_name=str(i))          # (1)
    audio_label['label'] = audio_label['label'].apply(
        lambda x: int(str(x)[0])
    )

    audio_label = np.array(audio_label)                               # (2)
    audio_label = audio_label[
        (audio_label[:, 1] - audio_label[:, 0] >= frame_size)
    ]                                                                 # (3)
    return audio_label

def load_sound_data(file_path, sampling_rate):
    audio, sr = librosa.load(file_path, sr=sampling_rate)            # (4)
    return audio, sr
```

(1) 데이터 정리 엑셀의 `i` 번 sheet에 있는 레이블 정보 불러오기

(2) Pandas 데이터프레임을 numpy `array`로 변환

(3) 사용할 Frame Size 이하 레이블 정보는 버림

(4) `librosa` 라이브러리를 통해 소리 파일 로드

[Frame Processing 함수]

```
def process_frame(audio, sr, label, frame_size=1, stride=0.2):
    n = np.sum(
        np.floor(
            (
                (label[:, 1] - label[:, 0]) - frame_size
            ) / stride + frame_size
        )
    )                                                                    # (1)

    frame_vector = np.zeros((int(n), frame_size * sr))                   # (2)
    target_vector = np.zeros((int(n), 1))                                # (3)

    i = 0
    for temp_label in label:                                             # (4)
        start = temp_label[0]                                            # (5)
        end = temp_label[1]                                              # (6)
        y = temp_label[2]                                                # (7)

        eter = int(
            np.floor((((end - start) - frame_size) / stride) + 1)
        )                                                                # (8)
        for j in range(eter):                                            # (9)
            start_idx = int((start + j * stride) * sr)
            end_idx = start_idx + frame_size * sr
            frame_vector[i] = audio[start_idx:end_idx]                  # (10)
            target_vector[i] = y                                        # (11)
            i += 1
    return frame_vector, target_vector
```

(1) 한 개의 파일에서 생성되는 Frame 데이터 개수

(2) 각 Frame을 담을 빈 numpy `array` 생성 → (n, 데이터 차원)

(3) 각 Frame에 해당하는 레이블 numpy array 생성 → (n, 1)

(4) 한 개의 레이블 구간 처리를 위한 반복문

(5) 해당 레이블에서의 시작 시점

(6) 해당 레이블에서의 끝 시점

(7) 해당 레이블 정보

(8) 해당 레이블에서 생성되는 Frame 데이터 개수

(9) 해당 레이블에서 각각의 Frame 처리를 위한 반복문

(10) 만들어둔 Frame Vector에 실제 값 채워 넣기

(11) 만들어둔 Label Vector에 실제 값 채워 넣기

[Feature Extraction 함수]

```
def extract_mel_feature(frame_vector, sr, n_mels, st=512):
    mel_feature = librosa.feature.melspectrogram(
        y=frame_vector, sr=sr, n_mels=n_mels, hop_length=st
    )                                                                # (1)
    mel_feature = librosa.core.power_to_db(
        mel_feature, ref=np.max
    )                                                                # (2)
    return mel_feature
```

(1) Mel Spectrogram 추출

(2) power 값을 데시벨 값으로 변환

이제 위 함수들을 엮어서 모든 파일에 대해 레이블 구간을 얻고, Frame Processing을 진행하여 Mel Spectrogram을 구해보겠습니다.

[데이터에 대한 Frame Processing 추출 수행]

```
sr = 22050
frame_size = 1
stride = 0.2
n_mels = 64
```

```
n_feature = 34
short_time = 512

file_list = pd.read_excel('./file_list.xlsx', sheet_name='list')      # (1)

frame_vectors = []
label_vectors = []
idx_count = []

for file_i, file_name in enumerate(file_list['audio_name']):          # (2)
    if file_i % 10 == 0:
        print(f'{file_i}-th 파일을 처리하고 있습니다.')

    label_data_temp = load_label_data(
        './file_list.xlsx', file_i, frame_size
    )                                                                  # (3)

    if len(label_data_temp) == 0:                                      # (4)
        idx_count.append(0)
        continue

    audio_path = './data/raw_data/' + file_name
    audio_data_temp, _ = load_sound_data(audio_path, sr)               # (5)

    frame_vector, label_vector = process_frame(
        audio=audio_data_temp, sr=sr, label=label_data_temp,
        frame_size=frame_size, stride=stride
    )                                                                  # (6)
    frame_vectors.append(frame_vector)
    label_vectors.append(label_vector)

    idx_count.append(frame_vector.shape[0])

frame_vectors = np.concatenate(frame_vectors)                          # (7)
label_vectors = np.concatenate(label_vectors)
```

(1) 정리 파일의 list sheet 에서 파일 목록 불러오기

(2) 각 파일 처리를 위한 반복문

(3) 해당 파일에 대한 레이블 정보

(4) Frame Size보다 긴 레이블 구간이 없는 경우 예외 처리

(5) Audio 불러오기

(6) Frame Processing을 통해 얻은 Frame Vector 와 Label Vector

(7) 각 파일에서 얻은 Frame Vector 합치기

[Frame Vector를 Mel Spectrogram으로 변환]

```
mel_features = []
for frame_vector in frame_vectors:
    mel_feature = extract_mel_feature(
        frame_vector=frame_vector, sr=sr, n_mels=n_mels
    )
    mel_features.append(mel_feature)                              # (1)
mel_features = np.stack(mel_features)                             # (2)
```

(1) 각 Frame Vector 별 Mel Spectrogram 추출

(2) 모든 Mel Spectrogram 합치기

[데이터 개수 출력]

```
print(
    f'y의 shape: {y.shape}\
    \n비명 개수 : {sum(y == 1)}\
    \n비명 아닌 개수 : {sum(y == 0)}'
)

# ---------------------------------------------------
# y의 shape: (6090, 1)
# 비명 개수 : [2237]
# 비명 아닌 개수 : [3853]
```

》7.2.9 PyTorch Dataset & DataLoader 구현《

자, 이제 데이터를 준비하는 부분은 다 끝났습니다. PyTorch Dataset과 학습 & 검증에 사용할 Data Loader를 구축해볼 차례입니다. 먼저 학습 데이터와 검증 데이터를 나누는 작업

이 필요합니다. 데이터를 나누는 방법은 여러 가지가 있습니다. 먼저 간단하게 모든 Frame Vector에 대해 비율로 나눌 수 있습니다. 또한 파일 속성을 고려하여 같은 파일로부터 나온 Frame Vector는 학습 데이터 혹은 검증 데이터 한쪽에만 존재하게 할 수도 있습니다. 아래에서는 간단히 비율로 데이터를 나누도록 하겠습니다. 파일 속성을 고려하고 싶다면 위 [데이터에 대한 Frame Processing 추출 수행] 과정에서 만든 idx_count를 활용하면 됩니다.

[학습 데이터를 결정할 index mask 만들기]

```
train_ratio = 0.7                                                    # (1)

total_n = frame_vectors.shape[0]                                     # (2)
train_n = int(total_n * train_ratio)                                 # (3)

train_idxes = np.random.choice(total_n, train_n, replace=False)      # (4)

train_mask = np.zeros(shape=total_n, dtype=bool)                     # (5)
train_mask[train_idxes] = True                                       # (6)
```

(1) 학습 데이터 비율 정하기

(2) 전체 데이터 개수

(3) 학습에 활용할 데이터 개수

(4) 학습에 활용할 index를 무작위로 추출

(5) index mask로 활용할 변수 만들기

(6) (4)에서 무작위로 추출된 index를 활용하기 위한 index_mask 조작

[학습 데이터 & 검증 데이터 나누기]

```
train_mel_features = mel_features[train_mask]                        # (1)
valid_mel_features = mel_features[~train_mask]                       # (2)

train_label_vectors = label_vectors[train_mask]                      # (3)
valid_label_vectors = label_vectors[~train_mask]
```

(1) 전체 데이터 중 train_mask가 True로 설정된 데이터 추출

(2) 전체 데이터 중 train_mask가 False로 설정된 데이터 추출
(3) 레이블 벡터에 (1)과 동일한 연산

우리는 학습과 검증에 이용할 Audio Feature와 레이블 변수를 얻게 되었습니다. 이를 PyTorch Dataset으로 구축하기 위한 커스텀 클래스를 만들어보겠습니다.

[Dataset 커스텀 클래스]

```
class ScreamDataset(Dataset):
    def __init__(self, x, y):
        self.audio_features = x
        self.labels = y

    def __len__(self):
        return len(self.audio_features)

    def __getitem__(self, idx):
        audio_feature = torch.FloatTensor(self.audio_features[idx])
        audio_feature = audio_feature.unsqueeze(0)
        label = self.labels[idx]
        return (audio_feature, label)
```

커스텀 클래스를 선언했으므로 우리가 만든 Mel Spectrogram과 레이블만 인자로 주어지면 Dataset이 완성됩니다. Data Loader를 만드는 것은 코드 한 줄이면 충분합니다.

[Dataset과 DataLoader 구현]

```
train_dataset = ScreamDataset(
    train_mel_features, train_label_vectors
)                                                          # (1)
train_loader = DataLoader(
    train_dataset, batch_size=batch_size, shuffle=True
)                                                          # (2)


valid_dataset = ScreamDataset(
```

```
    valid_mel_features, valid_label_vectors
)
valid_loader = DataLoader(
    valid_dataset, batch_size=batch_size, shuffle=False
)
```

(1) 학습을 위한 Dataset 객체 생성

(2) 학습을 위한 Data Loader 객체 생성

》7.2.10 PyTorch 모델 구현《

간단한 CNN 모델을 nn 모듈의 Sequential 클래스로 쉽게 만들 수 있습니다.

[모델 정의]

```
import torch
from torch import nn


model = nn.Sequential(
    # |x| = (n, 1, 64, 44)
    nn.Conv2d(
        in_channels=1,
        out_channels=32,
        kernel_size=(64, 1),
    ),
    # |x| = (n, 32, 1, 44)
    nn.BatchNorm2d(32),
    nn.ReLU(),
    nn.Dropout2d(p=0.3),
    nn.Conv2d(
        in_channels=32,
        out_channels=64,
        kernel_size=(1, 9),
    )
    # |x| = (n, 64, 1, 6)
```

```
    nn.BatchNorm2d(64),
    nn.ReLU(),
    nn.Dropout2d(p=0.3),
    nn.Flatten(),
    # |x| = (n, 64 * 1 * 6)
    nn.Linear(64 * 1 * 6, 1)
    # |x| = (n, 1)
).to(device)
```

예시에서 만든 CNN의 첫 번째 Kernel Size는 (64, 1)로, 주파수 영역에 초점을 맞춘 네트워크라고 해석할 수 있습니다. 이외에도 네트워크를 매우 다양하게 만들 수 있습니다. [그림 7-24]는 데이터가 네트워크를 통과하면서 바뀌는 모습을 도식화한 것입니다.

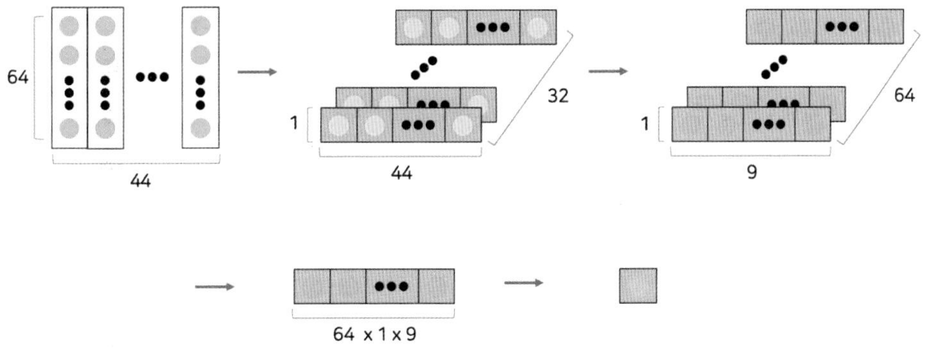

[그림 7-24] 입력 데이터의 예시 CNN 모델 결과 도식화

》7.2.11 모델 학습《

Loss를 계산하고 Back Propagation을 통해 가중치 업데이트를 진행할 수 있도록 Loss와 최적화 객체를 불러옵니다.

[Loss & 최적화 객체 생성]

```
from torch import optim


criterion = nn.BCEWithLogitsLoss()                                          # (1)
optimizer = optim.Adam(model.parameters(), lr=learning_rate)                # (2)
```

(1) Binary Cross Entropy 계산을 위한 Loss 객체 생성

(2) Adam 최적화 객체 생성

이제 직접 학습을 진행해보겠습니다.

[모델 학습]

```
from sklearn.metrics import f1_score, accuracy_score


n_epochs = 100
train_n = len(train_dataset)
valid_n = len(valid_dataset)

for e in range(1, n_epochs + 1):
    # init metrics for this epoch                                           # (1)
    train_loss = 0
    train_acc = 0
    train_f1_score = 0
    valid_loss = 0
    valid_acc = 0
    valid_f1_score = 0
```

```
# train part
model.train()                                           # (2)
for audio_feature, label in train_loader:
    audio_feature = audio_feature.to(device)            # (3)
    label = label.to(device)
    optimizer.zero_grad()                               # (4)

    pred = model(audio_feature)                         # (5)

    loss = criterion(pred, label)                       # (6)
    loss.backward()                                     # (7)
    optimizer.step()                                    # (8)

    pred = torch.round(torch.sigmoid(pred))             # (9)
    pred = pred.cpu().detach().numpy()                  # (10)
    label = label.cpu().detach().numpy()

    acc = accuracy_score(label, pred)                   # (11)
    f1 = f1_score(label, pred)

    n = len(label)                                      # (12)
    train_loss += loss.item() * n
    train_acc += acc.item() * n
    train_f1_score += f1 * n

# validation part
model.eval()
with torch.no_grad():
    for audio_feature, label in valid_loader:
        audio_feature = audio_feature.to(device)
        label = label.to(device)

        pred = model(audio_feature)

        loss = criterion(pred, label)

        pred = torch.round(torch.sigmoid(pred))
        pred = pred.cpu().numpy()                       # (13)
        label = label.cpu().numpy()
```

```
            acc = accuracy_score(label, pred)
            f1 = f1_score(label, pred)

            n = len(label)
            valid_acc += acc.item() * n
            valid_loss += loss.item() * n
            valid_f1_score += f1 * n

    # calculate metrics for this epoch                                 # (14)
    train_loss = f'{train_loss / train_n : .4f}'
    train_acc = f'{train_acc / train_n : .3f}'
    train_f1_score = f'{train_f1_score / train_n : .3f}'
    valid_loss = f'{valid_loss / valid_n : .4f}'
    valid_acc = f'{valid_acc / valid_n : .3f}'
    valid_f1_score = f'{valid_f1_score / valid_n : .3f}'

    # log metrics
    print(f'Epoch {e+0 : 03}')
    print('       |   loss   |   acc   |   f1   |')
    print(f'TRAIN | {train_loss} | {train_acc} | {train_f1_score} |')
    print(f'VALID | {valid_loss} | {valid_acc} | {valid_f1_score} |')
    print('----------------------------------\n')
# Epoch  001
#       |   loss   |   acc   |   f1   |
# TRAIN |  0.4620 |  0.785 |  0.679 |
# VALID |  0.3370 |  0.846 |  0.758 |
# ----------------------------------
#
# Epoch  002
#       |   loss   |   acc   |   f1   |
# TRAIN |  0.3413 |  0.854 |  0.795 |
# VALID |  0.3071 |  0.874 |  0.788 |
# ----------------------------------
# …
# Epoch  100
#       |   loss   |   acc   |   f1   |
# TRAIN |  0.0445 |  0.986 |  0.981 |
# VALID |  0.1747 |  0.946 |  0.905 |
# ----------------------------------
```

(1) 해당 Epoch의 Loss, Accuracy, F1 Score를 계산하기 위한 변수 초기화

(2) 모델 Train 모드로 변환

(3) `Data Loader`에서 꺼낸 배치 데이터를 device에 올리기

(4) 최적화 객체에 담긴 Gradient 값 초기화

(5) 모델 결과(비명 확률 로짓) 추출

(6) 모델 결과와 실제 값 비교를 통한 Loss 값 도출

(7) backward 연산을 통한 Gradient 값 추출

(8) 추출한 Gradient 값을 통해 Parameter 값 업데이트

(9) 모델 결과 확률을 통한 비명 예측 결과 도출

(10) Device에 올라간 `Tensor`를 CPU로 내리기

(11) 정확도 추출

(12) Metric 값 보정을 위한 해당 Batch의 데이터 개수 추출

(13) (10)과 동일한 연산이나 Gradient를 활용하지 않으므로 detach를 수행하지 않음

(14) 전체 데이터 개수를 이용한 Metric 값 보정

모델을 학습시키면 학습 데이터에서는 정확도와 F1 Score 모두 0.98 이상의 높은 값을 가지고, 검증 데이터에서도 0.9 이상의 준수한 값을 얻어낼 수 있습니다. 이는 모델이 우리가 학습시킨 데이터와 검증 데이터로 비명과 비명이 아닌 소리를 잘 구분해낸다고 이해할 수 있습니다.

》7.2.12 학습한 모델 저장 & 불러오기《

데모를 실행하기 위해서는 학습한 모델을 저장하고, 불러올 수 있어야 합니다. [모델 학습]에서 학습한 모델을 저장하는 방법과 불러오는 방법을 간단히 살펴보겠습니다.

[PyTorch를 활용한 모델 저장 & 불러오기]

```
model_path = './test.pth'
torch.save(model.state_dict(), model_path)                          # (1)

new_model = nn.Sequential(
nn.Conv2d(
        in_channels=1,
        out_channels=32,
        kernel_size=(64, 1),
    ),
    nn.BatchNorm2d(32),
    nn.ReLU(),
    nn.Dropout2d(p=0.3),
    nn.Conv2d(
        in_channels=32,
        out_channels=64,
        kernel_size=(1, 9),
    )
    nn.BatchNorm2d(64),
    nn.ReLU(),
    nn.Dropout2d(p=0.3),
    nn.Flatten(),
nn.Linear(64 * 1 * 6, 1),
)                                                                   # (2)
new_model.load_state_dict(
torch.load(model_path, map_location='cpu')
)                                                                   # (3)
```

(1) `model_path` 경로에 모델의 Parameter 값 저장

(2) 기존 모델과 동일한 Parameter 모양의 모델 객체 생성

(3) 새로 만든 모델 객체의 Parameter에 `model_path` 경로에 저장된 Parameter 값 로드

》7.2.13 데모 실행《

이제 대망의 데모를 실행해보도록 하겠습니다. 데모를 구현하기 위해서는 실시간으로 소리가 들어오는 Microphone 객체, 화면을 보여주는 Window 객체, 그리고 실시간으로 들어온 데이터를 추론하고 알려주는 Model이 필요합니다.

Microphone과 Window는 책에서 깊이 다루지 않겠습니다. Microphone과 Window 클래스는 demo.py 파일에 구현되어 있습니다.

실제로 데모를 실행하면 꽤 귀여운 디자인을 가진 데모가 실행됩니다.

[데모 실행]

```
import sys
from PyQt5 import QtCore
from PyQt5.QtWidgets import QApplication
from demo import MyWindow, MicrophoneRecorder


sampling_rate = 22050  # Hz
chunk_size = 22050  # samples

model_dir = 'test.pth'
model = nn.Sequential(
    nn.Conv2d(
        in_channels=1,
        out_channels=32,
        kernel_size=(64, 1),
    ),
    nn.BatchNorm2d(32),
    nn.ReLU(),
    nn.Dropout2d(p=0.3),
    nn.Conv2d(
        in_channels=32,
        out_channels=64,
        kernel_size=(1, 9),
```

```
        stride=4
    ),
    nn.BatchNorm2d(64),
    nn.ReLU(),
    nn.Dropout2d(p=0.3),
    nn.Flatten(),
    nn.Linear(64 * 1 * 9, 1),
)
model.load_state_dict(torch.load(model_dir, map_location='cpu'))

app = QApplication(sys.argv)
myWindow = MyWindow(model=model)
mic = MicrophoneRecorder(myWindow.read_collected)

# time (seconds) between reads
interval = sampling_rate / chunk_size
t = QtCore.QTimer()
t.timeout.connect(mic.read)
t.start(500)  # QTimer takes ms

myWindow.show()
app.exec_()
```

데모를 실행하면 아이콘이 주변 소리에 따라 다음과 같이 변합니다. 직접 데모를 실행시키고 그 결과를 살펴볼 시간입니다. [그림 7-25]는 평상시의, [그림 7-26]은 비명 소리를 탐지한 경우의 화면입니다.

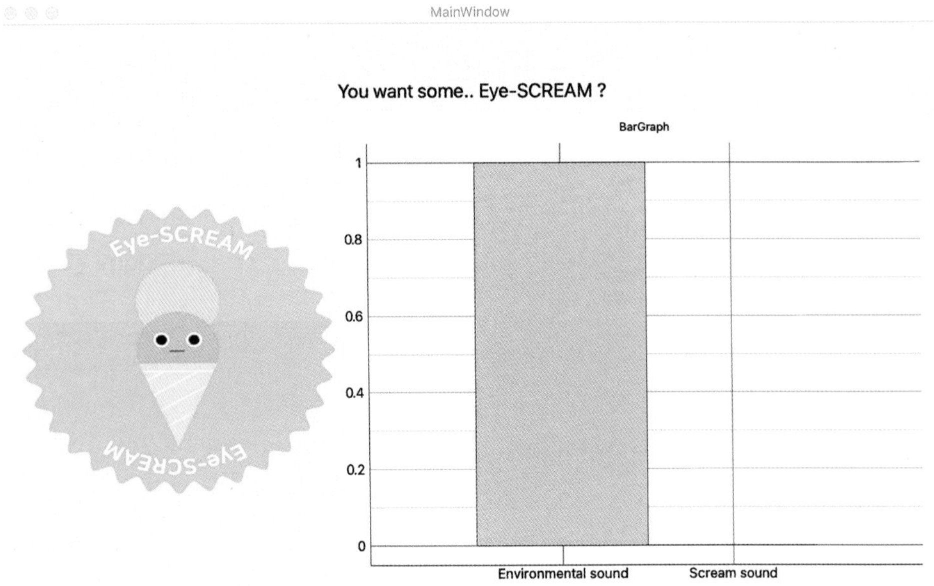

[그림 7-25] 비명이 아닌 경우

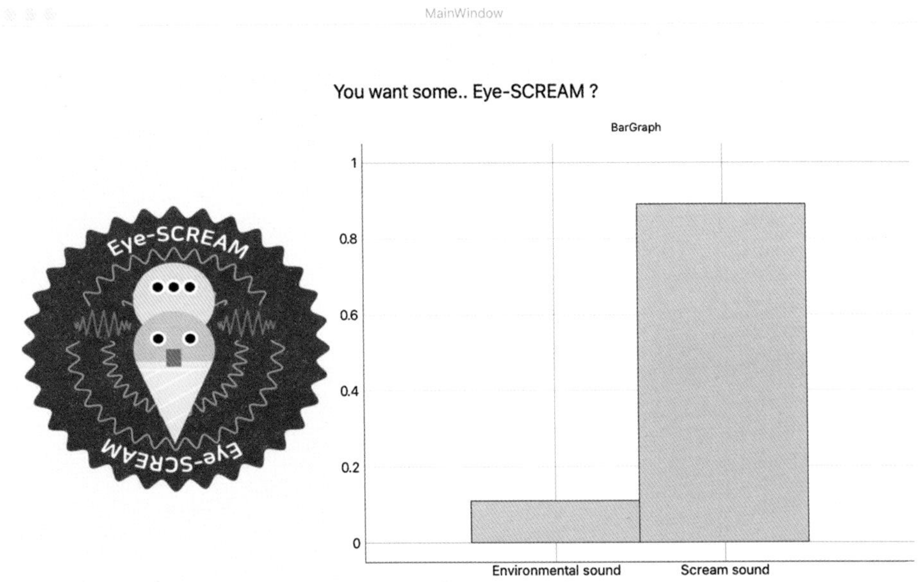

[그림 7-26] 비명인 경우

7.3 결론

소리 데이터를 활용할 수 있다는 것은 생각보다 의미가 큽니다. 우리가 실제로 보지 못하는 상황에 대처가 가능해지기 때문입니다. 비명 소리를 감지할 수 있다면, 범죄 현장이나 응급 상황과 같은 긴급 상황에 더 잘 대처하는 기대효과도 생각해볼 수 있습니다.

실시간 비명 소리 감지 시스템 프로젝트를 진행하면서 다룬 부분은 다음과 같습니다. 먼저 소리 데이터를 이해하고 Python 코드상에서 처리하는 방법에 대해 알아보았습니다. 다음으로 Frame Processing, Feature Engineering을 통해 모델 네트워크에 들어갈 입력을 만들었습니다. 그리고 비명 소리를 감지하는 모델을 학습시키고, 마지막으로 학습시킨 모델을 데모로 돌려 실제 우리가 내는 실시간 소리가 비명 소리인지 아닌지 판단해서 시각적으로 보여주는 과정까지 진행했습니다. 위 전체 과정을 차근차근 진행함으로써 소리 데이터를 다루는 것에 대해 도움이 되었기를 바랍니다.

데모를 위해 모델을 학습시켰을 때 Validation 기준 0.9가 넘는 F1 Score를 기록했습니다. 하지만 실제 데모를 실행하면 기록만큼 비명 탐지가 되지 않는 것처럼 느껴집니다. 그 이유는 여러 가지가 있을 수 있습니다. 우리가 학습시킨 데이터가 실제로 비명을 잡아내기에 충분하지 않았을 수도 있고, 노트북 기기의 마이크 문제가 있었을 수도 있습니다. 모델의 성능을 더욱 올리기 위해서는 수많은 실험이 필요합니다. 실제로 프로젝트를 진행할 때에는 다른 전처리, 모델링을 통해 더 많은 시도들을 해보시기 바랍니다. 추가적으로 자기 자신을 재생성하는 모델인 Auto Encoder 종류의 모델을 활용하여 비명만 학습시키고 비명이 아닌 경우를 잡아내는 방식도 고려해볼 수 있습니다.

이것으로 실시간 비명 감지 시스템 프로젝트를 마무리하고, 다음 프로젝트로 넘어가도록 하겠습니다.

PART 8

딥러닝을 이용한 수능 영어 풀기

지금까지 우리는 이미지, 텍스트, 소리 등 다양한 데이터를 다루어 왔습니다. 이번 파트에서는 다시 텍스트 데이터를 다루어 보겠습니다. 하지만 이전 텍스트 프로젝트보다는 난이도를 높여서 진행해보도록 하겠습니다.

8.1 프로젝트 소개

이번 파트에서는 수능 영어 문제를 풀 수 있는 딥러닝 모델을 만드는 방법에 대해서 알아보겠습니다. 한국의 수능 영어 시험은 외국인들도 풀기 어렵다고 할 정도로 어려운 난이도를 자랑합니다. 수능이 끝나고 난 뒤에는 [그림 8-1]과 [그림 8-2]처럼 수능 난이도를 말하는 기사들을 많이 접할 수 있습니다.

영어권 외국인도 혀 내두른 '불수능'...학교수업 무용론도

[JTBC] 입력 2018.11.19 20:53 수정 2018.11.19 23:09

[앵커]

대학수학능력시험은 지난주에 끝났지만 시험문제를 둘러싼 논란은 오히려 시간이 갈수록 더 커지는 상황입니다. 이렇게 어려운 문제는 왜 풀어야 하나는 말부터 이럴바에야 학교 수업은 들어서 뭐하겠느냐 하는 성토까지 나오고 있죠. 학부모와 수험생의 고민도 동시에 커지고 있습니다.

먼저 강신후 기자의 보도를 보시고, 대체 어떤 문제들인지 저희 기자 한 사람과 함께 들여다 보도록 하겠습니다.

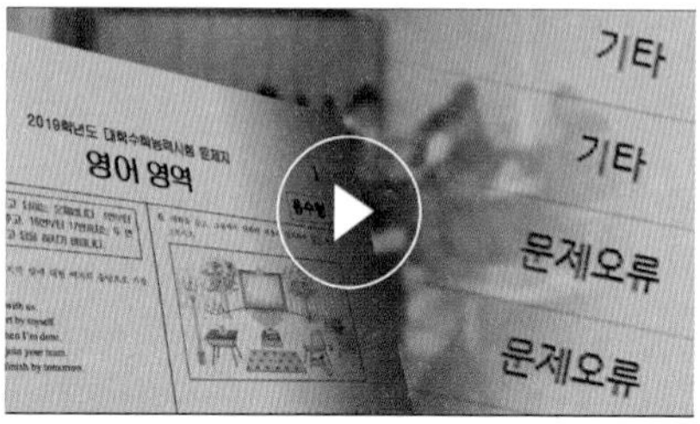

[그림 8-1] 수능 관련 기사 1

[영상pick] 수능 영어 푼 외국인들..."아! 너무 스트레스!"

SBS이선영 에디터, 김도균 기자

입력 : 2018.11.19 13:42 | 수정 : 2018.11.19 14:18

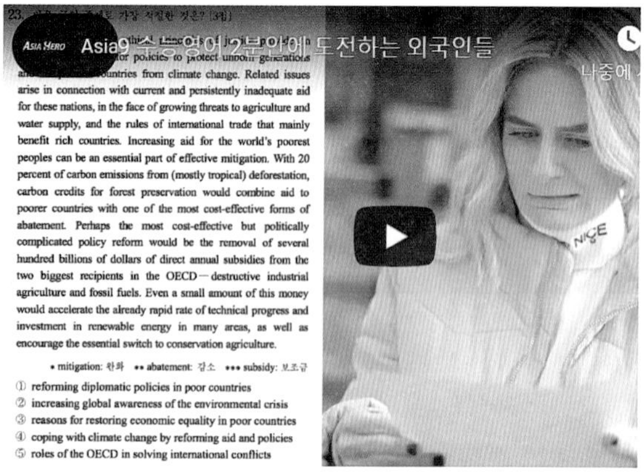

[그림 8-2] 수능 관련 기사 2

최근 AI를 이용해 수능 문제를 풀려는 시도도 이뤄지고 있습니다. 그런데 그 결과는 썩 좋지 못한 것 같습니다. [그림 8-3]의 기사 내용은 인공지능도 수능 문제를 풀기 어려워한다는 것입니다. 그런데 인공지능은 어떻게 수능 영어 문제를 풀까요? 그리고 왜 잘 풀지 못할까요? 이번 프로젝트를 진행하면서 이러한 궁금증을 풀어보도록 하겠습니다.

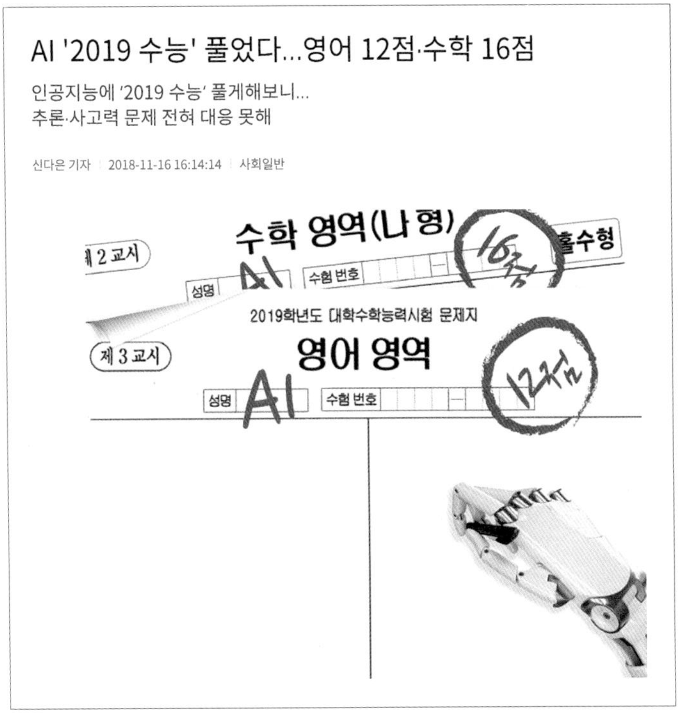

[그림 8-3] 수능과 인공지능 관련 기사

8.2 프로젝트 설명

》8.2.1 문제 정의《

모델을 구축하기에 앞서서, 프로젝트를 진행할 때에는 어떠한 문제를 풀고자 하는지 문제 정의를 우선시해야 합니다. 문제를 어떻게 정의하는지에 따라 모델을 만드는 법과 모델을 학습시키는 법이 달라지기 때문입니다.

우선 수능 기출 문제를 어떻게 풀어야 할지에 대해서 같이 정의해보겠습니다. [그림 8-4]는 2019년 수능 기출문제입니다. 한번 풀어 볼까요? 문제를 풀어봤다면 다음 질문을 봐주세요.

29. 다음 글의 밑줄 친 부분 중, 어법상 틀린 것은?

Speculations about the meaning and purpose of prehistoric art ① rely heavily on analogies drawn with modern-day hunter-gatherer societies. Such primitive societies, ② as Steven Mithen emphasizes in *The Prehistory of the Modern Mind*, tend to view man and beast, animal and plant, organic and inorganic spheres, as participants in an integrated, animated totality. The dual expressions of this tendency are *anthropomorphism* (the practice of regarding animals as humans) and *totemism* (the practice of regarding humans as animals), both of ③ which spread through the visual art and the mythology of primitive cultures. Thus the natural world is conceptualized in terms of human social relations. When considered in this light, the visual preoccupation of early humans with the nonhuman creatures ④ inhabited their world becomes profoundly meaningful. Among hunter-gatherers, animals are not only good to eat, they are also *good to think about*, as Claude Lévi-Strauss has observed. In the practice of totemism, he has suggested, an unlettered humanity "broods upon ⑤ itself and its place in nature."

* speculation: 고찰 ** analogy: 유사점
*** brood: 곰곰이 생각하다

[그림 8-4] 2019년 수능 기출 문제

> **Q) "어떻게 이 문제를 풀었나요?"**
>
> A) 아마 대부분의 사람들이 보기가 있는 각 문장을 읽고 문장이 문법적으로 맞는지 틀렸는지 확인했을 것입니다.

그럼 질문을 조금 바꿔보겠습니다.

> **Q) "어떻게 하면 컴퓨터가 이 문제를 풀 수 있을까요?"**
>
> A) 힌트는 바로 앞의 질문에 있습니다. 정답은 컴퓨터에게 사람이 푸는 방식처럼 풀게 하는 것입니다. 즉, 컴퓨터에게도 각 문장을 주고 문법적으로 맞는지 틀렸는지 맞히게 하는 것입니다.

이렇게 우리가 풀려고 하는 실제 문제를 컴퓨터가 풀 수 있게 만드는 방식은 다른 프로젝트를 진행할 때도 활용됩니다.

》8.2.2 데이터 전처리《

문장	정답
1. Speculations about the meaning and purpose of prehistoric art rely heavily on analogies drawn with modern-day hunter-gatherer societies.	True
2. Such primitive societies, as Steven Mithen emphasizes in The Prehistory of the Modern Mind, tend to view man and beast, animal and plant, organic and inorganic spheres, as participants in an integrated, animated totality.	True
3. The dual expressions of this tendency are anthropomorphism (the practice of regarding animals as humans) and totemism (the practice of regarding humans as animals), both of which spread through the visual art and the mythology of primitive cultures.	True
4. When considered in this light, the visual preoccupation of early humans with the nonhuman creatures inhabited their world becomes profoundly meaningful.	False
5. In he practice of totemism, he has suggested, an unlettered humanity "broods upon itself and its place in nature."	True

[표 8-1] 데이터 전처리 예시 1

[그림 8-4]에서 나왔던 문제를 앞서 우리가 정의한 풀이 방식대로 바꿔보겠습니다. 우선 문장별로 나누고 보기가 있는 문장들을 모았습니다. 이제 각 문장의 Label을 정해주어야 합니다. [그림 8-4]를 보면 "어법상 틀린 것은?"이라는 문제를 풀어야 하는 것을 알 수 있습니다. 문제에 맞추어서 Label을 정하면 틀린 경우를 True, 맞는 경우를 False로 부여하면 됩니다. 그런데 이 방식이 조금은 어색합니다.

사람은 직관적으로 문법상 맞는 경우를 True라고 생각하기 때문입니다. 그래서 Label을 직관적으로 와 닿을 수 있도록 문법상 옳을 경우 True, 문법상 틀렸다면 False를 Label로 정하겠습니다. [그림 8-4] 문제의 정답은 4번입니다. 그래서 문법적으로 틀린 4번은 False, 문법적으로 맞는 나머지는 True로 Label을 부여하였습니다. [표 8-1]은 전처리가 완료된 데이터의 형태입니다.

5개의 보기를 나누고 보니 2개의 문장이 남았는데, 바로 보기에 속하지 않았던 문장들입니다. 이 두 문장은 비록 문제를 풀 때는 상관이 없지만 문법적으로 맞는 문장입니다. 추가적인 데이터로 사용할 수 있을 것 같습니다. 이 문장도 데이터로 바꾸면 [표 8-2]와 같습니다. 앞으로 이러한 방식으로 데이터를 모으겠습니다.

문장	정답
6. Thus the natural world is conceptualized in terms of human social relations.	True
7. Among hunter-gatherers, animals are not only good to eat, they are also good to think about, as Claude Lévi-Strauss has observed.	True

[표 8-2] 데이터 전처리 예시 2

》8.2.3 데이터 및 실험 설계《

우리는 2016년부터 2020년까지 평가원의 6월 모의평가, 9월 모의평가, 수능 시험의 문제를 수집하여 활용하고자 합니다. 모든 문제들에 위와 같은 방식을 적용하여 총 129개의 데이터를 얻을 수 있습니다.

이제 이 데이터를 Train, Validation, Test로 나누어야 합니다. 앞서 파트 2에서 언급한 바와 같이, 일반적으로 데이터를 분할할 때에는 랜덤하게 Train, Validation, Test로 분할합니다. 하지만 우리가 풀고자 하는 문제는 시간의 속성이 들어가 있는 데이터입니다. 연도별로 문제의 출제 방향이나 방식이 달라지기 때문입니다. 그러므로 우리는 시간을 기준으로 데이터를 분할하고자 합니다. 즉, 과거의 기출 문제들로 앞으로 다가올 모의고사와 수능 시험을 풀 수 있는지 확인해보려고 합니다.

앞에서 설명한 방식으로 2020년 전의 데이터로 모델을 학습시키고 평가한 후, 2020년의 데이터로 성능을 평가하도록 하겠습니다. 이 방식으로 데이터를 나누면 각각 96개, 18개, 15개가 됩니다.

8.3 LSTM 기본 모델

》8.3.1 모델《

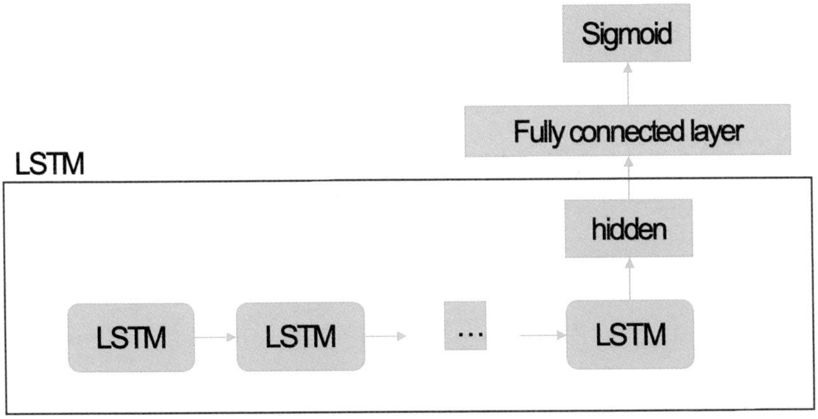

[그림 8-5] LSTM 기본 모델의 도식

이제 본격적으로 수능 문제를 풀 수 있는 모델을 만들 차례입니다. 우선 기본 모델로는 자연어 처리에서 가장 기본적으로 쓰이는 LSTM을 이용하겠습니다. [그림 8-5]는 우리가 사용할 모델의 도식입니다. 문장을 LSTM에 통과시킨 후 가장 마지막 단어의 결과값을 이용해 문법적으로 맞았는지 틀렸는지를 분류하도록 하겠습니다.

문법적으로 맞았는지 틀렸는지를 분류하는 방법은 Output의 크기를 1 혹은 2로 정하는 방법, 두 가지가 있습니다. Output의 크기별로 결과의 해석이 어떻게 다른지 알아보겠습니다.

우선 Output의 크기가 1인 경우에는 각 문장이 문법적으로 맞을 점수(Logit)를 계산할 수 있습니다. 그리고 이 점수를 Sigmoid 함수에 넣고 계산하면 확률로 변환시킬 수 있습니다. 예를 들어서 0.6이라는 값이 나왔다면 이 문장이 문법적으로 맞을 확률이 60%가 된다는 뜻입니다.

반면 Output의 크기가 2라면 문법적으로 맞았는지 틀렸는지에 대한 점수 두 개를 구할 수가 있습니다. 예를 들어서 (0.4, 0.6)가 나왔다면 문법적으로 틀렸을 확률이 40%, 맞을 확률이 60%라는 뜻입니다. 그리고 두 값 중 큰 값이 나온 Label을 정답이라 합니다. 이 경우에는 모델이 예측한 정답이 "문법적으로 맞는다"고 볼 수 있습니다.

정리하자면 어떤 점수 값이 필요할 때에는 Output의 크기를 1로, 점수가 아닌 정답을 하나만 골라야 할 경우에는 Output의 크기를 2로 설정하면 됩니다.

돌아와서, 우리가 구축하고자 하는 딥러닝 모델들은 각 문장별로 정답인지 아닌지 판단합니다. 이렇게 판단을 하는 이유는 바로 1~5번 보기 중 하나의 정답을 고르기 위해서입니다. 그래서 각 문장이 얼마나 문법적으로 맞는지 틀렸는지에 대한 점수를 알아야 합니다. 그래야 점수가 가장 낮은 문장이 문법적으로 가장 맞지 않다고 판단하여서 답을 고를 수 있기 때문입니다. 그러므로 우리는 Output의 크기를 1로 두겠습니다.

[모듈 불러오기]

```
1.  import dill
2.  import time
3.  import random
```

```python
import numpy as np
from sklearn.metrics import roc_curve, auc

import nltk

nltk.download("punkt")
from nltk.tokenize import word_tokenize

import torch
import torch.nn as nn

from torchtext.data import Field
from torchtext.data import TabularDataset
from torchtext.data import BucketIterator
from torchtext.data import Iterator
RANDOM_SEED = 2020
torch.manual_seed(RANDOM_SEED)
torch.backends.cudnn.deterministic = True
torch.backends.cudnn.benchmark = False
np.random.seed(RANDOM_SEED)
random.seed(RANDOM_SEED)

DATA_PATH = "data/processed/"
```

이제 설명한 코드를 직접 작성해보겠습니다.

[모델 클래스 정의하기]

```python
class LSTMClassifier(nn.Module):
def __init__(
    self, num_embeddings, embedding_dim, hidden_size, num_layers, pad_idx
):
        super().__init__()
        self.embed_layer = nn.Embedding(
            num_embeddings=num_embeddings,                    # (1)
            embedding_dim=embedding_dim,
            padding_idx=pad_idx                               # (2)
        )
        self.lstm_layer = nn.LSTM(
```

```
            input_size=embedding_dim,
            hidden_size=hidden_size,
            num_layers=num_layers,
            bidirectional=True,
            dropout=0.5
        )
        self.last_layer = nn.Sequential(
            nn.Linear(hidden_size * 2, hidden_size),
            nn.Dropout(0.5),
            nn.LeakyReLU(),
            nn.Linear(hidden_size, 1)                          # (3)
            nn.Sigmoid(),                                      # (4)
        )
```

(1) 생성할 Embedding Layer의 크기를 정해주어야 합니다. 보통은 단어장의 크기입니다.

(2) 자연어 처리에서 배치별로 문장의 크기를 맞추기 위해서 짧은 문장에 Padding을 붙여서 길이를 맞춰줍니다. 그런데 이 Padding은 특별한 의미를 갖고 있지 않습니다. 학습에서 제외하기 위해 Padding이 단어장에서 어떤 숫자를 갖고 있는지 알려줌으로써 학습되지 않게 합니다.

(3) 앞서 설명한 것과 같이 가장 마지막 Output 크기를 1로 주었습니다.

(4) 확률로 변환시키기 위해 Sigmoid를 마지막 Activation으로 주었습니다.

다음으로 모델이 데이터를 처리하는 방법에 대해서 정의합니다.

[모델 파이프라인 정의]

```
    def forward(self, x):
        embed_x = self.embed_layer(x)                          # (1)
        output, (_, _) = self.lstm_layer(embed_x)              # (2)
        last_output = output[:, -1, :]                         # (3)
        last_output = self.last_layer(last_output)             # (4)
        return last_output
```

(1) 이 모델은 숫자로 이루어진 토큰을 Input으로 받는다고 가정합니다. 그렇기에 우선 들어온 Input 값을 Embedding 값으로 변환시켜주어야 합니다.

(2) LSTM은 Output, (Hidden State, Cell State)을 반환합니다. 이 중 State 값들은 사용하지 않으므로 반환받지 않았습니다.

(3) LSTM의 Output은 (배치 크기, 문장 길이, Output Size)라는 Size를 갖고 있습니다. 우리는 가장 마지막 단어의 결괏값을 사용하고자 합니다.

(4) 문장의 마지막 단어의 Output을 Fully Connected Layer에 통과시켜 확률값을 계산합니다.

》8.3.2 데이터셋 불러오기《

이번 프로젝트를 진행하면서 데이터를 처리하는 부분에서는 모두 torchtext를 사용하였습니다. torchtext는 Pytorch에서 공식으로 지원하는 자연어 처리 패키지로서 자연어를 다루는 데 필요한 데이터 전처리 과정을 함수 하나로 쉽게 이용할 수 있다는 장점이 있습니다. torchtext를 사용하는 순서를 개략적으로 표현하면 다음과 같습니다.

```
1.  TEXT = Field(..)                                        # (1)
2.  LABEL = Field(..)
3.  dataset = TabularDataset(..)                            # (2)
4.  TEXT.build_vocab(dataset)                               # (3)
5.  data_loader = BucketIterator(dataset, ..)               # (4)
```

(1) 파일에서 필요한 Field 선언하기

(2) 데이터 불러오기

(3) 불러온 데이터로 단어장 만들기

(4) Data Loader 만들기

이제 실제 데이터를 이용해 각 단계별로 어떻게 사용하는지 알아보겠습니다. torchtext.Field는 데이터의 각 열을 불러올 방식에 대해 정의하는 코드입니다. 예를 들어서 우리가 갖고 있는 데이터는 [표 8-3]과 같습니다.

Sentence	Label
One of the sentences…	True
Two and one …	False
Three pigs …	True

[표 8-3] 데이터 예제

여기서 첫 번째 열은 문장, 두 번째 열은 문장의 정답입니다. 구분을 위해 문장은 TEXT로, 정답은 LABEL로 각각의 Field를 정의하였습니다. 우선 TEXT를 같이 정의해보겠습니다.

[문장 필드 정의]

```
TEXT = Field(
    sequential=True,                                         # (1)
    use_vocab=True,                                          # (2)
    tokenize=word_tokenize,                                  # (3)
    lower=True,                                              # (4)
    batch_first=True,                                        # (5)
)
```

(1) TEXT는 문장이 들어오는 Field입니다. Sequential=True 로 설정해서 이 필드에는 문장이 들어온다는 것을 알려줍니다.

(2) 단어를 숫자로 변환시켜주는 단어장을 만들기 위해 이 필드를 이용할 것입니다.

(3) 불러온 문장을 토크나이징할 함수를 입력합니다. 우리는 nltk의 word_tokenize를 이용하겠습니다. word_tokenize는 영어로 이루어진 문장을 토큰화시킬 때 가장 기본적으로 사용됩니다.

(4) 대소문자를 구분할지 말지를 설정하는 부분입니다. 우리는 따로 대명사를 처리하지 않을 것이기에 모두 소문자로 처리하겠습니다.

(5) 자연어를 처리하는 모듈별로 지원하는 데이터의 형태가 다릅니다. 크게 다음과 같이 두 가지 형태가 있습니다.

- (배치, 문장)
- (문장, 배치)

이 중 저희는 첫 번째의 방식이 필요하기에 True를 주었습니다.

이번에는 LABEL을 정의해보겠습니다.

[정답 필드 정의]

```
LABEL = Field(
    sequential=False,                                        # (1)
    use_vocab=False,                                         # (2)
    batch_first=True,
)
```

(1) 앞의 TEXT와 다른 부분 중 하나입니다. 앞에서는 문장이 들어오기 때문에 True를 주었지만 이 열은 정답이 있는 열이기에 False를 주었습니다.

(2) 또한 이 Field에서는 따로 단어장을 생성하지 않기에 False를 주었습니다.

이제 정의된 필드에 맞추어 데이터를 불러올 차례입니다. 앞서 torchtext로 쉬운 데이터 전처리가 가능하다고 언급했습니다. 일반적으로 자연어 데이터를 처리하는 방법은 다음과 같은 순서를 거쳐야 합니다.

1. Train 데이터 불러오기 → Word Tokenize → 학습 데이터로 단어장 만들기 → 단어장으로 단어들 변환하기
2. Validation, Test 데이터 불러오기 → Word Tokenize → 학습 데이터로 만든 단어장으로 단어들 변환하기

이때 torchtext.TabluarDataset.splits를 이용하면 위의 과정을 간략화할 수 있습니다.

[데이터 불러오기]

```
sat_train_data, sat_valid_data, sat_test_data = ₩
   TabularDataset.splits(
     path="data/",                                           # (1)
     train="sat_train.tsv",                                  # (2)
     validation="sat_valid.tsv",
```

```
        test="sat_test.tsv",
        format="tsv",                                          # (3)
        fields=[("text", TEXT), ("label", LABEL)],             # (4)
        skip_header=1,                                         # (5)
    )
TEXT.build_vocab(sat_train_data, min_freq=2)                   # (6)
```

(1) 데이터가 들어 있는 폴더의 경로를 입력합니다.

(2) 각각 Train, Validation, Test의 파일명을 입력합니다.

(3) 데이터의 파일 포맷 형태를 줍니다. 우리가 사용할 데이터는 Tap separated value의 데이터이기에 tsv를 입력합니다.

(4) 앞에서 정의한 Field를 입력해주는 부분입니다. 입력할 때 실제 데이터의 컬럼 순서로 입력해주어야 합니다. 그리고 Field의 이름과 Field를 묶습니다. 예를 들어서 ("text", TEXT) 라면 이 데이터는 첫 번째 컬럼에 문장이 있고 그 컬럼명을 text로 하겠다는 뜻입니다.

(5) 데이터의 첫 번째 열에는 원래의 컬럼명이 들어 있습니다. 데이터로 사용되지 않기 때문에 따로 불러오지 않도록 해야 합니다. 그렇기에 1을 주어서 첫 번째 열을 생략하도록 하겠습니다.

(6) 마지막으로 불러온 데이터 중 훈련 데이터를 이용해 TEXT의 단어장을 생성합니다. 그중 2번 이상 나온 단어만을 단어장에 사용하겠습니다.

이제 불러온 데이터로 Data Loader를 만들어야 합니다. 우선 일반적으로 사용하는 Data Loader를 만드는 방법은 다음과 같습니다.

랜덤하게 문장을 추출 → 각 문장을 정해진 길이에 맞추기 → Tensor로 변환하기

여기서 각 문장을 정해진 길이로 맞추는 과정에서 여러 문제가 발생합니다. 예를 들어서 단어가 5개로 이루어진 문장과 20개로 이루어진 문장이 같이 추출되었을 때를 생각해보겠습니다. 이때 이를 처리하는 방법은 다음 두 가지가 있습니다.

1. 5개로 이루어진 문장에 Padding을 15개 붙여서 20개로 이루어진 문장에 맞추는 방법
2. 미리 단어의 최대 길이를 10개로 정해서 두 문장을 맞추는 방법

그런데 직관적으로 보았을 때 두 방법 모두 문제가 있어 보입니다. (1)의 방법에서는 짧은 문장이 무의미한 패딩을 너무 많이 갖게 됩니다. 이 경우 LSTM의 끝에 가면 앞에 나온 단어들의 정보가 희석될 수 있습니다. (2)의 방법은 이를 보완하기 위한 방법이지만 단어가 많은 문장을 끝까지 확인할 수 없습니다. 어떻게 하면 이 문제를 해결할 수 있을까요?

정답은 단어의 개수가 비슷한 문장들을 모아서 추출하는 것입니다. 예를 들어, 5개로 이루어진 문장과 20개로 이루어진 문장을 추출하기보다는, 5개로 이루어진 문장과 7개로 이루어진 문장을 추출하는 것입니다. 이렇게 되면 짧은 문장에 무의미한 패딩이 많이 붙는 것을 방지할 수 있습니다.

그런데 문장의 길이를 보고 길이가 비슷한 문장끼리 묶는 방법은 얼핏 봐도 복잡해 보이는 작업입니다. 이 과정을 쉽게 할 수 있는 것이 바로 torchtext.BucketIterator.splits를 이용하는 것입니다. 이 함수는 Data Loader를 만들 때 자동으로 비슷한 길이의 문장들을 묶어주는 함수입니다.

[Data Loader 정의]

```
sat_train_iterator, sat_valid_iterator, sat_test_iterator = ₩
   BucketIterator.splits(
     (sat_train_data, sat_valid_data, sat_test_data),          # (1)
     batch_size=8,                                             # (2)
     device=None,
     sort=False,
)
```

(1) 앞에서 불러온 데이터들을 묶어서 입력해줍니다.

(2) Data Loader에서 각 배치별 크기를 의미합니다.

》8.3.3 학습《

이제 모델을 학습시키는 코드를 작성할 차례입니다. 모델을 학습시키는 과정은 다음과 같습니다.

1. Data Loader에서 배치 불러오기
2. 배치를 모델에 넣어서 데이터 형태 맞추기
3. 배치를 모델에 넣어서 예측값 얻기
4. 정답과 예측값을 비교해서 Loss 계산하기
5. Loss를 이용해 모델 학습시키기

이제 이 과정을 코드로 작성해보겠습니다.

[모델 학습 함수 정의]

```
def train(model, train_loader, optimizer, criterion, device):
    model.train()
    epoch_loss = 0
    for batch in train_loader:                                  # (1)
        optimizer.zero_grad()
        text = batch.text                                       # (2)
        if text.shape[0] > 1:
            label = batch.label.type(torch.FloatTensor)         # (3)
            text = text.to(device)
            label = label.to(device)
            output = model(text).flatten()                      # (4)
            loss = criterion(output, label)                     # (5)
            loss.backward()
            optimizer.step()
            epoch_loss += loss.item()

    return epoch_loss / len(iterator)
```

(1) 입력 받은 Data Loader를 호출해 Batch를 부르는 코드입니다.

(2) Batch는 두 개의 Attribute를 갖고 있습니다. 앞서 데이터를 불러올 때 준 `fields=[(`

“text”, TEXT), (“label”, LABEL)]에서 앞의 단어들입니다. 여기서 text는 batch의 문장, label은 Batch의 정답을 갖고 있습니다.

(3) 문장과 정답을 불러와서 필요한 데이터 형태로 변환합니다.

(4) 모델에 문장을 넣어서 결과를 출력합니다.

(5) 출력된 결과와 정답을 비교해서 Loss를 구합니다.

매 Epoch마다 학습이 끝난 모델의 Loss를 테스트 데이터셋으로 계산하기 위한 코드를 작성해보겠습니다.

[모델 평가 함수 정의]

```
def evaluate(model, valid_loader, criterion, device):
    model.eval()                                        # (1)
    epoch_loss = 0
    with torch.no_grad():                               # (2)
        for _, batch in enumerate(valid_loader):
            text = batch.text
            label = batch.label.type(torch.FloatTensor)
            text = text.to(device)
            label = label.to(device)
            output = model(text).flatten()
            loss = criterion(output, label)

            epoch_loss += loss.item()

    return epoch_loss / len(iterator)
```

(1) Dropout과 같이 훈련과 평가의 동작이 다른 모듈들은 각 목적에 맞게 변화를 주어야 합니다. 여기서는 평가를 하기 위해 `model.eval()`을 먼저 선언합니다.

(2) torch에서는 기본적으로 Forward를 할 때 자동으로 Gradient를 계산합니다. 하지만 평가를 진행할 때는 Gradient를 계산할 필요가 없습니다. 그러므로 `torch.no_grad()`를 이용해 Gradient가 계산되지 않도록 합니다.

이제 작성한 코드로 실제로 모델을 학습시켜보겠습니다.

[HyperParameter 선언]

```
PAD_IDX = TEXT.vocab.stoi[TEXT.pad_token]                        # (1)
N_EPOCHS = 20

lstm_classifier = LSTMClassifier(                                # (2)
    num_embeddings=len(TEXT.vocab),
    embedding_dim=100,
    hidden_size=200,
    num_layers=4,
    pad_idx=PAD_IDX,
)
if torch.cuda.is_available():                                    # (3)
    device = "cuda:0"
else:
    device = "cpu"
_ = lstm_classifier.to(device)

optimizer = torch.optim.Adam(lstm_classifier.parameters())       # (4)
bce_loss_fn = nn.BCELoss()                                       # (5)
```

(1) Embedding Layer에 사용할 Padding Index를 가져옵니다. `TEXT.vocab.stoi`는 앞서 만든 단어장에서 단어를 토큰으로 만들어주는 Dictionary입니다. 반대로 `TEXT.vocab.itos`를 통해 토큰을 단어로 바꿀 수 있습니다.

(2) 다음으로 학습시킬 모델을 정의합니다.

(3) 만약 GPU를 사용할 수 있는 경우에는 자동으로 GPU를 이용할 수 있도록 합니다.

(4) 모델을 학습시킬 Optimizer는 가장 대중적으로 쓰이는 Adam을 이용합니다.

(5) Binary Cross Entropy 함수를 손실 함수로 사용하겠습니다.

[모델 학습]

```
for epoch in range(N_EPOCHS):
    train_loss = train(
        lstm_classifier,
        sat_train_iterator,                                      # (1)
        optimizer,
```

```
        bce_loss_fn,
        device
    )
    valid_loss = evaluate(
        lstm_classifier,
        sat_valid_iterator,                                     # (2)
        bce_loss_fn,
        device
    )
    print(f"Epoch: {epoch+1:02}")                               # (3)
    print(f"\tTrain Loss: {train_loss:.5f}")
    print(f"\t Val. Loss: {valid_loss:.5f}")
```

(1) 앞서 정의한 수능 Train 데이터를 이용해 학습을 합니다.

(2) 각 Epoch별로 학습이 끝난 후에는 Validation 데이터셋을 이용해 Loss을 계산합니다.

(3) 각 Epoch이 끝난 후 결과를 출력합니다.

[모델 저장]

```
with open("baseline_model.dill", "wb") as f:
    model = {
        "TEXT": TEXT,
        "LABEL": LABEL,
        "classifier": lstm_classifier
    }
    dill.dump(model, f)
```

데모에서 사용하기 위해 Field와 모델을 저장하도록 하겠습니다.

》8.3.4 Test《

학습이 끝난 후에는 모델이 얼마나 문제를 잘 예측하는지 확인해야 합니다. 이번 프로젝트에서는 모델이 얼마나 잘 맞히는지 판단하기 위해 Area Under Receiver Operating Characteristic (AUROC)를 이용합니다.

[AUROC]

모델은 실제로 문장의 문법이 맞는지 틀렸는지를 잘 구분하는지 평가하기 위해 AUROC를 사용할 것입니다. Output의 크기가 2라면 모델의 성능지표로써 정확도(Accuracy)를 사용하면 됩니다. 하지만 Output의 크기가 1일 때는 정확도가 Threshold에 의해서 변하게 됩니다. 예를 들어서 [표 8-4]와 같은 예측값과 정답이 있다고 가정해보겠습니다.

예측값	정답
0.6	1
0.56	1
0.51	0

[표 8-4] 예측값 및 정답 예제

확률이 0.5가 넘을 경우 문법적으로 맞는 문장, 넘지 않을 경우 문법적으로 틀린 문장이라고 가정하겠습니다. 그러면 이 모델의 예측값은 [표 8-5]와 같이 바뀌게 됩니다.

예측값	정답
1	1
1	1
1	0

[표 8-5] Threshold가 0.5일 때

정확도가 66%인 모델이 됩니다. 그런데 확률을 0.5 대신 0.52로 변경하면 정확도가 100%인 모델이 됩니다. 이처럼 Threshold에 의해 정확도가 변하기 때문에 정확도를 신뢰하기 어렵습니다. Threshold에 의해 변하는 값을 보완하기 위한 평가 척도가 AUROC입니다.

이제 성능을 확인하기 위한 코드를 작성해보겠습니다.

[테스트 함수 정의]

```
def test(model, test_loader, device):
    model.eval()
    with torch.no_grad():
        y_real = []
        y_pred = []

        for batch in test_loader:
            text = batch.text
            label = batch.label.type(torch.FloatTensor)
            text = text.to(device)

            output = model(text).flatten().cpu()

            y_real += [label]                                   # (1)
            y_pred += [output]

        y_real = torch.cat(y_real)                              # (2)
        y_pred = torch.cat(y_pred)

    fpr, tpr, _ = roc_curve(y_real, y_pred)                     # (3)
    auroc = auc(fpr, tpr)

    return auroc
```

(1) Test 결과를 보기 위해 각 Batch의 예측값을 List에 모으겠습니다.

(2) 모인 예측값들을 합쳐줍니다.

(3) 예측값과 정답을 이용해 AUROC를 계산합니다.

이제 학습한 모델의 성능을 확인해보겠습니다.

[모델 성능 확인]

```
_ = lstm_classifier.cpu()
test_auroc = test(
  lstm_classifier,                                              # (1)
```

```
    sat_test_iterator,                                    # (2)
    “cpu”
)

print(f“SAT Dataset Test AUROC: {test_auroc:.5f}”)
# SAT Dataset Test AUROC: 0.57692
```

(1) 학습이 끝난 모델을 입력합니다.

(2) 수능 Test 데이터를 입력해 결과를 확인합니다.

일반적으로 AUROC의 기준 값을 0.5로 봅니다. 이 0.5라는 숫자는 동전을 던지는 확률과 같습니다. 그런데 이 모델은 0.57로 동전을 던지는 것보다는 약간 더 좋은 상태입니다. 성능이 낮은 이유를 생각해보면 크게 두 가지가 있습니다.

1. 데이터가 부족함
2. 모델의 성능이 문제를 풀기에 부족함

다음 장에서는 성능을 높이기 위한 방법에 대해서 알아보겠습니다.

8.4 성능 높이기

》8.4.1 추가 데이터 이용《

부족한 데이터 문제를 해결하기 위한 방법은 간단합니다. 데이터를 더 모으면 됩니다. 하지만 수능 문제는 추가적으로 구하기가 어렵습니다. 평가원에서 제공하는 데이터는 한정적이기 때문입니다. 그렇다고 다른 문제집에 있는 문제를 쓰기에는 저작권 문제 때문에 쉽지 않습니다. 또한 데이터를 직접 모으기 위해서는 많은 시간이 소요됩니다.

그래서 추가적인 데이터를 구하기 위해 공개된 데이터셋을 활용해보려 합니다. 공개된 데이터셋 중에서 Corpus of Linguistically Acceptable(CoLA) 데이터셋을 이용해보고자 합니다. 이 데이터셋은 문장이 주어지면 그 문장이 문법적으로 받아들일 수 있는지를 풀고자 하는 문제들입니다. 데이터의 특성이 우리가 풀려는 문제와 유사하기에 이를 활용해보도록 하겠습니다.

이제 추가적으로 모은 데이터를 어떻게 활용하면 좋을까요? 쉬운 방법은 Train 데이터에 추가해서 학습을 시키면 될 것 같습니다. 그런데 이 방법을 이용하기에는 무리가 있습니다. 이유는 두 데이터의 크기 차이 때문입니다. CoLA 데이터와 수능 데이터의 비율은 10:1 정도입니다. 이렇게 데이터가 차이가 날 경우에는 모델은 상대적으로 데이터가 많은 CoLA 데이터를 주로 학습하게 되어 편향된 결과가 도출될 가능성이 높습니다. 그러면 모델의 성능을 올리기 위해서 추가한 데이터가 오히려 모델의 성능을 낮추게 됩니다.

그렇기에 이 데이터는 Pre-Trained Model에 사용하고자 합니다. 이전 작물 파트 4에서 사용했던 Transfer Learning 개념에서 다룬 사전학습은 단어 그대로 Pre(앞선) Train(훈련)입니다. 실제 데이터로 학습하기 전에 다른 데이터로 학습하는 방법입니다. 왜 이런 방법을 이용할까요? 바로 부족한 데이터를 해결하기 위해서입니다. 현실에서는 학습에 필요한 데이터는 적지만 학습과 관계없는 데이터는 많이 있습니다. 그래서 이 관계없는 데이터를 이용하기 위해 사전학습을 이용합니다. 쉽게 생각해서 영어로 된 문제를 풀기 위해 다른 영어 문장을 많이 보여주는 학습을 시키고, 이렇게 학습된 모델에게 풀고자 하는 문제로 다시 학습시킵니다. 이때 영어 문장을 학습시키는 방법은 여러 가지가 있으며 각 방법별로 장단점이 있습니다.

이번 프로젝트에서는 가장 기본적인 사전학습 방법을 사용하겠습니다. 비슷한 문제를 푸는 다른 데이터로 모델을 학습시킨 후 우리의 데이터로 학습시키는 방법으로 모델을 만들어보겠습니다.

우선 사전학습에 사용할 데이터를 불러오겠습니다. 코드는 앞에서 수능 데이터를 불러올 때의 코드와 같습니다. 다만 불러오는 파일이 CoLA 데이터로 바뀌었습니다.

[사전 학습 데이터 불러오기]

```
TEXT = Field(
  sequential=True,
  use_vocab=True,
  tokenize=word_tokenize,
  lower=True,
  batch_first=True,
)
LABEL = Field(
  sequential=False,
  use_vocab=False,
  batch_first=True,
)
cola_train_data, cola_valid_data, cola_test_data = ₩
  TabularDataset.splits(
    path=DATA_PATH,
    train="cola_train.tsv",                               # (1)
    validation="cola_valid.tsv",
    test="cola_test.tsv",
    format="tsv",
    fields=[("text", TEXT), ("label", LABEL)],
    skip_header=1,
)
TEXT.build_vocab(cola_train_data, min_freq=2)             # (2)
cola_train_iterator, cola_valid_iterator, cola_test_iterator = ₩
  BucketIterator.splits(
    (cola_train_data, cola_valid_data, cola_test_data),
    batch_size=32,
    device=None,
    sort=False,
)
```

(1) CoLA 데이터의 파일명을 입력합니다.

(2) 사전 학습을 할 때 중요한 점은 사전 학습 때 이용한 모델의 단어장을 유지하는 것입니다. 예를 들어서 A 모델에서 Hi라는 단어는 1번 토큰인데 B 모델에서는 2번 토큰이라면 같은 단어지만 토큰이 달라지기에 모델의 성능이 보장되지 않습니다. 그러면 사전 학습을 한 의미가 없어지게 됩니다. 그래서 CoLA 데이터로 만든 단어장을 계속 사용합니다.

이제 수능 데이터를 불러오겠습니다.

[추가 학습 데이터 불러오기]

```
sat_train_data, sat_valid_data, sat_test_data = ₩
    TabularDataset.splits(
      path=DATA_PATH,
      train="sat_train.tsv",
      validation="sat_valid.tsv",
      test="sat_test.tsv",
      format="tsv",
      fields=[("text", TEXT), ("label", LABEL)],                # (1)
      skip_header=1,
    )
sat_train_iterator, sat_valid_iterator, sat_test_iterator = ₩
    BucketIterator.splits(
      (sat_train_data, sat_valid_data, sat_test_data),
      batch_size=8,
      device=None,
      sort=False,
    )
```

(1) CoLA 데이터에서 만든 Field를 이용합니다.

이제 CoLA 데이터를 이용해 모델을 학습시킵니다.

[모델 사전 학습]

```
PAD_IDX = TEXT.vocab.stoi[TEXT.pad_token]
N_EPOCHS = 20

lstm_classifier = LSTMClassifier(
    num_embeddings=len(TEXT.vocab),
    embedding_dim=100,
    hidden_size=200,
    num_layers=4,
```

```
        pad_idx=PAD_IDX,
)
if torch.cuda.is_available():
    device = “cuda:0”
else:
    device = “cpu”
_ = lstm_classifier.to(device)

optimizer = torch.optim.Adam(lstm_classifier.parameters())
bce_loss_fn = nn.BCELoss()

for epoch in range(N_EPOCHS):
        train_loss = train(
        lstm_classifier,
        cola_train_iterator,                                # (1)
        optimizer,
        bce_loss_fn,
        device
    )
    valid_loss = evaluate(
        lstm_classifier,
        cola_valid_iterator,
        bce_loss_fn,
        device
    )
    print(f“Epoch: {epoch+1:02}”)
    print(f“\tTrain Loss: {train_loss:.5f}”)
    print(f“\t Val. Loss: {valid_loss:.5f}”)

before_tuning_lstm_classifier = deepcopy(lstm_classifier)      # (2)
```

(1) 우선 CoLA 데이터를 이용해 모델을 학습시킵니다.

(2) 사전 학습한 모델과 추가 학습한 모델의 성능을 비교하기 위해 사전 학습한 모델을 따로 저장합니다.

[모델 추가 학습]

```
PAD_IDX = TEXT.vocab.stoi[TEXT.pad_token]
N_EPOCHS = 20

for epoch in range(N_EPOCHS):
        train_loss = train(
        lstm_classifier,
        sat_train_iterator,                                          # (1)
        optimizer,
        bce_loss_fn,
        device
    )
    valid_loss = evaluate(
        lstm_classifier,
        sat_valid_iterator,
        bce_loss_fn,
        device
    )
    print(f"Epoch: {epoch+1:02}")
    print(f"\tTrain Loss: {train_loss:.5f}")
    print(f"\t Val. Loss: {valid_loss:.5f}")
```

(1) 수능 데이터를 이용해 다시 모델을 학습시킵니다.

[모델 성능 비교]

```
_ = before_tuning_lstm_classifier.cpu()
lstm_sat_test_auroc = test(
    before_tuning_lstm_classifier, sat_test_iterator, "cpu"
)
_ = lstm_classifier.cpu()
lstm_tuned_test_auroc = test(
    lstm_classifier, sat_test_iterator, "cpu"
)
print(
    f"Before fine-tuning SAT Dataset Test AUROC: {lstm_sat_test_auroc:.5f}"
print(
    f"After fine-tuning SAT Dataset Test AUROC: {lstm_tuned_test_auroc:.5f}"
```

```
)
# Before fine-tuning SAT Dataset Test AUROC: 0.65385
# After fine-tuning SAT Dataset Test AUROC: 0.65385
```

기본 모델보다는 확실히 성능이 좋아졌습니다. 다만 Fine-Tuning 여부에 따른 성능의 차이는 보이지 않았습니다. 이유는 모델이 충분히 데이터를 학습하지 못했기 때문인 것 같습니다. 그래서 다음 챕터에서는 좀 더 성능이 좋은 모델을 이용해보겠습니다.

[모델 저장]

```
with open(“before_tuning_model.dill”, “wb”) as f:
    model = {
        “TEXT”: TEXT,
        “LABEL”: LABEL,
        “classifier”: before_tuning_lstm_classifier
    }
    dill.dump(model, f)

_ = lstm_classifier.cpu()
with open(“after_tuning_model.dill”, “wb”) as f:
    model = {
        “TEXT”: TEXT,
        “LABEL”: LABEL,
        “classifier”: lstm_classifier
    }
    dill.dump(model, f)
```

데모에 사용하기 위해 두 모델을 모두 저장하겠습니다.

》8.4.2 심화 모델《

앞서 사용했던 모델은 LSTM의 가장 마지막 결과만 이용했습니다. LSTM 모델은 앞에 있던 단어 정보를 뒤로 전달합니다. 그래서 현재의 단어를 계산할 때 이전 단어의 결과도 이용할 수 있습니다. 그런데 LSTM이 앞선 정보를 저장한다고 해도 충분한 정보를 갖고 있지는 않습니다. 아무래도 계속해서 뒤로 넘어가는 과정에서 정보의 손실이 발생할 수밖에 없기 때문입니다.

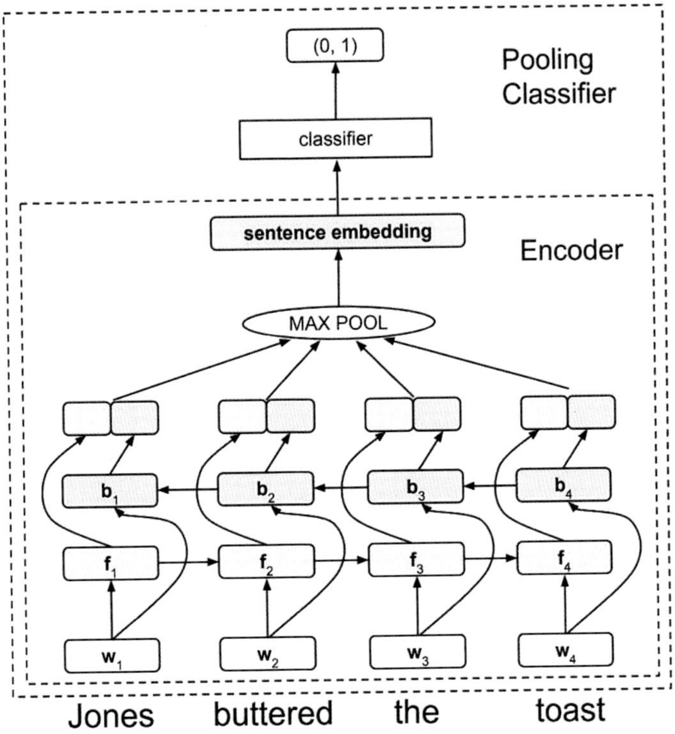

[그림 8-6] LSTM을 이용한 심화 모델 도식

그러면 마지막 결과만이 아니라 LSTM의 전체 결과를 이용하는 것은 어떨까요? 아무래도 더 많은 정보를 볼 수 있기 때문에 성능이 좋아질 것을 예상할 수 있습니다. [그림 8-6]는 LSTM의 전체 결과를 이용하는 모델입니다. LSTM의 전체 결과를 사용하려면 문장의 길이를 고정해야 합니다. 왜냐하면 Fully Connected Layer는 고정된 크기의 Input만 처리할 수 있기 때문입니다. 그러면 짧은 문장은 무의미한 Padding을 가지며 긴 문장은 뒷부분의 정보를 잃게 됩니다. 이러한 문제를 해결하기 위해서 Max Pooling을 통해 가장 유의미한 결과만을 추출합니다. 그러면 고정된 문장의 길이뿐만 아니라 다양한 길이의 문장도 처리할 수 있습니다. 그리고 유의미한 결과만 Fully Connected Layer에 통과시켜 분류하도록 합니다.

[모델 정의]

```
class LSTMPoolingClassifier(nn.Module):
    def __init__(self, num_embeddings, embedding_dim, hidden_size, num_layers, pad_idx):
        super().__init__()
        self.embed_layer = nn.Embedding(
            num_embeddings=num_embeddings,
            embedding_dim=embedding_dim,
            padding_idx=pad_idx
        )
        self.lstm_layer = nn.LSTM(
            input_size=embedding_dim,
            hidden_size=hidden_size,
            num_layers=num_layers,
            bidirectional=True,
            dropout=0.5,
            batch_first=True
        )
        self.last_layer = nn.Sequential(
            nn.Linear(2 * hidden_size, 1),
            nn.Dropout(p=0.5),
            nn.Sigmoid()
        )

    def forward(self, x):
        x = self.embed_layer(x)                                         # (1)
        output, _ = self.lstm_layer(x)                                  # (2)
        pool = nn.functional.max_pool1d(output.transpose(1, 2), x.shape[1])  # (3)
        pool = pool.transpose(1, 2).squeeze()                           # (4)
        output = self.last_layer(pool)                                  # (5)
        return output.squeeze()
```

(1) Token으로 들어온 데이터를 Embedding하여 값으로 변환합니다.

(2) 변환된 값을 LSTM에 넣습니다.

(3) LSTM의 결과를 Max Pooling해줍니다. 앞서 다루었던 기본 모델과 가장 다른 부분입니다.

(4) Max Pooling 결과를 Fully Connected Layer에 넣기 위해 Shape를 맞춥니다.

(5) Fully Connected Layer에 넣어서 결과를 반환합니다.

[모델 사전 학습]

```
PAD_IDX = TEXT.vocab.stoi[TEXT.pad_token]
N_EPOCHS = 20

lstm_pool_classifier = LSTMPoolingClassifier(
    num_embeddings=len(TEXT.vocab),
    embedding_dim=100,
    hidden_size=200,
    num_layers=4,
    pad_idx=PAD_IDX,
)

if torch.cuda.is_available():
    device = "cuda:0"
else:
    device = "cpu"
_ = lstm_pool_classifier.to(device)

optimizer = torch.optim.Adam(lstm_pool_classifier.parameters())
bce_loss_fn = nn.BCELoss()

for epoch in range(N_EPOCHS):
        train_loss = train(
        lstm_pool_classifier,
        cola_train_iterator,                                      #  (1)
        optimizer,
        bce_loss_fn,
        device
    )
    valid_loss = evaluate(
        lstm_pool_classifier,
        cola_valid_iterator,
        bce_loss_fn,
        device
    )

    print(f"Epoch: {epoch+1:02}")
    print(f"\tTrain Loss: {train_loss:.5f}")
    print(f"\t Val. Loss: {valid_loss:.5f}")

```

```
before_tuning_lstm_pool_classifier = deepcopy(                  #  (2)
    lstm_pool_classifier
)
```

(1) 모델을 CoLA 데이터를 이용해 학습시킵니다.

(2) 성능 비교를 위해 모델을 따로 저장합니다.

[모델 추가 학습]

```
PAD_IDX = TEXT.vocab.stoi[TEXT.pad_token]
N_EPOCHS = 20

for epoch in range(N_EPOCHS):
    train_loss = train(
        lstm_pool_classifier,                                   #  (1)
        sat_train_iterator,                                     #  (2)
        optimizer,
        bce_loss_fn,
        device
    )
    valid_loss = evaluate(
        lstm_pool_classifier,
        sat_valid_iterator,
        bce_loss_fn,
        device
    )

    print(f"Epoch: {epoch+1:02}")
    print(f"\tTrain Loss: {train_loss:.5f}")
    print(f"\t Val. Loss: {valid_loss:.5f}")
```

(1) 앞서 학습한 모델을 입력합니다.

(2) 데이터는 수능 데이터를 이용하겠습니다.

[성능 비교]

```
_ = before_tuning_lstm_pool_classifier.cpu()
_ = lstm_pool_classifier.cpu()

pool_sat_test_auroc = test(before_tuning_lstm_pool_classifier, sat_test_iterator, "cpu")
pool_tuned_test_auroc = test(lstm_pool_classifier, sat_test_iterator, "cpu")

print(f"Before fine-tuning SAT Dataset Test AUROC: {pool_sat_test_auroc:.5f}")
print(f"After fine-tuning SAT Dataset Test AUROC: {pool_tuned_test_auroc:.5f}")

# Before fine-tuning SAT Dataset Test AUROC: 0.69231
# After fine-tuning SAT Dataset Test AUROC: 0.92308
```

앞에서 추가 데이터를 사용할 때보다 더 좋은 성능을 보였습니다. 특히 이번엔 Fine-Tuning을 했을 때 높은 성능의 향상을 보였습니다.

[모델 저장]

```
with open("advanced_before_tuning_model.dill", "wb") as f:
    model = {
        "TEXT": TEXT,
        "LABEL": LABEL,
        "classifier": before_tuning_lstm_pool_classifier
    }
    dill.dump(model, f)

with open("advanced_after_tuning_model.dill", "wb") as f:
    model = {
        "TEXT": TEXT,
        "LABEL": LABEL,
        "classifier": lstm_pool_classifier
    }
    dill.dump(model, f)
```

데모에 사용하기 위해 모델을 저장하겠습니다.

8.5 데모

이번에는 앞서 사용한 모델들을 이용해 실제 수능 문제를 풀어보겠습니다. 우선 우리가 학습한 모델들을 모아서 성능을 비교해보겠습니다.

[성능 비교 함수 정의]

```
def test(model_path):
    with open(model_path, “rb”) as f:                              # (1)
        model = dill.load(f)

    sat_test_data = TabularDataset(                                # (2)
        path=f“{DATA_PATH}/sat_test.tsv”,
        format=“tsv”,
        fields=[                                                   # (3)
        (“text”, model[“TEXT”]),
        (“label”, model[“LABEL”])
      ],
      skip_header=1
    )

    sat_test_iterator = BucketIterator(                            # (4)
        sat_test_data,
        batch_size=8,
        device=None,
        sort=False,
        shuffle=False
    )
    classifier = model[“classifier”]                               # (5)

    with torch.no_grad():
        y_real = []
```

```
        y_pred = []
        classifier.eval()
        for batch in sat_test_iterator:
            text = batch.text
            label = batch.label.type(torch.FloatTensor)

            output = classifier(text).flatten().cpu()

            y_real += [label]
            y_pred += [output]

        y_real = torch.cat(y_real)
        y_pred = torch.cat(y_pred)

    fpr, tpr, _ = roc_curve(y_real, y_pred)
    auroc = auc(fpr, tpr)

    return auroc.round(5)
```

(1) 주어진 파일 이름으로 저장한 모델을 불러옵니다.

(2) 수능 Test 데이터셋을 불러옵니다. 앞에서 Train, Validation, Test를 부를 때와는 달리 Test만을 불러옵니다. 이때는 path에 폴더 경로 대신 불러올 파일명을 입력해주면 됩니다.

(3) Field는 각 모델별로 정의한 Field를 사용합니다.

(4) 불러온 데이터로 Data Loader를 생성합니다.

(5) 저장한 모델을 불러옵니다.

이제 실제 모델을 불러와서 성능을 비교해보겠습니다.

[성능 비교]

```
model_list = [                                                  # (1)
    "baseline_model.dill",
    "before_tuning_model.dill",
    "after_tuning_model.dill",
    "advanced_before_tuning_model.dill",
    "advanced_after_tuning_model.dill",
```

```
]

test_auroc = []
for file_name in model_list:
    model_name = file_name.replace(".dill", "")                    # (2)
    auroc = test(file_name)                                        # (3)
    test_auroc += [(model_name, auroc)]                            # (4)

test_auroc = sorted(test_auroc, key=lambda x: x[1], reverse=True)# (5)
for rank, (model_name, auroc) in enumerate(test_auroc):
    print(f"Rank {rank+1} - {model_name:30} - Test AUROC: {auroc:.5f}")
```

(1) 모델들을 저장한 파일명입니다. Github의 sat_engling/models에서 다운로드 받아 사용해 볼 수 있습니다.

(2) 파일 이름의 .dill 부분을 지우고 모델 이름으로 사용하겠습니다.

(3) 앞에서 정의한 test 함수를 사용합니다.

(4) 모델의 성능이 좋은 순서대로 정렬하겠습니다.

앞서 저장한 모델들의 성능은 [표 8-6]과 같습니다.

Rank	Model name	AUROC
1	advanced_after_tuning_model	0.92308
2	advanced_before_tuning_model	0.69231
3	before_tuning_model	0.65385
4	after_tuning_model	0.65385
5	baseline_model	0.57692

[표 8-6] 모델 성능 지표

이제 실제 기출 문제를 풀어보도록 하겠습니다.

[문제 풀이 함수 정의]

```
def predict_problem(model_path, problem):
    with open(model_path, “rb”) as f:
        model = dill.load(f)
    TEXT = model[“TEXT”]
    classifier = model[“classifier”]

    problem = list(                                                # (1)
        map(lambda x: x.replace(“[“, “”).replace(“]”, “”), problem)
    )
    tokenized_sentences = [                                        # (2)
        word_tokenize(sentence) for sentence in problem
    ]
    sentences = []
    for tokenized_sentence in tokenized_sentences:
        sentences.append(                                          # (3)
            [TEXT.vocab.stoi[word] for word in tokenized_sentence]
        )

    with torch.no_grad():
        classifier.eval()
        predict = []
        for sentence in sentences:
            sentence = torch.LongTensor([sentence])
            predict += [classifier(sentence).item()]               # (4)
    return predict
```

(1) 입력받은 문장에서 필요 없는 기호를 지워줍니다.

(2) 문장을 단어로 나눠줍니다. 단어를 나눌 때에는 우리가 사용했던 모델과 같은 방법을 이용합니다. torchtext를 사용할 때는 자동으로 작업이 이루어졌지만 여기서는 직접 변환할 필요가 있습니다.

(3) 단어를 TEXT에 들어 있는 단어장을 이용해 토큰으로 변환해줍니다.

(4) 모델에 넣어 결과를 출력하고 저장합니다.

[여러 모델을 처리하는 함수 정의]

```
def predict_problem_with_models(model_list, problem):
    scores = {}
    for file_name in model_list:
        model_name = file_name.replace(".dill", "")
        score = predict_problem(file_name, problem)              #  (1)
        scores[model_name] = score

    score_df = pd.DataFrame(scores).T
    score_df.columns = [f"answer_{i}_score" for i in range(1,6)]

              selected_answer = pd.Series(
        np.argmin(score_df.values, 1) + 1,                       #  (2)
        index=score_df.index,
        name="selected_answer"
    )

    return pd.concat([selected_answer, score_df], 1)
```

(1) 각 모델별로 predict_preblem을 통해서 결과를 출력합니다.

(2) (1)에서 도출된 Score 중 가장 작은 값이 있는 위치를 찾습니다. 이때 나오는 값은 0~4 중 하나입니다. 여기에 문제의 보기와 숫자를 맞추기 위해 1을 더합니다.

[문제 1]

이 문제는 2020년 6월 모의평가의 문법 문제입니다. 문법적으로 옳지 않은 문장은 1번입니다. 따라서 Label은 [0, 1, 1, 1, 1]이 됩니다. 이제 구현한 함수로 예측해보겠습니다.

[문제 1 정의]

```
problem_1 = [
    "Competitive activities can be more than just performance
showcases which the best is recognized and the rest are overlooked.",
    "The provision of timely, constructive feedback to participants
on performance is an asset that some competitions and contests
```

```
    offer.",
        "The provision of that type of feedback can be interpreted as shifting the emphasis to demonstrating superior performance but not necessarily excellence.",
        "The emphasis on superiority is what we typically see as fostering a detrimental effect of competition.",
        "Information about performance can be very helpful, not only to the participant who does not win or place but also to those who do.",
]
problem_1_label = [0, 1, 1, 1, 1]
```

[문제 1 풀기]

```
selected_answer = predict_problem_with_models(model_list, problem_1) # (1)
selected_answer = selected_answer.loc[map(lambda x:x[0], test_auroc) # (2)
```

(1) 모델이 들어 있는 model_list와 풀어야 할 문제 problem_1을 predict_problem_with_models에 입력합니다.

(2) 나온 값을 성능이 좋았던 순서대로 나열하겠습니다.

	selected_answer	answer_1_score	answer_2_score	answer_3_score	answer_4_score	answer_5_score
advanced_after_tuning_model	1	0.962374	0.999097	0.999137	0.999165	0.999235
advanced_before_tuning_model	3	0.995332	0.997265	0.992243	0.997147	0.998999
before_tuning_model	1	0.664243	0.664243	0.664243	0.664243	0.664243
after_tuning_model	1	0.746506	0.746506	0.746506	0.746506	0.746506
baseline_model	1	0.762330	0.762330	0.762330	0.762330	0.762330

[그림 8-7] 문제 1번 정답 및 성능

[그림 8-7]의 selected answer를 보면 대부분의 모델이 정답을 예측했습니다.

[문제 2]

다음 문제는 2020년 9월 모의평가 문제입니다. 문법적으로 옳지 않은 문장은 2번입니다.

[문제 2 정의]

```
problem_2 = [
    "People from more individualistic cultural contexts tend to be motivated to maintain self-focused agency or control 1 as these serve as the basis of one's self-worth.",
    "With this form of agency comes the belief that individual successes 2 depending primarily on one's own abilities and actions, and thus, whether by influencing the environment or trying to accept one's circumstances, the use of control ultimately centers on the individual.",
    "The independent self may be more 3 driven to cope by appealing to a sense of agency or control.",
    "Research has shown 4 that East Asians prefer to receive, but not seek, more social support rather than seek personal control in certain cases.",
    "Therefore, people 5 who hold a more interdependent self-construal may prefer to cope in a way that promotes harmony in relationships.",
]
problem_2_label = [1, 0, 1, 1, 1]
```

[문제 2 풀기]

```
selected_answer = predict_problem_with_models(model_list, problem_2)
# (1)
selected_answer = selected_answer.loc[map(lambda x:x[0], test_auroc)
# (2)
```

	selected_answer	answer_1_score	answer_2_score	answer_3_score	answer_4_score	answer_5_score
advanced_after_tuning_model	2	0.999121	0.998729	0.999243	0.999158	0.999166
advanced_before_tuning_model	5	0.997789	0.987540	0.998923	0.998373	0.945960
before_tuning_model	1	0.664243	0.664243	0.664243	0.664243	0.664243
after_tuning_model	1	0.746506	0.746506	0.746506	0.746506	0.746506
baseline_model	1	0.762330	0.762330	0.762330	0.762330	0.762330

[그림 8-8] 문제 2 번 정답 및 성능

[그림 8-7]과 [그림 8-8]을 보면 가장 성능이 좋았던 모델만 두 문제에 대한 정답을 예측했습니

다. 앞서 사용했던 AUROC가 높았던 모델이 데모에서 사용한 두 문제의 정답을 잘 예측했습니다. AUROC가 평가 지표로서 유의미하다고 판단할 수 있습니다.

이번 파트에서는 수능 문제 풀기를 위해서 문제를 풀 수 있게 바꾸고 그에 맞게 데이터를 처리하는 방법에 대해서 알아보았습니다. 그리고 기본적인 모델을 사용해본 후 기본 모델에서 성능을 높이기 위한 두 가지 접근 방법을 사용했습니다. 추가적인 데이터를 활용하는 법과 모델의 성능을 올리는 방법을 이용했습니다. 결과적으로 이 두 가지 방법을 이용했을 때 모델이 가장 좋은 성능을 보임을 확인할 수 있었습니다.

이 프로젝트에서 사용한 방법 외에도 모델을 더 발전시킬 수 있는 방법들이 있습니다. 이번 파트에서는 추가적인 데이터를 사용하는 데 Transfer Learning을 이용했습니다. 하지만 이 방법 외에도 학습 데이터에 추가해서 성능을 더 높이는 방법이 있을 수 있습니다. 예를 들어서 이번 프로젝트에서는 사용하지 않았지만 Oversampling, Undersampling과 같이 데이터의 비율 차이가 클 때 데이터를 사용하는 방법을 이용해볼 수 있습니다. 또한 BERT와 같이 이미 Pre-Trained 모델을 이용한다면 굳이 다른 데이터로 Pretrain을 하지 않아도 될 것 같습니다. 모델에서도 Max Pooling은 가장 큰 값만을 추출하므로 정보의 손실이 있습니다. Max Pooling 대신 Convolution Layer를 이용한다면 정보의 손실 문제를 어느 정도 보완할 수 있습니다.

PART 9

아이돌 무대 자동 교차편집 생성

이번 파트에서는 여러 무대 영상을 하나의 영상으로 자연스럽게 편집해주는 프로젝트에 대해 살펴보겠습니다. 교차편집은 영상으로부터 얼굴, 행동 등의 패턴이 가장 유사한 비디오끼리 이어 나가는 편집입니다. 얼굴이나 행동의 패턴을 파악하는 모델을 활용해서 교차편집을 자동화해봅시다.

9.1 프로젝트 소개

》9.1.1 프로젝트 개요《

여러 동영상 플랫폼에서 무대를 마치 하나의 무대인 것처럼 자연스럽게 편집해 놓은 영상을 자주 볼 수 있습니다. 가수의 여러 무대 영상을 하나의 무대처럼 만든 영상을 교차편집 영상이라고 부릅니다. 교차편집 영상은 한 영상에서 좋아하는 가수의 다양한 모습을 한꺼번에 볼 수 있어서 많은 사람들에게 사랑받고 있습니다.

하지만 교차편집 영상들을 만드는 작업은 반복되는 작업이 많아 매우 오랜 시간이 걸립니다.

작업자가 손수 작업하면 편집에 사용될 모든 영상을 하나씩 돌려보면서 가장 유사한 영상들을 찾아 일일이 잘라서 붙여줘야 합니다. 그래서 이번 파트에서는 인공지능 모델을 이용해 자동으로 교차편집 영상을 생성하는 프로젝트를 소개합니다.

》9.1.2 데이터 소개《

교차편집 영상을 만들기 위해서는 같은 가수의 다양한 무대 영상이 필요합니다. 각 방송사 음악 방송 사이트에서 제공하는 다운로드 기능을 이용해서 영상을 다운로드 받습니다. 이때 무대 영상은 1초당 Frame 수(FPS, Frames Per Second)가 모두 같아야 합니다. 그 후 다운로드 받은 영상들을 시작 시간이 같도록 잘라주는 작업을 진행해야 합니다.

》9.1.3 결과물《

[그림 9-1]에서 자동으로 교차편집을 생성한 예시를 보실 수 있습니다. 교차편집에 사용하는 영상 분석 원리를 확장하여 동영상 검색, 유사도 비교에 활용할 수 있습니다.

[그림 9-1] 결과물 링크

[그림 9-2] 교차편집 결과물 1

[그림 9-3] 교차편집 결과물 2

[그림 9-4] 교차편집 결과물 3

[그림 9-2]와 [그림 9-3]에서 왼쪽에서 오른쪽으로 영상이 진행되는데, 얼굴이 비슷한 위치에서 자연스럽게 전환합니다. 또 [그림 9-4]처럼 대형이 돋보이는 무대는 대형이 비슷한 지점에서 장면을 자연스럽게 전환한 것을 볼 수 있습니다.

》9.1.4 프로젝트를 통해 배울 내용《

영상을 다루는 라이브러리인 Moviepy를 통해 영상 처리 기법을 공부하고, 컴퓨터 비전에 자주 쓰이는 라이브러리인 Opencv를 사용해 영상에서 얼굴을 인식하는 방법을 배웁니다. 또한 PyTorch 프레임워크 중 사전 학습된 모델을 이용해 행동의 유사성을 얻는 방법을 배웁니다. 이를 이용하여 교차편집 영상을 만들 수 있습니다.

9.2 프로젝트 파헤치기

코드 구조를 크게 도식화하면 [그림 9-5]과 같습니다. RandomDistance, FaceDistance, PoseDistance 클래스에 있는 distance 함수를 모델에 바꿔 가며 다양한 모델을 적용할 수 있는 구조입니다.

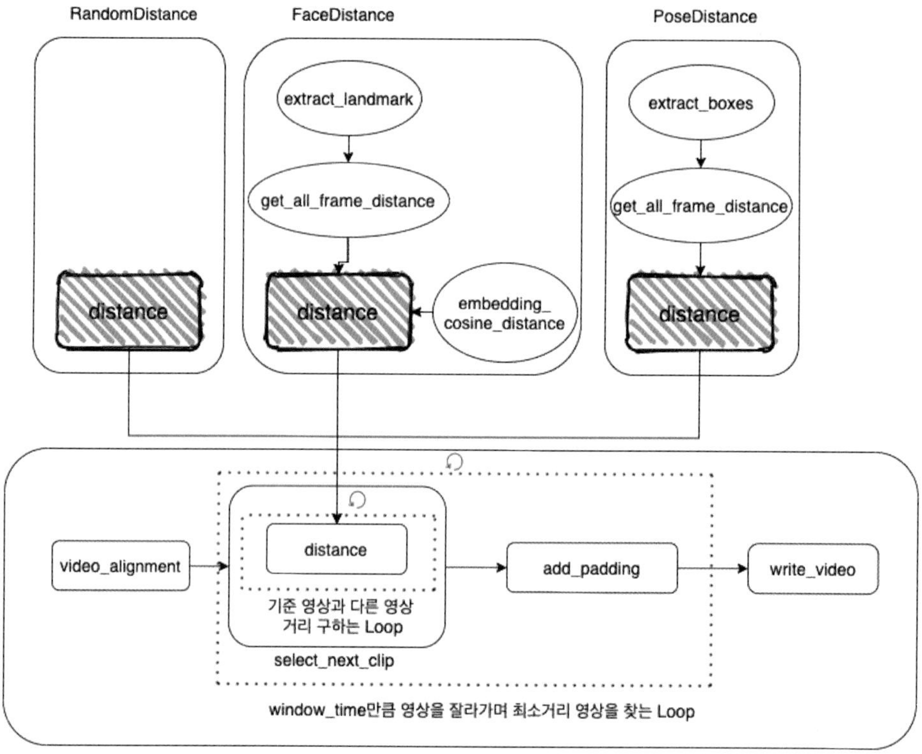

[그림 9-5] 교차 편집 코드 구조도

Skeleton Code로 대략적인 구조를 살펴보면 다음과 같습니다. 다음에 나오는 자세한 코드를 보면서 참고하시면 더 체계적으로 코드를 이해할 수 있을 것입니다.

[교차편집 코드 구조]

```
# (1) 거리 측정 방법 1
class RandomDistance:
    def distance(self, reference_clip, compare_clip):
        …

# (2) 거리 측정 방법 2
class FaceDistance:
    def __init__(self, shape_predictor_path, face_embedding_penalty=None):
        …
    def extract_landmark(self, reference_clip, compare_clip):
        …
    def embedding_cosine_distance(self, reference_frame, compare_frame):
        …
    def get_all_frame_distance(self, clips_frame_info, min_size):
        …
    def distance(self, reference_clip, compare_clip):
        …self.extract_landmark
        …self.get_all_frame_distance
        …self.embedding_cosine_distance
        …

# (3) 거리 측정 방법 3
class PoseDistance:
    def __init__(self):
        …
    def extract_boxes(self, reference_clip, compare_clip):
        …
    def get_all_frame_distance(self, clips_frame_info, min_size):
        …
    def distance(self, reference_clip, compare_clip):
        …self.extract_boxes
        …self.get_all_frame_distance
        …

# (4) 교차편집 메인 함수
class Crosscut:
    def __init__(self, dist_obj, video_path, output_path):
        …
    def video_alignment(self):
```

```
    ...
    def select_next_clip(self, t, current_idx):
        ...
        for video_idx in range(다른 영상들 길이):
            ...self.dist_obj.distance(reference_clip, clip)
            ...
    def add_padding(self, t, next_idx):
        ...
    def write_video(self):
        ...
    def generate_video(self):
        self.video_alignment()
        ...
        while t < int(self.min_time):
            ...self.select_next_clip(t, current_idx)
            ...self.add_padding(t, min_idx)
        ...self.write_video()
```

(1) 교차편집에 사용하는 거리 측정 방법 3가지 중 하나입니다. 시간을 랜덤하게 선택합니다.

(2) 교차편집에 사용하는 거리 측정 방법 3가지 중 하나입니다. 얼굴이 가장 비슷한 지점을 선택합니다.

(3) 교차편집에 사용하는 거리 측정 방법 3가지 중 하나입니다. 자세가 가장 비슷한 지점을 선택합니다.

(4) 교차편집을 생성하는 메인 함수입니다. 거리 측정 방법 3가지 중 하나를 사용해 교차편집 영상을 만듭니다.

》9.2.1 데이터 전처리와 모델 다운로드《

• 데이터 전처리

수집한 원본 영상들은 노래의 시작 지점이 맞지 않을 수 있습니다. 교차편집은 시간이 같은 지점에서 영상을 전환하므로 영상의 시작점이 같아야 합니다. 교차편집을 하기에 앞서 각 무대 영상의 시작점을 맞춰줍니다. 영상을 순회할 때 영상의 이름을 기준으로 정렬한 뒤 순회하기 때문에 시작하기 전 영상 순서를 잘 유지하기 위해 영상 파일 이름을 0.mp4, 1.mp4 …처럼 명시적으로 변경합니다. 그리고 영상 시작점을 맞추기 위해 각 영상별로 노래가 시작되는 초를 직접 기록합니다. 예를 들어 무대에서 가수가 바로 노래를 부르지 않고 등장만 하는 구간이 있다고 해봅시다. 14초부터 실제로 노래가 시작된다면 14를 기록해둡니다. 물론, 14.5처럼 소수점으로도 기록할 수 있습니다.

각각의 영상마다 얻은 시작점을 List에 기록합니다. 0번 영상의 시작점은 List의 0번째에, 1번 영상의 시작점은 1번째에, 그리고 2번 영상의 시작점은 2번째에 넣습니다. 예를 들어 3개의 영상이 있을 경우 각 영상별로 0번째 영상은 14.5초에, 1번째 영상은 2초에, 2번째 영상은 바로 시작한다면 [14.5, 2, 0]을 기록합니다. 이 List는 코드 내부에 입력할 것입니다.

• OpenCV 모델 다운

pip을 사용하지 않고 직접 다운받아야 하는 모델이 있습니다. URL(https://bit.ly/3fFRwMU 혹은 https://www.pyimagesearch.com/2017/04/03/facial-landmarks-dlib-opencv-python/)에 접속한 후 [그림 9-6]과 같은 download Section에 들어가 모델을 다운받습니다. 필요한 파일 이름은 'shape_predictor_68_face_landmarks.dat'입니다. 본 링크에서 다운로드가 안 될 경우 서적의 깃허브 저장소에 업로드된 모델을 사용하시면 됩니다.

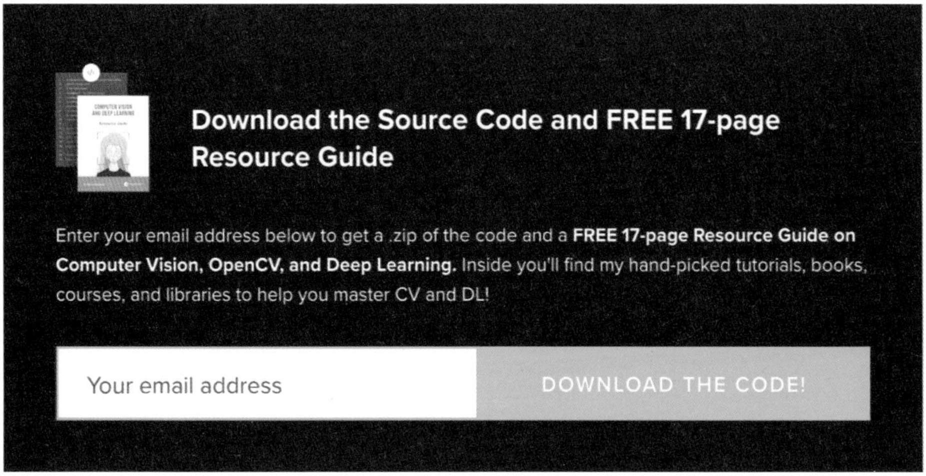

[그림 9-6] OpenCV 다운로드 섹션

이제 각 모델들을 자세히 살펴봅시다.

》9.2.2 Crosscut Class 구현《

`Crosscut` Class는 거리 모델을 활용하여 영상을 생성하는 중심 클래스입니다. [그림 9-7]에서 주황색 부분에 해당합니다.

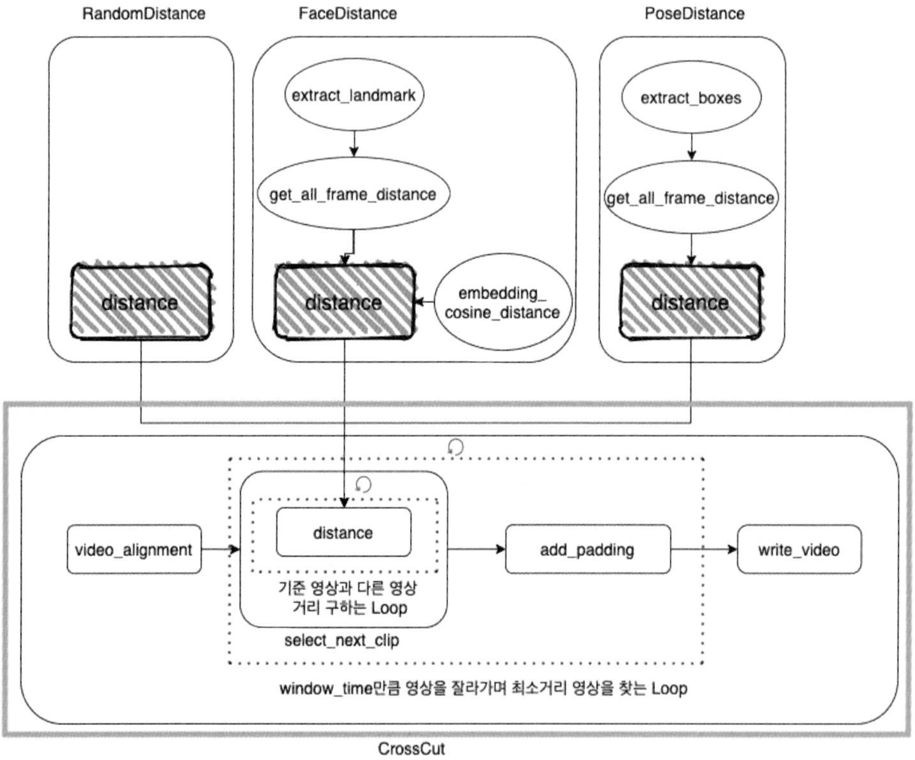

[그림 9-7] 교차 편집 코드 구조도 속 CrossCut

[Crosscut Class 코드 구조]

Crosscut의 전체적인 skeleton 구조만 살펴보면 다음과 같습니다. 함수를 하나씩 살펴봅시다.

```
class Crosscut:
    # (1) 교차편집에 필요한 변수 초기화하기
    def __init__(self, dist_obj, video_path, output_path):
        …

    # (2) 사용할 무대 영상의 시작점 정렬하기
    def video_alignment(self):
        …

    # (3) 다음 영상 선택하기
    def select_next_clip(self, t, current_idx):
        …
        for video_idx in range(다른 영상들 길이):
            …self.dist_obj.distance(reference_clip, clip)
            …

    # (4) 선택한 다음 영상의 padding 추가하기
    def add_padding(self, t, next_idx):
        …

    # (5) 교차편집 결과물 저장하기
    def write_video(self):
        …

    # (6) 교차편집 만들기(메인 함수)
    def generate_video(self):
        self.video_alignment()
        …
        while t < int(self.min_time):
            …self.select_next_clip(t, current_idx)
            …self.add_padding(t, min_idx)
        …self.write_video()
```

[초기화 함수]

```
def __init__(self, dist_obj, video_path, output_path):
    self.videos_path = video_path                                   # (1)
    self.output_path = output_path                                  # (2)
    self.min_time = 1000.0                                          # (3)
    video_num = len(os.listdir(self.videos_path))                   # (4)
    self.start_times = [0] * video_num                              # (5)
    self.window_time = 10                                           # (6)
    self.padded_time = 4                                            # (7)
    self.dist_obj = dist_obj                                        # (8)
    self.audioclip = None                                           # (9)
    self.extracted_clips_array = []                                # (10)
    self.con_clips = []                                            # (11)
```

(1) 무대 영상들이 저장된 폴더의 경로입니다.

(2) 만든 교차편집 영상을 저장할 경로와 파일명입니다. 예를 들어 "my_stagemix.mp4"라고 지정하면 현재 코드를 실행하는 폴더에 파일명이 my_stagemix인 mp4 동영상을 저장합니다. 교차편집 결과물은 "my_stagemix.mp4"처럼 mp4 확장자 파일입니다.

(3) 무대 영상 중 가장 짧은 영상의 길이(초)로 클래스 내부에서 자동으로 계산합니다. 1000.0이 가장 짧은 길이를 계산하기 위한 초기값(초) 입니다.

(4) 무대 영상의 개수입니다.

(5) 각 무대 영상의 시작점을 저장합니다. 모든 영상이 처음부터 시작한다면 그대로 사용하고, 각 영상의 시작점이 다르면 [14.5, 2, 0]처럼 직접 기록합니다.

(6) 영상을 비교할 길이(초)입니다. [그림 9-8]에서 현재 1초이고 self.window_time이 5초인 경우를 예로 들어보겠습니다. 이 경우 현재 영상과 비교 영상의 거리를 시작점(1초)에서 self.window_time(5초)을 더한 6초까지 모든 Frame(프레임)마다 측정합니다.
여기서 Frame이란 이미지 한 장입니다. 동영상은 수많은 이미지로 이루어집니다. 동영상을 일시정지하면 보이는 이미지 하나가 한 Frame입니다. 이처럼 동영상은 여러 개의 Frame으로 구성됩니다. 이때 1초에 보여주는 Frame의 개수가 FPS(Frames Per Second)입니다. 30 FPS 영상에 비해 60 FPS 영상이 자연스러운 이유는 30 FPS는 1초에 30개의 Frame을 보여주지만 60 FPS는 1초에 60개의 Frame을 보여주기 때문입니다.

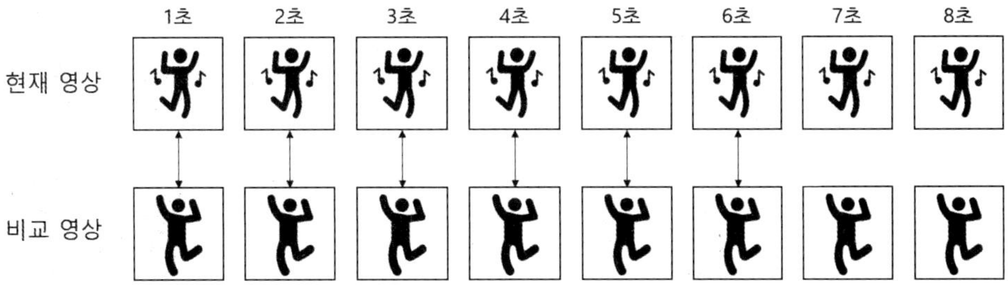

[그림 9-8] 사진 하나가 한 Frame

교차편집은 이렇게 Frame마다 영상 간 거리를 측정하고 거리가 최소인 지점에서 다른 영상으로 전환합니다. [그림 9-9]는 Frame 0부터 Frame 7까지 비교해 다른 영상으로 전환하는 상황을 보여줍니다. 현재 영상과 비교 영상의 Frame마다 거리를 측정하면 비교 영상마다 8개의 거리를 얻습니다. 비교 영상 1과 현재 영상의 8개의 거리 중 Frame 5에서 최솟값 70을 얻었습니다.

[그림 9-9] 비교 영상 1과의 최소 거리

[그림 9-10]처럼 비교 영상 2도 같은 방법으로 측정해 8개의 거리를 얻었고 그중 Frame 3에서 최솟값 20을 가집니다.

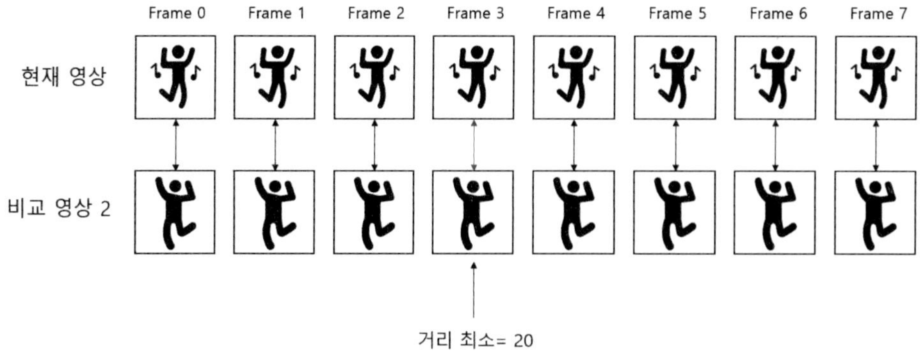

[그림 9-10] 비교 영상 2와의 최소 거리

현재 영상과 비교 영상 1에 8개의 거리가 있고, 현재 영상과 비교 영상 2에 8개의 거리가 있습니다. 전체 16개의 거리 중에 Frame 3에서 비교 영상 2와 거리가 최소입니다. 거리가 최소인 Frame 3까지 현재 영상을 재생하다가, Frame 3에서 비교 영상 2로 전환합니다. [그림 9-11]처럼 0부터 7까지 8개의 Frame에서 최종 교차편집 영상은 빨간 Frame이 됩니다.

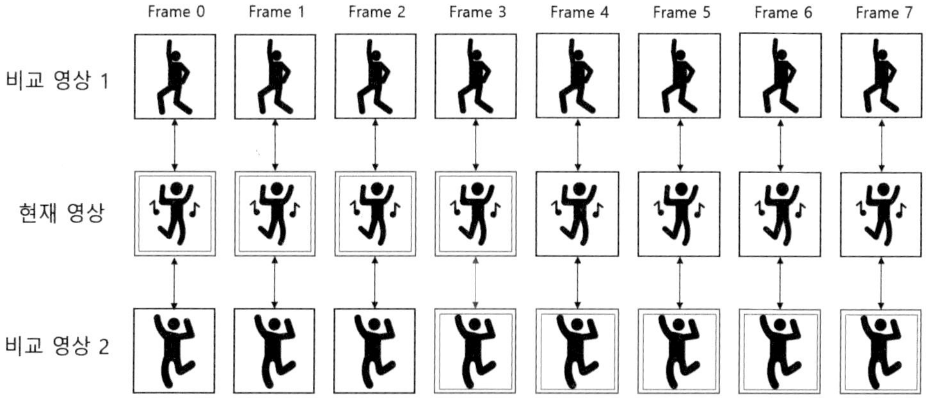

[그림 9-11] 8개의 Frame에서 최종 교차편집

(7) 영상 전환이 너무 자주 일어나면 영상이 산만할 수 있습니다. 예를 들어 영상 0에서 영상 1로 전환한 직후 바로 다른 영상으로 전환하면 어색하게 느껴질 수 있습니다. `self.padded_time` 변수는 일정 시간 동안 전환을 방지하여 잦은 전환을 방지합니다. 영상 전환이 일어나면 `self.padded_time`초 동안 무조건 전환된 영상을 보여주어 잦은 영상 전환을 방지

합니다.

(8) 좋은 교차편집을 만드는 데 중요한 요소는 자연스러운 전환입니다. 인기 있는 교차편집 영상들은 얼굴이나 대형이 비슷한 지점에서 전환합니다. 얼굴 위치의 차이(거리)나 대형의 차이(거리)의 크기가 작을수록 전환이 자연스럽습니다. 거리의 종류는 Random 거리, 실제 좌표 값을 비교하는 얼굴 기반 Landmark, 그리고 자세 기반 Landmark 3가지를 사용합니다. 3가지 방법 중 하나를 선택해 객체 dist_obj에 할당합니다.

(9) 교차편집에 사용할 음성입니다. 무대 영상 중 가장 짧은 영상의 음성을 사용합니다.

(10) 시작점이 정렬된 무대 영상들을 저장합니다.

(11) 위의 예시에서 빨간 Frame이자 교차편집으로 내보낼 짧은 영상들을 저장합니다. 각 영상들은 노래 시작부터 시간 순서대로 들어 있습니다. 위의 예시에서 Frame 0이 노래 시작 지점이라면 Frame 0부터 Frame 3까지는 현재 영상을 잘라서 저장하고, Frame 3부터 Frame 7까지 비교 영상 2를 잘라 저장합니다. 1초에 1Frame을 보여준다면 self.con_clips에 0초부터 3초까지 현재 영상의 일부를, 4초부터 9초까지 비교 영상 2의 일부를 저장합니다. 이 과정을 self.con_clips에 들어 있는 영상들의 길이가 노래의 길이와 같아질 때까지 반복합니다.

[무대 영상들의 시작점을 정렬하는 함수]

```
def video_alignment(self):
    for i in range(len(os.listdir(self.videos_path))):
        video_path = os.path.join(self.videos_path,
sorted(os.listdir(self.videos_path))[i])
        clip = VideoFileClip(video_path)
        clip = clip.subclip(self.start_times[i], clip.duration)
        if self.min_time > clip.duration:
            self.audioclip = clip.audio
            self.min_time = clip.duration
        self.extracted_clips_array.append(clip)
    print('LOGGER-- {} Video Will Be
Mixed'.format(len(self.extracted_clips_array)))
```

video_alignment는 교차편집을 만들 무대 영상들의 시작점을 정렬하는 함수입니다. video_alignment 함수가 각 영상마다 Moviepy 라이브러리에 있는 subclip 함수를 이용해 영상들을 시작점부터 각 영상의 길이까지 잘라줍니다. 이렇게 시작점이 정렬된 영상들을 self.extracted_clips_array List에 저장해 교차편집을 만들 때 사용합니다.

교차편집 영상의 길이는 가장 짧은 것을 기준으로 합니다. self.min_time 변수는 시작점이 정렬된 영상 중에 최소 영상 길이를 저장합니다. 따라서 시작점을 정렬한 현재 영상의 길이인 clip.duration이 이전 영상들보다 짧다면 self.min_time을 갱신합니다. 추가로 교차편집 음성인 self.audioclip도 가장 짧은 영상의 음성으로 저장합니다.

[다음 영상을 선택하는 함수]

```
def select_next_clip(self, t, current_idx):
    # (1) 거리 측정에 필요한 변수 초기화하기
    cur_t = t
    next_t = min(t+self.window_time, self.min_time)

    reference_clip = self.extracted_clips_array[current_idx].subclip
(cur_t, next_t)
    d = float("Inf")
    cur_clip = None
    min_idx = (current_idx+1)%len(self.extracted_clips_array)

    # (2) 비교 영상들과 현재 영상의 거리 측정하기
    for video_idx in range(len(self.extracted_clips_array)):
        if video_idx == current_idx:
            continue
        clip = self.extracted_clips_array[video_idx].subclip
(cur_t, next_t)
        cur_d, plus_frame = self.dist_obj.distance(reference_clip, clip)
        print(current_idx, video_idx, cur_d, cur_t + plus_frame)
        if d > cur_d:
            d = cur_d
            min_idx = video_idx
            next_t = cur_t + plus_frame
            cur_clip = reference_clip.subclip(0, plus_frame)

    # 다음 교차편집 지점 전까지 현재 영상 저장하기
    if cur_clip:
        clip = cur_clip
```

```
        else:
            clip = reference_clip
        self.con_clips.append(clip)

        # (4) 현재 시간을 갱신하고 다음에 사용할 영상 인덱스 반환하기
        t = next_t
        return t, min_idx
```

현재 영상과 비교 영상들의 거리를 측정하고 다음에 재생할 영상을 선택하는 함수입니다. 함수의 인자는 비교 시작 시간 t와 현재 영상의 인덱스 current_idx입니다.

(1) 거리 측정에 필요한 변수 초기화하기

거리는 cur_t초부터 next_t초까지 모든 Frame에서 측정합니다. next_t는 cur_t에 영상 비교 시간인 self.window_time을 더한 시간입니다. 만약 더한 값이 노래의 길이를 초과하면 노래 길이 self.min_time까지만 사용합니다. 이렇게 각 영상을 cur_t부터 next_t까지 잘라서 비교 영상으로 사용하고 현재 영상과의 거리를 측정합니다.

영상 간 거리를 측정하기 전에 필요한 변수를 설정합니다. 현재 영상에서 비교할 기준이 되는 구간은 잘라서 reference_clip에 저장합니다. d는 현재 영상과의 거리 중 최솟값을 저장하는 변수입니다. 최솟값을 얻기 위해 초기값을 무한대로 설정합니다. min_idx는 비교 영상 중 거리가 최소가 되는 영상의 인덱스입니다.

영상끼리 거리를 비교할 수 없는 경우에도 다른 영상으로 전환하기 위해 변수 min_idx를 (current_idx+1)%len(self.extracted_clips_array)로 초기화합니다.

계산 후 거리를 하나라도 측정할 수 있는 경우, cur_clip은 거리가 최소가 되는 Frame까지 현재 영상을 저장합니다. [그림 9-12]의 예시에서 현재 영상의 Frame 0 부터 Frame 7까지 reference_clip입니다. 그리고 Frame 0부터 Frame 3까지는 현재 영상이 cur_clip이 됩니다.

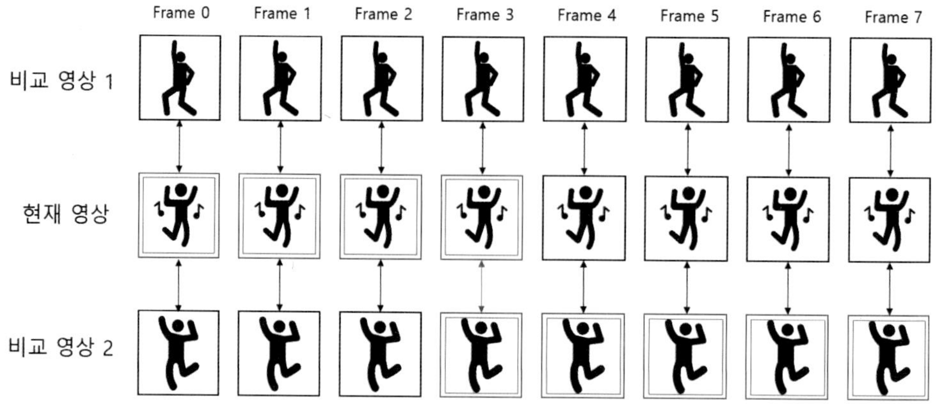

[그림 9-12] 현재 영상이 reference_clip, 비교 영상 2가 cur_clip

(2) 비교 영상들과 현재 영상 간 거리 측정하기

필요한 변수 설정을 마치면 거리의 최솟값을 찾습니다. 반복문 내부에서 현재 영상과 비교 영상 간 거리를 계산합니다. 반복문 내에서 video_idx는 비교 영상의 인덱스이고, 비교 영상은 현재 영상이 아닌 다른 영상입니다. (1)에서 현재 영상을 잘라 reference_clip에 저장했듯 비교 영상도 cur_t부터 next_t까지 잘라 clip 변수에 저장합니다. 자른 두 개의 영상은 self.dist_obj.distance(reference_clip, clip) 함수에 전달해 영상 간 거리를 계산합니다.

self.dist_obj.distance() 함수는 [그림 9-13]의 3가지 거리 측정 방법 중 빗금 그은 하나의 distance 함수입니다. 거리의 최솟값과 거리가 최소가 되는 Frame 번호를 반환합니다. 반환 값은 각각 cur_d와 plus_frame입니다. 만약 cur_d가 지금까지 비교한 영상 중 최소가 된다면 d, min_idx, next_t와 cur_clip을 갱신합니다. next_t는 최소 거리인 지점까지 현재 영상을 잘라서 저장하고, 다음 반복에서 비교 영상 2를 next_t초부터 시작해 비교하기 위해 갱신합니다.

(3) 다음 교차편집 지점 전까지 현재 영상 저장하기

비교 영상들과 현재 영상의 거리를 모두 계산했으면 최소 거리 이전까지 현재 영상을 저장합니다. 비교 영상 중 최소 거리가 있다면 반복문 내에서 자른 cur_clip을 사용합니다. 만약 모두 거리를 잴 수 없어 최소 거리가 없다면 reference_clip를 사용합니다.

(4) 현재 시간을 갱신하고 다음에 사용할 영상 인덱스 반환하기

self.con_clips에는 현재 클립을 추가해 총 next_t초까지 영상이 들어 있습니다. 다음

실행에서 next_t초부터 영상을 추가하면 됩니다. 마지막으로 다음 영상 추가에 사용할 next_t와 min_idx를 반환하고 함수를 종료합니다.

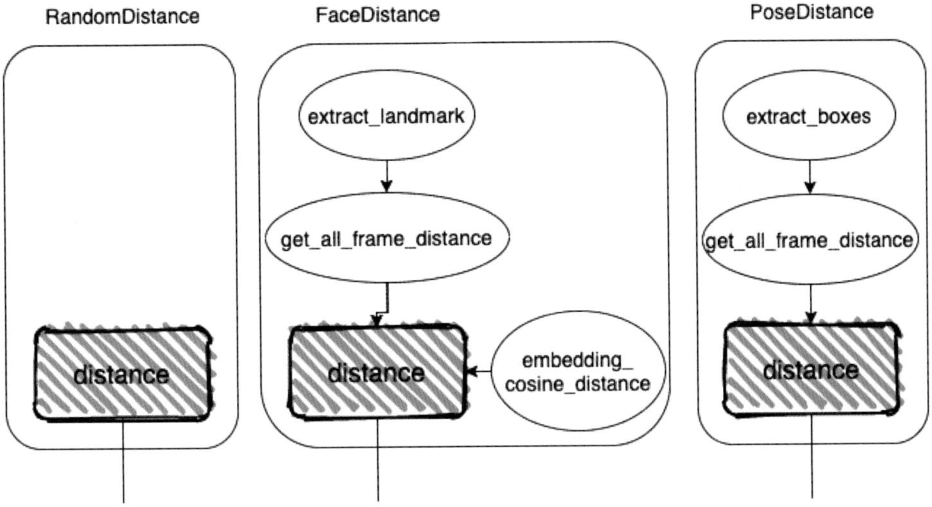

[그림 9-13] 3가지 거리 측정 방법

[선택한 영상의 padding을 추가하는 함수]

```
def add_padding(self, t, next_idx):
    print("idx : {}".format(next_idx))
    pad_clip = self.extracted_clips_array[next_idx].subclip(t,
min(self.min_time,t+self.padded_time))
    self.con_clips.append(pad_clip)

    t = min(self.min_time,t + self.padded_time)
    return t, next_idx
```

다음 영상으로 선택한 영상을 padding으로 붙이는 함수입니다. 앞서 설명했던 것처럼 self.padded_time만큼 붙여 self.con_clips에 추가합니다. 미리 self.padded_time만큼의 영상을 붙여서 한 영상의 최소 길이를 확보하는 작업입니다.

[교차편집을 저장하는 함수]

```
def write_video(self):
    final_clip = concatenate_videoclips(self.con_clips)
    if self.audioclip != None:
        print("Not None")
        final_clip.audio = self.audioclip
    final_clip.write_videofile(self.output_path)
    return final_clip
```

짧은 영상들을 합쳐 영상들을 파일로 만들어주는 함수입니다. 노래 시간만큼 영상을 추가하면 self.con_clips에 있는 영상들을 하나로 합친 후 음성을 설정해줍시다. 그리고 앞서 설정한 저장 경로 self.output_path에 교차편집 영상 파일을 저장합니다.

[교차편집을 생성하는 함수]

```
def generate_video(self):
    # (1) 영상 전처리하기
    self.video_alignment()
    t = 3
    current_idx = 0
    self.con_clips.append(self.extracted_clips_array[current_idx].
subclip(0, min(t, int(self.min_time))))
    # (2) 노래 끝까지 교차편집 영상 만들기
    while t < int(self.min_time):
        t, min_idx = self.select_next_clip(t, current_idx)
        t, current_idx = self.add_padding(t, min_idx)
    # (3) 교차편집 결과 영상 저장하기
    final_clip = self.write_video()
    return final_clip
```

(1) 영상 전처리하기

교차편집을 하기 전에 self.video_alignment() 함수로 영상들의 시작점이 같아지도록 정렬합니다. 정렬된 영상들은 self.extraced_clips_array List에 들어 있습니다. 현재 영상의 초반 3초도 Padding으로 붙여줍니다.

(2) 노래 끝까지 교차편집 영상 만들기

반복문 내부에서 노래 끝까지 영상을 추가합니다. self.select_next_clip 함수로 현재 영상과 최소 거리인 영상(min_idx)과 전환할 시간(t)을 찾은 후 t까지 현재 영상을 추가합니다. self.add_padding 함수를 이용해 다음 영상의 일정 시간을 더해줍니다.

(3) 교차편집 결과 영상 저장하기

영상을 모두 추가했으면 self.write_video 함수로 영상을 합쳐 동영상으로 저장합니다. 완성한 교차편집 영상을 self.output_path에 저장합니다.

[Crosscut Class 전체 코드]

```
class Crosscut:
    def __init__(self, dist_obj, video_path, output_path):
        self.videos_path = video_path
        self.output_path = output_path
        self.min_time = 1000.0
        video_num = len(os.listdir(self.videos_path))
        self.start_times = [0] * video_num
        self.window_time = 10
        self.padded_time = 4
        self.dist_obj = dist_obj
        self.audioclip = None
        self.extracted_clips_array = []
        self.con_clips = []

    def video_alignment(self):
        for i in range(len(os.listdir(self.videos_path))):
            video_path = os.path.join(self.videos_path,
sorted(os.listdir(self.videos_path))[i])
            clip = VideoFileClip(video_path)
            clip = clip.subclip(self.start_times[i], clip.duration)
            if self.min_time > clip.duration:
               self.audioclip = clip.audio
               self.min_time = clip.duration
            self.extracted_clips_array.append(clip)
        print('LOGGER-- {} Video Will Be
Mixed'.format(len(self.extracted_clips_array)))

    def select_next_clip(self, t, current_idx):
        cur_t = t
```

```
        next_t = min(t+self.window_time, self.min_time)

        reference_clip = 
self.extracted_clips_array[current_idx].subclip(cur_t, next_t)
        d = float("Inf")
        cur_clip = None
        min_idx = (current_idx+1)%len(self.extracted_clips_array)
        for video_idx in range(len(self.extracted_clips_array)):
            if video_idx == current_idx:
                continue
            clip = self.extracted_clips_array[video_idx].subclip
(cur_t, next_t)
            cur_d, plus_frame = self.dist_obj.distance(reference_clip, clip)
            print(current_idx, video_idx, cur_d, cur_t + plus_frame)
            if d > cur_d:
                d = cur_d
                min_idx = video_idx
                next_t = cur_t + plus_frame
                cur_clip = reference_clip.subclip(0, plus_frame)

        if cur_clip:
            clip = cur_clip
        else:
            clip = reference_clip
        self.con_clips.append(clip)
        t = next_t
        return t, min_idx

    def add_padding(self, t, next_idx):
        print("idx : {}".format(next_idx))
        pad_clip = self.extracted_clips_array[next_idx]
                    .subclip(t, min(self.min_time,t+self.padded_time))
        self.con_clips.append(pad_clip)

        t = min(self.min_time,t + self.padded_time)
        return t, next_idx

    def write_video(self):
        final_clip = concatenate_videoclips(self.con_clips)
        if self.audioclip != None:
            print("Not None")
```

```
            final_clip.audio = self.audioclip
        final_clip.write_videofile(self.output_path)
        return final_clip

    def generate_video(self):
        self.video_alignment()
        t = 3
        current_idx = 0
        self.con_clips.append(self.extracted_clips_array[current_idx]
                                    .subclip(0, min(t, int(self.min_time))))
        while t < int(self.min_time):
            t, min_idx = self.select_next_clip(t, current_idx)
            t, current_idx = self.add_padding(t, min_idx)
        final_clip = self.write_video()
        return final_clip
```

》9.2.3 RandomDistance Class 구현《

• RandomDistance Class 설명 전 Distance Class들 개괄

RandomDistance, FaceDistance, PoseDistance 클래스는 두 영상 간의 거리를 측정하는 역할입니다. 같은 시간 Frame 영상 간의 거리를 측정하고 영상을 전환할 최소 거리와 시간을 계산해서 반환합니다. distance 함수에서 첫 번째 Return값은 최소 거리이고 두 번째 Return값은 시간입니다.

• RandomDistance Class

RandomDistance Class는 다음에 소개할 FaceDistance와 PoseDistance 이용법을 간단히 이해하기 위해 추가해둔 distance입니다. distance 함수에서 Return한 값을 CrossCut 함수가 어떻게 활용할지 생각해봅시다. [그림 9-14]에서 주황색 부분입니다.

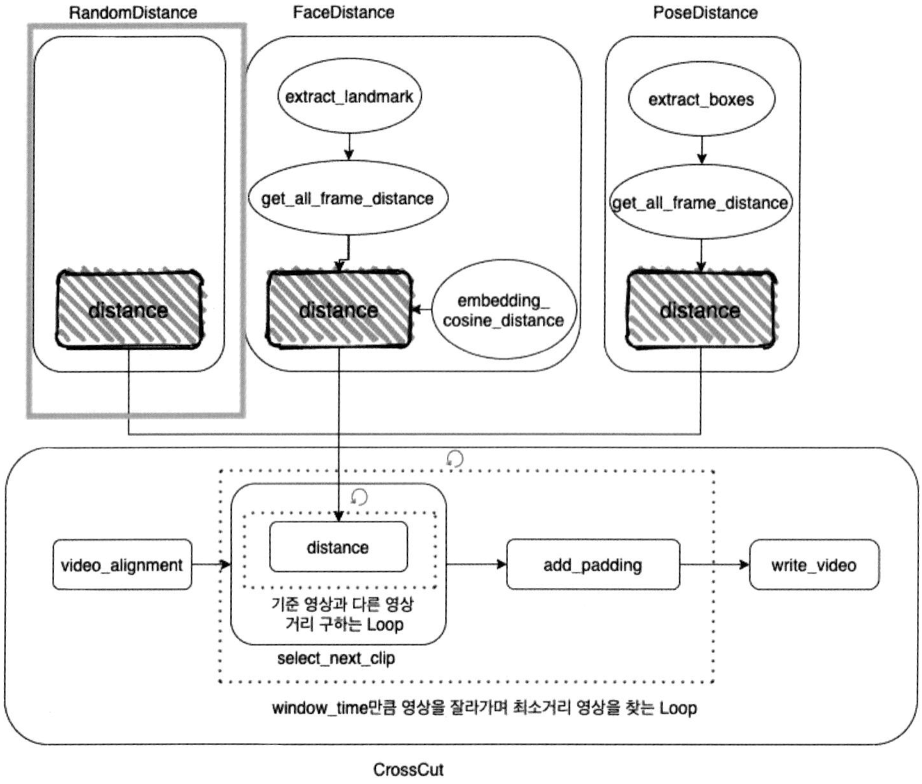

[그림 9-14] RandomDistance Class

[랜덤으로 거리와 시간을 생성하는 클래스]

```
class RandomDistance:
    def distance(self, reference_clip, compare_clip):
        dur_end = min(reference_clip.duration, compare_clip.duration)
        return random.randrange(1,100), min(dur_end, random.randrange(3,7))
```

reference_clip과 compare_clip은 무대 영상에서 자른 일부입니다. 예를 들면, 3:14초 영상에서 두 영상의 2:10~2:20 부분만 잘라 저장합니다. 이때 주의할 점은 referece_clip과 compare_clip이 2:10에서 시작하는 것이 아니라 0초에서 시작해서 10초에 끝난다는 점입니다.

Random 기반의 distance 함수는 거리와 시간을 무작위로 반환합니다. random.randrange

(1,100)라는 함수를 이용하여 얻은 1~99 사이의 숫자가 거리 변수입니다. 시간도 random.randrange(3,7)로 3~6초 사이 무작위의 숫자입니다. 즉 10초짜리 영상이 3~6초 사이에서 잘릴 수 있습니다. 영상 간의 거리가 랜덤으로 정해지므로 전환할 영상도 무작위로 선택됩니다.

영상의 마지막 부분을 편집한다면 영상 자체가 3~6초보다 짧을 수 있습니다. 그러므로 dur_end = min(reference_clip.duration, compare_clip.duration)를 통해서 두 영상 중 짧은 영상 시간인 dur_end를 얻습니다. min(dur_end, random.randrange(3,7))를 통해 dur_end 값이 3~6초보다 짧다면 dur_end 시간을 반환합니다.

RandomDistance에서 반환한 거리와 시간은 기준 영상과 비교 영상 사이의 최소 거리와 시간입니다. Crosscut select_next_clip 함수에서 비교할 영상들을 순회하며 distance 함수에서 얻은 거리 중 최소 거리 값을 가진 비교 영상을 찾습니다. 그리고 최소 거리가 된 시간대에 비교 영상을 잘라 붙여주면서 교차편집을 만듭니다.

》9.2.4 FaceDistance Class 구현《

FaceDistance의 skeleton 구조만 살펴보면 다음과 같습니다.

[얼굴 기반 거리측정 클래스 구조]

```
class FaceDistance:
    def __init__(self, shape_predictor_path, face_embedding_penalty=None):
        ...
    def extract_landmark(self, reference_clip, compare_clip):
        ...
    def embedding_cosine_distance(self, reference_frame, compare_frame):
        ...
    def get_all_frame_distance(self, clips_frame_info, min_size):
        ...
    def distance(self, reference_clip, compare_clip):
```

```
...self.extract_landmark
...self.get_all_frame_distance
...self.embedding_cosine_distance
```

[그림 9-15]에서 주황색 부분입니다.

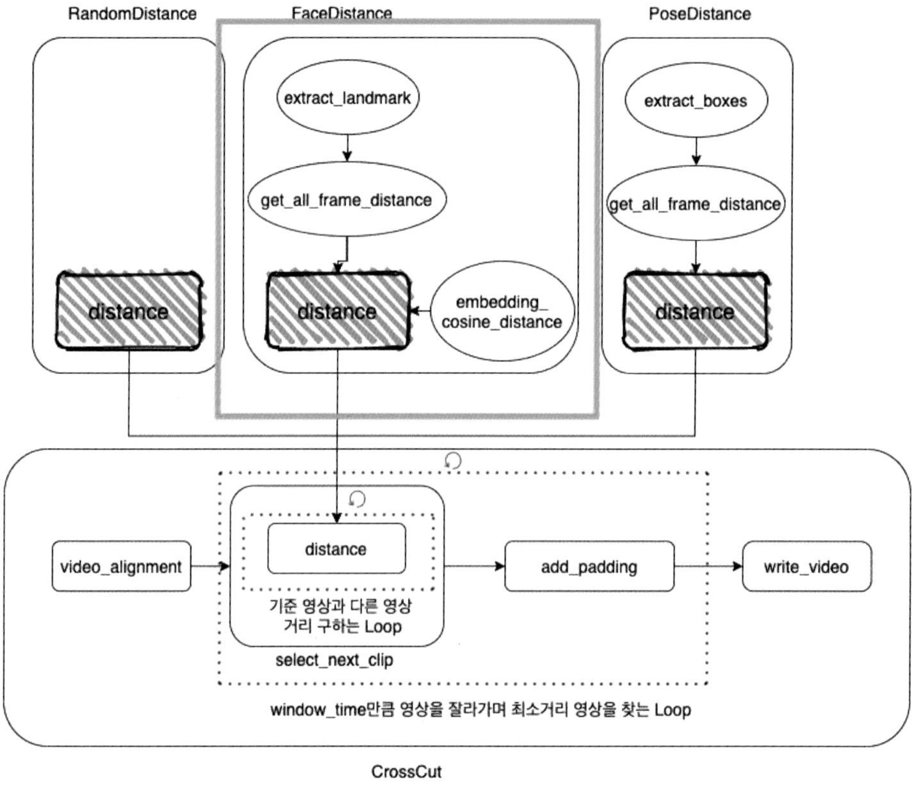

[그림 9-15] FaceDistance Class

[초기화 함수]

```
def __init__(self, shape_predictor_path, face_embedding_penalty=None):
    self.skip_frame_rate = 4                                            # (1)
    self.minimax_frames = 5                                             # (2)
    self.shape_predictor = shape_predictor_path                         # (3)
    self.face_embedding_penalty = face_embedding_penalty                # (4)
```

__init__ 함수는 Class 안에서 사용할 설정값들을 초기화하는 함수입니다. 영상을 생성하는 9.2.6 [교차편집 실행] 코드 부분에서 face_distance = FaceDistance(shape_predictor_path, face_embedding_penalty)를 실행하면 __init__ 함수가 self가 붙은 변수들을 인스턴스 변수로 저장합니다.

인스턴스 변수를 더 쉽게 이해하기 위해, Class를 붕어빵을 만드는 틀이라고 생각해봅시다. landmark_distance = LandmarkDistance(shape_predictor_path)를 통해 붕어빵을 만드는데요. self.skip_frame_rate, self.minimax_frames, self.shape_predictor라는 변수를 통해 붕어빵에 넣을 속(팥, 슈크림)을 결정합니다. 붕어빵에 넣을 속이 인스턴스 변수가 됩니다. landmark_distance라는 인스턴스에는 붕어빵에 팥이 들었는지, 슈크림이 들었는지 인스턴스 변수 정보가 함께 담겨 있습니다.

(1) skip_frame_rate는 두 영상 간의 거리를 계산할 Frame 단위입니다. 가장 이상적인 방법은 값 1을 입력해서 모든 Frame을 체크하는 방법입니다. 하지만 값을 1로 설정하면 모든 이미지 Frame을 다 확인해야 하기 때문에 이미지를 처리하는 연산 비용이 많이 들고 느려집니다. 만약 1초에 30 Frame(30fps)이 들어 있는 동영상이라면 한 Frame은 1/30=0.0333… 초입니다. 0.0333…초는 안무의 큰 변화가 없을 시간이기에 확인하는 초 단위를 늘려 연산 속도를 향상시킬 수 있습니다. 그래서 프로젝트에서는 skip_frame_rate를 4로 설정했습니다. 4 Frame마다 거리를 계산한다는 것은 0.033*4 = 0.132초마다 이미지를 확인하는 것입니다. skip_frame_rate를 4 Frame으로 사용해 약0.1초마다 영상을 확인합니다. 해당 skip_frame_rate가 4 Frame이라면, [그림 9-16]처럼 Frame 1과 Frame 5만 확인합니다.

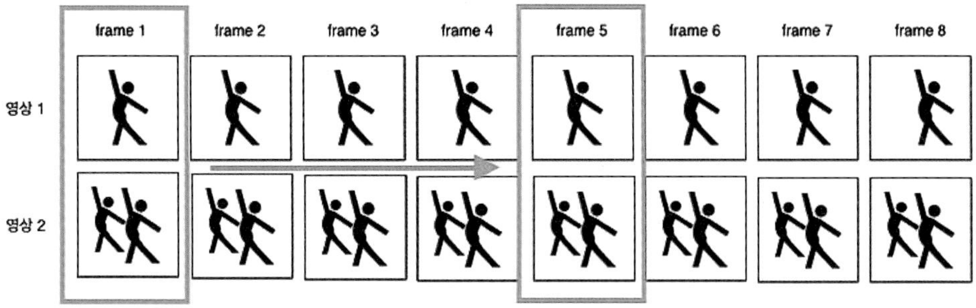

[그림 9-16] 노란색 Frame만 확인

(2) Landmark 방식은 얼굴이 가장 비슷한 지점에서 영상을 전환하는 방식입니다. 이 방식을 따라 현재 0번 영상에 t번째 Frame에서 1번 영상과 거리가 최소가 되었다고 합시다. 그러면 t번째 Frame에서 여러 영상 중 1번 영상으로 전환합니다. 하지만 1번째 영상으로 전환한 후 동일한 영상에서 갑자기 관객이 나오면 어색하다고 느낄 수 있습니다.

그래서 1 Frame이 아니라 다수(N개)의 Frame을 고려해서 거리를 최소화해야 합니다. 부자연스러운 전환을 최소화하기 위해 일정 범위 내에서 가장 유사하지 않은 정도(=거리의 최댓값)를 최소화합니다. 즉 N개 Frame 범위 안의 거리 최댓값이 N개의 거리 중 대표값입니다. 그리고 각 영상에서 대표값의 최솟값을 구해 최소 거리 영상을 찾는 방식입니다.

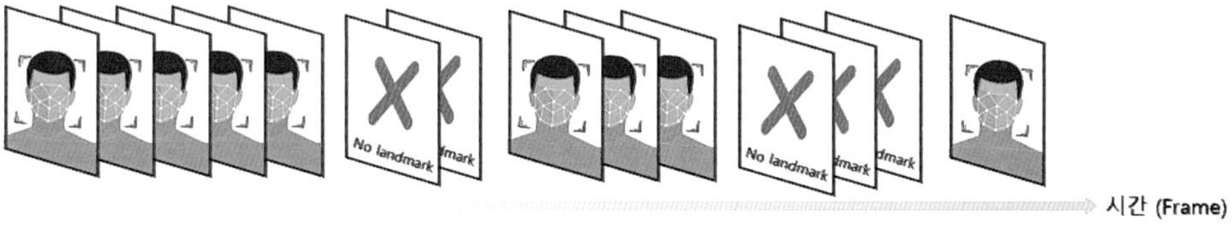

[그림 9-17] N값이 너무 커지면 X 영상이 포함될 가능성이 높음

그렇다고 N의 수를 무작정 늘릴 수는 없습니다. 왜냐하면 [그림 9-17]에서 볼 수 있듯이 Frame 개수를 늘리면 얼굴이 인식되지 않는 Frame이 있을 확률이 증가하기 때문입니다. 본 프로젝트에서는 적절한 N을 선택하기 위해 실제 조회수가 높은 교차편집 영상들에서 연속한 Frame 개수의 통계량을 계산했습니다. 그 결과 Median이 5일 때 가장 자연스러운 영상이 생성됩니다. 그러므로 현재 프로젝트에서는 [그림 9-18]처럼 N 값을 5로 사용합니다.

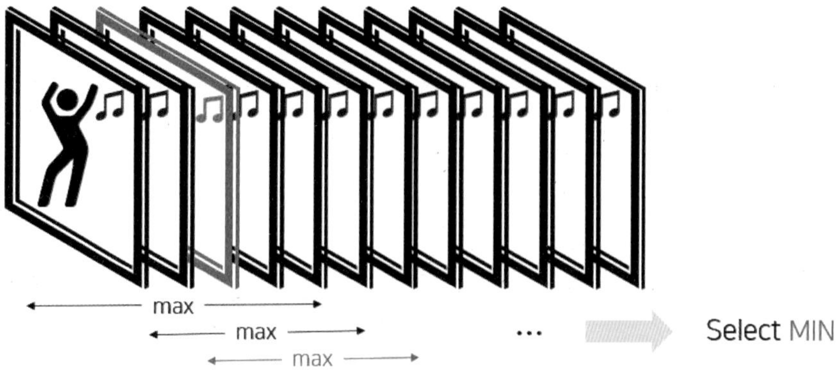

[그림 9-18] max 값의 min 시각화

(3) 앞에서 OpenCV 모델 다운받기를 통해 다운받은 모델 파일 경로를 입력해줍니다. 프로젝트 폴더 안에 넣어두었다면 "shape_predictor_68_face_landmarks.dat" 처럼 파일 이름만 넣습니다. 실행할 때 shape_predictor_path라는 변수를 통해 경로를 입력받습니다.
(4) face_embedding_penalty는 두 영상에서 얼굴이 다를 때 더해지는 최대 penalty 값입니다. face embedding penalty에 대해서는 뒤에서 자세히 서술하겠습니다.

[얼굴의 Landmarks를 추출하는 함수]

[그림 9-19]처럼 얼굴의 특징적인 부분에 찍힌 점을 Facial Landmark라고 합니다. extract_landmark 함수는 라이브러리를 활용하여 각 Frame에서 가수들의 Facial Landmark를 인식합니다. 그리고 clips_frame_info라는 변수에 각 영상별 Landmark 정보를 저장합니다. 예를 들어 self.skip_frame_rate의 값이 4라면 2번째 영상의 9번째 Frame은 clips_frame_info[1][2]에 저장됩니다(1번째 Frame은 Index가 0, 1+4번째 Frame은 Index가 1, 1+4+4번째 Frame은 Index가 2). 이 함수는 distance 함수에서 실행됩니다.

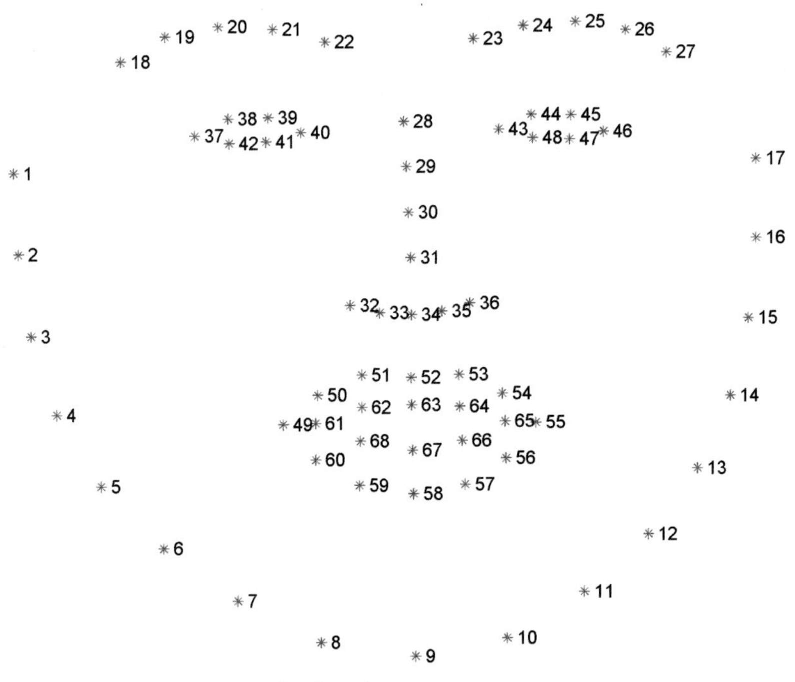

[그림 9-19] Facial Landmark

```
def extract_landmark(self, reference_clip, compare_clip):
    # (1) 영상 저장 및 face landmark detect model 불러오기
    self.clips =[reference_clip, compare_clip]                        # (1)-a
    detector = dlib.get_frontal_face_detector()                        # (1)-b
    predictor = dlib.shape_predictor(self.shape_predictor)             # (1)-c
    clips_frame_info = []
    for clip in self.clips:
        # (2) 각 영상의 정보를 저장하기 위해 loop마다 초기화하기
        i=0                                                            # (2)-a
        every_frame_info= []                                           # (2)-b

        while True:
            # (3) 각 영상에서 face Landmark 얻기
            frame = clip.get_frame(i*1.0/clip.fps)                     # (3)-a
            i+=self.skip_frame_rate                                    # (3)-b
            if (i*1.0/clip.fps)> clip.duration:                        # (3)-c
                break

            frame = imutils.resize(frame, width=800)                   # (3)-d
            gray = cv2.cvtColor(frame, cv2.COLOR_BGR2GRAY)             # (3)-e
            rects = detector(gray, 0)                                  # (3)-f
            # (4) 얻은 face Landmark를 가공해서 every_frame_info에 저장하기
            if len(rects)>0:                                           # (4)-a
                max_width = 0
                max_rect = None                                        # (4)-b
                for rect in rects:                                     # (4)-c
                    if int(rects[0].width()) > max_width:
                        max_rect = rect
                shape = predictor(gray, max_rect)                      # (4)-d
                shape = face_utils.shape_to_np(shape)                  # (4)-e
                every_frame_info.append(shape)                         # (4)-f
            else:
                every_frame_info.append([])
        # (5) 영상 Frame별 landmark 정보를 clips_frame_info에 저장하기
        clips_frame_info.append(np.array(every_frame_info))            # (5)-a
    cv2.destroyAllWindows()
    return clips_frame_info
```

(1) 변수 설정 및 face landmark detect model 불러오기

a. 비교할 두 영상을 `self.clips`에 저장합니다.

b. 얼굴 자체의 위치를 사각형으로 잡아주는 모델입니다.

c. 얼굴 위치가 잡힌 사각형 내에서 얼굴의 Landmark를 구해주는 모델입니다.

(2) 각 영상의 정보를 저장하기 위해 loop마다 초기화하기

a. i는 현재 확인 중인 Frame 번호로 현재 Frame이 몇 번째인지를 알려줍니다.

b. 각 영상의 Frame 정보를 담습니다. `clips_frame_info`는 모든 영상의 Frame 정보를 담고 있는 변수입니다. 나중에 `clips_frame_info`라는 변수에 해당 영상의 정보로서 붙여집니다. `clips_frame_info[0]`는 첫 번째 영상의 `every_frame_info`와 같습니다.

(3) 각 영상에서 face Landmark 얻기

a. `get_frame`은 Moviepy에서 제공하는 함수입니다. 해당 시간의 Frame을 이미지로 바꿔서 Frame에 반환합니다.

b. 다음 Loop에서 사용할 frame index를 저장합니다.

c. 영상의 끝부분까지 Facial Landmark를 얻기 위해 While 문을 돌립니다. `clip.fps`는 1초당 들어 있는 Frame의 수입니다. `1.0/clip.fps`는 한 Frame이 차지하는 시간을 의미할 것입니다. `i*1.0/clip.fps`는 현재 확인하고 있는 Frame의 시간대를 의미할 것입니다. 그러므로 현재 확인 중인 Frame의 시간(`i*1.0/clip.fps`)이 해당 영상의 전체 시간(`clip.duration`)보다 크다면 반복문을 멈추는 방식입니다.

d. 이미지가 작을수록 계산 속도가 빨라집니다. 하지만 우리가 사진이 너무 작으면 사람 얼굴을 파악할 수 없듯이, 이미지가 너무 작으면 정확도가 낮아집니다. [그림 9-20]처럼 적당한 값으로 width를 맞춰 계산 속도를 향상시켜봅시다.

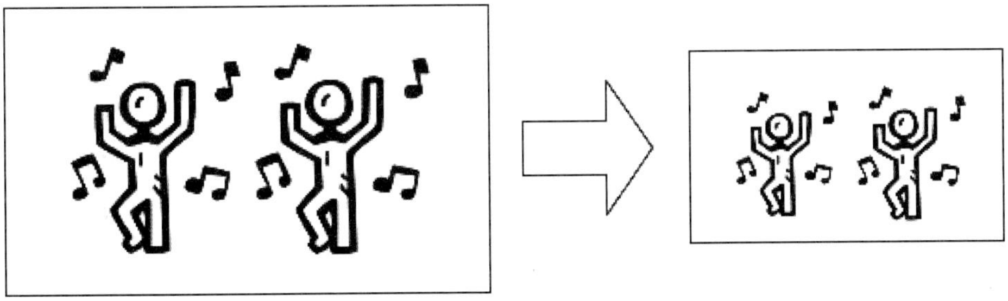

[그림 9-20] width를 줄여 계산 속도 높이기

e. 흑백 사진을 이용하면 RGB의 3채널 정보에서 흑백 1채널 정보만 확인하기 때문에 계산 속도가 더 빨라집니다. 다행히 얼굴을 인식할 때에는 흑백사진을 이용해도 됩니다.

f. detector로 얼굴의 위치를 사각형으로 잡아줍니다.

(4) 얻은 face Landmark를 가공해서 every_frame_info에 저장하기

a. 얼굴의 개수를 파악합니다. 얼굴이 하나라도 있으면 Facial Landmark를 계산하고 없다면 빈 List를 반환합니다(every_frame_info.append([ ])).

b. 계산의 효율성을 위해 얼굴 중에 가장 큰 얼굴(max_rect)만 detect할 것입니다. 가장 큰 얼굴만 detect를 하는 이유는 아이돌 무대는 같은 영상이라면 같은 안무를 하고 있을 가능성이 높기 때문입니다. 안무가 같으면 동선도 같기 때문에 한 사람의 얼굴 위치만 잘 맞춰도 자연스럽게 이어집니다.

c. max_width를 통해 가장 너비가 큰 사각형을 찾고 max_rect에 해당 얼굴을 저장합니다.

d. 가장 크게 확대된 얼굴의 Facial Landmark를 구합니다.

e. 구해진 Facial Landmark 결과를 계산 용이성을 위해 numpy로 변환합니다.

f. 해당 Frame의 Facial Landmark 정보를 every_frame_info에 추가합니다.

(5) 영상 Frame별 landmark 정보를 clips_frame_info에 저장하기

영상의 모든 Frame의 Facial Landmark 정보가 담긴 every_frame_info를 clips_frame_info에 저장합니다.

[얼굴의 Embedding 값의 Cosine Distance를 계산하는 함수]

```
def embedding_cosine_distance(self, reference_frame, compare_frame):
    face_detector = MTCNN(select_largest=True)
    embed_model = InceptionResnetV1(pretrained='vggface2').eval()

    reference_frame = np.array(reference_frame)
    compare_frame = np.array(compare_frame)
    try:
        reference_frame_detected = face_detector(reference_frame)
        compare_frame_detected = face_detector(compare_frame)
    except:
        cosine_dist = 1
        return cosine_dist

    reference_frame_embed = embed_model(reference_frame_detected.unsqueeze(0))
                                .detach().numpy()
```

```
    compare_frame_embed = embed_model(compare_frame_detected.unsqueeze(0))
                            .detach().numpy()
    reference_frame_embed = np.squeeze(reference_frame_embed)
    compare_frame_embed = np.squeeze(compare_frame_embed)
    cosine_dist = 1 - np.dot(reference_frame_embed, compare_frame_embed) /
(np.linalg.norm(reference_frame_embed) *
np.linalg.norm(compare_frame_embed))
    return cosine_dist
```

embedding_cosine_distance는 얼굴 Embedding 값으로 Penalty를 주는 함수입니다. 함수의 인자는 현재 영상의 Frame(reference_frame)과 비교 영상의 Frame(compare_frame)입니다. embedding_cosine_distance를 통해 다른 사람으로 전환되는 것을 막을 수 있습니다. [그림 9-21]에서도 원래 거리는 68.1이 최솟값이므로 서로 다른 얼굴로 전환됩니다. 하지만 Face Embedding Score를 적용하면 다른 얼굴에는 30의 Penalty가 적용되므로 같은 얼굴을 선택할 수 있습니다.

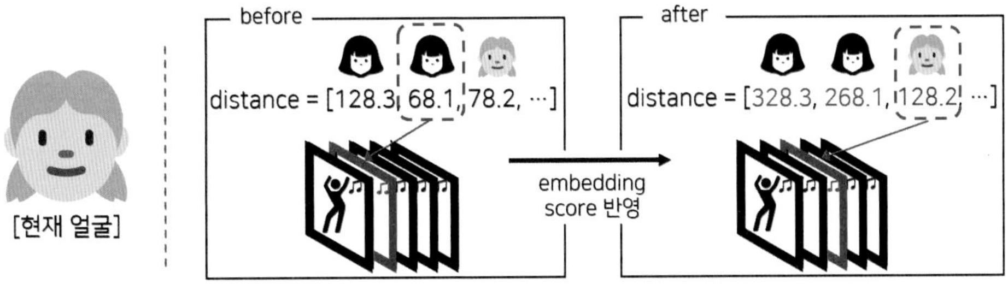

[그림 9-21] Face Embedding Penalty 적용 전·후 비교

얼굴 위치를 먼저 파악해야 얼굴의 Embedding 값을 얻을 수 있습니다. MTCNN은 얼굴 검출 분야에서 높은 정확도를 가지는 모델입니다. MTCNN은 P-Net, R-Net, O-Net으로 이루어져 있는데요. [그림 9-22]처럼 P-Net을 통해 얼굴에 해당하는 박스를 얻고 R-Net은 이를 더욱 정교화합니다. O-Net에서는 R-Net을 통해 찾아낸 박스들을 이용해 얼굴의 추상적인 정보를 찾아냅니다.

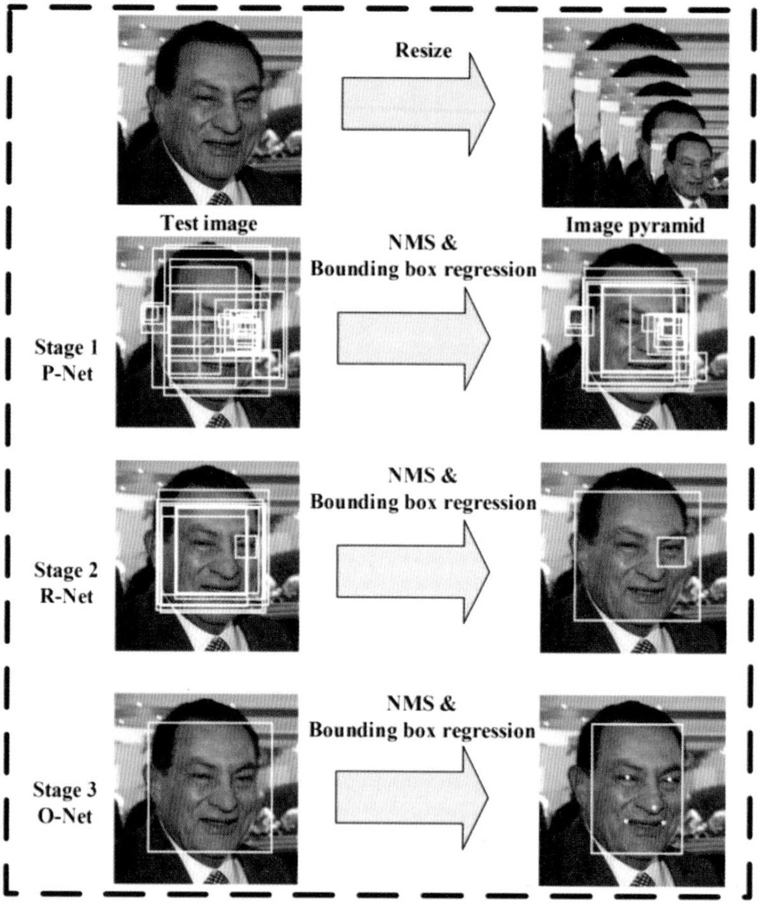

[그림 9-22] MTCNN

InceptionResnet 모델은 정해 놓은 Label을 잘 맞추도록 설계된 모델입니다. VggFace2는 나이나 인종, 직업 등의 특징이 잘 분포된 8631명의 얼굴 이미지 데이터셋입니다. facenet-pytorch (https://github.com/timesler/facenet-pytorch)에 VggFace2 데이터셋을 정답으로 설정해 InceptionResnet 모델로 미리 학습시킨 모델이 있습니다. 우리는 이 모델을 이용해 Embedding Vector를 얻을 것입니다.

교차편집에서는 얼굴을 분류한 결과가 필요하지 않습니다. 대신 사람을 분류할 때 활용하는 512차원의 Embedding 값을 얼굴의 유사성 측정에 활용합니다. Embedding 값은 컴퓨터가 이미지를 읽어 스스로 잘 분류할 수 있도록 만든 요약집이라 할 수 있습니다. 요약집의 내용이 비슷하다면 비슷한 결과가 나오겠구나 추측할 수 있겠죠. Embedding 값은 분류 바로 직전 Layer에 있습니다. facenet-pytorch의 InceptionResnetV1는 `classify=True` 옵션을 주지 않는다면 기본적으로 512차원의 Embedding Vector를 반환합니다.

먼저 Face Detection을 하는 MTCNN과 얼굴을 임베딩하는 InceptionResnetV1을 불러와 각각 face_detector와 embed_model에 저장합니다. Face Detection이란 [그림 9-23]처럼 전체 Frame에서 얼굴의 위치를 찾는 것입니다. `face_detector`에 한 Frame을 넣어주면 얼굴의 위치를 찾아서 잘라주며 얼굴이 여러 개 있는 경우 가장 큰 얼굴을 선택(select_largest 옵션)합니다. 임베딩 전 `face_detector`를 이용해 `reference_frame`과 `compare_frame`에서 얼굴을 찾습니다. 만약 얼굴이 없으면 오류가 발생하기 때문에 try except 구문으로 예외를 처리합니다.

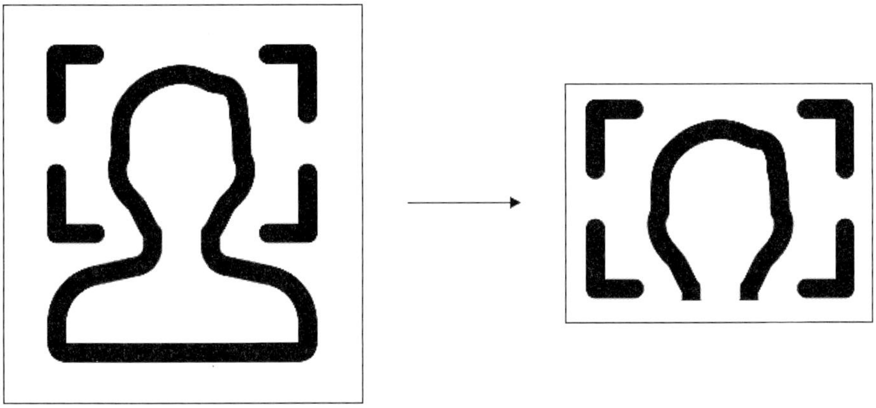

[그림 9-23] 얼굴만 Crop하기

`embed_model`은 얼굴의 Embedding Vector를 계산합니다. FaceNet은 같은 얼굴의 임베딩은 비슷하게, 다른 얼굴의 임베딩은 멀어지도록 학습한 딥러닝 모델입니다. 따라서 Embedding Vector는 얼굴의 응축된 정보를 담고 있습니다. 이 FaceNet이 `reference_frame`과 `compare_frame`에 있는 얼굴을 각각 Vector(벡터)로 임베딩합니다. 각 Vector는 각 얼굴의 정보를 담고 있으므로 Vector 간 거리를 통해 얼굴이 얼마나 비슷한지 또는 다른지를 측정합니다.

Embedding Vector 간의 거리는 코사인 거리(Cosine Distance)로 측정합니다. 코사인 거리란 다음 수식처럼 두 Vector 사이에서 각 세타의 코사인 값을 1에서 뺀 값으로 계산합니다.

$$cosine\ \ distance = 1 = cos\theta$$

$$similarity = \cos(\theta) = \frac{A \cdot B}{||A||\ \ ||B||} = \frac{\sum_{i=1}^{n} A_i \ \ \times B_i}{\sqrt{\sum_{i=1}^{n}(A_i)^2}\ \ \times \sqrt{\sum_{i=1}^{n}(B_i)^2}}$$

[그림 9-24]의 왼쪽 그림처럼 두 Vector가 같다면 코사인 값이 1이며 코사인 거리는 0입니다. 반대로 오른쪽 그림처럼 두 Vector가 직각이라면 코사인 값이 0이며 코사인 거리가 1입니다. 이렇게 코사인 거리는 0부터 1까지 값을 가지며 두 Vector가 유사할수록 0에 가까워지고, 다를수록 1에 가까워집니다.

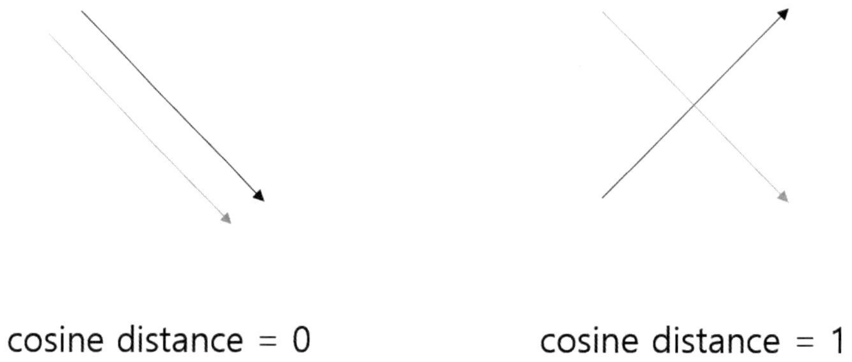

[그림 9-24] 코사인 거리가 0일 때, 1일 때 예

Embedding Vector를 적용하면 얼굴이 비슷해 두 Vector가 유사할수록 0에 가까운 코사인 거리를, 다를수록 1에 가까운 코사인 거리를 얻습니다. 이렇게 두 Vector 간 코사인 거리를 계산해 반환합니다.

[두 영상의 각 Frame 간 거리를 측정하는 함수]

```
def get_all_frame_distance(self, clips_frame_info, min_size):
  dist_arr = []                                                        # (1)
  for i in range(min_size-1):                                          # (2)
    # (3)
      if len(clips_frame_info[0][i])>0 and len(clips_frame_info[1][i+1])>0:
        # (4)
```

```
            l = 36
            r = 45
            left_eye = ((clips_frame_info[0][i][l][0] -
clips_frame_info[1][i+1][l][0])**2 +
                        (clips_frame_info[0][i][l][1] -
clips_frame_info[1][i+1][l][1])**2)**0.5
            right_eye = ((clips_frame_info[0][i][r][0] -
clips_frame_info[1][i+1][r][0])**2 +
                        (clips_frame_info[0][i][r][1] -
clips_frame_info[1][i+1][r][1])**2)**0.5
        total_diff = left_eye + right_eye
        dist_arr.append(total_diff)                                        # (5)
      else:
        dist_arr.append(None)
  return dist_arr
```

get_all_frame_distance 함수는 extract_landmark 함수를 통해 얻은 Landmark 정보를 이용해 두 영상 Frame끼리의 거리를 계산해주는 함수입니다. 추후에 distance 함수에서 이 정보를 받아 최소 거리를 찾습니다. 이 함수는 distance 함수에서 실행합니다.

(1) dist_arr에는 같은 시간에 두 영상의 거리를 각 Frame별로 저장하는 변수입니다. 빈 List로 초기화합니다.
(2) clip_frame_info에서 각 영상이 가진 Frame 정보를 순회합니다.
(3) 두 영상 모두에 Facial Landmark 정보가 있을 때만 거리를 계산합니다. 둘 중에 하나라도 정보가 없으면 dist_arr.append(None)로 해당 Frame이 있는 부분에 거리 정보가 없음을 표시합니다.
(4) 영상 사이의 거리를 계산할 때 얼굴의 모든 Landmark들의 거리를 계산할 필요가 없습니다. 양쪽 눈의 끝점만 사용해도 특징을 충분히 표현할 수 있습니다. [그림 9-25]에서 37, 46번이 양쪽 눈 끝을 의미합니다.

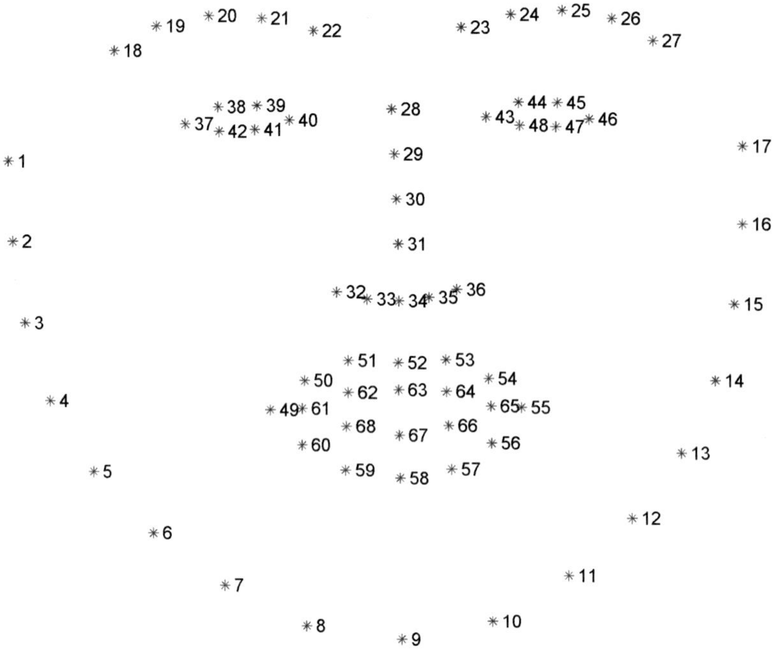

[그림 9-25] Facial Landmark

라인으로 구현한 두 점 사이 거리를 유클리드 거리 공식 ((clips_frame_info[0][i][36][0] - clips_frame_info[1][i][36][0])**2 + (clips_frame_info[0][i][36][1] - clips_frame_info[1][i][36][1])**2)**0.5으로 표현할 수 있습니다. clips_frame_info[0][i][36][0]는 첫 번째 영상(0)의 i번째 Landmark 정보 중 왼쪽 눈(36)의 x 좌표(0)를 나타냅니다.

두 영상의 왼쪽 눈 끝 점의 거리와 오른쪽 눈 끝 점의 거리를 구한 뒤 둘을 더해주면 total_diff = left_eye + right_eye가 되고 해당 Frame에서 두 얼굴 사이의 거리가 됩니다.

(5) 각 Frame별 두 얼굴 사이의 거리를 dist_arr에 붙여넣습니다.

[얼굴 기반 영상의 거리를 계산하는 함수]

```
def distance(self, reference_clip, compare_clip):
    # (1) 거리 계산에 필요한 정보들 먼저 얻기
    # (1)-a
    clips_frame_info = self.extract_landmark(reference_clip, compare_clip)
```

```
    # (1)-b
    min_size = min(len(clips_frame_info[0]),len(clips_frame_info[1]))
    # (1)-c
    dist_arr = self.get_all_frame_distance(clips_frame_info, min_size)
    # (1)-d
    clips =[reference_clip,compare_clip]
    minimax_frames = self.minimax_frames
    min_diff = np.float('Inf')
    min_idx = 0
    # (2) 최소 거리가 되는 영상과 시간 찾기
    # (2)-a
    for i in range(min_size - (minimax_frames - 1)):
        # (2)-b
        start_minmax_idx = 0 if (i - minimax_frames)<0 else i -
minimax_frames
        # (2)-c
        if (None not in dist_arr[start_minmax_idx :i + minimax_frames]):
            # (2)-d
            tmp_max = np.max(dist_arr[start_minmax_idx:i + minimax_frames])
            if min_diff > tmp_max:
                min_diff = tmp_max
                min_idx = i

    # (3) Face Embedding Penalty 추가하기
    if self.face_embedding_penalty != None and min_diff < np.float("Inf"):
        ref_frame = reference_clip.get_frame(min_idx *
1.0/reference_clip.fps)
        frame = compare_clip.get_frame(min_idx * 1.0/compare_clip.fps)
        cosine_dist = self.embedding_cosine_distance(ref_frame, frame)
        min_diff += cosine_dist * self.face_embedding_penalty
    # (4) 두 영상 간의 최소 거리 정보 Return
    return min_diff, (min_idx*self.skip_frame_rate)/self.clips[0].fps
```

최소 거리가 되는 Frame 및 시간을 찾는 함수입니다.

(1) 거리 계산에 필요한 정보들 먼저 얻기

a. `extract_landmark` 함수를 이용해 각 영상마다 Frame들의 Facial Landmark 정보가 담긴 `clips_frame_info` 변수를 구합니다. 예를 들어 `self.skip_frame_rate = 4` 라면 2번째 영상의 9번째 Frame을 `clips_frame_info[1][2]`에 저장합니다(1번째

Frame은 Index가 0, 1+4번째 Frame은 Index가 1, 1+4+4번째 Frame은 Index가 2).
[그림 9-26]에서 볼 수 있듯이 회색으로 칠해진 Frame만을 이용하여 얼굴 Landmark를 얻은 후 `clips_frame_info`에 저장합니다.

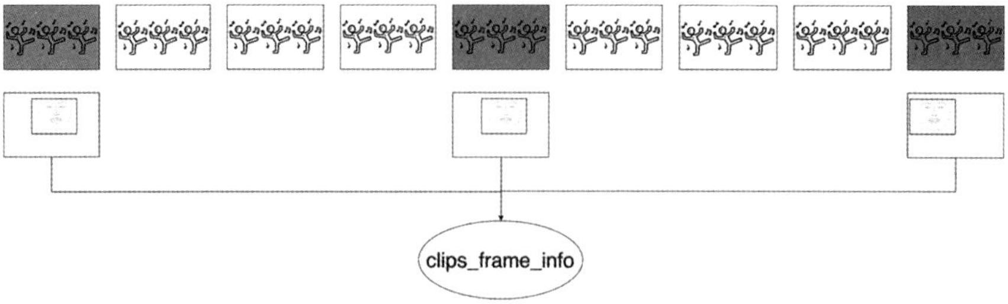

[그림 9-26] clips_frame_info 시각화

b. min 함수로 더 짧은 영상을 기준으로 size를 지정합니다. 두 영상을 함께 비교하기 때문에 더 짧은 영상을 기준으로 설정합니다. 영상의 마지막을 제외한 상황에서는 두 영상의 크기가 동일해 min도 같은 값이 나올 것입니다.

c. `get_all_frame_distance` 함수를 통해 모든 Frame의 거리 정보가 담긴 `dist_arr`을 얻습니다.

d. 최소 거리와 최소 거리를 가지는 index를 저장하기 위해 초기화합니다. 앞에서 설명했던 minmax 값을 함께 활용합니다.

(2) 최소 거리가 되는 영상과 시간 찾기

a. `self.minimax_frames` 개수만큼의 Frame을 확인합니다. 이때 끝부분에서는 `self.minimax_frames`만큼의 Frame을 확인하지 못하므로 건너뜁니다.

b. 해당 Frame 앞뒤의 거리 정보를 다 비교해야 하는데, 첫 번째 Frame에서는 이전 Frame이 없습니다. 그러므로 이전 Frame이 없는 Frame일 경우에는 시작점을 0으로 잡도록 합니다. 그렇지 않은 경우에는 해당 Frame Index에서 `minimax_frame` 값을 빼서 앞뒤 Frame을 거리 계산에 고려합니다.

c. 해당 Frame과 `minimax_frames`만큼 앞뒤에 얼굴 자체가 없는(`None`) 경우가 있는지 확인합니다. 얼굴이 없다면 최소 거리 계산을 할 필요가 없습니다.

d. `np.max` 함수를 통해 해당 범위 내의 최댓값(`tmp_max`)을 얻습니다. 그리고 해당 영상의 대표값이 되는 최댓값이 최소 거리(`min_diff`)보다 작은지 판단합니다. 작다면 (`min_diff > tmp_max`), 해당 Frame의 앞뒤가 모두 최소거리보다 작다는 의미입니

다. 이 경우 최소 거리와 Index를 업데이트합니다.

(3) Face Embedding Penalty 추가하기

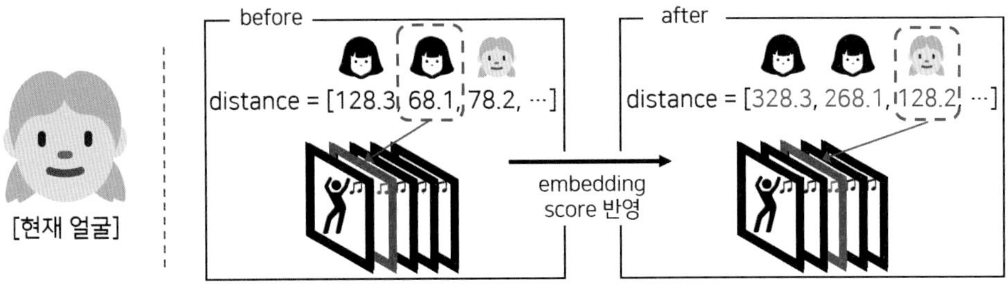

[그림 9-27] Face Embedding Penalty 적용 전·후 비교

Face Embedding Penalty를 적용할 경우 거리가 (min_diff < np.float("Inf"))인 경우에 Penalty를 줍니다. self.embedding_cosine_distance(ref_frame, frame) 함수를 통해 현재 영상과 비교 영상의 Frame을 추출한 후 코사인 거리를 계산합니다. 이렇게 얻은 코사인 거리를 Embedding Penalty 정도와 곱해 최소 거리(min_dff)에 더하는 방식으로 Penalty를 줍니다. 그러면 [그림 9-27]처럼 Penalty 적용 후 거리가 달라져 가장 유사한 얼굴로 전환할 수 있습니다.

(4) 두 영상 간의 최소 거리 정보 반환

해당 코드에서는 두 영상의 최소 거리(min_diff)와 영상 전환 시점을 나타내는((min_idx*self.skip_frame_rate)/self.clips[0].fps)를 반환합니다. self.skip_frame_rate 단위로 Frame 거리를 계산했으므로 해당 index에 self.skip_frame_rate를 곱하고, 한 Frame의 시간(self.clips[0].fps)으로 나눠주면 됩니다.

[코드 전체로 살펴보기]

```
class FaceDistance:
    def __init__(self, shape_predictor_path, face_embedding_penalty=None):
        self.skip_frame_rate = 4
        self.minimax_frames = 5
        self.shape_predictor = shape_predictor_path
        self.face_embedding_penalty = face_embedding_penalty
```

```python
def extract_landmark(self, reference_clip, compare_clip):
    self.clips =[reference_clip, compare_clip]
    detector = dlib.get_frontal_face_detector()
    predictor = dlib.shape_predictor(self.shape_predictor)
    clips_frame_info = []
    for clip in self.clips:
        i=0
        every_frame_info= []
        while True:
            frame = clip.get_frame(i*1.0/clip.fps)
            i+=self.skip_frame_rate
            if (i*1.0/clip.fps)> clip.duration:
                break

            frame = imutils.resize(frame, width=800)
            gray = cv2.cvtColor(frame, cv2.COLOR_BGR2GRAY)
            rects = detector(gray, 0)
            if len(rects)>0:
                max_width = 0
                max_rect = None
                for rect in rects:
                    if int(rects[0].width()) > max_width:
                        max_rect = rect
                shape = predictor(gray, max_rect)
                shape = face_utils.shape_to_np(shape)
                every_frame_info.append(shape)
            else:
                every_frame_info.append([])

        clips_frame_info.append(np.array(every_frame_info))
    cv2.destroyAllWindows()
    return clips_frame_info

def embedding_cosine_distance(self, reference_frame, compare_frame):
    face_detector = MTCNN(select_largest=True)
    embed_model = InceptionResnetV1(pretrained='vggface2').eval()

    reference_frame = np.array(reference_frame)
    compare_frame = np.array(compare_frame)
    try:
```

```
            reference_frame_detected = face_detector(reference_frame)
            compare_frame_detected = face_detector(compare_frame)
        except:
            cosine_dist = 1
            return cosine_dist

        reference_frame_embed =
embed_model(reference_frame_detected.unsqueeze(0))
                                .detach().numpy()
        compare_frame_embed =
embed_model(compare_frame_detected.unsqueeze(0))
                                .detach().numpy()
        reference_frame_embed = np.squeeze(reference_frame_embed)
        compare_frame_embed = np.squeeze(compare_frame_embed)
        cosine_dist = 1 - np.dot(reference_frame_embed, compare_frame_em-
bed)
/
            (np.linalg.norm(reference_frame_embed) *
np.linalg.norm(compare_frame_embed))
        return cosine_dist

    def get_all_frame_distance(self, clips_frame_info, min_size):
        dist_arr = []
        for i in range(min_size-1):
            if len(clips_frame_info[0][i])>0 and
len(clips_frame_info[1][i+1])>0:
                l = 36
                r = 45
                left_eye = ((clips_frame_info[0][i][l][0] -
clips_frame_info[1][i+1][l][0])**2 +
                        (clips_frame_info[0][i][l][1] -
clips_frame_info[1][i+1][l][1])**2)**0.5
                right_eye = ((clips_frame_info[0][i][r][0] -
clips_frame_info[1][i+1][r][0])**2 +
                        (clips_frame_info[0][i][r][1] -
clips_frame_info[1][i+1][r][1])**2)**0.5
                total_diff = left_eye + right_eye
                dist_arr.append(total_diff)
            else:
                dist_arr.append(None)
        return dist_arr
```

```
    def distance(self, reference_clip, compare_clip):
        clips_frame_info = self.extract_landmark(reference_clip,
compare_clip)
        min_size = min(len(clips_frame_info[0]),len(clips_frame_info[1]))
        dist_arr = self.get_all_frame_distance(clips_frame_info, min_size)
        clips =[reference_clip,compare_clip]
        minimax_frames = self.minimax_frames
        min_diff = np.float('Inf')
        min_idx = 0
        for i in range(min_size - (minimax_frames - 1)):
            start_minmax_idx = 0 if (i - minimax_frames)<0 else i -
minimax_frames
            if (None not in dist_arr[start_minmax_idx :i + minimax_
frames]):
                tmp_max = np.max(dist_arr[start_minmax_idx:i +
minimax_frames])
                if min_diff > tmp_max:
                    min_diff = tmp_max
                    min_idx = i

        if self.face_embedding_penalty != None and min_diff <
np.float("Inf"):
            ref_frame = reference_clip.get_frame(min_idx *
1.0/reference_clip.fps)
            frame = compare_clip.get_frame(min_idx * 1.0/compare_clip.fps)
            cosine_dist = self.embedding_cosine_distance(ref_frame, frame)
            min_diff += cosine_dist * self.face_embedding_penalty

        return min_diff, (min_idx*self.skip_frame_rate)/self.clips[0].fps
```

》9.2.5 PoseDistance Class 구현《

PoseDistance Class는 사람의 위치를 기반으로 거리를 계산하는 Class입니다. [그림 9-28]에서 주황색 부분입니다.

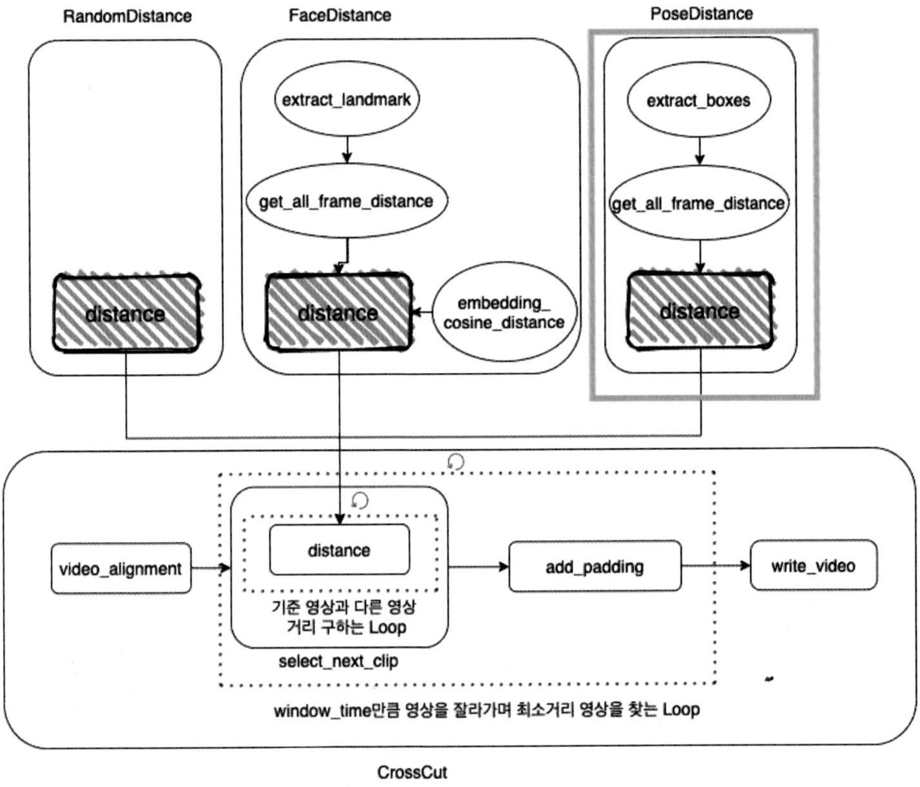

[그림 9-28] PoseDistance Class

[초기화 함수]

```
def __init__(self):
        self.SKIP_FRAME_RATE = 10                                      # (1)
        self.MINIMAX_FRAME = 4                                         # (2)
        self.model =
models.detection.fasterrcnn_resnet50_fpn(pretrained=True)              # (3)
        self.model.eval()
        os.environ['KMP_DUPLICATE_LIB_OK']='True'
```

Class 안에서 사용할 설정값들을 초기화하는 함수입니다. 영상을 생성하는 실행 부분에서 `pose_distance = PoseDistance()`를 실행하면 아래 변수들을 인스턴스 변수로 저장합니다.

(1) Face 기반 거리에서도 사용했던 두 영상 간의 거리를 계산할 Frame 단위입니다. 가장 이

상적인 방법은 고려할 Frame 간격을 1로 설정해 모든 Frame을 체크하는 방법이지만, 연산량이 많아 계산이 훨씬 오래 걸리기에 적당한 값을 입력합니다. Pose 기반의 경우 계산 시간이 더 오래 걸리므로 이번 프로젝트에서는 10을 사용합니다. 충분한 계산 시간과 연산이 빠른 기기로 개발한다면 값을 줄이는 것이 적절합니다.

(2) Face 기반 거리에서도 사용했듯이 `MINIMAX_FRAME`는 거리를 계산할 때 확인하는 앞뒤 Frame 수입니다. 실험 결과 4~5 정도가 적당합니다.

(3) PyTorch pose estimation과 같은 키워드로 구글에 검색해보면, Alphapose라는 키워드가 나옵니다. Alphapose는 [그림 9-29]처럼 사람의 관절을 Landmark로 표시하는 모델입니다. 하지만 해당 모델은 판별 시간이 꽤 오래 걸리는 문제가 있습니다. 교차편집에 사용하는 모든 무대 영상은 같은 시간에 같은 춤을 추고 있고, 같은 사람이 있습니다. 이 점을 이용해 시간을 단축할 방법을 고민해봅시다.

[그림 9-29] AlphaPose 예시

Alphapose의 근간이 되는 기초 모델은 Faster R-CNN 모델입니다. Faster R-CNN: Towards Real-Time Object Detection with Region Proposal Networks라는 논문에서 등장한 이 모델은 물체의 위치와 물체의 종류를 판별해주는 모델입니다. 여기에서 R-CNN은 Regions With CNN features의 줄임말입니다. R-CNN은 [그림 9-30]처럼 물체가 있을 법한 사각형 이미지(Region)를 얻고 이미지를 동일한 사이즈로 자르거나 조절해서 CNN으로 이미지를 분류하는 모델입니다. R-CNN 결과는 [그림 9-31]처럼 객체의 위치가 Box 형태로 나타나고, 객체마다 확률이 가장 높은 레이블과 그때의 확률이 나타납니다. Faster R-CNN은 이 R-CNN을 기반으로 판별 속도를 개선한 모델입니다.

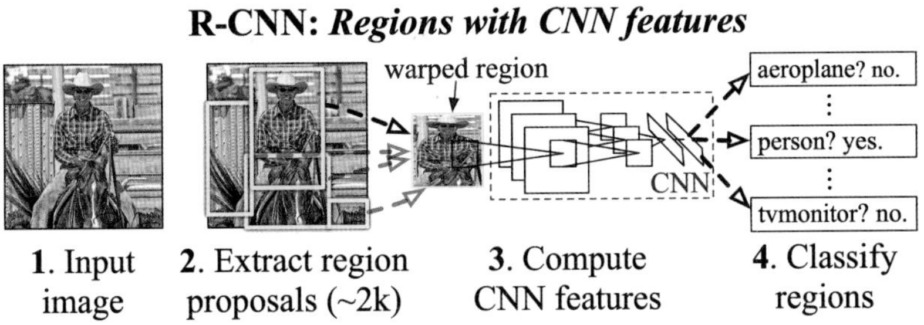

[그림 9-30] R-CNN 구조

[그림 9-31] R-CNN 결과 예시

Alphapose는 이렇게 얻은 사각형에서 관절을 그려주는 모델입니다. 가수들은 같은 시간에 같은 안무를 추고 있습니다. 따라서 관절까지 추출할 필요 없이 사람의 위치만 파악하면 됩니다. 그러므로 Faster R-CNN 모델을 사용해봅시다. 우리는 `self.model.eval()`를 이용해 더 이상 학습을 진행하지 않고 바로 활용해봅시다. 에러 처리를 위해서 `os.environ['KMP_DUPLICATE_LIB_OK']`='True'를 추가했습니다.

모델을 PyTorch에서 사용하기 전에 PyTorch Document를 살펴봅시다. [그림 9-32]처럼 사용법이 자세히 적혀 있습니다. 여기서 주의 깊게 보아야 할 점은, 어떤 Input을 넣고, 어떤 Output을 받는지입니다. Input은 Channel, Height, Width 순서대로 들어와야 하고, 값은 0에서 1 사이여야 합니다.

Faster R-CNN

`torchvision.models.detection.fasterrcnn_resnet50_fpn(pretrained=False, progress=True, num_classes=91, pretrained_backbone=True, trainable_backbone_layers=3, **kwargs)` [SOURCE]

Constructs a Faster R-CNN model with a ResNet-50-FPN backbone.

The input to the model is expected to be a list of tensors, each of shape `[C, H, W]`, one for each image, and should be in `0-1` range. Different images can have different sizes.

The behavior of the model changes depending if it is in training or evaluation mode.

During training, the model expects both the input tensors, as well as a targets (list of dictionary), containing:

- boxes (`FloatTensor[N, 4]`): the ground-truth boxes in `[x1, y1, x2, y2]` format, with values of `x` between `0` and `W` and values of `y` between `0` and `H`
- labels (`Int64Tensor[N]`): the class label for each ground-truth box

The model returns a `Dict[Tensor]` during training, containing the classification and regression losses for both the RPN and the R-CNN.

During inference, the model requires only the input tensors, and returns the post-processed predictions as a `List[Dict[Tensor]]`, one for each input image. The fields of the `Dict` are as follows:

- boxes (`FloatTensor[N, 4]`): the predicted boxes in `[x1, y1, x2, y2]` format, with values of `x` between `0` and `W` and values of `y` between `0` and `H`
- labels (`Int64Tensor[N]`): the predicted labels for each image
- scores (`Tensor[N]`): the scores or each prediction

[그림 9-32] Faster R-CNN PyTorch Document

Output은 'boxes'라는 Key에는 박스의 네 꼭지점 좌표 리스트가, 'labels'라는 Key에는 어떤 물체인지에 대한 정보가 담겨 있으며, 'scores'라는 Key는 물체일 확률에 대한 Dictionary입니다. 아래 Output 예시를 보면 boxes의 첫 번째 값이 [6.9650e+02, 7.6679e+01, 1.0154e+03, 7.1950e+02]이고, labels의 첫 번째 값이 1, scores의 첫 번째 값이 0.9961입니다. 이는 [6.9650e+02, 7.6679e+01, 1.0154e+03, 7.1950e+02]라는 위치에 1(사람)일 확률이 99.61%라는 의미입니다.

```
# output 예시
{'boxes': tensor([[6.9650e+02, 7.6679e+01, 1.0154e+03, 7.1950e+02],
        [5.2403e+02, 1.4527e+01, 7.7182e+02, 6.7967e+02],
        [3.1149e+02, 1.3283e-01, 5.6893e+02, 6.8554e+02],
        [1.1661e+03, 3.4195e+02, 1.2777e+03, 7.1185e+02],
 ],
       grad_fn=<StackBackward>),
'labels': tensor([ 1,  1,  1, 15]),
 'scores': tensor([0.9961, 0.9944, 0.9897, 0.9775],
       grad_fn=<IndexBackward>)}
```

함수에 관한 자세한 정보는 Link(https://bit.ly/3cNKoMD 혹은 https://pytorch.org/vision/stable/models.html#faster-r-cnn)를 통해 얻을 수 있습니다. Source 버튼을 누르면 [그림 9-33]처럼 해당 모델의 자세한 코드를 확인할 수 있습니다.

```
    trainable_backbone_layers = _validate_trainable_layers(
        pretrained or pretrained_backbone, trainable_backbone_layers, 5, 3)

    if pretrained:
        # no need to download the backbone if pretrained is set
        pretrained_backbone = False
    backbone = resnet_fpn_backbone('resnet50', pretrained_backbone,
trainable_layers=trainable_backbone_layers)
    model = FasterRCNN(backbone, num_classes, **kwargs)
    if pretrained:
        state_dict =
load_state_dict_from_url(model_urls['fasterrcnn_resnet50_fpn_coco'],
                                              progress=progress)
        model.load_state_dict(state_dict)
        overwrite_eps(model, 0.0)
    return model
```

[그림 9-33] faster R-CNN 소스 코드

사용되는 레이블(Label) 번호를 매칭한 일부 정보를 보면 다음과 같습니다.

```
item {
  name: "/m/01g317"
  id: 1
  display_name: "person"
}
item {
  name: "/m/0199g"
  id: 2
  display_name: "bicycle"
}
item {
  name: "/m/0k4j"
  id: 3
  display_name: "car"
}
item {
  name: "/m/04_sv"
```

```
    id: 4
    display_name: “motorcycle”
}
item {
    name: “/m/05czz6l”
    id: 5
    display_name: “airplane”
}
```

[그림 9-34]과 같이 더 많은 레이블을 확인하고 싶으면 URL(https://bit.ly/3sPAdwM 혹은 https://github.com/tensorflow/models/blob/master/research/object_detection/data/mscoco_label_map.pbtxt)에 접속한 후 확인해보세요.

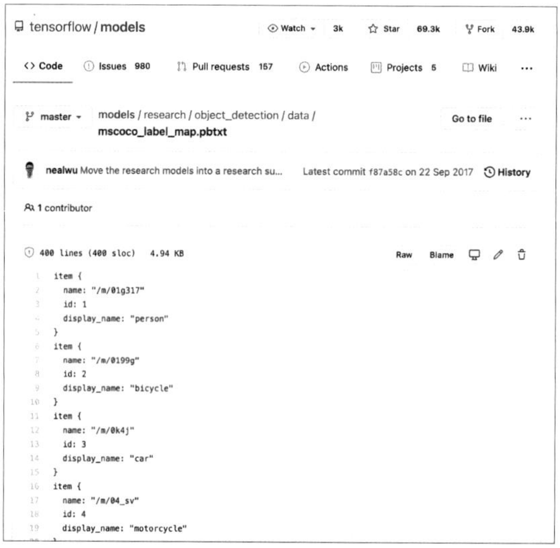

[그림 9-34] 레이블 리스트를 나열한 github 파일

[가수의 위치를 파악하는 함수]

라이브러리를 활용하여 각 Frame마다 가수들의 위치를 파악합니다. `clips_frame_info`라는 변수에 각 영상의 Frame 정보를 저장합니다. 앞에서 들었던 예를 다시 보면, `self.skip_frame_rate = 4`라면 2번째 영상의 9번째 Frame을 `clips_frame_info[1][2]`에 저장합니다. 이 함수는 distance 함수에서 호출합니다.

```
def extract_boxes(self, reference_clip, compare_clip):
    # (1) 변수 초기화
    self.clips = [reference_clip, compare_clip]
    clips_frame_info = []
    for clip in self.clips:
    # (2) 각 영상의 정보를 저장하기 위해 loop마다 초기화하기
        i = 0
        every_frame_info = []
        while True:
             # (3) Faster R-CNN을 이용해 물체 판별하기
            i+=self.SKIP_FRAME_RATE                                 # (3)-a
            if (i*1.0/clip.fps)> clip.duration:                     # (3)-b
                break

            frame = clip.get_frame(i*1.0/clip.fps)                  # (3)-c
            frame = imutils.resize(frame, width=640)                # (3)-d
            frame = frame/255                                       # (3)-e
            frame = np.transpose(frame, (2,0,1))                    # (3)-f
            x = [torch.from_numpy(frame).float()]                   # (3)-g
            predictions = self.model(x)                             # (3)-h
            prediction= predictions[0]
             # (4) 판별정보 재가공하기
              # (4)-a
            each_box_list = zip(prediction['boxes'].tolist(),
prediction['labels'].tolist(), prediction['scores'].tolist())
             # (4)-b
            filtered_box_list = filter(lambda x: x[1]==1 and x[2] >= 0.95,
each_box_list)
             # (4)-c
            filtered_center_dot_list = list(map(lambda x:
[(x[0][0]+x[0][2])/2, (x[0][1]+x[0][3])/2], filtered_box_list))
             # (4)-d
            sorted_dot_list = sorted(filtered_center_dot_list, key = lambda
x: x[0])
             # (5) 재가공한 정보 every_frame_info에 저장하기
            every_frame_info.append(sorted_dot_list)
        # (6) 영상 Frame별 landmark 정보 clips_frame_info에 저장하기
        clips_frame_info.append(np.array(every_frame_info))
    return clips_frame_info
```

(1) 변수 초기화 : 비교할 두 영상을 `self.clips`에 저장합니다.

(2) 각 영상의 정보를 저장하기 위해 loop마다 초기화하기

for clip in self.clips를 통해 두 영상을 순회합니다. i는 현재 확인 중인 frame의 번호로 몇 번째 Frame인지 알려줍니다. every_frame_info는 영상의 frame 정보를 담습니다. clips_frame_info는 모든 영상의 frame 정보를 담고 있는 변수입니다. 나중에 clips_frame_info라는 변수에 해당 영상의 정보로써 붙여집니다. clips_frame_info[0]는 첫 번째 영상의 every_frame_info와 같습니다.

(3) Faster R-CNN을 이용해 물체 판별하기

a. 다음 Loop에서 사용할 Frame Index를 저장합니다.

b. 영상의 끝 부분까지 Pose Box를 얻기 위해 While 문을 돌립니다. clip.fps는 1초당 들어있는 Frame의 수입니다. 1.0/clip.fps는 한 Frame이 차지하는 시간이고 i*1.0/clip.fps는 현재 확인 중인 Frame의 시간대를 의미합니다. 그러므로 현재 확인 중인 Frame의 시간(i*1.0/clip.fps)이 해당 영상의 전체 시간(clip.duration)보다 크다면 반복문을 멈춥니다.

c. get_frame은 Moviepy에서 제공하는 함수입니다. 해당 시간의 Frame을 이미지로 바꿔서 Frame에 저장합니다.

d. Frame의 크기를 조정하는 함수입니다. [그림 9-35]처럼 width를 640으로 줄여 계산에 소요되는 시간을 줄입니다.

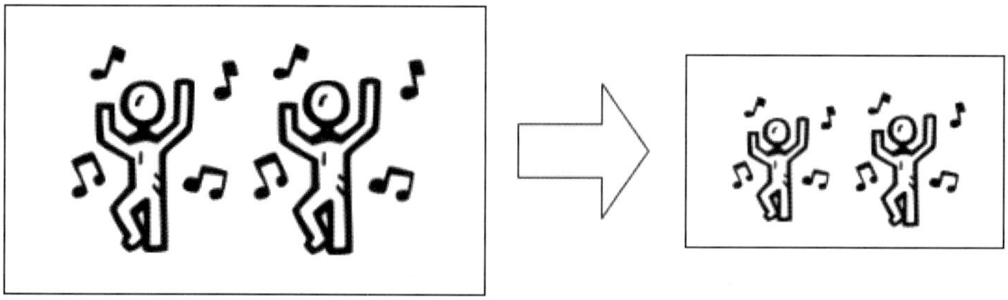

[그림 9-35] width 조정으로 계산 속도 줄이기

e. 원래 get_frame 함수를 통해 얻은 이미지는 0~255 사이의 수를 가집니다. 하지만 alphapose에 입력되는 이미지는 0~1 사이의 값을 가집니다. 그러므로 255가 1이 되도록 모든 값을 255로 나눠줍니다.

f. [그림 9-36]에서도 볼 수 있듯이, 원래 `get_frame` 함수를 통해 얻은 이미지 정보는 Height, Width, Channel 순서입니다.

torchvision.models.detection.fasterrcnn_resnet50_fpn(*pretrained=False, progress=True, num_classes=91, pretrained_backbone=True, trainable_backbone_layers=3, **kwargs*) [SOURCE]

Constructs a Faster R-CNN model with a ResNet-50-FPN backbone.

The input to the model is expected to be a list of tensors, each of shape `[C, H, W]`, one for each image, and should be in `0-1` range. Different images can have different sizes.

[그림 9-36] Faster R-CNN Input 형식

공식 문서에 따르면 Input 형식은 Channel, Height, Width입니다. 이 형식을 맞추기 위해 f에서 얻은 행렬을 Transpose해줍니다. Numpy에서 제공하는 np.transpose 함수로 순서를 바꿔봅시다. 첫 번째 위치에 현재 3번째인 Channel을 넣을 것이므로 2, 두 번째 위치에 첫 번째 위치였던 Height를 넣을 것이므로 0, 세 번째 위치에 두 번째 위치였던 Width를 넣을 것이므로 1을 입력해 (2, 0, 1)로 설정합니다.

g. Numpy 배열을 PyTorch에서 사용 가능하도록 바꿔줍니다.

h. Input x를 Faster R-CNN 모델에 넣어서 결괏값을 받습니다. GPU를 이용해 한 번에 처리한다면 predictions이 여러 개가 있을 수 있지만, CPU로 계산한다면 predictions는 List 안에서 하나의 결과만을 가지므로 첫 번째 predictions를 prediction으로 저장해줍시다. prediction의 형태는 다음과 같습니다.

```
{'boxes': tensor([[6.9650e+02, 7.6679e+01, 1.0154e+03, 7.1950e+02],
        [5.2403e+02, 1.4527e+01, 7.7182e+02, 6.7967e+02],
        [3.1149e+02, 1.3283e-01, 5.6893e+02, 6.8554e+02],
        [1.1661e+03, 3.4195e+02, 1.2777e+03, 7.1185e+02],
                                ],
       grad_fn=<StackBackward>),
'labels': tensor([ 1,  1,  1, 15]),
 'scores': tensor([0.9961, 0.9944, 0.9897, 0.9775],
       grad_fn=<IndexBackward>)}
```

(4) 판별 정보 재가공하기

a. zip 함수는 두 개의 List에서 같은 Index의 값을 묶어주는 함수입니다.

```
Number = [1,2,3,4]
Name = ['SeungHyun','EunSun','Minho','Juho']
```

위와 같은 Number와 Name 변수가 있다고 해봅시다. `Number_Name = list(zip(Number,name))`이라는 함수를 실행하면, `Number_Name`에는 `[(1 ,'SeungHyun'), (2 ,'Eunsun'), (3 ,'Minho'), (4 ,'Juho')]`가 저장됩니다.

각 물체의 위치를 표시하는 박스(boxes)와, 물체의 종류(labels), 물체의 종류가 동일할 확률(scores)을 한 박스 단위로 묶어서 표시하고자 zip 함수를 사용합니다. zip 함수는 Tensor가 아닌 List를 사용해야 하므로 tolist 함수를 이용해 List로 변경합니다.

결과적으로 각 box마다 (좌표, 레이블, 확률) 순서대로 묶입니다([그림 9-37]을 참고하면 직관적으로 이해할 수 있습니다). 예를 들어, 앞에서 나왔던 `prediction`은 [([696.5, 76.679, 1015.4, 719.5], 1, 0.9961), ([524.03, 14.527, 771.82, 679.67], 1, 0.9944), ([311.49, 0.13283, 568.93, 685.54], 1, 0.9897), ([1166.1, 341.95, 1277.7, 711.85], 15, 0.9775)] 로 변환됩니다.

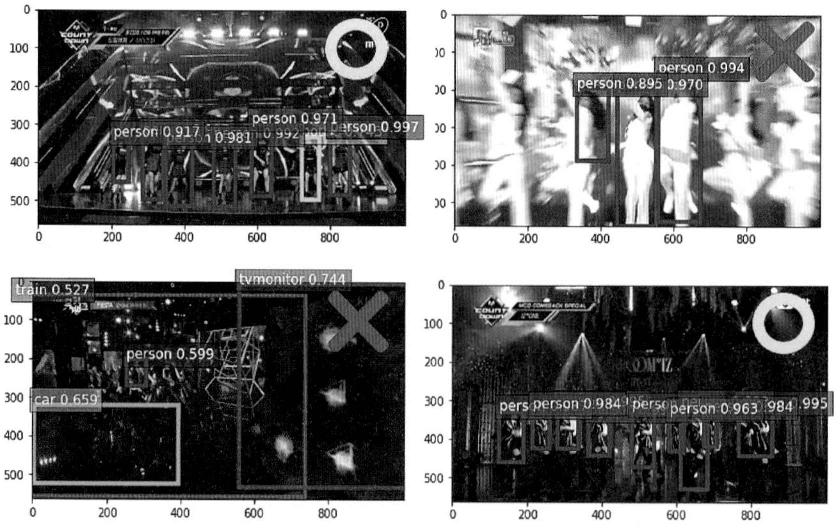

[그림 9-37] box의 (좌표, 레이블, 확률) 예시

b. filter를 알아보기 전 먼저 lambda가 무엇인지 알아보겠습니다. lambda는 익명 함수를 만드는 Keyword입니다. 익명 함수란, 함수이지만 이름이 없고 임시적으로 사용되는 함수입니다. 예를 들어 lambda x: x > 0는 x라는 Parameter를 받아 0보다 클 때만 True를 반환하는 함수를 의미합니다.

filter 함수는 첫 번째 Argument로 함수를 받고, 두 번째 Argument로 List를 받아서 함수의 조건에 맞는 List 요소만 반환하는 함수입니다. 예를 들어 a = [-4,1,0,2,3]라는 변수가 있을 때 `list(filter(lambda x: x > 0, a))`라는 코드를 실행하면 0보다 큰 값만 반환되어 [1,2,3]이라는 결과가 나옵니다.

`each_box_list` 중에서 label(x[1])은 1번 Person이면서 확률(x[2])이 0.95(95%) 이상인 box들만 추출합니다.

c. map 함수는 첫 번째 Argument로 함수를 받고, 두 번째 Argument로 List를 받아 각 List의 요소에 함수를 하나씩 반영하는 함수입니다. 예를 들어 a = [4, 1, 0, 2, 3]라는 변수가 있을 때 `list(filter(lambda x: x + 10, a))`라는 코드를 실행하면 각 요소에 10이 더해진 값이 반환되어 [14, 11, 10, 12, 13]라는 결과가 나옵니다.

가수의 동선 위치를 비교할 때 사각형 네 꼭지점 모두를 비교할 필요는 없습니다. [그림 9-38]처럼 사각형의 중심점만 알면 각 가수의 위치를 판단할 수 있습니다. 사각형의 중심점은 사각형 X 좌표의 평균과 Y 좌표의 평균을 계산해서 얻을 수 있습니다. ((x[0][0]+x[0][2])/2, (x[0][1]+x[0][3])/2)

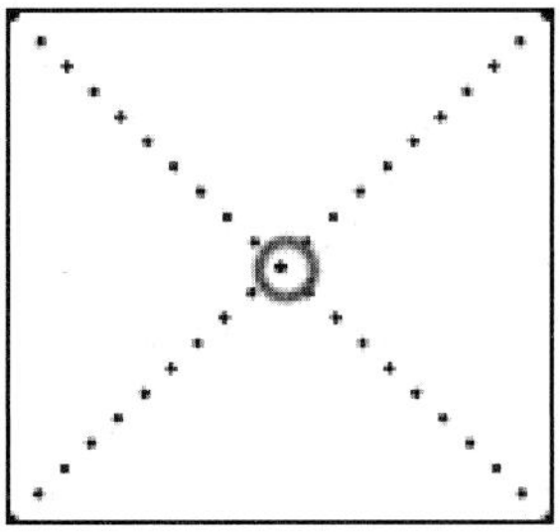

[그림 9-38] Box의 중심점

[그림 9-38]의 빨간 점처럼 사각형의 중심점을 얻으면, 우리는 기준 영상과 나머지 영상의 거리를 비교할 때 점과 점 사이의 거리만 계산하면 됩니다.

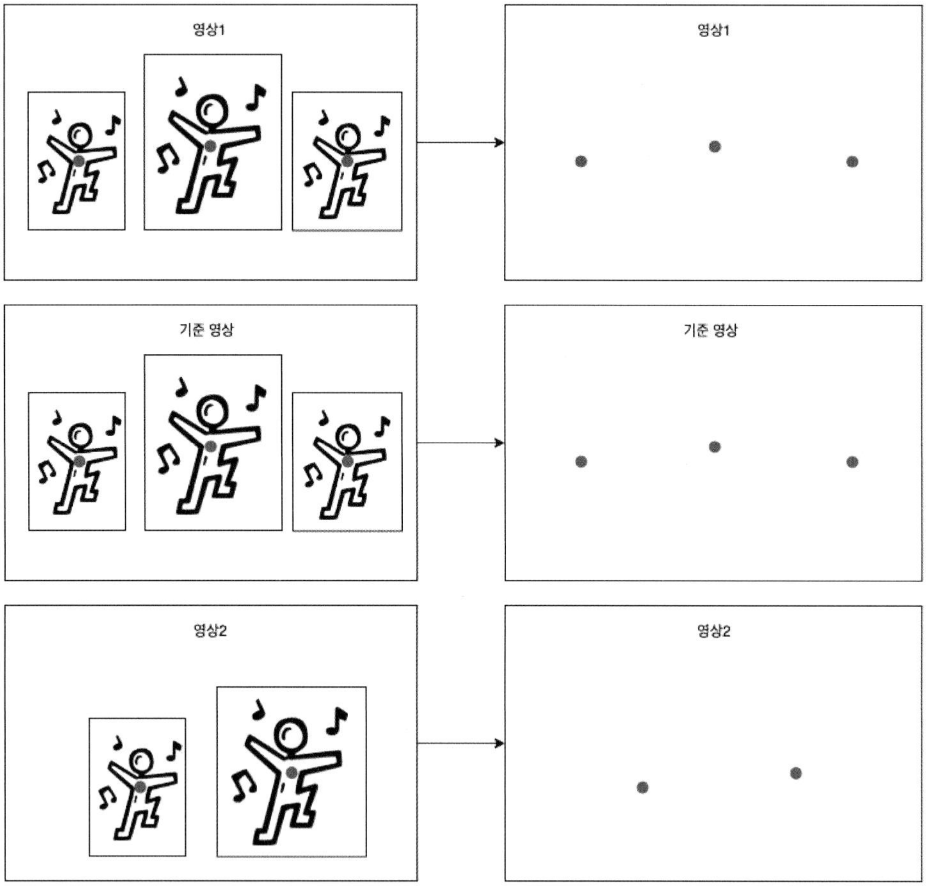

[그림 9-39] 이미지를 점으로 추상화하기

d. sorted 함수는 List를 정렬해주는 함수입니다. 기본적으로 정렬해야 할 List를 변수로 받습니다. 정렬할 기준이 되는 값을 따로 지정해야 한다면, Keyword Argument 'key'를 활용하여 정렬합니다. 예를 들어, `student_tuples = [('jane', 'B', 12), ('john', 'A', 15), ('dave', 'B', 10)]`를 정렬하고 싶다면 `sorted(student_tuples, key = lambda x: x[2])`라는 코드를 이용해 세 번째 값(x[2])을 기준으로 정렬합니다. 실행 후에는 [('dave', 'B', 10), ('jane', 'B', 12), ('john', 'A', 15)]로 10, 12, 15 순서로 정렬됩니다.
가수의 동선을 map 함수를 통해 점으로 바꾼 List는 점의 좌표가 score를 기준으로 정렬되어 있습니다. 그러나 우리는 후에 각 영상 간의 거리를 계산할 때 x좌표 기준으로 정렬된 List로 비교하려 합니다. 동선이 같은 영상이라면 x좌표를 정렬한 후 비교해야 최소 거리를 얻을 수 있습니다. 그러므로 Score 기준으로 정렬되어 있던 filtered_center_dot_list를 x좌표를 기준으로 정렬합니다.

(5) 해당 Frame의 Pose Box 정보를 every_frame_info에 추가합니다.

(6) 영상의 모든 Frame의 Pose Box 정보가 담긴 every_frame_info를 clips_frame_info에 저장합니다.

[두 영상의 Frame 간 거리를 계산하는 함수]

```
def get_all_frame_distance(self, clips_frame_info, min_size):
    dist_arr = list()
    for i in range(min_size):
        # (1)
        if len(clips_frame_info[0][i])>0 and len(clips_frame_info[1][i])>0:
            # (2)
            ref_frame_dots = clips_frame_info[0][i]
            compare_frame_dots = clips_frame_info[1][i]
            # (3)
            min_dot_num = min(len(ref_frame_dots), len(compare_frame_dots))
            # (4)
            dot_num_diff = abs(len(ref_frame_dots)- len(compare_frame_dots))
            # (5)
            penalty = ((self.clips[0].w **2 + self.clips[0].h**2)**0.5) *
abs(len(ref_frame_dots)-len(compare_frame_dots))
            # (6)
            total_diff = penalty * dot_num_diff
            # (7)
            for dot_idx in range(min_dot_num):
                total_diff += ((ref_frame_dots[dot_idx][0] -
compare_frame_dots[dot_idx][0])**2 + (ref_frame_dots[dot_idx][1] -
compare_frame_dots[dot_idx][1])**2)**0.5
            # (8)
            dist_arr.append(total_diff)
        else:
            dist_arr.append(None)
    return dist_arr
```

get_all_frame_distance()는 extract_boxes() 함수를 통해 얻은 Box 정보를 이용해 두 영상 Frame끼리의 거리를 계산하는 함수입니다. 추후에 distance 함수에서 거리 정보를 받아 최소 거리를 찾습니다.

(1) 두 영상 모두에서 pose 정보가 있을 때만 거리를 계산하고 없을 경우에는 없음을 표시합니다(`dist_arr.append(None)`).
(2) 같은 시간을 기준으로 두 영상 frame의 Pose boxes 정보를 얻습니다.
(3) 두 영상 중 한쪽만 Box가 있다면 거리를 계산할 수 없습니다. 둘 다 Box가 있어 둘 사이의 거리를 계산할 수 있을 때만 거리를 더하도록 점의 최소 개수를 구합니다.
(4) 두 영상의 점의 개수의 차이를 dot_num_diff에 저장합니다. penalty를 다른 점 개수(`dot_num_diff`)만큼 줄 것입니다.
(5) penalty는 영상 중 하나가 점이 없어서 거리를 계산할 수 없을 때 더하는 가장 먼 거리의 값입니다. [그림 9-40]의 빨간 점, 즉 영상의 끝과 끝의 대각선이 가장 긴 거리이므로 대각선 길이를 활용합니다.

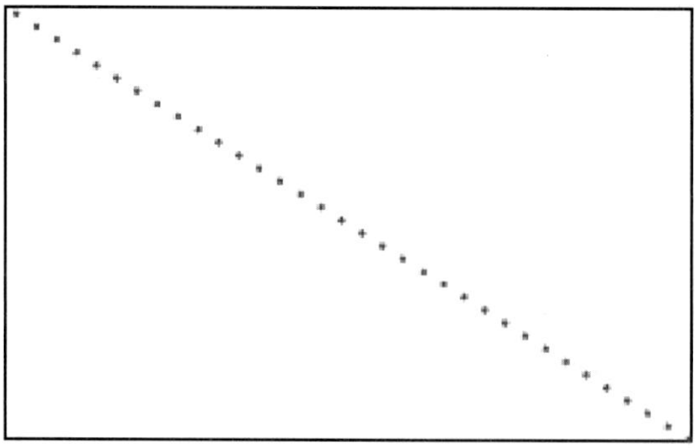

[그림 9-40] 사각형의 최대 거리

(6) 두 영상 중 하나에 점이 없으면 해당 부분에 penalty를 미리 줍니다.
(7) 두 영상에서 가까운 x좌표끼리의 거리를 계산해서 `total_diff`에 추가합니다. 시각화해서 보면 거리는 [그림 9-41]처럼 계산됩니다.

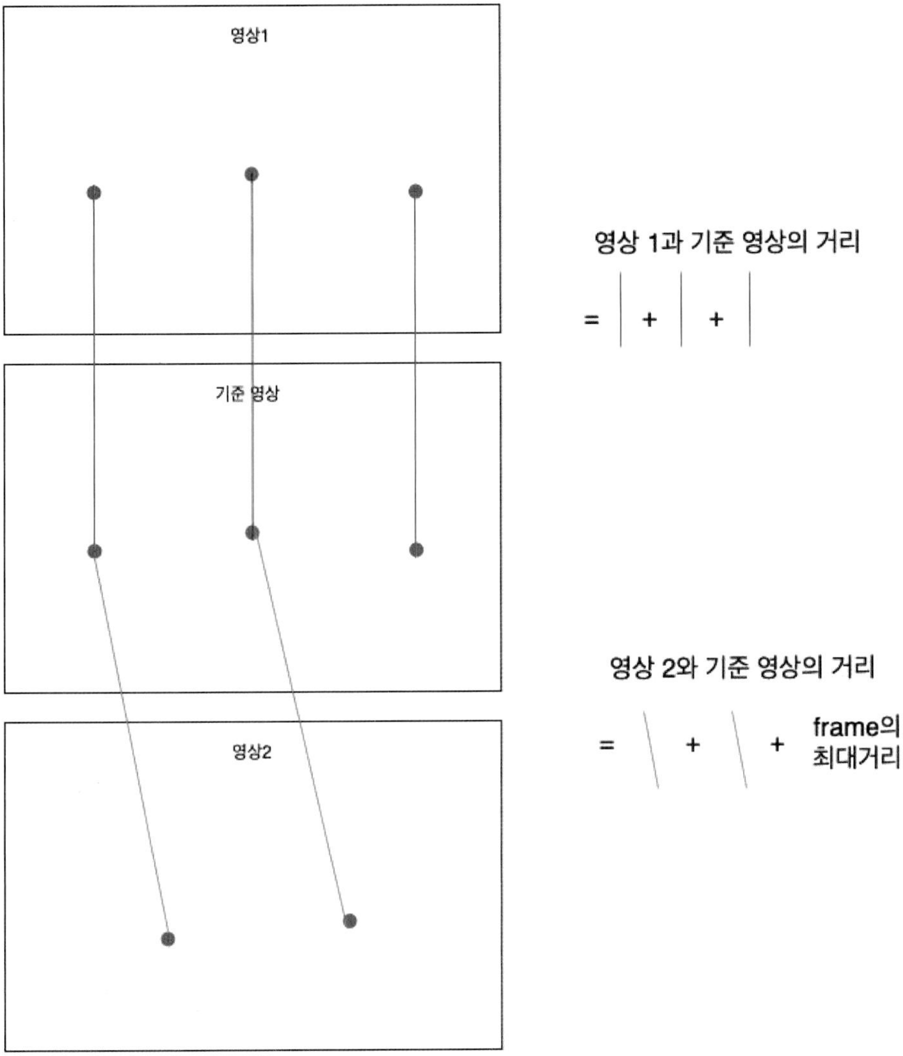

[그림 9-41] Pose 거리 비교 예시

(8) 두 영상 Frame 간의 거리를 `dist_arr`에 추가합니다.

[거리 측정 함수]

```
def distance(self, reference_clip, compare_clip):
        # (1) 거리 계산에 필요한 정보들 먼저 얻기
```

```
        # (1)-a
        clips_frame_info = self.extract_boxes(reference_clip,
compare_clip)
        # (1)-b
        min_size = min(len(clips_frame_info[0]),len(clips_frame_info[1]))
        # (1)-c
        dist_arr = self.get_all_frame_distance(clips_frame_info,
min_size)
        # (1)-d
        min_diff = np.float('Inf')
        min_idx = 0
        # (2) 최소 거리가 되는 영상과 시간 찾기
         # (2)-a
        for i in range(min_size-(self.MINIMAX_FRAME-1)):
            # (2)-b
            start_minmax_idx = 0 if (i - self.MINIMAX_FRAME)<0 else i -
self.MINIMAX_FRAME
            # (2)-c
            if (None not in dist_arr[start_minmax_idx :i +
self.MINIMAX_FRAME]):
             # (2)-d
            tmp_max = np.max(dist_arr[i:i+self.MINIMAX_FRAME])
            if min_diff > tmp_max:
                min_diff = tmp_max
                min_idx = i
        # (3) 두 영상 간의 최소 거리 정보 반환
        return min_diff,(min_idx*self.SKIP_FRAME_RATE)/reference_clip.fps
```

(1) 거리 계산에 필요한 정보들 먼저 얻기

a. `extract_boxes` 함수를 이용해 각 영상마다 Frame들의 Box정보가 담긴 `clips_frame_info` 변수를 구합니다. 예를 들어, `self.skip_frame_rate = 4`라면 2번째 영상에서 9번째 Frame이 `clips_frame_info[1][2]`에 저장됩니다(1번째 Frame은 Index가 0, 1+4번째 Frame은 Index가 1, 1+4+4번째 Frame은 Index가 2).

b. min 함수로 더 짧은 영상을 기준으로 size를 지정합니다. 두 영상을 모두 한꺼번에 비교해야 하므로 더 짧은 영상을 기준으로 하는 것입니다. 일반적인 상황에서는 두 영상의 크기가 동일하기에 같은 min 값이 나올 것입니다.

c. 모든 Frame의 거리 정보가 담긴 `dist_arr`을 얻습니다.

d. 최소 거리와 최소 거리를 가지는 index를 저장하기 위해 초기화합니다.

(2) 최소 거리가 되는 영상과 시간 찾기

a. 이때 끝부분은 self.MINIMAX_FRAME만큼의 Frame을 확인하지 못하므로 건너뜁시다.

b. 해당 Frame 앞뒤의 거리 정보를 비교해야 하는데, 첫 번째 Frame에서는 이전 Frame이 없습니다. 그러므로 이전 Frame이 없는 Frame일 경우에는 시작점을 0으로 잡도록 합니다. 두 번째 Frame부터는 해당 Frame에서 self.MINIMAX_FRAME 값을 빼서 앞뒤 Frame을 거리 계산에 고려합니다.

c. 해당 Frame과 self.MINIMAX_FRAME만큼의 앞뒤에 얼굴 자체가 없는(None) 경우가 있는지 확인합니다. 얼굴이 없다면 최소 거리 계산을 할 필요가 없습니다.

d. np.max 함수를 통해 해당 범위 내의 최댓값(tmp_max)을 얻습니다. 그다음 최댓값이 최소 거리(min_diff)보다 작은지 판단합니다. 작다면(min_diff > tmp_max), 해당 Frame의 앞뒤가 모두 최소거리보다 작다는 의미입니다. 이때 최소거리와 Index를 업데이트합니다.

(3) 두 영상 간의 최소 거리 정보 반환

두 영상의 최소 거리(min_diff) 값과, 어느 시점에서 영상을 전환하면 좋을지 초((min_idx*self.SKIP_FRAME_RATE)/reference_clip.fps) 값을 반환합니다. 전환 초는 self.SKIP_FRAME_RATE 단위로 Frame 거리를 계산했으므로 해당 index에 self.SKIP_FRAME_RATE를 곱하고, 한 Frame의 시간(reference_clip.fps)으로 나누면 됩니다.

[전체 코드]

설명했던 코드를 모아서 보면 다음과 같습니다.

```
class PoseDistance:
    def __init__(self):
        self.SKIP_FRAME_RATE = 10
        self.MINIMAX_FRAME = 4
        self.model =
models.detection.fasterrcnn_resnet50_fpn(pretrained=True)
        self.model.eval()
        os.environ['KMP_DUPLICATE_LIB_OK']='True'
```

```
    def extract_boxes(self, reference_clip, compare_clip):
        self.clips = [reference_clip, compare_clip]
        clips_frame_info = []
        for clip in self.clips:
            i = 0
            every_frame_info = []
            while True:
                i+=self.SKIP_FRAME_RATE
                if (i*1.0/clip.fps)> clip.duration:
                    break
                frame = clip.get_frame(i*1.0/clip.fps)
                frame = imutils.resize(frame, width=640)
                frame = frame/255
                frame = np.transpose(frame, (2,0,1))
                x = [torch.from_numpy(frame).float()]
                predictions = self.model(x)
                prediction= predictions[0]
                each_box_list = zip(prediction['boxes'].tolist(),
prediction['labels'].tolist(), prediction['scores'].tolist())
                filtered_box_list = filter(lambda x: x[1]==1 and x[2] >=
0.95, each_box_list)
                filtered_center_dot_list = list(map(lambda x:
[(x[0][0]+x[0][2])/2, (x[0][1]+x[0][3])/2], filtered_box_list))
                sorted_dot_list = sorted(filtered_center_dot_list, key =
lambda x: x[0])
                every_frame_info.append(sorted_dot_list)

            clips_frame_info.append(np.array(every_frame_info))
        return clips_frame_info
    def get_all_frame_distance(self, clips_frame_info, min_size):
        dist_arr = list()
        for i in range(min_size):
            if len(clips_frame_info[0][i])>0 and
len(clips_frame_info[1][i])>0:
                ref_frame_dots = clips_frame_info[0][i]
                compare_frame_dots = clips_frame_info[1][i]
                min_dot_num = min(len(ref_frame_dots),
len(compare_frame_dots))
                dot_num_diff = abs(len(ref_frame_dots)-
len(compare_frame_dots))
               penalty = ((self.clips[0].w **2 + self.clips[0].h**2)**0.5) *
```

```
                                abs(len(ref_frame_dots)-
len(compare_frame_dots))
            total_diff = penalty * dot_num_diff
            for dot_idx in range(min_dot_num):
                total_diff += (
                        (ref_frame_dots[dot_idx][0] -
                                compare_frame_dots[dot_idx][0])**2 +
                        (ref_frame_dots[dot_idx][1] -
                                compare_frame_dots[dot_idx][0])**2
                        )**0.5
            dist_arr.append(total_diff)
        else:
            dist_arr.append(None)
    return dist_arr
def distance(self, reference_clip, compare_clip):
    clips_frame_info = self.extract_boxes(reference_clip, compare_clip)
    min_size = min(len(clips_frame_info[0]),len(clips_frame_info[1]))
    dist_arr = self.get_all_frame_distance(clips_frame_info, min_size)
    min_diff = np.float('Inf')
    min_idx = 0
    for i in range(min_size-(self.MINIMAX_FRAME-1)):
        start_minmax_idx = 0 if (i - self.MINIMAX_FRAME)<0 else i -
self.MINIMAX_FRAME
        if (None not in dist_arr[start_minmax_idx :i +
self.MINIMAX_FRAME]):
            tmp_max = np.max(dist_arr[i:i+self.MINIMAX_FRAME])
            if min_diff > tmp_max:
                min_diff = tmp_max
                min_idx = i
    return min_diff, (min_idx*self.SKIP_FRAME_RATE)/reference_clip.fps
```

》9.2.6 교차편집 실행 코드《

이제 익힌 클래스를 활용해 교차편집 영상을 만들어봅시다.

[Library Import]

```
import os
import random
import datetime
import argparse
import time
import argparse
import numpy as np
from torchvision import models
import torch.nn as nn
import torch
from facenet_pytorch import InceptionResnetV1, MTCNN
import random
import dlib
import cv2
import imutils
from imutils.video import VideoStream
from imutils import face_utils
from moviepy.editor import *
from moviepy.editor import VideoFileClip, concatenate_videoclips
```

교차편집을 실행하기 위해 필요한 라이브러리를 불러옵니다.

[교차편집 실행]

```
method = 'face'                                                     # (1)
video_path = 'fifth_season'                                         # (2)
output_path = 'my_stagemix.mp4'                                     # (3)
shape_predictor_path = 'shape_predictor_68_face_landmarks.dat'      # (4)
face_embedding_penalty = 100 # or None                              # (5)

# (6)
print(output_path)
if method == 'random':
    random_distance = RandomDistance()
    cross_cut = Crosscut(random_distance, video_path, output_path)
elif method == 'face':
    face_distance = FaceDistance(shape_predictor_path,
```

```
face_embedding_penalty)
    cross_cut = Crosscut(face_distance, video_path, output_path)
elif method == 'pose':
    pose_distance = PoseDistance()
    cross_cut = Crosscut(pose_distance, video_path, output_path)
cross_cut.generate_video()
```

교차편집을 실행하는 코드입니다.

(1) 3가지 거리 측정 방법 중에서 사용할 방법을 선택합니다. 'random', 'face', 'pose' 중에서 하나를 사용합니다.

(2) 무대 영상들이 저장된 폴더의 경로입니다.

(3) 만든 교차편집 영상을 저장할 경로와 파일명입니다. 예를 들어 "my_stagemix.mp4"라고 지정하면 현재 코드를 실행하는 폴더에 이름이 my_stagemix인 mp4 동영상을 저장합니다. 교차편집 영상은 "my_stagemix.mp4"처럼 mp4 확장자 파일입니다.

(4) face 방법에서 얼굴의 Landmark를 추출할 때 사용하는 Predictor의 경로입니다.

(5) face 방법에서 얼굴의 Embedding 값으로 Penalty를 줄지 설정합니다. 양의 정수를 입력하면 Embedding Vector의 차이에 따라 Penalty를 주며, face_embedding_penalty 값이 클수록 강한 Penalty를 줍니다. None을 입력할 경우 Penalty를 주지 않습니다.

(6) 선택한 method에 따라 거리 측정 객체를 생성하고 해당 객체를 전달해 교차편집 객체 cross_cut을 생성합니다. 그리고 교차편집 생성 함수 generate_video()를 이용해 교차편집을 만들어 저장합니다. 거리 측정 객체를 제외하면 모두 동일하게 사용하므로 새로운 거리 측정 방법을 만들면 나만의 교차편집 방법을 만들 수도 있습니다.

9.3 결론

지금까지 RandomDistance, FaceDistance, PoseDistance라는 3가지 거리 측정 방법을 이용해 자연스러운 교차편집 영상을 생성하는 알고리즘을 살펴봤습니다. 다양한 무대 영상에 실험한 결과 FaceDistance는 얼굴이 부각된 무대 영상에 적절합니다. [그림 9-42]와 [그림 9-43]에서 영상이 왼쪽에서 오른쪽으로 진행될 때 얼굴이 비슷한 지점에서 부드럽게 영상이 전환된 것을 확인할 수 있습니다.

[그림 9-42] FaceDistance 기반 교차편집 1

[그림 9-43] FaceDistance 기반 교차편집 2

[그림 9-44] PoseDistance 기반 교차편집

반면 PoseDistance는 [그림 9-44]처럼 대형이 잘 보이는 무대 영상에 적절했습니다.

이번 파트에서 소개한 교차편집 알고리즘을 이용하면 유료 툴에서 편집할 경우 작업 시간이

10시간 내외로 걸리던 기존 방식에서 벗어나 모든 사람들이 교차편집을 만들 수 있습니다. 또한 새로운 거리 측정 방식을 만들면 나만의 교차편집 방법도 개발할 수 있습니다. 교차편집 알고리즘에서 설명한 Distance Class를 활용해 새롭게 distance 함수를 만들면 다양한 교차편집 방법을 발전시킬 수 있습니다. 예를 들어 FaceDistance와 PoseDistance를 더 발전시키거나, 새로운 거리 측정 방법을 만들면 다양하고 자연스러운 교차편집을 생성할 수 있을 것입니다. 또한 다양한 효과를 활용하면 [그림 9-42]처럼 더 자연스러운 교차편집을 만들 수 있습니다.

》9.3.1 발전할 내용《

● 방법 1. 정밀하게 직접 편집하기

우리는 영상 시작점을 List에 직접 입력해 컴퓨터가 값을 읽어 자르는 방법을 사용했습니다. 하지만 사람이 0.1초 정도의 차이를 미세하게 조정하기는 힘듭니다. 영상 싱크를 간단한 편집 프로그램을 이용해 직접 맞춰보면 더 자연스러운 교차편집 결과물을 만들 수 있습니다.

● 방법 2. Alphapose 활용하기

Alphapose는 [그림 9-45]처럼 사람의 관절을 Landmark로 표시하는 모델입니다. 가수의 무대에서 관절을 표시한다면 포즈가 정말 유사한지 더 정확하게 파악할 수 있습니다. 혹은 관절 정보를 이용해 가수의 몸을 중심으로 색깔이 바뀌는 효과를 직접 만들어볼 수 있습니다.

[그림 9-45] AlphaPose

• 방법 3. 전환 효과 넣기

Moviepy에는 다양한 전환 효과들이 있습니다. 영상이 서서히 흐려지면서 다음 영상이 나타나는 crossfade 같은 효과들을 추가해볼 수도 있고, 영상을 회전시켜볼 수도 있습니다. 다양한 효과들을 추가하면서 결과물을 개선할 수 있습니다.

■그림 출처

[그림 1-2] https://platum.kr/archives/56307

[그림 1-3] https://makemoneyskills.com/ai-speaker/

[그림 1-4] http://www.medicaltimes.com/Users/News/NewsView.html?ID=1124109

[그림 1-5] https://www.chosun.com/site/data/html_dir/2019/12/16/2019121600239.html

[그림 1-7] https://machinelearningmastery.com/use-pre-trained-vgg-model-classify-objects-photographs/

[그림 2-8] Effectiveness of Scaled Exponentially-Regularized Linear Units (SERLUs)(https://arxiv.org/abs/1807.10117)

[그림 2-14] A. G´eron, Hands-On Machine Learning with Scikit-Learn and TensorFlow: Concepts, Tools, and Techniques to Build Intelligent Systems, 1st ed. O'Reilly Media, Inc., 2017

[그림 2-28] Image Style Transfer Using Convolutional Neural Networks (https://ieeexplore.ieee.org/document/7780634)

[그림 2-29] OpenAI(https://openai.com/)

[그림 3-1] http://horace.io/pytorch-vs-tensorflow/

[그림 4-1] https://bit.ly/3mfANS0

[그림 4-6] https://laptrinhx.com/transfer-learning-with-deep-learning-machine-learning-techniques-1499149008/

[그림 4-7] Stanford CS231n 2016 Lecture 7 강의자료

[그림 4-11] Stanford CS231n -Lecture 8 강의자료

[그림 5-13] https://goodshare.tistory.com/26

[그림 5-14] Convolutional Neural Networks for Sentence Classification(https://arxiv.org/pdf/1408.5882.pdf)

[그림 6-1] Image-to-Image Translation with Conditional Adversarial Networks(https://junyanz.github.io/CycleGAN/)

[그림 6-2] Unpaired Image-to-Image Translation using Cycle-Conditional Adversarial Networks(https://junyanz.github.io/CycleGAN/)

[그림 6-3] Unpaired Image-to-Image Translation using Cycle-Consistent Adversarial Networks(https://arxiv.org/abs/1703.10593)

[그림 6-4] Unpaired Image-to-Image Translation using Cycle-Consistent Adversarial Networks(https://arxiv.org/abs/1703.10593)

[그림 6-5] https://www.kaggle.com/arnaud58/selfie2anime

[그림 6-9] U-GAT-IT : Unsupervised Generative Attentional Networks with Adaptive Layer-Instance Normalization for Image-to-Image Translation(https://arxiv.org/abs/1907.10830)

[그림 8-1] https://news.joins.com/article/23138521

[그림 8-2] https://news.sbs.co.kr/news/endPage.do?news_id=N1005022242

[그림 8-3] https://www.sedaily.com/NewsVIew/1S77NB1A2F

[그림 8-6] Neural Network Acceptability Judgments (https://arxiv.org/pdf/1805.12471.pdf)

[그림 9-1] URL : https://idolcrosscut.page.link/result-video

[그림 9-6] URL : https://www.pyimagesearch.com/2017/04/03/facial-landmarks-dlib-opencv-python/

[그림 9-19] https://ibug.doc.ic.ac.uk/resources/facial-point-annotations/

[그림 9-22] Joint Face Detection and Alignment using Multi-task Cascaded Convolutional Networks (https://arxiv.org/abs/1604.02878)

[그림 9-25] https://ibug.doc.ic.ac.uk/resources/facial-point-annotations/

[그림 9-29] RMPE: Regional Multi-Person Pose Estimation(https://arxiv.org/pdf/ 1612.00137.pdf)

[그림 9-30] Rich feature hierarchies for accurate object detection and semantic segmentation (https://arxiv.org/pdf/1311.2524.pdf)

[그림 9-31] Rich feature hierarchies for accurate object detection and semantic segmentation (https://arxiv.org/pdf/1311.2524.pdf)

[그림 9-32] https://pytorch.org/vision/stable/models.html#faster-r-cnn

[그림 9-36] https://pytorch.org/vision/stable/models.html#faster-r-cnn

[그림 9-45] RMPE: Regional Multi-Person Pose Estimation (https://arxiv.org/pdf/1612.00137.pdf)

■ 찾아보기

한 글

영어

한 줄씩 따라 해보는 파이토치 딥러닝 프로젝트 모음집

다양한 AI 프로젝트로 실전 감각 익히기

초판 1쇄 발행 | 2021년 7월 30일
초판 2쇄 발행 | 2022년 2월 10일

지은이 | 이경택, 박희경, 전종섭, 김수지, 신훈철, 조민호, 이승현, 심은선, 장예은
펴낸이 | 김범준
기획 · 책임편집 | 권혜수
교정교열 | 윤모린
편집디자인 | 김옥자
표지디자인 | 주현아

발행처 | 비제이퍼블릭
출판신고 | 2009년 05월 01일 제300-2009-38호
주 소 | 서울시 중구 청계천로 100 시그니처타워 서관 10층 1060호
주문 · 문의 | 02-739-0739 **팩스** | 02-6442-0739
홈페이지 | http://bjpublic.co.kr **이메일** | bjpublic@bjpublic.co.kr

가 격 | 29,000원
ISBN | 979-11-6592-075-3한

소스 코드 다운로드 https://github.com/bjpublic/DeepLearningProject